中华人民共和国
新法规汇编

2020
第 1 辑

司 法 部 编

中国法制出版社

编辑说明

一、《中华人民共和国新法规汇编》是国家出版的法律、行政法规汇编正式版本，是刊登报国务院备案并予以登记的部门规章的指定出版物。

二、本汇编收集的内容包括：上一个月内由全国人民代表大会及其常务委员会通过的法律和有关法律问题的决定，国务院公布的行政法规和国务院文件，报国务院备案并予以登记的部门规章，最高人民法院和最高人民检察院公布的司法解释。另外，还收入了上一个月内报国务院备案并予以登记的地方性法规和地方政府规章目录。

三、本汇编所收的内容，按下列分类顺序编排：法律，行政法规，国务院文件，国务院部门规章，司法解释。每类中按公布的时间顺序排列。报国务院备案并予以登记的地方性法规和地方政府规章目录按1987年国务院批准的行政区划顺序排列；同一行政区域报备两件以上者，按公布时间顺序排列。

四、本汇编每年出版12辑，每月出版1辑。本辑为2020年度第1辑，收入2019年12月份内公布的法律5件、有关法律问题的决定2件、行政法规2件、国务院文件2件、报国务院备案并经审查予以登记编号的部门规章35件、司法解释4件，补收2019年11月份内公布的司法解释2件，共计52件。

五、本汇编在编辑出版过程中，得到了国务院有关部门和有关方面以及广大读者的大力支持和协助，在此谨致谢意。

司法部

2020年1月

目　录

法　律

有关法律问题的决定

行政法规

国务院文件

国务院部门规章

司法解释

附:

法　律

中华人民共和国证券法

（1998 年 12 月 29 日第九届全国人民代表大会常务委员会第六次会议通过　根据 2004 年 8 月 28 日第十届全国人民代表大会常务委员会第十一次会议《关于修改〈中华人民共和国证券法〉的决定》第一次修正　2005 年 10 月 27 日第十届全国人民代表大会常务委员会第十八次会议第一次修订　根据 2013 年 6 月 29 日第十二届全国人民代表大会常务委员会第三次会议《关于修改〈中华人民共和国文物保护法〉等十二部法律的决定》第二次修正　根据 2014 年 8 月 31 日第十二届全国人民代表大会常务委员会第十次会议《关于修改〈中华人民共和国保险法〉等五部法律的决定》第三次修正　2019 年 12 月 28 日第十三届全国人民代表大会常务委员会第十五次会议第二次修订　2019 年 12 月 28 日中华人民共和国主席令第 37 号公布　自 2020 年 3 月 1 日起施行）

目　录

第一章　总　　则

第一条　为了规范证券发行和交易行为，保护投资者的合法权益，维护社会经济秩序和社会公共利益，促进社会主义市场经济的发展，制定本法。

第二条　在中华人民共和国境内，股票、公司债券、存托凭证和国务院依法认定的其他证券的发行和交易，适用本法；本法未规定的，适用《中华人民共和国公司法》和其他法律、行政法规的规定。

政府债券、证券投资基金份额的上市交易，适用本法；其他法律、行政法规另有规定的，适用其规定。

资产支持证券、资产管理产品发行、交易的管理办法，由国务院依照本法的原则规定。

在中华人民共和国境外的证券发行和交易活动，扰乱中华人民共和国境内市场秩序，损害境内投资者合法权益的，依照本法有关规定处理并追究法律责任。

第三条　证券的发行、交易活动，必须遵循公开、公平、公正的原则。

第四条　证券发行、交易活动的当事人具有平等的法律地位，应当遵守自愿、有偿、诚实信用的原则。

第五条　证券的发行、交易活动，必须遵守法律、行政法规；禁止欺诈、内幕交易和操纵证券市场的行为。

第六条　证券业和银行业、信托业、保险业实行分业经营、分业管理，证券公司与银行、信托、保险业务机构分别设立。国家另有规定的除外。

第七条　国务院证券监督管理机构依法对全国证券市场实行集中统一监督管理。

国务院证券监督管理机构根据需要可以设立派出机构，按照授权履行监督管理职责。

第八条　国家审计机关依法对证券交易场所、证券公司、证券登记结算机构、证券监督管理机构进行审计监督。

第二章 证券发行

第九条 公开发行证券，必须符合法律、行政法规规定的条件，并依法报经国务院证券监督管理机构或者国务院授权的部门注册。未经依法注册，任何单位和个人不得公开发行证券。证券发行注册制的具体范围、实施步骤，由国务院规定。

有下列情形之一的，为公开发行：

（一）向不特定对象发行证券；

（二）向特定对象发行证券累计超过二百人，但依法实施员工持股计划的员工人数不计算在内；

（三）法律、行政法规规定的其他发行行为。

非公开发行证券，不得采用广告、公开劝诱和变相公开方式。

第十条 发行人申请公开发行股票、可转换为股票的公司债券，依法采取承销方式的，或者公开发行法律、行政法规规定实行保荐制度的其他证券的，应当聘请证券公司担任保荐人。

保荐人应当遵守业务规则和行业规范，诚实守信，勤勉尽责，对发行人的申请文件和信息披露资料进行审慎核查，督导发行人规范运作。

保荐人的管理办法由国务院证券监督管理机构规定。

第十一条 设立股份有限公司公开发行股票，应当符合《中华人民共和国公司法》规定的条件和经国务院批准的国务院证券监督管理机构规定的其他条件，向国务院证券监督管理机构报送募股申请和下列文件：

（一）公司章程；

（二）发起人协议；

（三）发起人姓名或者名称，发起人认购的股份数、出资种类及验资证明；

（四）招股说明书；

（五）代收股款银行的名称及地址；

（六）承销机构名称及有关的协议。

依照本法规定聘请保荐人的，还应当报送保荐人出具的发行保荐书。

法律、行政法规规定设立公司必须报经批准的，还应当提交相应的批准文件。

第十二条 公司首次公开发行新股，应当符合下列条件：

（一）具备健全且运行良好的组织机构；

（二）具有持续经营能力；

（三）最近三年财务会计报告被出具无保留意见审计报告；

（四）发行人及其控股股东、实际控制人最近三年不存在贪污、贿赂、侵占财产、挪用财产或者破坏社会主义市场经济秩序的刑事犯罪；

（五）经国务院批准的国务院证券监督管理机构规定的其他条件。

上市公司发行新股，应当符合经国务院批准的国务院证券监督管理机构规定的条件，具体管理办法由国务院证券监督管理机构规定。

公开发行存托凭证的，应当符合首次公开发行新股的条件以及国务院证券监督管理机构规定的其他条件。

第十三条 公司公开发行新股，应当报送募股申请和下列文件：

（一）公司营业执照；

（二）公司章程；

（三）股东大会决议；

（四）招股说明书或者其他公开发行募集文件；

（五）财务会计报告；

（六）代收股款银行的名称及地址。

依照本法规定聘请保荐人的，还应当报送保荐人出具的发行保荐书。依照本法规定实行承销的，还应当报送承销机构名称及有关的协议。

第十四条 公司对公开发行股票所募集资金，必须按照招股说明书或者其他公开发行募集文件所列资金用途使用；改变资金用途，必须经股东大会作出决议。擅自改变用途，未作纠正的，或者未经股东大会认可的，不得公开发行新股。

第十五条 公开发行公司债券，应当符合下列条件：

（一）具备健全且运行良好的组织机构；

（二）最近三年平均可分配利润足以支付公司债券一年的利息；

（三）国务院规定的其他条件。

公开发行公司债券筹集的资金，必须按照公司债券募集办法所列资金用途使用；改变资金用途，必须经债券持有人会议作出决议。公开发行公司债券筹集的资金，不得用于弥补亏损和非生产性支出。

上市公司发行可转换为股票的公司债券，除应当符合第一款规定的条件外，还应当遵守本法第十二条第二款的规定。但是，按照公司债券募集办法，上市公司通过收购本公司股份的方式进行公司债券转换的除外。

第十六条 申请公开发行公司债券，应当向国务院授权的部门或者国务院证券监督管理机构报送下列文件：

（一）公司营业执照；

（二）公司章程；

（三）公司债券募集办法；

（四）国务院授权的部门或者国务院证券监督管理机构规定的其他文件。

依照本法规定聘请保荐人的，还应当报送保荐人出具的发行保荐书。

第十七条 有下列情形之一的，不得再次公开发行公司债券：

（一）对已公开发行的公司债券或者其他债务有违约或者延迟支付本息的事实，仍处于继续状态；

（二）违反本法规定，改变公开发行公司债券所募资金的用途。

第十八条 发行人依法申请公开发行证券所报送的申请文件的格式、报送方式，由依法负责注册的机构或者部门规定。

第十九条 发行人报送的证券发行申请文件，应当充分披露投资者作出价值判断和投资决策所必需的信息，内容应当真实、准确、完整。

为证券发行出具有关文件的证券服务机构和人员，必须严格履行法定职责，保证所出具文件的真实性、准确性和完整性。

第二十条 发行人申请首次公开发行股票的，在提交申请文件后，应当按照国务院证券监督管理机构的规定预先披露有关申请文件。

第二十一条 国务院证券监督管理机构或者国务院授权的部门依照法定条件负责证券发行申请的注册。证券公开发行注册的具体办法由国务院规定。

按照国务院的规定，证券交易所等可以审核公开发行证券申请，判断发行人是否符合发行条件、信息披露要求，督促发行人完善信息披露内容。

依照前两款规定参与证券发行申请注册的人员，不得与发行申请人有利害关系，不得直接或者间接接受发行申请人的馈赠，不得持有所注册的发行申请的证券，不得私下与发行申请人进行接触。

第二十二条 国务院证券监督管理机构或者国务院授权的部门应当自受理证券发行申请文件之日起三个月内，依照法定条件和法定程序作出予以注册或者不予注册的决定，发行人根据要求补充、修改发行申请文件的时间不计算在内。不予注册的，应当说明理由。

第二十三条 证券发行申请经注册后，发行人应当依照法律、行政法规的规定，在证券公开发行前公告公开发行募集文件，并将该文件置备于指定场所供公众查阅。

发行证券的信息依法公开前，任何知情人不得公开或者泄露该信息。

发行人不得在公告公开发行募集文件前发行证券。

第二十四条 国务院证券监督管理机构或者国务院授权的部门对已作出

的证券发行注册的决定，发现不符合法定条件或者法定程序，尚未发行证券的，应当予以撤销，停止发行。已经发行尚未上市的，撤销发行注册决定，发行人应当按照发行价并加算银行同期存款利息返还证券持有人；发行人的控股股东、实际控制人以及保荐人，应当与发行人承担连带责任，但是能够证明自己没有过错的除外。

股票的发行人在招股说明书等证券发行文件中隐瞒重要事实或者编造重大虚假内容，已经发行并上市的，国务院证券监督管理机构可以责令发行人回购证券，或者责令负有责任的控股股东、实际控制人买回证券。

第二十五条 股票依法发行后，发行人经营与收益的变化，由发行人自行负责；由此变化引致的投资风险，由投资者自行负责。

第二十六条 发行人向不特定对象发行的证券，法律、行政法规规定应当由证券公司承销的，发行人应当同证券公司签订承销协议。证券承销业务采取代销或者包销方式。

证券代销是指证券公司代发行人发售证券，在承销期结束时，将未售出的证券全部退还给发行人的承销方式。

证券包销是指证券公司将发行人的证券按照协议全部购入或者在承销期结束时将售后剩余证券全部自行购入的承销方式。

第二十七条 公开发行证券的发行人有权依法自主选择承销的证券公司。

第二十八条 证券公司承销证券，应当同发行人签订代销或者包销协议，载明下列事项：

（一）当事人的名称、住所及法定代表人姓名；

（二）代销、包销证券的种类、数量、金额及发行价格；

（三）代销、包销的期限及起止日期；

（四）代销、包销的付款方式及日期；

（五）代销、包销的费用和结算办法；

（六）违约责任；

（七）国务院证券监督管理机构规定的其他事项。

第二十九条 证券公司承销证券，应当对公开发行募集文件的真实性、准确性、完整性进行核查。发现有虚假记载、误导性陈述或者重大遗漏的，不得进行销售活动；已经销售的，必须立即停止销售活动，并采取纠正措施。

证券公司承销证券，不得有下列行为：

（一）进行虚假的或者误导投资者的广告宣传或者其他宣传推介活动；

（二）以不正当竞争手段招揽承销业务；

（三）其他违反证券承销业务规定的行为。

证券公司有前款所列行为，给其他证券承销机构或者投资者造成损失的，应当依法承担赔偿责任。

第三十条 向不特定对象发行证券聘请承销团承销的，承销团应当由主承销和参与承销的证券公司组成。

第三十一条 证券的代销、包销期限最长不得超过九十日。

证券公司在代销、包销期内，对所代销、包销的证券应当保证先行出售给认购人，证券公司不得为本公司预留所代销的证券和预先购入并留存所包销的证券。

第三十二条 股票发行采取溢价发行的，其发行价格由发行人与承销的证券公司协商确定。

第三十三条 股票发行采用代销方式，代销期限届满，向投资者出售的股票数量未达到拟公开发行股票数量百分之七十的，为发行失败。发行人应当按照发行价并加算银行同期存款利息返还股票认购人。

第三十四条 公开发行股票，代销、包销期限届满，发行人应当在规定的期限内将股票发行情况报国务院证券监督管理机构备案。

第三章 证券交易

第一节 一般规定

第三十五条 证券交易当事人依法买卖的证券，必须是依法发行并交付的证券。

非依法发行的证券，不得买卖。

第三十六条 依法发行的证券，《中华人民共和国公司法》和其他法律对其转让期限有限制性规定的，在限定的期限内不得转让。

上市公司持有百分之五以上股份的股东、实际控制人、董事、监事、高级管理人员，以及其他持有发行人首次公开发行前发行的股份或者上市公司向特定对象发行的股份的股东，转让其持有的本公司股份的，不得违反法律、行政法规和国务院证券监督管理机构关于持有期限、卖出时间、卖出数量、卖出方式、信息披露等规定，并应当遵守证券交易所的业务规则。

第三十七条 公开发行的证券，应当在依法设立的证券交易所上市交易或者在国务院批准的其他全国性证券交易场所交易。

非公开发行的证券，可以在证券交易所、国务院批准的其他全国性证券交易易场所、按照国务院规定设立的区域性股权市场转让。

第三十八条 证券在证券交易所上市交易，应当采用公开的集中交易方式或者国务院证券监督管理机构批准的其他方式。

第三十九条 证券交易当事人买卖的证券可以采用纸面形式或者国务院证券监督管理机构规定的其他形式。

第四十条 证券交易场所、证券公司和证券登记结算机构的从业人员，证券监督管理机构的工作人员以及法律、行政法规规定禁止参与股票交易的其他人员，在任期或者法定限期内，不得直接或者以化名、借他人名义持有、买卖股票或者其他具有股权性质的证券，也不得收受他人赠送的股票或者其他具有股权性质的证券。

任何人在成为前款所列人员时，其原已持有的股票或者其他具有股权性质的证券，必须依法转让。

实施股权激励计划或者员工持股计划的证券公司的从业人员，可以按照国务院证券监督管理机构的规定持有、卖出本公司股票或者其他具有股权性质的证券。

第四十一条 证券交易场所、证券公司、证券登记结算机构、证券服务机构及其工作人员应当依法为投资者的信息保密，不得非法买卖、提供或者公开投资者的信息。

证券交易场所、证券公司、证券登记结算机构、证券服务机构及其工作人员不得泄露所知悉的商业秘密。

第四十二条 为证券发行出具审计报告或者法律意见书等文件的证券服务机构和人员，在该证券承销期内和期满后六个月内，不得买卖该证券。

除前款规定外，为发行人及其控股股东、实际控制人，或者收购人、重大资产交易方出具审计报告或者法律意见书等文件的证券服务机构和人员，自接受委托之日起至上述文件公开后五日内，不得买卖该证券。实际开展上述有关工作之日早于接受委托之日的，自实际开展上述有关工作之日起至上述文件公开后五日内，不得买卖该证券。

第四十三条 证券交易的收费必须合理，并公开收费项目、收费标准和管理办法。

第四十四条 上市公司、股票在国务院批准的其他全国性证券交易场所交易的公司持有百分之五以上股份的股东、董事、监事、高级管理人员，将其持有的该公司的股票或者其他具有股权性质的证券在买入后六个月内卖出，或者在卖出后六个月内又买入，由此所得收益归该公司所有，公司董事会应当收回其所得收益。但是，证券公司因购入包销售后剩余股票而持有百分之五以上股份，以及有国务院证券监督管理机构规定的其他情形的除外。

前款所称董事、监事、高级管理人员、自然人股东持有的股票或者其他具有股权性质的证券，包括其配偶、父母、子女持有的及利用他人账户持有的股票或者其他具有股权性质的证券。

公司董事会不按照第一款规定执行的，股东有权要求董事会在三十日内执行。公司董事会未在上述期限内执行的，股东有权为了公司的利益以自己的名义直接向人民法院提起诉讼。

公司董事会不按照第一款的规定执行的，负有责任的董事依法承担连带责任。

第四十五条 通过计算机程序自动生成或者下达交易指令进行程序化交易的，应当符合国务院证券监督管理机构的规定，并向证券交易所报告，不得影响证券交易所系统安全或者正常交易秩序。

第二节 证券上市

第四十六条 申请证券上市交易，应当向证券交易所提出申请，由证券交易所依法审核同意，并由双方签订上市协议。

证券交易所根据国务院授权的部门的决定安排政府债券上市交易。

第四十七条 申请证券上市交易，应当符合证券交易所上市规则规定的上市条件。

证券交易所上市规则规定的上市条件，应当对发行人的经营年限、财务状况、最低公开发行比例和公司治理、诚信记录等提出要求。

第四十八条 上市交易的证券，有证券交易所规定的终止上市情形的，由证券交易所按照业务规则终止其上市交易。

证券交易所决定终止证券上市交易的，应当及时公告，并报国务院证券监督管理机构备案。

第四十九条 对证券交易所作出的不予上市交易、终止上市交易决定不服的，可以向证券交易所设立的复核机构申请复核。

第三节 禁止的交易行为

第五十条 禁止证券交易内幕信息的知情人和非法获取内幕信息的人利用内幕信息从事证券交易活动。

第五十一条 证券交易内幕信息的知情人包括：

（一）发行人及其董事、监事、高级管理人员；

（二）持有公司百分之五以上股份的股东及其董事、监事、高级管理人员，公司的实际控制人及其董事、监事、高级管理人员；

（三）发行人控股或者实际控制的公司及其董事、监事、高级管理人员；

（四）由于所任公司职务或者因与公司业务往来可以获取公司有关内幕信息的人员；

（五）上市公司收购人或者重大资产交易方及其控股股东、实际控制人、董事、监事和高级管理人员；

（六）因职务、工作可以获取内幕信息的证券交易场所、证券公司、证券登记结算机构、证券服务机构的有关人员；

（七）因职责、工作可以获取内幕信息的证券监督管理机构工作人员；

（八）因法定职责对证券的发行、交易或者对上市公司及其收购、重大资产交易进行管理可以获取内幕信息的有关主管部门、监管机构的工作人员；

（九）国务院证券监督管理机构规定的可以获取内幕信息的其他人员。

第五十二条 证券交易活动中，涉及发行人的经营、财务或者对该发行人证券的市场价格有重大影响的尚未公开的信息，为内幕信息。

本法第八十条第二款、第八十一条第二款所列重大事件属于内幕信息。

第五十三条 证券交易内幕信息的知情人和非法获取内幕信息的人，在内幕信息公开前，不得买卖该公司的证券，或者泄露该信息，或者建议他人买卖该证券。

持有或者通过协议、其他安排与他人共同持有公司百分之五以上股份的自然人、法人、非法人组织收购上市公司的股份，本法另有规定的，适用其规定。

内幕交易行为给投资者造成损失的，应当依法承担赔偿责任。

第五十四条 禁止证券交易场所、证券公司、证券登记结算机构、证券服务机构和其他金融机构的从业人员、有关监管部门或者行业协会的工作人员，利用因职务便利获取的内幕信息以外的其他未公开的信息，违反规定，从事与该信息相关的证券交易活动，或者明示、暗示他人从事相关交易活动。

利用未公开信息进行交易给投资者造成损失的，应当依法承担赔偿责任。

第五十五条 禁止任何人以下列手段操纵证券市场，影响或者意图影响证券交易价格或者证券交易量：

（一）单独或者通过合谋，集中资金优势、持股优势或者利用信息优势联合或者连续买卖；

（二）与他人串通，以事先约定的时间、价格和方式相互进行证券交易；

（三）在自己实际控制的账户之间进行证券交易；

（四）不以成交为目的，频繁或者大量申报并撤销申报；

（五）利用虚假或者不确定的重大信息，诱导投资者进行证券交易；

（六）对证券、发行人公开作出评价、预测或者投资建议，并进行反向证券交易；

（七）利用在其他相关市场的活动操纵证券市场；

（八）操纵证券市场的其他手段。

操纵证券市场行为给投资者造成损失的，应当依法承担赔偿责任。

第五十六条 禁止任何单位和个人编造、传播虚假信息或者误导性信息，扰乱证券市场。

禁止证券交易场所、证券公司、证券登记结算机构、证券服务机构及其从业人员，证券业协会、证券监督管理机构及其工作人员，在证券交易活动中作出虚假陈述或者信息误导。

各种传播媒介传播证券市场信息必须真实、客观，禁止误导。传播媒介及其从事证券市场信息报道的工作人员不得从事与其工作职责发生利益冲突的证券买卖。

编造、传播虚假信息或者误导性信息，扰乱证券市场，给投资者造成损失的，应当依法承担赔偿责任。

第五十七条 禁止证券公司及其从业人员从事下列损害客户利益的行为：

（一）违背客户的委托为其买卖证券；

（二）不在规定时间内向客户提供交易的确认文件；

（三）未经客户的委托，擅自为客户买卖证券，或者假借客户的名义买卖证券；

（四）为牟取佣金收入，诱使客户进行不必要的证券买卖；

（五）其他违背客户真实意思表示，损害客户利益的行为。

违反前款规定给客户造成损失的，应当依法承担赔偿责任。

第五十八条 任何单位和个人不得违反规定，出借自己的证券账户或者借用他人的证券账户从事证券交易。

第五十九条 依法拓宽资金入市渠道，禁止资金违规流入股市。

禁止投资者违规利用财政资金、银行信贷资金买卖证券。

第六十条 国有独资企业、国有独资公司、国有资本控股公司买卖上市交易的股票，必须遵守国家有关规定。

第六十一条 证券交易场所、证券公司、证券登记结算机构、证券服务机构及其从业人员对证券交易中发现的禁止的交易行为，应当及时向证券监督管理机构报告。

第四章　上市公司的收购

第六十二条　投资者可以采取要约收购、协议收购及其他合法方式收购上市公司。

第六十三条　通过证券交易所的证券交易，投资者持有或者通过协议、其他安排与他人共同持有一个上市公司已发行的有表决权股份达到百分之五时，应当在该事实发生之日起三日内，向国务院证券监督管理机构、证券交易所作出书面报告，通知该上市公司，并予公告，在上述期限内不得再行买卖该上市公司的股票，但国务院证券监督管理机构规定的情形除外。

投资者持有或者通过协议、其他安排与他人共同持有一个上市公司已发行的有表决权股份达到百分之五后，其所持该上市公司已发行的有表决权股份比例每增加或者减少百分之五，应当依照前款规定进行报告和公告，在该事实发生之日起至公告后三日内，不得再行买卖该上市公司的股票，但国务院证券监督管理机构规定的情形除外。

投资者持有或者通过协议、其他安排与他人共同持有一个上市公司已发行的有表决权股份达到百分之五后，其所持该上市公司已发行的有表决权股份比例每增加或者减少百分之一，应当在该事实发生的次日通知该上市公司，并予公告。

违反第一款、第二款规定买入上市公司有表决权的股份的，在买入后的三十六个月内，对该超过规定比例部分的股份不得行使表决权。

第六十四条　依照前条规定所作的公告，应当包括下列内容：

（一）持股人的名称、住所；

（二）持有的股票的名称、数额；

（三）持股达到法定比例或者持股增减变化达到法定比例的日期、增持股份的资金来源；

（四）在上市公司中拥有有表决权的股份变动的时间及方式。

第六十五条　通过证券交易所的证券交易，投资者持有或者通过协议、其他安排与他人共同持有一个上市公司已发行的有表决权股份达到百分之三十时，继续进行收购的，应当依法向该上市公司所有股东发出收购上市公司全部或者部分股份的要约。

收购上市公司部分股份的要约应当约定，被收购公司股东承诺出售的股份数额超过预定收购的股份数额的，收购人按比例进行收购。

第六十六条　依照前条规定发出收购要约，收购人必须公告上市公司收购报告书，并载明下列事项：

（一）收购人的名称、住所；

（二）收购人关于收购的决定；

（三）被收购的上市公司名称；

（四）收购目的；

（五）收购股份的详细名称和预定收购的股份数额；

（六）收购期限、收购价格；

（七）收购所需资金额及资金保证；

（八）公告上市公司收购报告书时持有被收购公司股份数占该公司已发行的股份总数的比例。

第六十七条　收购要约约定的收购期限不得少于三十日，并不得超过六十日。

第六十八条　在收购要约确定的承诺期限内，收购人不得撤销其收购要约。收购人需要变更收购要约的，应当及时公告，载明具体变更事项，且不得存在下列情形：

（一）降低收购价格；

（二）减少预定收购股份数额；

（三）缩短收购期限；

（四）国务院证券监督管理机构规定的其他情形。

第六十九条　收购要约提出的各项收购条件，适用于被收购公司的所有股东。

上市公司发行不同种类股份的，收购人可以针对不同种类股份提出不同的收购条件。

第七十条　采取要约收购方式的，收购人在收购期限内，不得卖出被收购公司的股票，也不得采取要约规定以外的形式和超出要约的条件买入被收购公司的股票。

第七十一条　采取协议收购方式的，收购人可以依照法律、行政法规的规定同被收购公司的股东以协议方式进行股份转让。

以协议方式收购上市公司时，达成协议后，收购人必须在三日内将该收购协议向国务院证券监督管理机构及证券交易所作出书面报告，并予公告。

在公告前不得履行收购协议。

第七十二条　采取协议收购方式的，协议双方可以临时委托证券登记结算机构保管协议转让的股票，并将资金存放于指定的银行。

第七十三条　采取协议收购方式的，收购人收购或者通过协议、其他安排与他人共同收购一个上市公司已发行的有表决权股份达到百分之三十时，继续进行收购的，应当依法向该上市公司所有股东发出收购上市公司全部或者部分股份的要约。但是，按照国务院证券监督管理机构的规定免除发出要约的除外。

收购人依照前款规定以要约方式收购上市公司股份，应当遵守本法第六十五条第二款、第六十六条至第七十条的规定。

第七十四条 收购期限届满，被收购公司股权分布不符合证券交易所规定的上市交易要求的，该上市公司的股票应当由证券交易所依法终止上市交易；其余仍持有被收购公司股票的股东，有权向收购人以收购要约的同等条件出售其股票，收购人应当收购。

收购行为完成后，被收购公司不再具备股份有限公司条件的，应当依法变更企业形式。

第七十五条 在上市公司收购中，收购人持有的被收购的上市公司的股票，在收购行为完成后的十八个月内不得转让。

第七十六条 收购行为完成后，收购人与被收购公司合并，并将该公司解散的，被解散公司的原有股票由收购人依法更换。

收购行为完成后，收购人应当在十五日内将收购情况报告国务院证券监督管理机构和证券交易所，并予公告。

第七十七条 国务院证券监督管理机构依照本法制定上市公司收购的具体办法。

上市公司分立或者被其他公司合并，应当向国务院证券监督管理机构报告，并予公告。

第五章 信息披露

第七十八条 发行人及法律、行政法规和国务院证券监督管理机构规定的其他信息披露义务人，应当及时依法履行信息披露义务。

信息披露义务人披露的信息，应当真实、准确、完整，简明清晰，通俗易懂，不得有虚假记载、误导性陈述或者重大遗漏。

证券同时在境内境外公开发行、交易的，其信息披露义务人在境外披露的信息，应当在境内同时披露。

第七十九条 上市公司、公司债券上市交易的公司、股票在国务院批准的其他全国性证券交易场所交易的公司，应当按照国务院证券监督管理机构和证券交易场所规定的内容和格式编制定期报告，并按照以下规定报送和公告：

（一）在每一会计年度结束之日起四个月内，报送并公告年度报告，其中的年度财务会计报告应当经符合本法规定的会计师事务所审计；

（二）在每一会计年度的上半年结束之日起二个月内，报送并公告中期报告。

第八十条 发生可能对上市公司、股票在国务院批准的其他全国性证券交易场所交易的公司的股票交易价格产生较大影响的重大事件，投资者尚未得知时，公司应当立即将有关该重大事件的情况向国务院证券监督管理机构和证券交易场所报送临时报告，并予公告，说明事件的起因、目前的状态和可能产生的法律后果。

前款所称重大事件包括：

（一）公司的经营方针和经营范围的重大变化；

（二）公司的重大投资行为，公司在一年内购买、出售重大资产超过公司资产总额百分之三十，或者公司营业用主要资产的抵押、质押、出售或者报废一次超过该资产的百分之三十；

（三）公司订立重要合同、提供重大担保或者从事关联交易，可能对公司的资产、负债、权益和经营成果产生重要影响；

（四）公司发生重大债务和未能清偿到期重大债务的违约情况；

（五）公司发生重大亏损或者重大损失；

（六）公司生产经营的外部条件发生的重大变化；

（七）公司的董事、三分之一以上监事或者经理发生变动，董事长或者经理无法履行职责；

（八）持有公司百分之五以上股份的股东或者实际控制人持有股份或者控制公司的情况发生较大变化，公司的实际控制人及其控制的其他企业从事与公司相同或者相似业务的情况发生较大变化；

（九）公司分配股利、增资的计划，公司股权结构的重要变化，公司减资、合并、分立、解散及申请破产的决定，或者依法进入破产程序、被责令关闭；

（十）涉及公司的重大诉讼、仲裁，股东大会、董事会决议被依法撤销或者宣告无效；

（十一）公司涉嫌犯罪被依法立案调查，公司的控股股东、实际控制人、董事、监事、高级管理人员涉嫌犯罪被依法采取强制措施；

（十二）国务院证券监督管理机构规定的其他事项。

公司的控股股东或者实际控制人对重大事件的发生、进展产生较大影响的，应当及时将其知悉的有关情况书面告知公司，并配合公司履行信息披露义务。

第八十一条 发生可能对上市交易公司债券的交易价格产生较大影响的重大事件,投资者尚未得知时,公司应当立即将有关该重大事件的情况向国务院证券监督管理机构和证券交易场所报送临时报告,并予公告,说明事件的起因、目前的状态和可能产生的法律后果。

前款所称重大事件包括:

(一)公司股权结构或者生产经营状况发生重大变化;

(二)公司债券信用评级发生变化;

(三)公司重大资产抵押、质押、出售、转让、报废;

(四)公司发生未能清偿到期债务的情况;

(五)公司新增借款或者对外提供担保超过上年末净资产的百分之二十;

(六)公司放弃债权或者财产超过上年末净资产的百分之十;

(七)公司发生超过上年末净资产百分之十的重大损失;

(八)公司分配股利,作出减资、合并、分立、解散及申请破产的决定,或者依法进入破产程序、被责令关闭;

(九)涉及公司的重大诉讼、仲裁;

(十)公司涉嫌犯罪被依法立案调查,公司的控股股东、实际控制人、董事、监事、高级管理人员涉嫌犯罪被依法采取强制措施;

(十一)国务院证券监督管理机构规定的其他事项。

第八十二条 发行人的董事、高级管理人员应当对证券发行文件和定期报告签署书面确认意见。

发行人的监事会应当对董事会编制的证券发行文件和定期报告进行审核并提出书面审核意见。监事应当签署书面确认意见。

发行人的董事、监事和高级管理人员应当保证发行人及时、公平地披露信息,所披露的信息真实、准确、完整。

董事、监事和高级管理人员无法保证证券发行文件和定期报告内容的真实性、准确性、完整性或者有异议的,应当在书面确认意见中发表意见并陈述理由,发行人应当披露。发行人不予披露的,董事、监事和高级管理人员可以直接申请披露。

第八十三条 信息披露义务人披露的信息应当同时向所有投资者披露,不得提前向任何单位和个人泄露。但是,法律、行政法规另有规定的除外。

任何单位和个人不得非法要求信息披露义务人提供依法需要披露但尚未披露的信息。任何单位和个人提前获知的前述信息,在依法披露前应当保密。

第八十四条 除依法需要披露的信息之外,信息披露义务人可以自愿披露与投资者作出价值判断和投资决策有关的信息,但不得与依法披露的信息相冲突，不得误导投资者。

发行人及其控股股东、实际控制人、董事、监事、高级管理人员等作出公开承诺的，应当披露。不履行承诺给投资者造成损失的，应当依法承担赔偿责任。

第八十五条 信息披露义务人未按照规定披露信息，或者公告的证券发行文件、定期报告、临时报告及其他信息披露资料存在虚假记载、误导性陈述或者重大遗漏，致使投资者在证券交易中遭受损失的，信息披露义务人应当承担赔偿责任；发行人的控股股东、实际控制人、董事、监事、高级管理人员和其他直接责任人员以及保荐人、承销的证券公司及其直接责任人员，应当与发行人承担连带赔偿责任，但是能够证明自己没有过错的除外。

第八十六条 依法披露的信息，应当在证券交易场所的网站和符合国务院证券监督管理机构规定条件的媒体发布，同时将其置备于公司住所、证券交易场所，供社会公众查阅。

第八十七条 国务院证券监督管理机构对信息披露义务人的信息披露行为进行监督管理。

证券交易场所应当对其组织交易的证券的信息披露义务人的信息披露行为进行监督，督促其依法及时、准确地披露信息。

第六章 投资者保护

第八十八条 证券公司向投资者销售证券、提供服务时，应当按照规定充分了解投资者的基本情况、财产状况、金融资产状况、投资知识和经验、专业能力等相关信息；如实说明证券、服务的重要内容，充分揭示投资风险；销售、提供与投资者上述状况相匹配的证券、服务。

投资者在购买证券或者接受服务时，应当按照证券公司明示的要求提供前款所列真实信息。拒绝提供或者未按照要求提供信息的，证券公司应当告知其后果，并按照规定拒绝向其销售证券、提供服务。

证券公司违反第一款规定导致投资者损失的，应当承担相应的赔偿责任。

第八十九条 根据财产状况、金融资产状况、投资知识和经验、专业能力等因素，投资者可以分为普通投资者和专业投资者。专业投资者的标准由国务院证券监督管理机构规定。

普通投资者与证券公司发生纠纷的，证券公司应当证明其行为符合法律、行政法规以及国务院证券监督管理机构的规定，不存在误导、欺诈等情形。证券公司不能证明的，应当承担相应的赔偿责任。

第九十条 上市公司董事会、独立董事、持有百分之一以上有表决权股份的股东或者依照法律、行政法规或者国务院证券监督管理机构的规定设立的投资者保护机构（以下简称投资者保护机构），可以作为征集人，自行或者委托证券公司、证券服务机构，公开请求上市公司股东委托其代为出席股东大会，并代为行使提案权、表决权等股东权利。

依照前款规定征集股东权利的，征集人应当披露征集文件，上市公司应当予以配合。

禁止以有偿或者变相有偿的方式公开征集股东权利。

公开征集股东权利违反法律、行政法规或者国务院证券监督管理机构有关规定，导致上市公司或者其股东遭受损失的，应当依法承担赔偿责任。

第九十一条 上市公司应当在章程中明确分配现金股利的具体安排和决策程序，依法保障股东的资产收益权。

上市公司当年税后利润，在弥补亏损及提取法定公积金后有盈余的，应当按照公司章程的规定分配现金股利。

第九十二条 公开发行公司债券的，应当设立债券持有人会议，并应当在募集说明书中说明债券持有人会议的召集程序、会议规则和其他重要事项。

公开发行公司债券的，发行人应当为债券持有人聘请债券受托管理人，并订立债券受托管理协议。受托管理人应当由本次发行的承销机构或者其他经国务院证券监督管理机构认可的机构担任，债券持有人会议可以决议变更债券受托管理人。债券受托管理人应当勤勉尽责，公正履行受托管理职责，不得损害债券持有人利益。

债券发行人未能按期兑付债券本息的，债券受托管理人可以接受全部或者部分债券持有人的委托，以自己名义代表债券持有人提起、参加民事诉讼或者清算程序。

第九十三条 发行人因欺诈发行、虚假陈述或者其他重大违法行为给投资者造成损失的，发行人的控股股东、实际控制人、相关的证券公司可以委托投资者保护机构，就赔偿事宜与受到损失的投资者达成协议，予以先行赔付。先行赔付后，可以依法向发行人以及其他连带责任人追偿。

第九十四条 投资者与发行人、证券公司等发生纠纷的，双方可以向投资者保护机构申请调解。普通投资者与证券公司发生证券业务纠纷，普通投资者提出调解请求的，证券公司不得拒绝。

投资者保护机构对损害投资者利益的行为，可以依法支持投资者向人民法院提起诉讼。

发行人的董事、监事、高级管理人员执行公司职务时违反法律、行政法规或者公司章程的规定给公司造成损失，发行人的控股股东、实际控制人等侵犯公司合法权益给公司造成损失，投资者保护机构持有该公司股份的，可以为公司的利益以自己的名义向人民法院提起诉讼，持股比例和持股期限不受《中华人民共和国公司法》规定的限制。

第九十五条 投资者提起虚假陈述等证券民事赔偿诉讼时，诉讼标的是同一种类，且当事人一方人数众多的，可以依法推选代表人进行诉讼。

对按照前款规定提起的诉讼，可能存在有相同诉讼请求的其他众多投资者的，人民法院可以发出公告，说明该诉讼请求的案件情况，通知投资者在一定期间向人民法院登记。人民法院作出的判决、裁定，对参加登记的投资者发生效力。

投资者保护机构受五十名以上投资者委托，可以作为代表人参加诉讼，并为经证券登记结算机构确认的权利人依照前款规定向人民法院登记，但投资者明确表示不愿意参加该诉讼的除外。

第七章 证券交易场所

第九十六条 证券交易所、国务院批准的其他全国性证券交易场所为证券集中交易提供场所和设施，组织和监督证券交易，实行自律管理，依法登记，取得法人资格。

证券交易所、国务院批准的其他全国性证券交易场所的设立、变更和解散由国务院决定。

国务院批准的其他全国性证券交易场所的组织机构、管理办法等，由国务院规定。

第九十七条 证券交易所、国务院批准的其他全国性证券交易场所可以根据证券品种、行业特点、公司规模等因素设立不同的市场层次。

第九十八条 按照国务院规定设立的区域性股权市场为非公开发行证券的发行、转让提供场所和设施，具体管理办法由国务院规定。

第九十九条 证券交易所履行自律管理职能，应当遵守社会公共利益优先原则，维护市场的公平、有序、透明。

设立证券交易所必须制定章程。证券交易所章程的制定和修改，必须经国务院证券监督管理机构批准。

第一百条 证券交易所必须在其名称中标明证券交易所字样。其他任何单位或者个人不得使用证券交易所或者近似的名称。

第一百零一条 证券交易所可以自行支配的各项费用收入，应当首先用于保证其证券交易场所和设施的正常运行并逐步改善。

实行会员制的证券交易所的财产积累归会员所有，其权益由会员共同享有，在其存续期间，不得将其财产积累分配给会员。

第一百零二条 实行会员制的证券交易所设理事会、监事会。

证券交易所设总经理一人，由国务院证券监督管理机构任免。

第一百零三条 有《中华人民共和国公司法》第一百四十六条规定的情形或者下列情形之一的，不得担任证券交易所的负责人：

（一）因违法行为或者违纪行为被解除职务的证券交易场所、证券登记结算机构的负责人或者证券公司的董事、监事、高级管理人员，自被解除职务之日起未逾五年；

（二）因违法行为或者违纪行为被吊销执业证书或者被取消资格的律师、注册会计师或者其他证券服务机构的专业人员，自被吊销执业证书或者被取消资格之日起未逾五年。

第一百零四条 因违法行为或者违纪行为被开除的证券交易场所、证券公司、证券登记结算机构、证券服务机构的从业人员和被开除的国家机关工作人员，不得招聘为证券交易所的从业人员。

第一百零五条 进入实行会员制的证券交易所参与集中交易的，必须是证券交易所的会员。证券交易所不得允许非会员直接参与股票的集中交易。

第一百零六条 投资者应当与证券公司签订证券交易委托协议，并在证券公司实名开立账户，以书面、电话、自助终端、网络等方式，委托该证券公司代其买卖证券。

第一百零七条 证券公司为投资者开立账户，应当按照规定对投资者提供的身份信息进行核对。

证券公司不得将投资者的账户提供给他人使用。

投资者应当使用实名开立的账户进行交易。

第一百零八条 证券公司根据投资者的委托，按照证券交易规则提出交易申报，参与证券交易所场内的集中交易，并根据成交结果承担相应的清算交收责任。证券登记结算机构根据成交结果，按照清算交收规则，与证券公司进行证券和资金的清算交收，并为证券公司客户办理证券的登记过户手续。

第一百零九条 证券交易所应当为组织公平的集中交易提供保障，实时公布证券交易即时行情，并按交易日制作证券市场行情表，予以公布。

证券交易即时行情的权益由证券交易所依法享有。未经证券交易所许可，任何单位和个人不得发布证券交易即时行情。

第一百一十条 上市公司可以向证券交易所申请其上市交易股票的停牌

或者复牌，但不得滥用停牌或者复牌损害投资者的合法权益。

证券交易所可以按照业务规则的规定，决定上市交易股票的停牌或者复牌。

第一百一十一条 因不可抗力、意外事件、重大技术故障、重大人为差错等突发性事件而影响证券交易正常进行时，为维护证券交易正常秩序和市场公平，证券交易所可以按照业务规则采取技术性停牌、临时停市等处置措施，并应当及时向国务院证券监督管理机构报告。

因前款规定的突发性事件导致证券交易结果出现重大异常，按交易结果进行交收将对证券交易正常秩序和市场公平造成重大影响的，证券交易所按照业务规则可以采取取消交易、通知证券登记结算机构暂缓交收等措施，并应当及时向国务院证券监督管理机构报告并公告。

证券交易所对其依照本条规定采取措施造成的损失，不承担民事赔偿责任，但存在重大过错的除外。

第一百一十二条 证券交易所对证券交易实行实时监控，并按照国务院证券监督管理机构的要求，对异常的交易情况提出报告。

证券交易所根据需要，可以按照业务规则对出现重大异常交易情况的证券账户的投资者限制交易，并及时报告国务院证券监督管理机构。

第一百一十三条 证券交易所应当加强对证券交易的风险监测，出现重大异常波动的，证券交易所可以按照业务规则采取限制交易、强制停牌等处置措施，并向国务院证券监督管理机构报告；严重影响证券市场稳定的，证券交易所可以按照业务规则采取临时停市等处置措施并公告。

证券交易所对其依照本条规定采取措施造成的损失，不承担民事赔偿责任，但存在重大过错的除外。

第一百一十四条 证券交易所应当从其收取的交易费用和会员费、席位费中提取一定比例的金额设立风险基金。风险基金由证券交易所理事会管理。

风险基金提取的具体比例和使用办法，由国务院证券监督管理机构会同国务院财政部门规定。

证券交易所应当将收存的风险基金存入开户银行专门账户，不得擅自使用。

第一百一十五条 证券交易所依照法律、行政法规和国务院证券监督管理机构的规定，制定上市规则、交易规则、会员管理规则和其他有关业务规则，并报国务院证券监督管理机构批准。

在证券交易所从事证券交易，应当遵守证券交易所依法制定的业务规则。

违反业务规则的，由证券交易所给予纪律处分或者采取其他自律管理措施。

第一百一十六条 证券交易所的负责人和其他从业人员执行与证券交易有关的职务时，与其本人或者其亲属有利害关系的，应当回避。

第一百一十七条 按照依法制定的交易规则进行的交易，不得改变其交易结果，但本法第一百一十一条第二款规定的除外。对交易中违规交易者应负的民事责任不得免除；在违规交易中所获利益，依照有关规定处理。

第八章 证券公司

第一百一十八条 设立证券公司，应当具备下列条件，并经国务院证券监督管理机构批准：

（一）有符合法律、行政法规规定的公司章程；

（二）主要股东及公司的实际控制人具有良好的财务状况和诚信记录，最近三年无重大违法违规记录；

（三）有符合本法规定的公司注册资本；

（四）董事、监事、高级管理人员、从业人员符合本法规定的条件；

（五）有完善的风险管理与内部控制制度；

（六）有合格的经营场所、业务设施和信息技术系统；

（七）法律、行政法规和经国务院批准的国务院证券监督管理机构规定的其他条件。

未经国务院证券监督管理机构批准，任何单位和个人不得以证券公司名义开展证券业务活动。

第一百一十九条 国务院证券监督管理机构应当自受理证券公司设立申请之日起六个月内，依照法定条件和法定程序并根据审慎监管原则进行审查，作出批准或者不予批准的决定，并通知申请人；不予批准的，应当说明理由。

证券公司设立申请获得批准的，申请人应当在规定的期限内向公司登记机关申请设立登记，领取营业执照。

证券公司应当自领取营业执照之日起十五日内，向国务院证券监督管理机构申请经营证券业务许可证。未取得经营证券业务许可证，证券公司不得经营证券业务。

第一百二十条 经国务院证券监督管理机构核准，取得经营证券业务许可证，证券公司可以经营下列部分或者全部证券业务：

（一）证券经纪；

（二）证券投资咨询；

（三）与证券交易、证券投资活动有关的财务顾问；

（四）证券承销与保荐；

（五）证券融资融券；

（六）证券做市交易；

（七）证券自营；

（八）其他证券业务。

国务院证券监督管理机构应当自受理前款规定事项申请之日起三个月内，依照法定条件和程序进行审查，作出核准或者不予核准的决定，并通知申请人；不予核准的，应当说明理由。

证券公司经营证券资产管理业务的，应当符合《中华人民共和国证券投资基金法》等法律、行政法规的规定。

除证券公司外，任何单位和个人不得从事证券承销、证券保荐、证券经纪和证券融资融券业务。

证券公司从事证券融资融券业务，应当采取措施，严格防范和控制风险，不得违反规定向客户出借资金或者证券。

第一百二十一条 证券公司经营本法第一百二十条第一款第（一）项至第（三）项业务的，注册资本最低限额为人民币五千万元；经营第（四）项至第（八）项业务之一的，注册资本最低限额为人民币一亿元；经营第（四）项至第（八）项业务中两项以上的，注册资本最低限额为人民币五亿元。证券公司的注册资本应当是实缴资本。

国务院证券监督管理机构根据审慎监管原则和各项业务的风险程度，可以调整注册资本最低限额，但不得少于前款规定的限额。

第一百二十二条 证券公司变更证券业务范围，变更主要股东或者公司的实际控制人，合并、分立、停业、解散、破产，应当经国务院证券监督管理机构核准。

第一百二十三条 国务院证券监督管理机构应当对证券公司净资本和其他风险控制指标作出规定。

证券公司除依照规定为其客户提供融资融券外，不得为其股东或者股东的关联人提供融资或者担保。

第一百二十四条 证券公司的董事、监事、高级管理人员，应当正直诚实、品行良好，熟悉证券法律、行政法规，具有履行职责所需的经营管理能力。证券公司任免董事、监事、高级管理人员，应当报国务院证券监督管理机构备案。

有《中华人民共和国公司法》第一百四十六条规定的情形或者下列情形之一的，不得担任证券公司的董事、监事、高级管理人员：

（一）因违法行为或者违纪行为被解除职务的证券交易场所、证券登记结算机构的负责人或者证券公司的董事、监事、高级管理人员，自被解除职务之日起未逾五年；

（二）因违法行为或者违纪行为被吊销执业证书或者被取消资格的律师、注册会计师或者其他证券服务机构的专业人员，自被吊销执业证书或者被取消资格之日起未逾五年。

第一百二十五条 证券公司从事证券业务的人员应当品行良好，具备从事证券业务所需的专业能力。

因违法行为或者违纪行为被开除的证券交易场所、证券公司、证券登记结算机构、证券服务机构的从业人员和被开除的国家机关工作人员，不得招聘为证券公司的从业人员。

国家机关工作人员和法律、行政法规规定的禁止在公司中兼职的其他人员，不得在证券公司中兼任职务。

第一百二十六条 国家设立证券投资者保护基金。证券投资者保护基金由证券公司缴纳的资金及其他依法筹集的资金组成，其规模以及筹集、管理和使用的具体办法由国务院规定。

第一百二十七条 证券公司从每年的业务收入中提取交易风险准备金，用于弥补证券经营的损失，其提取的具体比例由国务院证券监督管理机构会同国务院财政部门规定。

第一百二十八条 证券公司应当建立健全内部控制制度，采取有效隔离措施，防范公司与客户之间、不同客户之间的利益冲突。

证券公司必须将其证券经纪业务、证券承销业务、证券自营业务、证券做市业务和证券资产管理业务分开办理，不得混合操作。

第一百二十九条 证券公司的自营业务必须以自己的名义进行，不得假借他人名义或者以个人名义进行。

证券公司的自营业务必须使用自有资金和依法筹集的资金。

证券公司不得将其自营账户借给他人使用。

第一百三十条 证券公司应当依法审慎经营，勤勉尽责，诚实守信。

证券公司的业务活动，应当与其治理结构、内部控制、合规管理、风险管理以及风险控制指标、从业人员构成等情况相适应，符合审慎监管和保护投资者合法权益的要求。

证券公司依法享有自主经营的权利，其合法经营不受干涉。

第一百三十一条 证券公司客户的交易结算资金应当存放在商业银行，以每个客户的名义单独立户管理。

证券公司不得将客户的交易结算资金和证券归入其自有财产。禁止任何单位或者个人以任何形式挪用客户的交易结算资金和证券。证券公司破产或者清算时,客户的交易结算资金和证券不属于其破产财产或者清算财产。非因客户本身的债务或者法律规定的其他情形,不得查封、冻结、扣划或者强制执行客户的交易结算资金和证券。

第一百三十二条 证券公司办理经纪业务,应当置备统一制定的证券买卖委托书,供委托人使用。采取其他委托方式的,必须作出委托记录。

客户的证券买卖委托,不论是否成交,其委托记录应当按照规定的期限,保存于证券公司。

第一百三十三条 证券公司接受证券买卖的委托,应当根据委托书载明的证券名称、买卖数量、出价方式、价格幅度等,按照交易规则代理买卖证券,如实进行交易记录;买卖成交后,应当按照规定制作买卖成交报告单交付客户。

证券交易中确认交易行为及其交易结果的对账单必须真实,保证账面证券余额与实际持有的证券相一致。

第一百三十四条 证券公司办理经纪业务,不得接受客户的全权委托而决定证券买卖、选择证券种类、决定买卖数量或者买卖价格。

证券公司不得允许他人以证券公司的名义直接参与证券的集中交易。

第一百三十五条 证券公司不得对客户证券买卖的收益或者赔偿证券买卖的损失作出承诺。

第一百三十六条 证券公司的从业人员在证券交易活动中,执行所属的证券公司的指令或者利用职务违反交易规则的,由所属的证券公司承担全部责任。

证券公司的从业人员不得私下接受客户委托买卖证券。

第一百三十七条 证券公司应当建立客户信息查询制度,确保客户能够查询其账户信息、委托记录、交易记录以及其他与接受服务或者购买产品有关的重要信息。

证券公司应当妥善保存客户开户资料、委托记录、交易记录和与内部管理、业务经营有关的各项信息,任何人不得隐匿、伪造、篡改或者毁损。上述信息的保存期限不得少于二十年。

第一百三十八条 证券公司应当按照规定向国务院证券监督管理机构报送业务、财务等经营管理信息和资料。国务院证券监督管理机构有权要求证券公司及其主要股东、实际控制人在指定的期限内提供有关信息、资料。

证券公司及其主要股东、实际控制人向国务院证券监督管理机构报送或者提供的信息、资料,必须真实、准确、完整。

第一百三十九条 国务院证券监督管理机构认为有必要时,可以委托会计师事务所、资产评估机构对证券公司的财务状况、内部控制状况、资产价值进行审计或者评估。具体办法由国务院证券监督管理机构会同有关主管部门制定。

第一百四十条 证券公司的治理结构、合规管理、风险控制指标不符合规定的,国务院证券监督管理机构应当责令其限期改正;逾期未改正,或者其行为严重危及该证券公司的稳健运行、损害客户合法权益的,国务院证券监督管理机构可以区别情形,对其采取下列措施:

(一)限制业务活动,责令暂停部分业务,停止核准新业务;

(二)限制分配红利,限制向董事、监事、高级管理人员支付报酬、提供福利;

(三)限制转让财产或者在财产上设定其他权利;

(四)责令更换董事、监事、高级管理人员或者限制其权利;

(五)撤销有关业务许可;

(六)认定负有责任的董事、监事、高级管理人员为不适当人选;

(七)责令负有责任的股东转让股权,限制负有责任的股东行使股东权利。

证券公司整改后,应当向国务院证券监督管理机构提交报告。国务院证券监督管理机构经验收,治理结构、合规管理、风险控制指标符合规定的,应当自验收完毕之日起三日内解除对其采取的前款规定的有关限制措施。

第一百四十一条 证券公司的股东有虚假出资、抽逃出资行为的,国务院证券监督管理机构应当责令其限期改正,并可责令其转让所持证券公司的股权。

在前款规定的股东按照要求改正违法行为、转让所持证券公司的股权前,国务院证券监督管理机构可以限制其股东权利。

第一百四十二条 证券公司的董事、监事、高级管理人员未能勤勉尽责,致使证券公司存在重大违法违规行为或者重大风险的,国务院证券监督管理机构可以责令证券公司予以更换。

第一百四十三条 证券公司违法经营或者出现重大风险,严重危害证券市场秩序、损害投资者利益的,国务院证券监督管理机构可以对该证券公司采取责令停业整顿、指定其他机构托管、接管或者撤销等监管措施。

第一百四十四条 在证券公司被责令停业整顿、被依法指定托管、接管或者清算期间,或者出现重大风险时,经国务院证券监督管理机构批准,可以对该证券公司直接负责的董事、监事、高级管理人员和其他直接责任人员采取以下措施：

（一）通知出境入境管理机关依法阻止其出境；

（二）申请司法机关禁止其转移、转让或者以其他方式处分财产，或者在财产上设定其他权利。

第九章　证券登记结算机构

第一百四十五条　证券登记结算机构为证券交易提供集中登记、存管与结算服务，不以营利为目的，依法登记，取得法人资格。

设立证券登记结算机构必须经国务院证券监督管理机构批准。

第一百四十六条　设立证券登记结算机构，应当具备下列条件：

（一）自有资金不少于人民币二亿元；

（二）具有证券登记、存管和结算服务所必须的场所和设施；

（三）国务院证券监督管理机构规定的其他条件。

证券登记结算机构的名称中应当标明证券登记结算字样。

第一百四十七条　证券登记结算机构履行下列职能：

（一）证券账户、结算账户的设立；

（二）证券的存管和过户；

（三）证券持有人名册登记；

（四）证券交易的清算和交收；

（五）受发行人的委托派发证券权益；

（六）办理与上述业务有关的查询、信息服务；

（七）国务院证券监督管理机构批准的其他业务。

第一百四十八条　在证券交易所和国务院批准的其他全国性证券交易场所交易的证券的登记结算，应当采取全国集中统一的运营方式。

前款规定以外的证券，其登记、结算可以委托证券登记结算机构或者其他依法从事证券登记、结算业务的机构办理。

第一百四十九条　证券登记结算机构应当依法制定章程和业务规则，并经国务院证券监督管理机构批准。证券登记结算业务参与人应当遵守证券登记结算机构制定的业务规则。

第一百五十条　在证券交易所或者国务院批准的其他全国性证券交易场所交易的证券，应当全部存管在证券登记结算机构。

证券登记结算机构不得挪用客户的证券。

第一百五十一条　证券登记结算机构应当向证券发行人提供证券持有人

名册及有关资料。

证券登记结算机构应当根据证券登记结算的结果，确认证券持有人持有证券的事实，提供证券持有人登记资料。

证券登记结算机构应当保证证券持有人名册和登记过户记录真实、准确、完整，不得隐匿、伪造、篡改或者毁损。

第一百五十二条 证券登记结算机构应当采取下列措施保证业务的正常进行：

（一）具有必备的服务设备和完善的数据安全保护措施；

（二）建立完善的业务、财务和安全防范等管理制度；

（三）建立完善的风险管理系统。

第一百五十三条 证券登记结算机构应当妥善保存登记、存管和结算的原始凭证及有关文件和资料。其保存期限不得少于二十年。

第一百五十四条 证券登记结算机构应当设立证券结算风险基金，用于垫付或者弥补因违约交收、技术故障、操作失误、不可抗力造成的证券登记结算机构的损失。

证券结算风险基金从证券登记结算机构的业务收入和收益中提取，并可以由结算参与人按照证券交易业务量的一定比例缴纳。

证券结算风险基金的筹集、管理办法，由国务院证券监督管理机构会同国务院财政部门规定。

第一百五十五条 证券结算风险基金应当存入指定银行的专门账户，实行专项管理。

证券登记结算机构以证券结算风险基金赔偿后，应当向有关责任人追偿。

第一百五十六条 证券登记结算机构申请解散，应当经国务院证券监督管理机构批准。

第一百五十七条 投资者委托证券公司进行证券交易，应当通过证券公司申请在证券登记结算机构开立证券账户。证券登记结算机构应当按照规定为投资者开立证券账户。

投资者申请开立账户，应当持有证明中华人民共和国公民、法人、合伙企业身份的合法证件。国家另有规定的除外。

第一百五十八条 证券登记结算机构作为中央对手方提供证券结算服务的，是结算参与人共同的清算交收对手，进行净额结算，为证券交易提供集中履约保障。

证券登记结算机构为证券交易提供净额结算服务时，应当要求结算参与人按照货银对付的原则，足额交付证券和资金，并提供交收担保。

在交收完成之前，任何人不得动用用于交收的证券、资金和担保物。

结算参与人未按时履行交收义务的，证券登记结算机构有权按照业务规则处理前款所述财产。

第一百五十九条 证券登记结算机构按照业务规则收取的各类结算资金和证券，必须存放于专门的清算交收账户，只能按业务规则用于已成交的证券交易的清算交收，不得被强制执行。

第十章 证券服务机构

第一百六十条 会计师事务所、律师事务所以及从事证券投资咨询、资产评估、资信评级、财务顾问、信息技术系统服务的证券服务机构，应当勤勉尽责、恪尽职守，按照相关业务规则为证券的交易及相关活动提供服务。

从事证券投资咨询服务业务，应当经国务院证券监督管理机构核准；未经核准，不得为证券的交易及相关活动提供服务。从事其他证券服务业务，应当报国务院证券监督管理机构和国务院有关主管部门备案。

第一百六十一条 证券投资咨询机构及其从业人员从事证券服务业务不得有下列行为：

（一）代理委托人从事证券投资；

（二）与委托人约定分享证券投资收益或者分担证券投资损失；

（三）买卖本证券投资咨询机构提供服务的证券；

（四）法律、行政法规禁止的其他行为。

有前款所列行为之一，给投资者造成损失的，应当依法承担赔偿责任。

第一百六十二条 证券服务机构应当妥善保存客户委托文件、核查和验证资料、工作底稿以及与质量控制、内部管理、业务经营有关的信息和资料，任何人不得泄露、隐匿、伪造、篡改或者毁损。上述信息和资料的保存期限不得少于十年，自业务委托结束之日起算。

第一百六十三条 证券服务机构为证券的发行、上市、交易等证券业务活动制作、出具审计报告及其他鉴证报告、资产评估报告、财务顾问报告、资信评级报告或者法律意见书等文件，应当勤勉尽责，对所依据的文件资料内容的真实性、准确性、完整性进行核查和验证。其制作、出具的文件有虚假记载、误导性陈述或者重大遗漏，给他人造成损失的，应当与委托人承担连带赔偿责任，但是能够证明自己没有过错的除外。

第十一章　证券业协会

第一百六十四条　证券业协会是证券业的自律性组织，是社会团体法人。

证券公司应当加入证券业协会。

证券业协会的权力机构为全体会员组成的会员大会。

第一百六十五条　证券业协会章程由会员大会制定，并报国务院证券监督管理机构备案。

第一百六十六条　证券业协会履行下列职责：

（一）教育和组织会员及其从业人员遵守证券法律、行政法规，组织开展证券行业诚信建设，督促证券行业履行社会责任；

（二）依法维护会员的合法权益，向证券监督管理机构反映会员的建议和要求；

（三）督促会员开展投资者教育和保护活动，维护投资者合法权益；

（四）制定和实施证券行业自律规则，监督、检查会员及其从业人员行为，对违反法律、行政法规、自律规则或者协会章程的，按照规定给予纪律处分或者实施其他自律管理措施；

（五）制定证券行业业务规范，组织从业人员的业务培训；

（六）组织会员就证券行业的发展、运作及有关内容进行研究，收集整理、发布证券相关信息，提供会员服务，组织行业交流，引导行业创新发展；

（七）对会员之间、会员与客户之间发生的证券业务纠纷进行调解；

（八）证券业协会章程规定的其他职责。

第一百六十七条　证券业协会设理事会。理事会成员依章程的规定由选举产生。

第十二章　证券监督管理机构

第一百六十八条　国务院证券监督管理机构依法对证券市场实行监督管理，维护证券市场公开、公平、公正，防范系统性风险，维护投资者合法权益，促进证券市场健康发展。

第一百六十九条　国务院证券监督管理机构在对证券市场实施监督管理中履行下列职责：

（一）依法制定有关证券市场监督管理的规章、规则，并依法进行审批、核准、注册，办理备案；

（二）依法对证券的发行、上市、交易、登记、存管、结算等行为，进行监督管理；

（三）依法对证券发行人、证券公司、证券服务机构、证券交易场所、证券登记结算机构的证券业务活动，进行监督管理；

（四）依法制定从事证券业务人员的行为准则，并监督实施；

（五）依法监督检查证券发行、上市、交易的信息披露；

（六）依法对证券业协会的自律管理活动进行指导和监督；

（七）依法监测并防范、处置证券市场风险；

（八）依法开展投资者教育；

（九）依法对证券违法行为进行查处；

（十）法律、行政法规规定的其他职责。

第一百七十条 国务院证券监督管理机构依法履行职责，有权采取下列措施：

（一）对证券发行人、证券公司、证券服务机构、证券交易场所、证券登记结算机构进行现场检查；

（二）进入涉嫌违法行为发生场所调查取证；

（三）询问当事人和与被调查事件有关的单位和个人，要求其对与被调查事件有关的事项作出说明；或者要求其按照指定的方式报送与被调查事件有关的文件和资料；

（四）查阅、复制与被调查事件有关的财产权登记、通讯记录等文件和资料；

（五）查阅、复制当事人和与被调查事件有关的单位和个人的证券交易记录、登记过户记录、财务会计资料及其他相关文件和资料；对可能被转移、隐匿或者毁损的文件和资料，可以予以封存、扣押；

（六）查询当事人和与被调查事件有关的单位和个人的资金账户、证券账户、银行账户以及其他具有支付、托管、结算等功能的账户信息，可以对有关文件和资料进行复制；对有证据证明已经或者可能转移或者隐匿违法资金、证券等涉案财产或者隐匿、伪造、毁损重要证据的，经国务院证券监督管理机构主要负责人或者其授权的其他负责人批准，可以冻结或者查封，期限为六个月；因特殊原因需要延长的，每次延长期限不得超过三个月，冻结、查封期限最长不得超过二年；

（七）在调查操纵证券市场、内幕交易等重大证券违法行为时，经国务院证券监督管理机构主要负责人或者其授权的其他负责人批准，可以限制被调查的当事人的证券买卖，但限制的期限不得超过三个月；案情复杂的，可以延长三个月；

（八）通知出境入境管理机关依法阻止涉嫌违法人员、涉嫌违法单位的主管人员和其他直接责任人员出境。

为防范证券市场风险，维护市场秩序，国务院证券监督管理机构可以采取责令改正、监管谈话、出具警示函等措施。

第一百七十一条 国务院证券监督管理机构对涉嫌证券违法的单位或者个人进行调查期间，被调查的当事人书面申请，承诺在国务院证券监督管理机构认可的期限内纠正涉嫌违法行为，赔偿有关投资者损失，消除损害或者不良影响的，国务院证券监督管理机构可以决定中止调查。被调查的当事人履行承诺的，国务院证券监督管理机构可以决定终止调查；被调查的当事人未履行承诺或者有国务院规定的其他情形的，应当恢复调查。具体办法由国务院规定。

国务院证券监督管理机构决定中止或者终止调查的，应当按照规定公开相关信息。

第一百七十二条 国务院证券监督管理机构依法履行职责，进行监督检查或者调查，其监督检查、调查的人员不得少于二人，并应当出示合法证件和监督检查、调查通知书或者其他执法文书。监督检查、调查的人员少于二人或者未出示合法证件和监督检查、调查通知书或者其他执法文书的，被检查、调查的单位和个人有权拒绝。

第一百七十三条 国务院证券监督管理机构依法履行职责，被检查、调查的单位和个人应当配合，如实提供有关文件和资料，不得拒绝、阻碍和隐瞒。

第一百七十四条 国务院证券监督管理机构制定的规章、规则和监督管理工作制度应当依法公开。

国务院证券监督管理机构依据调查结果，对证券违法行为作出的处罚决定，应当公开。

第一百七十五条 国务院证券监督管理机构应当与国务院其他金融监督管理机构建立监督管理信息共享机制。

国务院证券监督管理机构依法履行职责，进行监督检查或者调查时，有关部门应当予以配合。

第一百七十六条 对涉嫌证券违法、违规行为，任何单位和个人有权向国务院证券监督管理机构举报。

对涉嫌重大违法、违规行为的实名举报线索经查证属实的，国务院证券监督管理机构按照规定给予举报人奖励。

国务院证券监督管理机构应当对举报人的身份信息保密。

第一百七十七条 国务院证券监督管理机构可以和其他国家或者地区的证券监督管理机构建立监督管理合作机制,实施跨境监督管理。

境外证券监督管理机构不得在中华人民共和国境内直接进行调查取证等活动。未经国务院证券监督管理机构和国务院有关主管部门同意,任何单位和个人不得擅自向境外提供与证券业务活动有关的文件和资料。

第一百七十八条 国务院证券监督管理机构依法履行职责,发现证券违法行为涉嫌犯罪的,应当依法将案件移送司法机关处理;发现公职人员涉嫌职务违法或者职务犯罪的,应当依法移送监察机关处理。

第一百七十九条 国务院证券监督管理机构工作人员必须忠于职守、依法办事、公正廉洁,不得利用职务便利牟取不正当利益,不得泄露所知悉的有关单位和个人的商业秘密。

国务院证券监督管理机构工作人员在任职期间,或者离职后在《中华人民共和国公务员法》规定的期限内,不得到与原工作业务直接相关的企业或者其他营利性组织任职,不得从事与原工作业务直接相关的营利性活动。

第十三章 法律责任

第一百八十条 违反本法第九条的规定,擅自公开或者变相公开发行证券的,责令停止发行,退还所募资金并加算银行同期存款利息,处以非法所募资金金额百分之五以上百分之五十以下的罚款;对擅自公开或者变相公开发行证券设立的公司,由依法履行监督管理职责的机构或者部门会同县级以上地方人民政府予以取缔。对直接负责的主管人员和其他直接责任人员给予警告,并处以五十万元以上五百万元以下的罚款。

第一百八十一条 发行人在其公告的证券发行文件中隐瞒重要事实或者编造重大虚假内容,尚未发行证券的,处以二百万元以上二千万元以下的罚款;已经发行证券的,处以非法所募资金金额百分之十以上一倍以下的罚款。对直接负责的主管人员和其他直接责任人员,处以一百万元以上一千万元以下的罚款。

发行人的控股股东、实际控制人组织、指使从事前款违法行为的,没收违法所得,并处以违法所得百分之十以上一倍以下的罚款;没有违法所得或者违法所得不足二千万元的,处以二百万元以上二千万元以下的罚款。对直接负责的主管人员和其他直接责任人员,处以一百万元以上一千万元以下的罚款。

第一百八十二条 保荐人出具有虚假记载、误导性陈述或者重大遗漏的保荐书,或者不履行其他法定职责的,责令改正,给予警告,没收业务收入,并处以业务收入一倍以上十倍以下的罚款；没有业务收入或者业务收入不足一百万元的，处以一百万元以上一千万元以下的罚款；情节严重的，并处暂停或者撤销保荐业务许可。对直接负责的主管人员和其他直接责任人员给予警告，并处以五十万元以上五百万元以下的罚款。

第一百八十三条 证券公司承销或者销售擅自公开发行或者变相公开发行的证券的，责令停止承销或者销售，没收违法所得，并处以违法所得一倍以上十倍以下的罚款；没有违法所得或者违法所得不足一百万元的，处以一百万元以上一千万元以下的罚款；情节严重的，并处暂停或者撤销相关业务许可。给投资者造成损失的，应当与发行人承担连带赔偿责任。对直接负责的主管人员和其他直接责任人员给予警告，并处以五十万元以上五百万元以下的罚款。

第一百八十四条 证券公司承销证券违反本法第二十九条规定的，责令改正，给予警告，没收违法所得，可以并处五十万元以上五百万元以下的罚款；情节严重的，暂停或者撤销相关业务许可。对直接负责的主管人员和其他直接责任人员给予警告，可以并处二十万元以上二百万元以下的罚款；情节严重的，并处以五十万元以上五百万元以下的罚款。

第一百八十五条 发行人违反本法第十四条、第十五条的规定擅自改变公开发行证券所募集资金的用途的，责令改正，处以五十万元以上五百万元以下的罚款；对直接负责的主管人员和其他直接责任人员给予警告，并处以十万元以上一百万元以下的罚款。

发行人的控股股东、实际控制人从事或者组织、指使从事前款违法行为的，给予警告，并处以五十万元以上五百万元以下的罚款；对直接负责的主管人员和其他直接责任人员，处以十万元以上一百万元以下的罚款。

第一百八十六条 违反本法第三十六条的规定，在限制转让期内转让证券，或者转让股票不符合法律、行政法规和国务院证券监督管理机构规定的，责令改正，给予警告，没收违法所得，并处以买卖证券等值以下的罚款。

第一百八十七条 法律、行政法规规定禁止参与股票交易的人员，违反本法第四十条的规定，直接或者以化名、借他人名义持有、买卖股票或者其他具有股权性质的证券的，责令依法处理非法持有的股票、其他具有股权性质的证券，没收违法所得，并处以买卖证券等值以下的罚款；属于国家工作人员的，还应当依法给予处分。

第一百八十八条 证券服务机构及其从业人员，违反本法第四十二条的规定买卖证券的，责令依法处理非法持有的证券，没收违法所得，并处以买卖证券等值以下的罚款。

第一百八十九条 上市公司、股票在国务院批准的其他全国性证券交易场所交易的公司的董事、监事、高级管理人员、持有该公司百分之五以上股份的股东，违反本法第四十四条的规定，买卖该公司股票或者其他具有股权性质的证券的，给予警告，并处以十万元以上一百万元以下的罚款。

第一百九十条 违反本法第四十五条的规定，采取程序化交易影响证券交易所系统安全或者正常交易秩序的，责令改正，并处以五十万元以上五百万元以下的罚款。对直接负责的主管人员和其他直接责任人员给予警告，并处以十万元以上一百万元以下的罚款。

第一百九十一条 证券交易内幕信息的知情人或者非法获取内幕信息的人违反本法第五十三条的规定从事内幕交易的，责令依法处理非法持有的证券，没收违法所得，并处以违法所得一倍以上十倍以下的罚款；没有违法所得或者违法所得不足五十万元的，处以五十万元以上五百万元以下的罚款。单位从事内幕交易的，还应当对直接负责的主管人员和其他直接责任人员给予警告，并处以二十万元以上二百万元以下的罚款。国务院证券监督管理机构工作人员从事内幕交易的，从重处罚。

违反本法第五十四条的规定，利用未公开信息进行交易的，依照前款的规定处罚。

第一百九十二条 违反本法第五十五条的规定，操纵证券市场的，责令依法处理其非法持有的证券，没收违法所得，并处以违法所得一倍以上十倍以下的罚款；没有违法所得或者违法所得不足一百万元的，处以一百万元以上一千万元以下的罚款。单位操纵证券市场的，还应当对直接负责的主管人员和其他直接责任人员给予警告，并处以五十万元以上五百万元以下的罚款。

第一百九十三条 违反本法第五十六条第一款、第三款的规定，编造、传播虚假信息或者误导性信息，扰乱证券市场的，没收违法所得，并处以违法所得一倍以上十倍以下的罚款；没有违法所得或者违法所得不足二十万元的，处以二十万元以上二百万元以下的罚款。

违反本法第五十六条第二款的规定，在证券交易活动中作出虚假陈述或者信息误导的，责令改正，处以二十万元以上二百万元以下的罚款；属于国家工作人员的，还应当依法给予处分。

传播媒介及其从事证券市场信息报道的工作人员违反本法第五十六条第三款的规定，从事与其工作职责发生利益冲突的证券买卖的，没收违法所得，并处以买卖证券等值以下的罚款。

第一百九十四条 证券公司及其从业人员违反本法第五十七条的规定，有损害客户利益的行为的，给予警告，没收违法所得，并处以违法所得一倍以上十倍以下的罚款；没有违法所得或者违法所得不足十万元的，处以十万元以上一百万元以下的罚款；情节严重的，暂停或者撤销相关业务许可。

第一百九十五条 违反本法第五十八条的规定，出借自己的证券账户或者借用他人的证券账户从事证券交易的，责令改正，给予警告，可以处五十万元以下的罚款。

第一百九十六条 收购人未按照本法规定履行上市公司收购的公告、发出收购要约义务的，责令改正，给予警告，并处以五十万元以上五百万元以下的罚款。对直接负责的主管人员和其他直接责任人员给予警告，并处以二十万元以上二百万元以下的罚款。

收购人及其控股股东、实际控制人利用上市公司收购，给被收购公司及其股东造成损失的，应当依法承担赔偿责任。

第一百九十七条 信息披露义务人未按照本法规定报送有关报告或者履行信息披露义务的，责令改正，给予警告，并处以五十万元以上五百万元以下的罚款；对直接负责的主管人员和其他直接责任人员给予警告，并处以二十万元以上二百万元以下的罚款。发行人的控股股东、实际控制人组织、指使从事上述违法行为，或者隐瞒相关事项导致发生上述情形的，处以五十万元以上五百万元以下的罚款；对直接负责的主管人员和其他直接责任人员，处以二十万元以上二百万元以下的罚款。

信息披露义务人报送的报告或者披露的信息有虚假记载、误导性陈述或者重大遗漏的，责令改正，给予警告，并处以一百万元以上一千万元以下的罚款；对直接负责的主管人员和其他直接责任人员给予警告，并处以五十万元以上五百万元以下的罚款。发行人的控股股东、实际控制人组织、指使从事上述违法行为，或者隐瞒相关事项导致发生上述情形的，处以一百万元以上一千万元以下的罚款；对直接负责的主管人员和其他直接责任人员，处以五十万元以上五百万元以下的罚款。

第一百九十八条 证券公司违反本法第八十八条的规定未履行或者未按照规定履行投资者适当性管理义务的，责令改正，给予警告，并处以十万元以上一百万元以下的罚款。对直接负责的主管人员和其他直接责任人员给予警告，并处以二十万元以下的罚款。

第一百九十九条 违反本法第九十条的规定征集股东权利的，责令改正，给予警告，可以处五十万元以下的罚款。

第二百条 非法开设证券交易场所的，由县级以上人民政府予以取缔，没收违法所得，并处以违法所得一倍以上十倍以下的罚款；没有违法所得或者违法所得不足一百万元的，处以一百万元以上一千万元以下的罚款。对直接负责的主管人员和其他直接责任人员给予警告，并处以二十万元以上二百万元以下的罚款。

证券交易所违反本法第一百零五条的规定，允许非会员直接参与股票的集中交易的，责令改正，可以并处五十万元以下的罚款。

第二百零一条 证券公司违反本法第一百零七条第一款的规定，未对投资者开立账户提供的身份信息进行核对的，责令改正，给予警告，并处以五万元以上五十万元以下的罚款。对直接负责的主管人员和其他直接责任人员给予警告，并处以十万元以下的罚款。

证券公司违反本法第一百零七条第二款的规定，将投资者的账户提供给他人使用的，责令改正，给予警告，并处以十万元以上一百万元以下的罚款。对直接负责的主管人员和其他直接责任人员给予警告，并处以二十万元以下的罚款。

第二百零二条 违反本法第一百一十八条、第一百二十条第一款、第四款的规定，擅自设立证券公司、非法经营证券业务或者未经批准以证券公司名义开展证券业务活动的，责令改正，没收违法所得，并处以违法所得一倍以上十倍以下的罚款；没有违法所得或者违法所得不足一百万元的，处以一百万元以上一千万元以下的罚款。对直接负责的主管人员和其他直接责任人员给予警告，并处以二十万元以上二百万元以下的罚款。对擅自设立的证券公司，由国务院证券监督管理机构予以取缔。

证券公司违反本法第一百二十条第五款规定提供证券融资融券服务的，没收违法所得，并处以融资融券等值以下的罚款；情节严重的，禁止其在一定期限内从事证券融资融券业务。对直接负责的主管人员和其他直接责任人员给予警告，并处以二十万元以上二百万元以下的罚款。

第二百零三条 提交虚假证明文件或者采取其他欺诈手段骗取证券公司设立许可、业务许可或者重大事项变更核准的，撤销相关许可，并处以一百万元以上一千万元以下的罚款。对直接负责的主管人员和其他直接责任人员给予警告，并处以二十万元以上二百万元以下的罚款。

第二百零四条 证券公司违反本法第一百二十二条的规定，未经核准变更证券业务范围，变更主要股东或者公司的实际控制人，合并、分立、停业、解散、破产的，责令改正，给予警告，没收违法所得，并处以违法所得一倍以上十倍以下的罚款；没有违法所得或者违法所得不足五十万元的，处以五十万元以上五百万元以下的罚款；情节严重的，并处撤销相关业务许可。对直接负责的主管人员和其他直接责任人员给予警告，并处以二十万元以上二百万元以下的罚款。

第二百零五条 证券公司违反本法第一百二十三条第二款的规定，为其股东或者股东的关联人提供融资或者担保的，责令改正，给予警告，并处以五十万元以上五百万元以下的罚款。对直接负责的主管人员和其他直接责任人员给予警告，并处以十万元以上一百万元以下的罚款。股东有过错的，在按照要求改正前，国务院证券监督管理机构可以限制其股东权利；拒不改正的，可以责令其转让所持证券公司股权。

第二百零六条 证券公司违反本法第一百二十八条的规定，未采取有效隔离措施防范利益冲突，或者未分开办理相关业务、混合操作的，责令改正，给予警告，没收违法所得，并处以违法所得一倍以上十倍以下的罚款；没有违法所得或者违法所得不足五十万元的，处以五十万元以上五百万元以下的罚款；情节严重的，并处撤销相关业务许可。对直接负责的主管人员和其他直接责任人员给予警告，并处以二十万元以上二百万元以下的罚款。

第二百零七条 证券公司违反本法第一百二十九条的规定从事证券自营业务的，责令改正，给予警告，没收违法所得，并处以违法所得一倍以上十倍以下的罚款；没有违法所得或者违法所得不足五十万元的，处以五十万元以上五百万元以下的罚款；情节严重的，并处撤销相关业务许可或者责令关闭。对直接负责的主管人员和其他直接责任人员给予警告，并处以二十万元以上二百万元以下的罚款。

第二百零八条 违反本法第一百三十一条的规定，将客户的资金和证券归入自有财产，或者挪用客户的资金和证券的，责令改正，给予警告，没收违法所得，并处以违法所得一倍以上十倍以下的罚款；没有违法所得或者违法所得不足一百万元的，处以一百万元以上一千万元以下的罚款；情节严重的，并处撤销相关业务许可或者责令关闭。对直接负责的主管人员和其他直接责任人员给予警告，并处以五十万元以上五百万元以下的罚款。

第二百零九条 证券公司违反本法第一百三十四条第一款的规定接受客户的全权委托买卖证券的，或者违反本法第一百三十五条的规定对客户的收益或者赔偿客户的损失作出承诺的，责令改正，给予警告，没收违法所得，并处以违法所得一倍以上十倍以下的罚款；没有违法所得或者违法所得不足五十万元的，处以五十万元以上五百万元以下的罚款；情节严重的，并处撤销相关业务许可。对直接负责的主管人员和其他直接责任人员给予警告，并处以二十万元以上二百万元以下的罚款。

证券公司违反本法第一百三十四条第二款的规定，允许他人以证券公司的名义直接参与证券的集中交易的，责令改正，可以并处五十万元以下的罚款。

第二百一十条 证券公司的从业人员违反本法第一百三十六条的规定，私下接受客户委托买卖证券的，责令改正，给予警告，没收违法所得，并处以违法所得一倍以上十倍以下的罚款；没有违法所得的，处以五十万元以下的罚款。

第二百一十一条 证券公司及其主要股东、实际控制人违反本法第一百三十八条的规定，未报送、提供信息和资料，或者报送、提供的信息和资料有虚假记载、误导性陈述或者重大遗漏的，责令改正，给予警告，并处以一百万元以下的罚款；情节严重的，并处撤销相关业务许可。对直接负责的主管人员和其他直接责任人员，给予警告，并处以五十万元以下的罚款。

第二百一十二条 违反本法第一百四十五条的规定，擅自设立证券登记结算机构的，由国务院证券监督管理机构予以取缔，没收违法所得，并处以违法所得一倍以上十倍以下的罚款；没有违法所得或者违法所得不足五十万元的，处以五十万元以上五百万元以下的罚款。对直接负责的主管人员和其他直接责任人员给予警告，并处以二十万元以上二百万元以下的罚款。

第二百一十三条 证券投资咨询机构违反本法第一百六十条第二款的规定擅自从事证券服务业务，或者从事证券服务业务有本法第一百六十一条规定行为的，责令改正，没收违法所得，并处以违法所得一倍以上十倍以下的罚款；没有违法所得或者违法所得不足五十万元的，处以五十万元以上五百万元以下的罚款。对直接负责的主管人员和其他直接责任人员，给予警告，并处以二十万元以上二百万元以下的罚款。

会计师事务所、律师事务所以及从事资产评估、资信评级、财务顾问、信息技术系统服务的机构违反本法第一百六十条第二款的规定，从事证券服务业务未报备案的，责令改正，可以处二十万元以下的罚款。

证券服务机构违反本法第一百六十三条的规定，未勤勉尽责，所制作、出具的文件有虚假记载、误导性陈述或者重大遗漏的，责令改正，没收业务收入，并处以业务收入一倍以上十倍以下的罚款，没有业务收入或者业务收入不足五十万元的，处以五十万元以上五百万元以下的罚款；情节严重的，并处暂停或者禁止从事证券服务业务。对直接负责的主管人员和其他直接责任人员给予警告，并处以二十万元以上二百万元以下的罚款。

第二百一十四条 发行人、证券登记结算机构、证券公司、证券服务机构未按照规定保存有关文件和资料的，责令改正，给予警告，并处以十万元以上一百万元以下的罚款；泄露、隐匿、伪造、篡改或者毁损有关文件和资料的，给予警告，并处以二十万元以上二百万元以下的罚款；情节严重的，处以五十万元以上五百万元以下的罚款，并处暂停、撤销相关业务许可或者禁止从事相关业务。对直接负责的主管人员和其他直接责任人员给予警告，并处以十万元以上一百万元以下的罚款。

第二百一十五条 国务院证券监督管理机构依法将有关市场主体遵守本法的情况纳入证券市场诚信档案。

第二百一十六条 国务院证券监督管理机构或者国务院授权的部门有下列情形之一的，对直接负责的主管人员和其他直接责任人员，依法给予处分：

（一）对不符合本法规定的发行证券、设立证券公司等申请予以核准、注册、批准的；

（二）违反本法规定采取现场检查、调查取证、查询、冻结或者查封等措施的；

（三）违反本法规定对有关机构和人员采取监督管理措施的；

（四）违反本法规定对有关机构和人员实施行政处罚的；

（五）其他不依法履行职责的行为。

第二百一十七条 国务院证券监督管理机构或者国务院授权的部门的工作人员，不履行本法规定的职责，滥用职权、玩忽职守，利用职务便利牟取不正当利益，或者泄露所知悉的有关单位和个人的商业秘密的，依法追究法律责任。

第二百一十八条 拒绝、阻碍证券监督管理机构及其工作人员依法行使监督检查、调查职权，由证券监督管理机构责令改正，处以十万元以上一百万元以下的罚款，并由公安机关依法给予治安管理处罚。

第二百一十九条 违反本法规定，构成犯罪的，依法追究刑事责任。

第二百二十条 违反本法规定，应当承担民事赔偿责任和缴纳罚款、罚金、违法所得，违法行为人的财产不足以支付的，优先用于承担民事赔偿责任。

第二百二十一条 违反法律、行政法规或者国务院证券监督管理机构的有关规定，情节严重的，国务院证券监督管理机构可以对有关责任人员采取证券市场禁入的措施。

前款所称证券市场禁入，是指在一定期限内直至终身不得从事证券业务、证券服务业务，不得担任证券发行人的董事、监事、高级管理人员，或者一定期限内不得在证券交易所、国务院批准的其他全国性证券交易场所交易证券的制度。

第二百二十二条 依照本法收缴的罚款和没收的违法所得，全部上缴国库。

第二百二十三条 当事人对证券监督管理机构或者国务院授权的部门的处罚决定不服的，可以依法申请行政复议，或者依法直接向人民法院提起诉讼。

第十四章　附　　则

第二百二十四条　境内企业直接或者间接到境外发行证券或者将其证券在境外上市交易，应当符合国务院的有关规定。

第二百二十五条　境内公司股票以外币认购和交易的，具体办法由国务院另行规定。

第二百二十六条　本法自 2020 年 3 月 1 日起施行。

中华人民共和国
基本医疗卫生与健康促进法

（2019 年 12 月 28 日第十三届全国人民代表大会常务委员会第十五次会议通过　2019 年 12 月 28 日中华人民共和国主席令第 38 号公布　自 2020 年 6 月 1 日起施行）

目　　录

第一章　总　　则

第一条　为了发展医疗卫生与健康事业，保障公民享有基本医疗卫生服务，提高公民健康水平，推进健康中国建设，根据宪法，制定本法。

第二条 从事医疗卫生、健康促进及其监督管理活动，适用本法。

第三条 医疗卫生与健康事业应当坚持以人民为中心，为人民健康服务。

医疗卫生事业应当坚持公益性原则。

第四条 国家和社会尊重、保护公民的健康权。

国家实施健康中国战略，普及健康生活，优化健康服务，完善健康保障，建设健康环境，发展健康产业，提升公民全生命周期健康水平。

国家建立健康教育制度，保障公民获得健康教育的权利，提高公民的健康素养。

第五条 公民依法享有从国家和社会获得基本医疗卫生服务的权利。

国家建立基本医疗卫生制度，建立健全医疗卫生服务体系，保护和实现公民获得基本医疗卫生服务的权利。

第六条 各级人民政府应当把人民健康放在优先发展的战略地位，将健康理念融入各项政策，坚持预防为主，完善健康促进工作体系，组织实施健康促进的规划和行动，推进全民健身，建立健康影响评估制度，将公民主要健康指标改善情况纳入政府目标责任考核。

全社会应当共同关心和支持医疗卫生与健康事业的发展。

第七条 国务院和地方各级人民政府领导医疗卫生与健康促进工作。

国务院卫生健康主管部门负责统筹协调全国医疗卫生与健康促进工作。国务院其他有关部门在各自职责范围内负责有关的医疗卫生与健康促进工作。

县级以上地方人民政府卫生健康主管部门负责统筹协调本行政区域医疗卫生与健康促进工作。县级以上地方人民政府其他有关部门在各自职责范围内负责有关的医疗卫生与健康促进工作。

第八条 国家加强医学基础科学研究，鼓励医学科学技术创新，支持临床医学发展，促进医学科技成果的转化和应用，推进医疗卫生与信息技术融合发展，推广医疗卫生适宜技术，提高医疗卫生服务质量。

国家发展医学教育，完善适应医疗卫生事业发展需要的医学教育体系，大力培养医疗卫生人才。

第九条 国家大力发展中医药事业，坚持中西医并重、传承与创新相结合，发挥中医药在医疗卫生与健康事业中的独特作用。

第十条 国家合理规划和配置医疗卫生资源，以基层为重点，采取多种措施优先支持县级以下医疗卫生机构发展，提高其医疗卫生服务能力。

第十一条 国家加大对医疗卫生与健康事业的财政投入，通过增加转移支付等方式重点扶持革命老区、民族地区、边疆地区和经济欠发达地区发展医疗卫生与健康事业。

第十二条 国家鼓励和支持公民、法人和其他组织通过依法举办机构和捐赠、资助等方式，参与医疗卫生与健康事业，满足公民多样化、差异化、个性化健康需求。

公民、法人和其他组织捐赠财产用于医疗卫生与健康事业的，依法享受税收优惠。

第十三条 对在医疗卫生与健康事业中做出突出贡献的组织和个人，按照国家规定给予表彰、奖励。

第十四条 国家鼓励和支持医疗卫生与健康促进领域的对外交流合作。

开展医疗卫生与健康促进对外交流合作活动，应当遵守法律、法规，维护国家主权、安全和社会公共利益。

第二章 基本医疗卫生服务

第十五条 基本医疗卫生服务，是指维护人体健康所必需、与经济社会发展水平相适应、公民可公平获得的，采用适宜药物、适宜技术、适宜设备提供的疾病预防、诊断、治疗、护理和康复等服务。

基本医疗卫生服务包括基本公共卫生服务和基本医疗服务。基本公共卫生服务由国家免费提供。

第十六条 国家采取措施，保障公民享有安全有效的基本公共卫生服务，控制影响健康的危险因素，提高疾病的预防控制水平。

国家基本公共卫生服务项目由国务院卫生健康主管部门会同国务院财政部门、中医药主管部门等共同确定。

省、自治区、直辖市人民政府可以在国家基本公共卫生服务项目基础上，补充确定本行政区域的基本公共卫生服务项目，并报国务院卫生健康主管部门备案。

第十七条 国务院和省、自治区、直辖市人民政府可以将针对重点地区、重点疾病和特定人群的服务内容纳入基本公共卫生服务项目并组织实施。

县级以上地方人民政府针对本行政区域重大疾病和主要健康危险因素，开展专项防控工作。

第十八条 县级以上人民政府通过举办专业公共卫生机构、基层医疗卫生机构和医院，或者从其他医疗卫生机构购买服务的方式提供基本公共卫生服务。

第十九条 国家建立健全突发事件卫生应急体系，制定和完善应急预案，组织开展突发事件的医疗救治、卫生学调查处置和心理援助等卫生应急工作,有效控制和消除危害。

第二十条 国家建立传染病防控制度,制定传染病防治规划并组织实施,加强传染病监测预警,坚持预防为主、防治结合,联防联控、群防群控、源头防控、综合治理,阻断传播途径,保护易感人群,降低传染病的危害。

任何组织和个人应当接受、配合医疗卫生机构为预防、控制、消除传染病危害依法采取的调查、检验、采集样本、隔离治疗、医学观察等措施。

第二十一条 国家实行预防接种制度,加强免疫规划工作。居民有依法接种免疫规划疫苗的权利和义务。政府向居民免费提供免疫规划疫苗。

第二十二条 国家建立慢性非传染性疾病防控与管理制度,对慢性非传染性疾病及其致病危险因素开展监测、调查和综合防控干预,及时发现高危人群,为患者和高危人群提供诊疗、早期干预、随访管理和健康教育等服务。

第二十三条 国家加强职业健康保护。县级以上人民政府应当制定职业病防治规划,建立健全职业健康工作机制,加强职业健康监督管理,提高职业病综合防治能力和水平。

用人单位应当控制职业病危害因素,采取工程技术、个体防护和健康管理等综合治理措施,改善工作环境和劳动条件。

第二十四条 国家发展妇幼保健事业,建立健全妇幼健康服务体系,为妇女、儿童提供保健及常见病防治服务,保障妇女、儿童健康。

国家采取措施,为公民提供婚前保健、孕产期保健等服务,促进生殖健康,预防出生缺陷。

第二十五条 国家发展老年人保健事业。国务院和省、自治区、直辖市人民政府应当将老年人健康管理和常见病预防等纳入基本公共卫生服务项目。

第二十六条 国家发展残疾预防和残疾人康复事业,完善残疾预防和残疾人康复及其保障体系,采取措施为残疾人提供基本康复服务。

县级以上人民政府应当优先开展残疾儿童康复工作,实行康复与教育相结合。

第二十七条 国家建立健全院前急救体系,为急危重症患者提供及时、规范、有效的急救服务。

卫生健康主管部门、红十字会等有关部门、组织应当积极开展急救培训,普及急救知识,鼓励医疗卫生人员、经过急救培训的人员积极参与公共场所急救服务。公共场所应当按照规定配备必要的急救设备、设施。

急救中心(站)不得以未付费为由拒绝或者拖延为急危重症患者提供急救服务。

第二十八条 国家发展精神卫生事业,建设完善精神卫生服务体系,维护和增进公民心理健康,预防、治疗精神障碍。

国家采取措施,加强心理健康服务体系和人才队伍建设,促进心理健康教育、心理评估、心理咨询与心理治疗服务的有效衔接,设立为公众提供公益服务的心理援助热线,加强未成年人、残疾人和老年人等重点人群心理健康服务。

第二十九条 基本医疗服务主要由政府举办的医疗卫生机构提供。鼓励社会力量举办的医疗卫生机构提供基本医疗服务。

第三十条 国家推进基本医疗服务实行分级诊疗制度,引导非急诊患者首先到基层医疗卫生机构就诊,实行首诊负责制和转诊审核责任制,逐步建立基层首诊、双向转诊、急慢分治、上下联动的机制,并与基本医疗保险制度相衔接。

县级以上地方人民政府根据本行政区域医疗卫生需求,整合区域内政府举办的医疗卫生资源,因地制宜建立医疗联合体等协同联动的医疗服务合作机制。鼓励社会力量举办的医疗卫生机构参与医疗服务合作机制。

第三十一条 国家推进基层医疗卫生机构实行家庭医生签约服务,建立家庭医生服务团队,与居民签订协议,根据居民健康状况和医疗需求提供基本医疗卫生服务。

第三十二条 公民接受医疗卫生服务,对病情、诊疗方案、医疗风险、医疗费用等事项依法享有知情同意的权利。

需要实施手术、特殊检查、特殊治疗的,医疗卫生人员应当及时向患者说明医疗风险、替代医疗方案等情况,并取得其同意;不能或者不宜向患者说明的,应当向患者的近亲属说明,并取得其同意。法律另有规定的,依照其规定。

开展药物、医疗器械临床试验和其他医学研究应当遵守医学伦理规范,依法通过伦理审查,取得知情同意。

第三十三条 公民接受医疗卫生服务,应当受到尊重。医疗卫生机构、医疗卫生人员应当关心爱护、平等对待患者,尊重患者人格尊严,保护患者隐私。

公民接受医疗卫生服务,应当遵守诊疗制度和医疗卫生服务秩序,尊重医疗卫生人员。

第三章 医疗卫生机构

第三十四条 国家建立健全由基层医疗卫生机构、医院、专业公共卫生机构等组成的城乡全覆盖、功能互补、连续协同的医疗卫生服务体系。

国家加强县级医院、乡镇卫生院、村卫生室、社区卫生服务中心(站)和专业公共卫生机构等的建设,建立健全农村医疗卫生服务网络和城市社区卫生服务网络。

第三十五条 基层医疗卫生机构主要提供预防、保健、健康教育、疾病管理,为居民建立健康档案,常见病、多发病的诊疗以及部分疾病的康复、护理,接收医院转诊患者,向医院转诊超出自身服务能力的患者等基本医疗卫生服务。

医院主要提供疾病诊治,特别是急危重症和疑难病症的诊疗,突发事件医疗处置和救援以及健康教育等医疗卫生服务,并开展医学教育、医疗卫生人员培训、医学科学研究和对基层医疗卫生机构的业务指导等工作。

专业公共卫生机构主要提供传染病、慢性非传染性疾病、职业病、地方病等疾病预防控制和健康教育、妇幼保健、精神卫生、院前急救、采供血、食品安全风险监测评估、出生缺陷防治等公共卫生服务。

第三十六条 各级各类医疗卫生机构应当分工合作,为公民提供预防、保健、治疗、护理、康复、安宁疗护等全方位全周期的医疗卫生服务。

各级人民政府采取措施支持医疗卫生机构与养老机构、儿童福利机构、社区组织建立协作机制,为老年人、孤残儿童提供安全、便捷的医疗和健康服务。

第三十七条 县级以上人民政府应当制定并落实医疗卫生服务体系规划,科学配置医疗卫生资源,举办医疗卫生机构,为公民获得基本医疗卫生服务提供保障。

政府举办医疗卫生机构,应当考虑本行政区域人口、经济社会发展状况、医疗卫生资源、健康危险因素、发病率、患病率以及紧急救治需求等情况。

第三十八条 举办医疗机构,应当具备下列条件,按照国家有关规定办理审批或者备案手续:

(一)有符合规定的名称、组织机构和场所;

(二)有与其开展的业务相适应的经费、设施、设备和医疗卫生人员;

(三)有相应的规章制度;

(四)能够独立承担民事责任;

(五)法律、行政法规规定的其他条件。

医疗机构依法取得执业许可证。禁止伪造、变造、买卖、出租、出借医疗机构执业许可证。

各级各类医疗卫生机构的具体条件和配置应当符合国务院卫生健康主管部门制定的医疗卫生机构标准。

第三十九条 国家对医疗卫生机构实行分类管理。

医疗卫生服务体系坚持以非营利性医疗卫生机构为主体、营利性医疗卫生机构为补充。政府举办非营利性医疗卫生机构,在基本医疗卫生事业中发挥主导作用,保障基本医疗卫生服务公平可及。

以政府资金、捐赠资产举办或者参与举办的医疗卫生机构不得设立为营利性医疗卫生机构。

医疗卫生机构不得对外出租、承包医疗科室。非营利性医疗卫生机构不得向出资人、举办者分配或者变相分配收益。

第四十条 政府举办的医疗卫生机构应当坚持公益性质,所有收支均纳入预算管理,按照医疗卫生服务体系规划合理设置并控制规模。

国家鼓励政府举办的医疗卫生机构与社会力量合作举办非营利性医疗卫生机构。

政府举办的医疗卫生机构不得与其他组织投资设立非独立法人资格的医疗卫生机构,不得与社会资本合作举办营利性医疗卫生机构。

第四十一条 国家采取多种措施,鼓励和引导社会力量依法举办医疗卫生机构,支持和规范社会力量举办的医疗卫生机构与政府举办的医疗卫生机构开展多种类型的医疗业务、学科建设、人才培养等合作。

社会力量举办的医疗卫生机构在基本医疗保险定点、重点专科建设、科研教学、等级评审、特定医疗技术准入、医疗卫生人员职称评定等方面享有与政府举办的医疗卫生机构同等的权利。

社会力量可以选择设立非营利性或者营利性医疗卫生机构。社会力量举办的非营利性医疗卫生机构按照规定享受与政府举办的医疗卫生机构同等的税收、财政补助、用地、用水、用电、用气、用热等政策,并依法接受监督管理。

第四十二条 国家以建成的医疗卫生机构为基础,合理规划与设置国家医学中心和国家、省级区域性医疗中心,诊治疑难重症,研究攻克重大医学难题,培养高层次医疗卫生人才。

第四十三条 医疗卫生机构应当遵守法律、法规、规章,建立健全内部质量管理和控制制度,对医疗卫生服务质量负责。

医疗卫生机构应当按照临床诊疗指南、临床技术操作规范和行业标准以及医学伦理规范等有关要求,合理进行检查、用药、诊疗,加强医疗卫生安全风险防范,优化服务流程,持续改进医疗卫生服务质量。

第四十四条 国家对医疗卫生技术的临床应用进行分类管理,对技术难度大、医疗风险高,服务能力、人员专业技术水平要求较高的医疗卫生技术实行严格管理。

医疗卫生机构开展医疗卫生技术临床应用,应当与其功能任务相适应,遵循科学、安全、规范、有效、经济的原则，并符合伦理。

第四十五条 国家建立权责清晰、管理科学、治理完善、运行高效、监督有力的现代医院管理制度。

医院应当制定章程，建立和完善法人治理结构，提高医疗卫生服务能力和运行效率。

第四十六条 医疗卫生机构执业场所是提供医疗卫生服务的公共场所，任何组织或者个人不得扰乱其秩序。

第四十七条 国家完善医疗风险分担机制，鼓励医疗机构参加医疗责任保险或者建立医疗风险基金，鼓励患者参加医疗意外保险。

第四十八条 国家鼓励医疗卫生机构不断改进预防、保健、诊断、治疗、护理和康复的技术、设备与服务，支持开发适合基层和边远地区应用的医疗卫生技术。

第四十九条 国家推进全民健康信息化，推动健康医疗大数据、人工智能等的应用发展，加快医疗卫生信息基础设施建设，制定健康医疗数据采集、存储、分析和应用的技术标准，运用信息技术促进优质医疗卫生资源的普及与共享。

县级以上人民政府及其有关部门应当采取措施，推进信息技术在医疗卫生领域和医学教育中的应用，支持探索发展医疗卫生服务新模式、新业态。

国家采取措施，推进医疗卫生机构建立健全医疗卫生信息交流和信息安全制度，应用信息技术开展远程医疗服务，构建线上线下一体化医疗服务模式。

第五十条 发生自然灾害、事故灾难、公共卫生事件和社会安全事件等严重威胁人民群众生命健康的突发事件时，医疗卫生机构、医疗卫生人员应当服从政府部门的调遣，参与卫生应急处置和医疗救治。对致病、致残、死亡的参与人员，按照规定给予工伤或者抚恤、烈士褒扬等相关待遇。

第四章 医疗卫生人员

第五十一条 医疗卫生人员应当弘扬敬佑生命、救死扶伤、甘于奉献、大爱无疆的崇高职业精神，遵守行业规范，恪守医德，努力提高专业水平和服务质量。

医疗卫生行业组织、医疗卫生机构、医学院校应当加强对医疗卫生人员的医德医风教育。

第五十二条 国家制定医疗卫生人员培养规划，建立适应行业特点和社会需求的医疗卫生人员培养机制和供需平衡机制，完善医学院校教育、毕业后教育和继续教育体系，建立健全住院医师、专科医师规范化培训制度，建立规模适宜、结构合理、分布均衡的医疗卫生队伍。

国家加强全科医生的培养和使用。全科医生主要提供常见病、多发病的诊疗和转诊、预防、保健、康复，以及慢性病管理、健康管理等服务。

第五十三条 国家对医师、护士等医疗卫生人员依法实行执业注册制度。医疗卫生人员应当依法取得相应的职业资格。

第五十四条 医疗卫生人员应当遵循医学科学规律，遵守有关临床诊疗技术规范和各项操作规范以及医学伦理规范，使用适宜技术和药物，合理诊疗，因病施治，不得对患者实施过度医疗。

医疗卫生人员不得利用职务之便索要、非法收受财物或者牟取其他不正当利益。

第五十五条 国家建立健全符合医疗卫生行业特点的人事、薪酬、奖励制度，体现医疗卫生人员职业特点和技术劳动价值。

对从事传染病防治、放射医学和精神卫生工作以及其他在特殊岗位工作的医疗卫生人员，应当按照国家规定给予适当的津贴。津贴标准应当定期调整。

第五十六条 国家建立医疗卫生人员定期到基层和艰苦边远地区从事医疗卫生工作制度。

国家采取定向免费培养、对口支援、退休返聘等措施，加强基层和艰苦边远地区医疗卫生队伍建设。

执业医师晋升为副高级技术职称的，应当有累计一年以上在县级以下或者对口支援的医疗卫生机构提供医疗卫生服务的经历。

对在基层和艰苦边远地区工作的医疗卫生人员，在薪酬津贴、职称评定、职业发展、教育培训和表彰奖励等方面实行优惠待遇。

国家加强乡村医疗卫生队伍建设，建立县乡村上下贯通的职业发展机制，完善对乡村医疗卫生人员的服务收入多渠道补助机制和养老政策。

第五十七条 全社会应当关心、尊重医疗卫生人员，维护良好安全的医疗卫生服务秩序，共同构建和谐医患关系。

医疗卫生人员的人身安全、人格尊严不受侵犯，其合法权益受法律保护。禁止任何组织或者个人威胁、危害医疗卫生人员人身安全，侵犯医疗卫生人员人格尊严。

国家采取措施，保障医疗卫生人员执业环境。

第五章　药品供应保障

第五十八条　国家完善药品供应保障制度，建立工作协调机制，保障药品的安全、有效、可及。

第五十九条　国家实施基本药物制度，遴选适当数量的基本药物品种，满足疾病防治基本用药需求。

国家公布基本药物目录，根据药品临床应用实践、药品标准变化、药品新上市情况等，对基本药物目录进行动态调整。

基本药物按照规定优先纳入基本医疗保险药品目录。

国家提高基本药物的供给能力，强化基本药物质量监管，确保基本药物公平可及、合理使用。

第六十条　国家建立健全以临床需求为导向的药品审评审批制度，支持临床急需药品、儿童用药品和防治罕见病、重大疾病等药品的研制、生产，满足疾病防治需求。

第六十一条　国家建立健全药品研制、生产、流通、使用全过程追溯制度，加强药品管理，保证药品质量。

第六十二条　国家建立健全药品价格监测体系，开展成本价格调查，加强药品价格监督检查，依法查处价格垄断、价格欺诈、不正当竞争等违法行为，维护药品价格秩序。

国家加强药品分类采购管理和指导。参加药品采购投标的投标人不得以低于成本的报价竞标，不得以欺诈、串通投标、滥用市场支配地位等方式竞标。

第六十三条　国家建立中央与地方两级医药储备，用于保障重大灾情、疫情及其他突发事件等应急需要。

第六十四条　国家建立健全药品供求监测体系，及时收集和汇总分析药品供求信息，定期公布药品生产、流通、使用等情况。

第六十五条　国家加强对医疗器械的管理，完善医疗器械的标准和规范，提高医疗器械的安全有效水平。

国务院卫生健康主管部门和省、自治区、直辖市人民政府卫生健康主管部门应当根据技术的先进性、适宜性和可及性，编制大型医用设备配置规划，促进区域内医用设备合理配置、充分共享。

第六十六条　国家加强中药的保护与发展，充分体现中药的特色和优势，发挥其在预防、保健、医疗、康复中的作用。

第六章 健康促进

第六十七条 各级人民政府应当加强健康教育工作及其专业人才培养，建立健康知识和技能核心信息发布制度，普及健康科学知识，向公众提供科学、准确的健康信息。

医疗卫生、教育、体育、宣传等机构、基层群众性自治组织和社会组织应当开展健康知识的宣传和普及。医疗卫生人员在提供医疗卫生服务时，应当对患者开展健康教育。新闻媒体应当开展健康知识的公益宣传。健康知识的宣传应当科学、准确。

第六十八条 国家将健康教育纳入国民教育体系。学校应当利用多种形式实施健康教育，普及健康知识、科学健身知识、急救知识和技能，提高学生主动防病的意识，培养学生良好的卫生习惯和健康的行为习惯，减少、改善学生近视、肥胖等不良健康状况。

学校应当按照规定开设体育与健康课程，组织学生开展广播体操、眼保健操、体能锻炼等活动。

学校按照规定配备校医，建立和完善卫生室、保健室等。

县级以上人民政府教育主管部门应当按照规定将学生体质健康水平纳入学校考核体系。

第六十九条 公民是自己健康的第一责任人，树立和践行对自己健康负责的健康管理理念，主动学习健康知识，提高健康素养，加强健康管理。倡导家庭成员相互关爱，形成符合自身和家庭特点的健康生活方式。

公民应当尊重他人的健康权利和利益，不得损害他人健康和社会公共利益。

第七十条 国家组织居民健康状况调查和统计，开展体质监测，对健康绩效进行评估，并根据评估结果制定、完善与健康相关的法律、法规、政策和规划。

第七十一条 国家建立疾病和健康危险因素监测、调查和风险评估制度。县级以上人民政府及其有关部门针对影响健康的主要问题，组织开展健康危险因素研究，制定综合防治措施。

国家加强影响健康的环境问题预防和治理，组织开展环境质量对健康影响的研究，采取措施预防和控制与环境问题有关的疾病。

第七十二条 国家大力开展爱国卫生运动，鼓励和支持开展爱国卫生月等群众性卫生与健康活动，依靠和动员群众控制和消除健康危险因素，改善环境卫生状况，建设健康城市、健康村镇、健康社区。

第七十三条 国家建立科学、严格的食品、饮用水安全监督管理制度，提高安全水平。

第七十四条 国家建立营养状况监测制度，实施经济欠发达地区、重点人群营养干预计划，开展未成年人和老年人营养改善行动，倡导健康饮食习惯，减少不健康饮食引起的疾病风险。

第七十五条 国家发展全民健身事业，完善覆盖城乡的全民健身公共服务体系，加强公共体育设施建设，组织开展和支持全民健身活动，加强全民健身指导服务，普及科学健身知识和方法。

国家鼓励单位的体育场地设施向公众开放。

第七十六条 国家制定并实施未成年人、妇女、老年人、残疾人等的健康工作计划，加强重点人群健康服务。

国家推动长期护理保障工作，鼓励发展长期护理保险。

第七十七条 国家完善公共场所卫生管理制度。县级以上人民政府卫生健康等主管部门应当加强对公共场所的卫生监督。公共场所卫生监督信息应当依法向社会公开。

公共场所经营单位应当建立健全并严格实施卫生管理制度，保证其经营活动持续符合国家对公共场所的卫生要求。

第七十八条 国家采取措施，减少吸烟对公民健康的危害。

公共场所控制吸烟，强化监督执法。

烟草制品包装应当印制带有说明吸烟危害的警示。

禁止向未成年人出售烟酒。

第七十九条 用人单位应当为职工创造有益于健康的环境和条件，严格执行劳动安全卫生等相关规定，积极组织职工开展健身活动，保护职工健康。

国家鼓励用人单位开展职工健康指导工作。

国家提倡用人单位为职工定期开展健康检查。法律、法规对健康检查有规定的，依照其规定。

第七章 资金保障

第八十条 各级人民政府应当切实履行发展医疗卫生与健康事业的职责，建立与经济社会发展、财政状况和健康指标相适应的医疗卫生与健康事业投入机制，将医疗卫生与健康促进经费纳入本级政府预算，按照规定主要用于保障基本医疗服务、公共卫生服务、基本医疗保障和政府举办的医疗卫生机构建设和运行发展。

第八十一条 县级以上人民政府通过预算、审计、监督执法、社会监督等方式，加强资金的监督管理。

第八十二条 基本医疗服务费用主要由基本医疗保险基金和个人支付。国家依法多渠道筹集基本医疗保险基金，逐步完善基本医疗保险可持续筹资和保障水平调整机制。

公民有依法参加基本医疗保险的权利和义务。用人单位和职工按照国家规定缴纳职工基本医疗保险费。城乡居民按照规定缴纳城乡居民基本医疗保险费。

第八十三条 国家建立以基本医疗保险为主体，商业健康保险、医疗救助、职工互助医疗和医疗慈善服务等为补充的、多层次的医疗保障体系。

国家鼓励发展商业健康保险，满足人民群众多样化健康保障需求。

国家完善医疗救助制度，保障符合条件的困难群众获得基本医疗服务。

第八十四条 国家建立健全基本医疗保险经办机构与协议定点医疗卫生机构之间的协商谈判机制，科学合理确定基本医疗保险基金支付标准和支付方式，引导医疗卫生机构合理诊疗，促进患者有序流动，提高基本医疗保险基金使用效益。

第八十五条 基本医疗保险基金支付范围由国务院医疗保障主管部门组织制定，并应当听取国务院卫生健康主管部门、中医药主管部门、药品监督管理部门、财政部门等的意见。

省、自治区、直辖市人民政府可以按照国家有关规定，补充确定本行政区域基本医疗保险基金支付的具体项目和标准，并报国务院医疗保障主管部门备案。

国务院医疗保障主管部门应当对纳入支付范围的基本医疗保险药品目录、诊疗项目、医疗服务设施标准等组织开展循证医学和经济性评价，并应当听取国务院卫生健康主管部门、中医药主管部门、药品监督管理部门、财政部门等有关方面的意见。评价结果应当作为调整基本医疗保险基金支付范围的依据。

第八章 监督管理

第八十六条 国家建立健全机构自治、行业自律、政府监管、社会监督相结合的医疗卫生综合监督管理体系。

县级以上人民政府卫生健康主管部门对医疗卫生行业实行属地化、全行业监督管理。

第八十七条 县级以上人民政府医疗保障主管部门应当提高医疗保障监管能力和水平，对纳入基本医疗保险基金支付范围的医疗服务行为和医疗费用加强监督管理，确保基本医疗保险基金合理使用、安全可控。

第八十八条 县级以上人民政府应当组织卫生健康、医疗保障、药品监督管理、发展改革、财政等部门建立沟通协商机制，加强制度衔接和工作配合，提高医疗卫生资源使用效率和保障水平。

第八十九条 县级以上人民政府应当定期向本级人民代表大会或者其常务委员会报告基本医疗卫生与健康促进工作，依法接受监督。

第九十条 县级以上人民政府有关部门未履行医疗卫生与健康促进工作相关职责的，本级人民政府或者上级人民政府有关部门应当对其主要负责人进行约谈。

地方人民政府未履行医疗卫生与健康促进工作相关职责的，上级人民政府应当对其主要负责人进行约谈。

被约谈的部门和地方人民政府应当立即采取措施，进行整改。

约谈情况和整改情况应当纳入有关部门和地方人民政府工作评议、考核记录。

第九十一条 县级以上地方人民政府卫生健康主管部门应当建立医疗卫生机构绩效评估制度，组织对医疗卫生机构的服务质量、医疗技术、药品和医用设备使用等情况进行评估。评估应当吸收行业组织和公众参与。评估结果应当以适当方式向社会公开，作为评价医疗卫生机构和卫生监管的重要依据。

第九十二条 国家保护公民个人健康信息，确保公民个人健康信息安全。任何组织或者个人不得非法收集、使用、加工、传输公民个人健康信息，不得非法买卖、提供或者公开公民个人健康信息。

第九十三条 县级以上人民政府卫生健康主管部门、医疗保障主管部门应当建立医疗卫生机构、人员等信用记录制度，纳入全国信用信息共享平台，按照国家规定实施联合惩戒。

第九十四条 县级以上地方人民政府卫生健康主管部门及其委托的卫生健康监督机构，依法开展本行政区域医疗卫生等行政执法工作。

第九十五条 县级以上人民政府卫生健康主管部门应当积极培育医疗卫生行业组织，发挥其在医疗卫生与健康促进工作中的作用，支持其参与行业管理规范、技术标准制定和医疗卫生评价、评估、评审等工作。

第九十六条 国家建立医疗纠纷预防和处理机制，妥善处理医疗纠纷，维护医疗秩序。

第九十七条 国家鼓励公民、法人和其他组织对医疗卫生与健康促进工作进行社会监督。

任何组织和个人对违反本法规定的行为，有权向县级以上人民政府卫生健康主管部门和其他有关部门投诉、举报。

第九章 法律责任

第九十八条 违反本法规定，地方各级人民政府、县级以上人民政府卫生健康主管部门和其他有关部门，滥用职权、玩忽职守、徇私舞弊的，对直接负责的主管人员和其他直接责任人员依法给予处分。

第九十九条 违反本法规定，未取得医疗机构执业许可证擅自执业的，由县级以上人民政府卫生健康主管部门责令停止执业活动，没收违法所得和药品、医疗器械，并处违法所得五倍以上二十倍以下的罚款，违法所得不足一万元的，按一万元计算。

违反本法规定，伪造、变造、买卖、出租、出借医疗机构执业许可证的，由县级以上人民政府卫生健康主管部门责令改正，没收违法所得，并处违法所得五倍以上十五倍以下的罚款，违法所得不足一万元的，按一万元计算；情节严重的，吊销医疗机构执业许可证。

第一百条 违反本法规定，有下列行为之一的，由县级以上人民政府卫生健康主管部门责令改正，没收违法所得，并处违法所得二倍以上十倍以下的罚款，违法所得不足一万元的，按一万元计算；对直接负责的主管人员和其他直接责任人员依法给予处分：

（一）政府举办的医疗卫生机构与其他组织投资设立非独立法人资格的医疗卫生机构；

（二）医疗卫生机构对外出租、承包医疗科室；

（三）非营利性医疗卫生机构向出资人、举办者分配或者变相分配收益。

第一百零一条 违反本法规定，医疗卫生机构等的医疗信息安全制度、保障措施不健全，导致医疗信息泄露，或者医疗质量管理和医疗技术管理制度、安全措施不健全的，由县级以上人民政府卫生健康等主管部门责令改正，给予警告，并处一万元以上五万元以下的罚款；情节严重的，可以责令停止相应执业活动，对直接负责的主管人员和其他直接责任人员依法追究法律责任。

第一百零二条 违反本法规定，医疗卫生人员有下列行为之一的，由县级以上人民政府卫生健康主管部门依照有关执业医师、护士管理和医疗纠纷预防处理等法律、行政法规的规定给予行政处罚：

（一）利用职务之便索要、非法收受财物或者牟取其他不正当利益；

（二）泄露公民个人健康信息；

（三）在开展医学研究或提供医疗卫生服务过程中未按照规定履行告知义务或者违反医学伦理规范。

前款规定的人员属于政府举办的医疗卫生机构中的人员的，依法给予处分。

第一百零三条 违反本法规定，参加药品采购投标的投标人以低于成本的报价竞标，或者以欺诈、串通投标、滥用市场支配地位等方式竞标的，由县级以上人民政府医疗保障主管部门责令改正，没收违法所得；中标的，中标无效，处中标项目金额千分之五以上千分之十以下的罚款，对法定代表人、主要负责人、直接负责的主管人员和其他责任人员处对单位罚款数额百分之五以上百分之十以下的罚款；情节严重的，取消其二年至五年内参加药品采购投标的资格并予以公告。

第一百零四条 违反本法规定，以欺诈、伪造证明材料或者其他手段骗取基本医疗保险待遇，或者基本医疗保险经办机构以及医疗机构、药品经营单位等以欺诈、伪造证明材料或者其他手段骗取基本医疗保险基金支出的，由县级以上人民政府医疗保障主管部门依照有关社会保险的法律、行政法规规定给予行政处罚。

第一百零五条 违反本法规定，扰乱医疗卫生机构执业场所秩序，威胁、危害医疗卫生人员人身安全，侵犯医疗卫生人员人格尊严，非法收集、使用、加工、传输公民个人健康信息，非法买卖、提供或者公开公民个人健康信息等，构成违反治安管理行为的，依法给予治安管理处罚。

第一百零六条 违反本法规定，构成犯罪的，依法追究刑事责任；造成人身、财产损害的，依法承担民事责任。

第十章　附　　则

第一百零七条 本法中下列用语的含义：

（一）主要健康指标，是指人均预期寿命、孕产妇死亡率、婴儿死亡率、五岁以下儿童死亡率等。

（二）医疗卫生机构，是指基层医疗卫生机构、医院和专业公共卫生机构等。

（三）基层医疗卫生机构，是指乡镇卫生院、社区卫生服务中心（站）、村卫生室、医务室、门诊部和诊所等。

（四）专业公共卫生机构，是指疾病预防控制中心、专科疾病防治机构、健康教育机构、急救中心（站）和血站等。

（五）医疗卫生人员，是指执业医师、执业助理医师、注册护士、药师（士）、检验技师（士）、影像技师（士）和乡村医生等卫生专业人员。

（六）基本药物，是指满足疾病防治基本用药需求，适应现阶段基本国情和保障能力，剂型适宜，价格合理，能够保障供应，可公平获得的药品。

第一百零八条 省、自治区、直辖市和设区的市、自治州可以结合实际，制定本地方发展医疗卫生与健康事业的具体办法。

第一百零九条 中国人民解放军和中国人民武装警察部队的医疗卫生与健康促进工作，由国务院和中央军事委员会依照本法制定管理办法。

第一百一十条 本法自2020年6月1日起施行。

中华人民共和国森林法

（1984年9月20日第六届全国人民代表大会常务委员会第七次会议通过　根据1998年4月29日第九届全国人民代表大会常务委员会第二次会议《关于修改〈中华人民共和国森林法〉的决定》第一次修正　根据2009年8月27日第十一届全国人民代表大会常务委员会第十次会议《关于修改部分法律的决定》第二次修正　2019年12月28日第十三届全国人民代表大会常务委员会第十五次会议修订　2019年12月28日中华人民共和国主席令第39号公布　自2020年7月1日起施行）

目　录

第一章　总　　则

第一条　为了践行绿水青山就是金山银山理念，保护、培育和合理利用森林资源，加快国土绿化，保障森林生态安全，建设生态文明，实现人与自然和谐共生，制定本法。

第二条　在中华人民共和国领域内从事森林、林木的保护、培育、利用和森林、林木、林地的经营管理活动，适用本法。

第三条　保护、培育、利用森林资源应当尊重自然、顺应自然，坚持生态优先、保护优先、保育结合、可持续发展的原则。

第四条　国家实行森林资源保护发展目标责任制和考核评价制度。上级人民政府对下级人民政府完成森林资源保护发展目标和森林防火、重大林业有害生物防治工作的情况进行考核，并公开考核结果。

地方人民政府可以根据本行政区域森林资源保护发展的需要，建立林长制。

第五条　国家采取财政、税收、金融等方面的措施，支持森林资源保护发展。各级人民政府应当保障森林生态保护修复的投入，促进林业发展。

第六条　国家以培育稳定、健康、优质、高效的森林生态系统为目标，对公益林和商品林实行分类经营管理，突出主导功能，发挥多种功能，实现森林资源永续利用。

第七条　国家建立森林生态效益补偿制度，加大公益林保护支持力度，完善重点生态功能区转移支付政策，指导受益地区和森林生态保护地区人民政府通过协商等方式进行生态效益补偿。

第八条　国务院和省、自治区、直辖市人民政府可以依照国家对民族自治地方自治权的规定，对民族自治地方的森林保护和林业发展实行更加优惠的政策。

第九条　国务院林业主管部门主管全国林业工作。县级以上地方人民政府林业主管部门，主管本行政区域的林业工作。

乡镇人民政府可以确定相关机构或者设置专职、兼职人员承担林业相关工作。

第十条　植树造林、保护森林，是公民应尽的义务。各级人民政府应当组织开展全民义务植树活动。

每年三月十二日为植树节。

第十一条　国家采取措施，鼓励和支持林业科学研究，推广先进适用的林业技术，提高林业科学技术水平。

第十二条 各级人民政府应当加强森林资源保护的宣传教育和知识普及工作，鼓励和支持基层群众性自治组织、新闻媒体、林业企业事业单位、志愿者等开展森林资源保护宣传活动。

教育行政部门、学校应当对学生进行森林资源保护教育。

第十三条 对在造林绿化、森林保护、森林经营管理以及林业科学研究等方面成绩显著的组织或者个人，按照国家有关规定给予表彰、奖励。

第二章 森林权属

第十四条 森林资源属于国家所有，由法律规定属于集体所有的除外。

国家所有的森林资源的所有权由国务院代表国家行使。国务院可以授权国务院自然资源主管部门统一履行国有森林资源所有者职责。

第十五条 林地和林地上的森林、林木的所有权、使用权，由不动产登记机构统一登记造册，核发证书。国务院确定的国家重点林区（以下简称重点林区）的森林、林木和林地，由国务院自然资源主管部门负责登记。

森林、林木、林地的所有者和使用者的合法权益受法律保护，任何组织和个人不得侵犯。

森林、林木、林地的所有者和使用者应当依法保护和合理利用森林、林木、林地，不得非法改变林地用途和毁坏森林、林木、林地。

第十六条 国家所有的林地和林地上的森林、林木可以依法确定给林业经营者使用。林业经营者依法取得的国有林地和林地上的森林、林木的使用权，经批准可以转让、出租、作价出资等。具体办法由国务院制定。

林业经营者应当履行保护、培育森林资源的义务，保证国有森林资源稳定增长，提高森林生态功能。

第十七条 集体所有和国家所有依法由农民集体使用的林地（以下简称集体林地）实行承包经营的，承包方享有林地承包经营权和承包林地上的林木所有权，合同另有约定的从其约定。承包方可以依法采取出租（转包）、入股、转让等方式流转林地经营权、林木所有权和使用权。

第十八条 未实行承包经营的集体林地以及林地上的林木，由农村集体经济组织统一经营。经本集体经济组织成员的村民会议三分之二以上成员或者三分之二以上村民代表同意并公示，可以通过招标、拍卖、公开协商等方式依法流转林地经营权、林木所有权和使用权。

第十九条 集体林地经营权流转应当签订书面合同。林地经营权流转合同一般包括流转双方的权利义务、流转期限、流转价款及支付方式、流转期限届满林地上的林木和固定生产设施的处置、违约责任等内容。

受让方违反法律规定或者合同约定造成森林、林木、林地严重毁坏的，发包方或者承包方有权收回林地经营权。

第二十条 国有企业事业单位、机关、团体、部队营造的林木，由营造单位管护并按照国家规定支配林木收益。

农村居民在房前屋后、自留地、自留山种植的林木，归个人所有。城镇居民在自有房屋的庭院内种植的林木，归个人所有。

集体或者个人承包国家所有和集体所有的宜林荒山荒地荒滩营造的林木，归承包的集体或者个人所有；合同另有约定的从其约定。

其他组织或者个人营造的林木，依法由营造者所有并享有林木收益；合同另有约定的从其约定。

第二十一条 为了生态保护、基础设施建设等公共利益的需要，确需征收、征用林地、林木的，应当依照《中华人民共和国土地管理法》等法律、行政法规的规定办理审批手续，并给予公平、合理的补偿。

第二十二条 单位之间发生的林木、林地所有权和使用权争议，由县级以上人民政府依法处理。

个人之间、个人与单位之间发生的林木所有权和林地使用权争议，由乡镇人民政府或者县级以上人民政府依法处理。

当事人对有关人民政府的处理决定不服的，可以自接到处理决定通知之日起三十日内，向人民法院起诉。

在林木、林地权属争议解决前，除因森林防火、林业有害生物防治、国家重大基础设施建设等需要外，当事人任何一方不得砍伐有争议的林木或者改变林地现状。

第三章 发展规划

第二十三条 县级以上人民政府应当将森林资源保护和林业发展纳入国民经济和社会发展规划。

第二十四条 县级以上人民政府应当落实国土空间开发保护要求，合理规划森林资源保护利用结构和布局，制定森林资源保护发展目标，提高森林覆盖率、森林蓄积量，提升森林生态系统质量和稳定性。

第二十五条 县级以上人民政府林业主管部门应当根据森林资源保护发展目标，编制林业发展规划。下级林业发展规划依据上级林业发展规划编制。

第二十六条 县级以上人民政府林业主管部门可以结合本地实际,编制林地保护利用、造林绿化、森林经营、天然林保护等相关专项规划。

第二十七条 国家建立森林资源调查监测制度,对全国森林资源现状及变化情况进行调查、监测和评价,并定期公布。

第四章 森林保护

第二十八条 国家加强森林资源保护,发挥森林蓄水保土、调节气候、改善环境、维护生物多样性和提供林产品等多种功能。

第二十九条 中央和地方财政分别安排资金,用于公益林的营造、抚育、保护、管理和非国有公益林权利人的经济补偿等,实行专款专用。具体办法由国务院财政部门会同林业主管部门制定。

第三十条 国家支持重点林区的转型发展和森林资源保护修复,改善生产生活条件,促进所在地区经济社会发展。重点林区按照规定享受国家重点生态功能区转移支付等政策。

第三十一条 国家在不同自然地带的典型森林生态地区、珍贵动物和植物生长繁殖的林区、天然热带雨林区和具有特殊保护价值的其他天然林区,建立以国家公园为主体的自然保护地体系,加强保护管理。

国家支持生态脆弱地区森林资源的保护修复。

县级以上人民政府应当采取措施对具有特殊价值的野生植物资源予以保护。

第三十二条 国家实行天然林全面保护制度,严格限制天然林采伐,加强天然林管护能力建设,保护和修复天然林资源,逐步提高天然林生态功能。具体办法由国务院规定。

第三十三条 地方各级人民政府应当组织有关部门建立护林组织,负责护林工作;根据实际需要建设护林设施,加强森林资源保护;督促相关组织订立护林公约、组织群众护林、划定护林责任区、配备专职或者兼职护林员。

县级或者乡镇人民政府可以聘用护林员,其主要职责是巡护森林,发现火情、林业有害生物以及破坏森林资源的行为,应当及时处理并向当地林业等有关部门报告。

第三十四条 地方各级人民政府负责本行政区域的森林防火工作,发挥群防作用;县级以上人民政府组织领导应急管理、林业、公安等部门按照职责分工密切配合做好森林火灾的科学预防、扑救和处置工作:

(一)组织开展森林防火宣传活动,普及森林防火知识;

（二）划定森林防火区，规定森林防火期；

（三）设置防火设施，配备防灭火装备和物资；

（四）建立森林火灾监测预警体系，及时消除隐患；

（五）制定森林火灾应急预案，发生森林火灾，立即组织扑救；

（六）保障预防和扑救森林火灾所需费用。

国家综合性消防救援队伍承担国家规定的森林火灾扑救任务和预防相关工作。

第三十五条 县级以上人民政府林业主管部门负责本行政区域的林业有害生物的监测、检疫和防治。

省级以上人民政府林业主管部门负责确定林业植物及其产品的检疫性有害生物，划定疫区和保护区。

重大林业有害生物灾害防治实行地方人民政府负责制。发生暴发性、危险性等重大林业有害生物灾害时，当地人民政府应当及时组织除治。

林业经营者在政府支持引导下，对其经营管理范围内的林业有害生物进行防治。

第三十六条 国家保护林地，严格控制林地转为非林地，实行占用林地总量控制，确保林地保有量不减少。各类建设项目占用林地不得超过本行政区域的占用林地总量控制指标。

第三十七条 矿藏勘查、开采以及其他各类工程建设，应当不占或者少占林地；确需占用林地的，应当经县级以上人民政府林业主管部门审核同意，依法办理建设用地审批手续。

占用林地的单位应当缴纳森林植被恢复费。森林植被恢复费征收使用管理办法由国务院财政部门会同林业主管部门制定。

县级以上人民政府林业主管部门应当按照规定安排植树造林，恢复森林植被，植树造林面积不得少于因占用林地而减少的森林植被面积。上级林业主管部门应当定期督促下级林业主管部门组织植树造林、恢复森林植被，并进行检查。

第三十八条 需要临时使用林地的，应当经县级以上人民政府林业主管部门批准；临时使用林地的期限一般不超过二年，并不得在临时使用的林地上修建永久性建筑物。

临时使用林地期满后一年内，用地单位或者个人应当恢复植被和林业生产条件。

第三十九条 禁止毁林开垦、采石、采砂、采土以及其他毁坏林木和林地的行为。

禁止向林地排放重金属或者其他有毒有害物质含量超标的污水、污泥,以及可能造成林地污染的清淤底泥、尾矿、矿渣等。

禁止在幼林地砍柴、毁苗、放牧。

禁止擅自移动或者损坏森林保护标志。

第四十条 国家保护古树名木和珍贵树木。禁止破坏古树名木和珍贵树木及其生存的自然环境。

第四十一条 各级人民政府应当加强林业基础设施建设,应用先进适用的科技手段,提高森林防火、林业有害生物防治等森林管护能力。

各有关单位应当加强森林管护。国有林业企业事业单位应当加大投入,加强森林防火、林业有害生物防治,预防和制止破坏森林资源的行为。

第五章 造林绿化

第四十二条 国家统筹城乡造林绿化,开展大规模国土绿化行动,绿化美化城乡,推动森林城市建设,促进乡村振兴,建设美丽家园。

第四十三条 各级人民政府应当组织各行各业和城乡居民造林绿化。

宜林荒山荒地荒滩,属于国家所有的,由县级以上人民政府林业主管部门和其他有关主管部门组织开展造林绿化;属于集体所有的,由集体经济组织组织开展造林绿化。

城市规划区内、铁路公路两侧、江河两侧、湖泊水库周围,由各有关主管部门按照有关规定因地制宜组织开展造林绿化;工矿区、工业园区、机关、学校用地,部队营区以及农场、牧场、渔场经营地区,由各该单位负责造林绿化。组织开展城市造林绿化的具体办法由国务院制定。

国家所有和集体所有的宜林荒山荒地荒滩可以由单位或者个人承包造林绿化。

第四十四条 国家鼓励公民通过植树造林、抚育管护、认建认养等方式参与造林绿化。

第四十五条 各级人民政府组织造林绿化,应当科学规划、因地制宜,优化林种、树种结构,鼓励使用乡土树种和林木良种、营造混交林,提高造林绿化质量。

国家投资或者以国家投资为主的造林绿化项目,应当按照国家规定使用林木良种。

第四十六条 各级人民政府应当采取以自然恢复为主、自然恢复和人工修复相结合的措施,科学保护修复森林生态系统。新造幼林地和其他应当封山育林的地方，由当地人民政府组织封山育林。

各级人民政府应当对国务院确定的坡耕地、严重沙化耕地、严重石漠化耕地、严重污染耕地等需要生态修复的耕地，有计划地组织实施退耕还林还草。

各级人民政府应当对自然因素等导致的荒废和受损山体、退化林地以及宜林荒山荒地荒滩，因地制宜实施森林生态修复工程，恢复植被。

第六章 经营管理

第四十七条 国家根据生态保护的需要，将森林生态区位重要或者生态状况脆弱，以发挥生态效益为主要目的的林地和林地上的森林划定为公益林。未划定为公益林的林地和林地上的森林属于商品林。

第四十八条 公益林由国务院和省、自治区、直辖市人民政府划定并公布。

下列区域的林地和林地上的森林，应当划定为公益林：

（一）重要江河源头汇水区域；

（二）重要江河干流及支流两岸、饮用水水源地保护区；

（三）重要湿地和重要水库周围；

（四）森林和陆生野生动物类型的自然保护区；

（五）荒漠化和水土流失严重地区的防风固沙林基干林带；

（六）沿海防护林基干林带；

（七）未开发利用的原始林地区；

（八）需要划定的其他区域。

公益林划定涉及非国有林地的，应当与权利人签订书面协议，并给予合理补偿。

公益林进行调整的，应当经原划定机关同意，并予以公布。

国家级公益林划定和管理的办法由国务院制定；地方级公益林划定和管理的办法由省、自治区、直辖市人民政府制定。

第四十九条 国家对公益林实施严格保护。

县级以上人民政府林业主管部门应当有计划地组织公益林经营者对公益林中生态功能低下的疏林、残次林等低质低效林，采取林分改造、森林抚育等措施，提高公益林的质量和生态保护功能。

在符合公益林生态区位保护要求和不影响公益林生态功能的前提下，经科学论证，可以合理利用公益林林地资源和森林景观资源，适度开展林下经济、森林旅游等。利用公益林开展上述活动应当严格遵守国家有关规定。

第五十条 国家鼓励发展下列商品林：

（一）以生产木材为主要目的的森林；

（二）以生产果品、油料、饮料、调料、工业原料和药材等林产品为主要目的的森林；

（三）以生产燃料和其他生物质能源为主要目的的森林；

（四）其他以发挥经济效益为主要目的的森林。

在保障生态安全的前提下，国家鼓励建设速生丰产、珍贵树种和大径级用材林，增加林木储备，保障木材供给安全。

第五十一条 商品林由林业经营者依法自主经营。在不破坏生态的前提下，可以采取集约化经营措施，合理利用森林、林木、林地，提高商品林经济效益。

第五十二条 在林地上修筑下列直接为林业生产经营服务的工程设施，符合国家有关部门规定的标准的，由县级以上人民政府林业主管部门批准，不需要办理建设用地审批手续；超出标准需要占用林地的，应当依法办理建设用地审批手续：

（一）培育、生产种子、苗木的设施；

（二）贮存种子、苗木、木材的设施；

（三）集材道、运材道、防火巡护道、森林步道；

（四）林业科研、科普教育设施；

（五）野生动植物保护、护林、林业有害生物防治、森林防火、木材检疫的设施；

（六）供水、供电、供热、供气、通讯基础设施；

（七）其他直接为林业生产服务的工程设施。

第五十三条 国有林业企业事业单位应当编制森林经营方案，明确森林培育和管护的经营措施，报县级以上人民政府林业主管部门批准后实施。重点林区的森林经营方案由国务院林业主管部门批准后实施。

国家支持、引导其他林业经营者编制森林经营方案。

编制森林经营方案的具体办法由国务院林业主管部门制定。

第五十四条 国家严格控制森林年采伐量。省、自治区、直辖市人民政府林业主管部门根据消耗量低于生长量和森林分类经营管理的原则，编制本行政区域的年采伐限额，经征求国务院林业主管部门意见，报本级人民政府批准后公布实施，并报国务院备案。重点林区的年采伐限额，由国务院林业主管部门编制，报国务院批准后公布实施。

第五十五条 采伐森林、林木应当遵守下列规定：

（一）公益林只能进行抚育、更新和低质低效林改造性质的采伐。但是，因科研或者实验、防治林业有害生物、建设护林防火设施、营造生物防火隔离带、遭受自然灾害等需要采伐的除外。

（二）商品林应当根据不同情况，采取不同采伐方式，严格控制皆伐面积，伐育同步规划实施。

（三）自然保护区的林木，禁止采伐。但是，因防治林业有害生物、森林防火、维护主要保护对象生存环境、遭受自然灾害等特殊情况必须采伐的和实验区的竹林除外。

省级以上人民政府林业主管部门应当根据前款规定，按照森林分类经营管理、保护优先、注重效率和效益等原则，制定相应的林木采伐技术规程。

第五十六条 采伐林地上的林木应当申请采伐许可证，并按照采伐许可证的规定进行采伐；采伐自然保护区以外的竹林，不需要申请采伐许可证，但应当符合林木采伐技术规程。

农村居民采伐自留地和房前屋后个人所有的零星林木，不需要申请采伐许可证。

非林地上的农田防护林、防风固沙林、护路林、护岸护堤林和城镇林木等的更新采伐，由有关主管部门按照有关规定管理。

采挖移植林木按照采伐林木管理。具体办法由国务院林业主管部门制定。

禁止伪造、变造、买卖、租借采伐许可证。

第五十七条 采伐许可证由县级以上人民政府林业主管部门核发。

县级以上人民政府林业主管部门应当采取措施，方便申请人办理采伐许可证。

农村居民采伐自留山和个人承包集体林地上的林木，由县级人民政府林业主管部门或者其委托的乡镇人民政府核发采伐许可证。

第五十八条 申请采伐许可证，应当提交有关采伐的地点、林种、树种、面积、蓄积、方式、更新措施和林木权属等内容的材料。超过省级以上人民政府林业主管部门规定面积或者蓄积量的，还应当提交伐区调查设计材料。

第五十九条 符合林木采伐技术规程的，审核发放采伐许可证的部门应当及时核发采伐许可证。但是，审核发放采伐许可证的部门不得超过年采伐限额发放采伐许可证。

第六十条 有下列情形之一的，不得核发采伐许可证：

（一）采伐封山育林期、封山育林区内的林木；

（二）上年度采伐后未按照规定完成更新造林任务；

（三）上年度发生重大滥伐案件、森林火灾或者林业有害生物灾害，未采取预防和改进措施；

（四）法律法规和国务院林业主管部门规定的禁止采伐的其他情形。

第六十一条 采伐林木的组织和个人应当按照有关规定完成更新造林。更新造林的面积不得少于采伐的面积，更新造林应当达到相关技术规程规定的标准。

第六十二条 国家通过贴息、林权收储担保补助等措施，鼓励和引导金融机构开展涉林抵押贷款、林农信用贷款等符合林业特点的信贷业务，扶持林权收储机构进行市场化收储担保。

第六十三条 国家支持发展森林保险。县级以上人民政府依法对森林保险提供保险费补贴。

第六十四条 林业经营者可以自愿申请森林认证，促进森林经营水平提高和可持续经营。

第六十五条 木材经营加工企业应当建立原料和产品出入库台账。任何单位和个人不得收购、加工、运输明知是盗伐、滥伐等非法来源的林木。

第七章 监督检查

第六十六条 县级以上人民政府林业主管部门依照本法规定，对森林资源的保护、修复、利用、更新等进行监督检查，依法查处破坏森林资源等违法行为。

第六十七条 县级以上人民政府林业主管部门履行森林资源保护监督检查职责，有权采取下列措施：

（一）进入生产经营场所进行现场检查；

（二）查阅、复制有关文件、资料，对可能被转移、销毁、隐匿或者篡改的文件、资料予以封存；

（三）查封、扣押有证据证明来源非法的林木以及从事破坏森林资源活动的工具、设备或者财物；

（四）查封与破坏森林资源活动有关的场所。

省级以上人民政府林业主管部门对森林资源保护发展工作不力、问题突出、群众反映强烈的地区，可以约谈所在地区县级以上地方人民政府及其有关部门主要负责人，要求其采取措施及时整改。约谈整改情况应当向社会公开。

第六十八条 破坏森林资源造成生态环境损害的，县级以上人民政府自然资源主管部门、林业主管部门可以依法向人民法院提起诉讼，对侵权人提出损害赔偿要求。

第六十九条 审计机关按照国家有关规定对国有森林资源资产进行审计监督。

第八章 法律责任

第七十条 县级以上人民政府林业主管部门或者其他有关国家机关未依照本法规定履行职责的，对直接负责的主管人员和其他直接责任人员依法给予处分。

依照本法规定应当作出行政处罚决定而未作出的，上级主管部门有权责令下级主管部门作出行政处罚决定或者直接给予行政处罚。

第七十一条 违反本法规定，侵害森林、林木、林地的所有者或者使用者的合法权益的，依法承担侵权责任。

第七十二条 违反本法规定，国有林业企业事业单位未履行保护培育森林资源义务、未编制森林经营方案或者未按照批准的森林经营方案开展森林经营活动的，由县级以上人民政府林业主管部门责令限期改正，对直接负责的主管人员和其他直接责任人员依法给予处分。

第七十三条 违反本法规定，未经县级以上人民政府林业主管部门审核同意，擅自改变林地用途的，由县级以上人民政府林业主管部门责令限期恢复植被和林业生产条件，可以处恢复植被和林业生产条件所需费用三倍以下的罚款。

虽经县级以上人民政府林业主管部门审核同意，但未办理建设用地审批手续擅自占用林地的，依照《中华人民共和国土地管理法》的有关规定处罚。

在临时使用的林地上修建永久性建筑物，或者临时使用林地期满后一年内未恢复植被或者林业生产条件的，依照本条第一款规定处罚。

第七十四条 违反本法规定，进行开垦、采石、采砂、采土或者其他活动，造成林木毁坏的，由县级以上人民政府林业主管部门责令停止违法行为，限期在原地或者异地补种毁坏株数一倍以上三倍以下的树木，可以处毁坏林木价值五倍以下的罚款；造成林地毁坏的，由县级以上人民政府林业主管部门责令停止违法行为，限期恢复植被和林业生产条件，可以处恢复植被和林业生产条件所需费用三倍以下的罚款。

违反本法规定，在幼林地砍柴、毁苗、放牧造成林木毁坏的，由县级以上人民政府林业主管部门责令停止违法行为，限期在原地或者异地补种毁坏株数一倍以上三倍以下的树木。

向林地排放重金属或者其他有毒有害物质含量超标的污水、污泥，以及可能造成林地污染的清淤底泥、尾矿、矿渣等的，依照《中华人民共和国土壤污染防治法》的有关规定处罚。

第七十五条 违反本法规定，擅自移动或者毁坏森林保护标志的，由县级以上人民政府林业主管部门恢复森林保护标志，所需费用由违法者承担。

第七十六条 盗伐林木的，由县级以上人民政府林业主管部门责令限期在原地或者异地补种盗伐株数一倍以上五倍以下的树木，并处盗伐林木价值五倍以上十倍以下的罚款。

滥伐林木的，由县级以上人民政府林业主管部门责令限期在原地或者异地补种滥伐株数一倍以上三倍以下的树木，可以处滥伐林木价值三倍以上五倍以下的罚款。

第七十七条 违反本法规定，伪造、变造、买卖、租借采伐许可证的，由县级以上人民政府林业主管部门没收证件和违法所得，并处违法所得一倍以上三倍以下的罚款；没有违法所得的，可以处二万元以下的罚款。

第七十八条 违反本法规定，收购、加工、运输明知是盗伐、滥伐等非法来源的林木的，由县级以上人民政府林业主管部门责令停止违法行为，没收违法收购、加工、运输的林木或者变卖所得，可以处违法收购、加工、运输林木价款三倍以下的罚款。

第七十九条 违反本法规定，未完成更新造林任务的，由县级以上人民政府林业主管部门责令限期完成；逾期未完成的，可以处未完成造林任务所需费用二倍以下的罚款；对直接负责的主管人员和其他直接责任人员，依法给予处分。

第八十条 违反本法规定，拒绝、阻碍县级以上人民政府林业主管部门依法实施监督检查的，可以处五万元以下的罚款，情节严重的，可以责令停产停业整顿。

第八十一条 违反本法规定，有下列情形之一的，由县级以上人民政府林业主管部门依法组织代为履行，代为履行所需费用由违法者承担：

（一）拒不恢复植被和林业生产条件，或者恢复植被和林业生产条件不符合国家有关规定；

（二）拒不补种树木，或者补种不符合国家有关规定。

恢复植被和林业生产条件、树木补种的标准，由省级以上人民政府林业主管部门制定。

第八十二条 公安机关按照国家有关规定，可以依法行使本法第七十四条第一款、第七十六条、第七十七条、第七十八条规定的行政处罚权。

违反本法规定，构成违反治安管理行为的，依法给予治安管理处罚；构成犯罪的，依法追究刑事责任。

第九章　附　则

第八十三条　本法下列用语的含义是：

（一）森林，包括乔木林、竹林和国家特别规定的灌木林。按照用途可以分为防护林、特种用途林、用材林、经济林和能源林。

（二）林木，包括树木和竹子。

（三）林地，是指县级以上人民政府规划确定的用于发展林业的土地。包括郁闭度0.2以上的乔木林地以及竹林地、灌木林地、疏林地、采伐迹地、火烧迹地、未成林造林地、苗圃地等。

第八十四条　本法自2020年7月1日起施行。

中华人民共和国社区矫正法

（2019年12月28日第十三届全国人民代表大会常务委员会第十五次会议通过　2019年12月28日中华人民共和国主席令第40号公布　自2020年7月1日起施行）

目　录

第一章 总 则

第一条 为了推进和规范社区矫正工作,保障刑事判决、刑事裁定和暂予监外执行决定的正确执行,提高教育矫正质量,促进社区矫正对象顺利融入社会,预防和减少犯罪,根据宪法,制定本法。

第二条 对被判处管制、宣告缓刑、假释和暂予监外执行的罪犯,依法实行社区矫正。

对社区矫正对象的监督管理、教育帮扶等活动,适用本法。

第三条 社区矫正工作坚持监督管理与教育帮扶相结合,专门机关与社会力量相结合,采取分类管理、个别化矫正,有针对性地消除社区矫正对象可能重新犯罪的因素,帮助其成为守法公民。

第四条 社区矫正对象应当依法接受社区矫正,服从监督管理。

社区矫正工作应当依法进行,尊重和保障人权。社区矫正对象依法享有的人身权利、财产权利和其他权利不受侵犯,在就业、就学和享受社会保障等方面不受歧视。

第五条 国家支持社区矫正机构提高信息化水平,运用现代信息技术开展监督管理和教育帮扶。社区矫正工作相关部门之间依法进行信息共享。

第六条 各级人民政府应当将社区矫正经费列入本级政府预算。

居民委员会、村民委员会和其他社会组织依法协助社区矫正机构开展工作所需的经费应当按照规定列入社区矫正机构本级政府预算。

第七条 对在社区矫正工作中做出突出贡献的组织、个人,按照国家有关规定给予表彰、奖励。

第二章 机构、人员和职责

第八条 国务院司法行政部门主管全国的社区矫正工作。县级以上地方人民政府司法行政部门主管本行政区域内的社区矫正工作。

人民法院、人民检察院、公安机关和其他有关部门依照各自职责,依法做好社区矫正工作。人民检察院依法对社区矫正工作实行法律监督。

地方人民政府根据需要设立社区矫正委员会,负责统筹协调和指导本行政区域内的社区矫正工作。

第九条 县级以上地方人民政府根据需要设置社区矫正机构,负责社区矫正工作的具体实施。社区矫正机构的设置和撤销,由县级以上地方人民政府司法行政部门提出意见，按照规定的权限和程序审批。

司法所根据社区矫正机构的委托，承担社区矫正相关工作。

第十条 社区矫正机构应当配备具有法律等专业知识的专门国家工作人员（以下称社区矫正机构工作人员），履行监督管理、教育帮扶等执法职责。

第十一条 社区矫正机构根据需要，组织具有法律、教育、心理、社会工作等专业知识或者实践经验的社会工作者开展社区矫正相关工作。

第十二条 居民委员会、村民委员会依法协助社区矫正机构做好社区矫正工作。

社区矫正对象的监护人、家庭成员，所在单位或者就读学校应当协助社区矫正机构做好社区矫正工作。

第十三条 国家鼓励、支持企业事业单位、社会组织、志愿者等社会力量依法参与社区矫正工作。

第十四条 社区矫正机构工作人员应当严格遵守宪法和法律，忠于职守，严守纪律，清正廉洁。

第十五条 社区矫正机构工作人员和其他参与社区矫正工作的人员依法开展社区矫正工作，受法律保护。

第十六条 国家推进高素质的社区矫正工作队伍建设。社区矫正机构应当加强对社区矫正工作人员的管理、监督、培训和职业保障，不断提高社区矫正工作的规范化、专业化水平。

第三章 决定和接收

第十七条 社区矫正决定机关判处管制、宣告缓刑、裁定假释、决定或者批准暂予监外执行时应当确定社区矫正执行地。

社区矫正执行地为社区矫正对象的居住地。社区矫正对象在多个地方居住的，可以确定经常居住地为执行地。

社区矫正对象的居住地、经常居住地无法确定或者不适宜执行社区矫正的，社区矫正决定机关应当根据有利于社区矫正对象接受矫正、更好地融入社会的原则，确定执行地。

本法所称社区矫正决定机关，是指依法判处管制、宣告缓刑、裁定假释、决定暂予监外执行的人民法院和依法批准暂予监外执行的监狱管理机关、公安机关。

第十八条 社区矫正决定机关根据需要，可以委托社区矫正机构或者有关社会组织对被告人或者罪犯的社会危险性和对所居住社区的影响，进行调查评估,提出意见,供决定社区矫正时参考。居民委员会、村民委员会等组织应当提供必要的协助。

第十九条 社区矫正决定机关判处管制、宣告缓刑、裁定假释、决定或者批准暂予监外执行,应当按照刑法、刑事诉讼法等法律规定的条件和程序进行。

社区矫正决定机关应当对社区矫正对象进行教育,告知其在社区矫正期间应当遵守的规定以及违反规定的法律后果,责令其按时报到。

第二十条 社区矫正决定机关应当自判决、裁定或者决定生效之日起五日内通知执行地社区矫正机构,并在十日内送达有关法律文书,同时抄送人民检察院和执行地公安机关。社区矫正决定地与执行地不在同一地方的,由执行地社区矫正机构将法律文书转送所在地的人民检察院、公安机关。

第二十一条 人民法院判处管制、宣告缓刑、裁定假释的社区矫正对象,应当自判决、裁定生效之日起十日内到执行地社区矫正机构报到。

人民法院决定暂予监外执行的社区矫正对象,由看守所或者执行取保候审、监视居住的公安机关自收到决定之日起十日内将社区矫正对象移送社区矫正机构。

监狱管理机关、公安机关批准暂予监外执行的社区矫正对象,由监狱或者看守所自收到批准决定之日起十日内将社区矫正对象移送社区矫正机构。

第二十二条 社区矫正机构应当依法接收社区矫正对象,核对法律文书、核实身份、办理接收登记、建立档案,并宣告社区矫正对象的犯罪事实、执行社区矫正的期限以及应当遵守的规定。

第四章 监督管理

第二十三条 社区矫正对象在社区矫正期间应当遵守法律、行政法规,履行判决、裁定、暂予监外执行决定等法律文书确定的义务,遵守国务院司法行政部门关于报告、会客、外出、迁居、保外就医等监督管理规定,服从社区矫正机构的管理。

第二十四条 社区矫正机构应当根据裁判内容和社区矫正对象的性别、年龄、心理特点、健康状况、犯罪原因、犯罪类型、犯罪情节、悔罪表现等情况,制定有针对性的矫正方案,实现分类管理、个别化矫正。矫正方案应当根据社区矫正对象的表现等情况相应调整。

第二十五条 社区矫正机构应当根据社区矫正对象的情况,为其确定矫正小组,负责落实相应的矫正方案。

根据需要，矫正小组可以由司法所、居民委员会、村民委员会的人员，社区矫正对象的监护人、家庭成员，所在单位或者就读学校的人员以及社会工作者、志愿者等组成。社区矫正对象为女性的，矫正小组中应有女性成员。

第二十六条 社区矫正机构应当了解掌握社区矫正对象的活动情况和行为表现。社区矫正机构可以通过通信联络、信息化核查、实地查访等方式核实有关情况，有关单位和个人应当予以配合。

社区矫正机构开展实地查访等工作时，应当保护社区矫正对象的身份信息和个人隐私。

第二十七条 社区矫正对象离开所居住的市、县或者迁居，应当报经社区矫正机构批准。社区矫正机构对于有正当理由的，应当批准；对于因正常工作和生活需要经常性跨市、县活动的，可以根据情况，简化批准程序和方式。

因社区矫正对象迁居等原因需要变更执行地的，社区矫正机构应当按照有关规定作出变更决定。社区矫正机构作出变更决定后，应当通知社区矫正决定机关和变更后的社区矫正机构，并将有关法律文书抄送变更后的社区矫正机构。变更后的社区矫正机构应当将法律文书转送所在地的人民检察院、公安机关。

第二十八条 社区矫正机构根据社区矫正对象的表现，依照有关规定对其实施考核奖惩。社区矫正对象认罪悔罪、遵守法律法规、服从监督管理、接受教育表现突出的，应当给予表扬。社区矫正对象违反法律法规或者监督管理规定的，应当视情节依法给予训诫、警告、提请公安机关予以治安管理处罚，或者依法提请撤销缓刑、撤销假释、对暂予监外执行的收监执行。

对社区矫正对象的考核结果，可以作为认定其是否确有悔改表现或者是否严重违反监督管理规定的依据。

第二十九条 社区矫正对象有下列情形之一的，经县级司法行政部门负责人批准，可以使用电子定位装置，加强监督管理：

（一）违反人民法院禁止令的；

（二）无正当理由，未经批准离开所居住的市、县的；

（三）拒不按照规定报告自己的活动情况，被给予警告的；

（四）违反监督管理规定，被给予治安管理处罚的；

（五）拟提请撤销缓刑、假释或者暂予监外执行收监执行的。

前款规定的使用电子定位装置的期限不得超过三个月。对于不需要继续使用的，应当及时解除；对于期限届满后，经评估仍有必要继续使用的，经过批准，期限可以延长，每次不得超过三个月。

社区矫正机构对通过电子定位装置获得的信息应当严格保密，有关信息只能用于社区矫正工作,不得用于其他用途。

第三十条 社区矫正对象失去联系的,社区矫正机构应当立即组织查找,公安机关等有关单位和人员应当予以配合协助。查找到社区矫正对象后,应当区别情形依法作出处理。

第三十一条 社区矫正机构发现社区矫正对象正在实施违反监督管理规定的行为或者违反人民法院禁止令等违法行为的,应当立即制止;制止无效的,应当立即通知公安机关到场处置。

第三十二条 社区矫正对象有被依法决定拘留、强制隔离戒毒、采取刑事强制措施等限制人身自由情形的,有关机关应当及时通知社区矫正机构。

第三十三条 社区矫正对象符合刑法规定的减刑条件的,社区矫正机构应当向社区矫正执行地的中级以上人民法院提出减刑建议,并将减刑建议书抄送同级人民检察院。

人民法院应当在收到社区矫正机构的减刑建议书后三十日内作出裁定,并将裁定书送达社区矫正机构,同时抄送人民检察院、公安机关。

第三十四条 开展社区矫正工作,应当保障社区矫正对象的合法权益。社区矫正的措施和方法应当避免对社区矫正对象的正常工作和生活造成不必要的影响;非依法律规定,不得限制或者变相限制社区矫正对象的人身自由。

社区矫正对象认为其合法权益受到侵害的,有权向人民检察院或者有关机关申诉、控告和检举。受理机关应当及时办理,并将办理结果告知申诉人、控告人和检举人。

第五章 教育帮扶

第三十五条 县级以上地方人民政府及其有关部门应当通过多种形式为教育帮扶社区矫正对象提供必要的场所和条件,组织动员社会力量参与教育帮扶工作。

有关人民团体应当依法协助社区矫正机构做好教育帮扶工作。

第三十六条 社区矫正机构根据需要,对社区矫正对象进行法治、道德等教育,增强其法治观念,提高其道德素质和悔罪意识。

对社区矫正对象的教育应当根据其个体特征、日常表现等实际情况,充分考虑其工作和生活情况,因人施教。

第三十七条 社区矫正机构可以协调有关部门和单位,依法对就业困难的社区矫正对象开展职业技能培训、就业指导,帮助社区矫正对象中的在校学生完成学业。

第三十八条 居民委员会、村民委员会可以引导志愿者和社区群众,利用社区资源,采取多种形式,对有特殊困难的社区矫正对象进行必要的教育帮扶。

第三十九条 社区矫正对象的监护人、家庭成员,所在单位或者就读学校应当协助社区矫正机构做好对社区矫正对象的教育。

第四十条 社区矫正机构可以通过公开择优购买社区矫正社会工作服务或者其他社会服务,为社区矫正对象在教育、心理辅导、职业技能培训、社会关系改善等方面提供必要的帮扶。

社区矫正机构也可以通过项目委托社会组织等方式开展上述帮扶活动。国家鼓励有经验和资源的社会组织跨地区开展帮扶交流和示范活动。

第四十一条 国家鼓励企业事业单位、社会组织为社区矫正对象提供就业岗位和职业技能培训。招用符合条件的社区矫正对象的企业,按照规定享受国家优惠政策。

第四十二条 社区矫正机构可以根据社区矫正对象的个人特长,组织其参加公益活动,修复社会关系,培养社会责任感。

第四十三条 社区矫正对象可以按照国家有关规定申请社会救助、参加社会保险、获得法律援助,社区矫正机构应当给予必要的协助。

第六章 解除和终止

第四十四条 社区矫正对象矫正期满或者被赦免的,社区矫正机构应当向社区矫正对象发放解除社区矫正证明书,并通知社区矫正决定机关、所在地的人民检察院、公安机关。

第四十五条 社区矫正对象被裁定撤销缓刑、假释,被决定收监执行,或者社区矫正对象死亡的,社区矫正终止。

第四十六条 社区矫正对象具有刑法规定的撤销缓刑、假释情形的,应当由人民法院撤销缓刑、假释。

对于在考验期限内犯新罪或者发现判决宣告以前还有其他罪没有判决的,应当由审理该案件的人民法院撤销缓刑、假释,并书面通知原审人民法院和执行地社区矫正机构。

对于有第二款规定以外的其他需要撤销缓刑、假释情形的,社区矫正机构应当向原审人民法院或者执行地人民法院提出撤销缓刑、假释建议,并将建议书抄送人民检察院。社区矫正机构提出撤销缓刑、假释建议时,应当说明理由,并提供有关证据材料。

第四十七条 被提请撤销缓刑、假释的社区矫正对象可能逃跑或者可能发生社会危险的，社区矫正机构可以在提出撤销缓刑、假释建议的同时，提请人民法院决定对其予以逮捕。

人民法院应当在四十八小时内作出是否逮捕的决定。决定逮捕的，由公安机关执行。逮捕后的羁押期限不得超过三十日。

第四十八条 人民法院应当在收到社区矫正机构撤销缓刑、假释建议书后三十日内作出裁定，将裁定书送达社区矫正机构和公安机关，并抄送人民检察院。

人民法院拟撤销缓刑、假释的，应当听取社区矫正对象的申辩及其委托的律师的意见。

人民法院裁定撤销缓刑、假释的，公安机关应当及时将社区矫正对象送交监狱或者看守所执行。执行以前被逮捕的，羁押一日折抵刑期一日。

人民法院裁定不予撤销缓刑、假释的，对被逮捕的社区矫正对象，公安机关应当立即予以释放。

第四十九条 暂予监外执行的社区矫正对象具有刑事诉讼法规定的应当予以收监情形的，社区矫正机构应当向执行地或者原社区矫正决定机关提出收监执行建议，并将建议书抄送人民检察院。

社区矫正决定机关应当在收到建议书后三十日内作出决定，将决定书送达社区矫正机构和公安机关，并抄送人民检察院。

人民法院、公安机关对暂予监外执行的社区矫正对象决定收监执行的，由公安机关立即将社区矫正对象送交监狱或者看守所收监执行。

监狱管理机关对暂予监外执行的社区矫正对象决定收监执行的，监狱应当立即将社区矫正对象收监执行。

第五十条 被裁定撤销缓刑、假释和被决定收监执行的社区矫正对象逃跑的，由公安机关追捕，社区矫正机构、有关单位和个人予以协助。

第五十一条 社区矫正对象在社区矫正期间死亡的，其监护人、家庭成员应当及时向社区矫正机构报告。社区矫正机构应当及时通知社区矫正决定机关、所在地的人民检察院、公安机关。

第七章 未成年人社区矫正特别规定

第五十二条 社区矫正机构应当根据未成年社区矫正对象的年龄、心理特点、发育需要、成长经历、犯罪原因、家庭监护教育条件等情况，采取针对性的矫正措施。

社区矫正机构为未成年社区矫正对象确定矫正小组，应当吸收熟悉未成年人身心特点的人员参加。

对未成年人的社区矫正，应当与成年人分别进行。

第五十三条 未成年社区矫正对象的监护人应当履行监护责任，承担抚养、管教等义务。

监护人怠于履行监护职责的，社区矫正机构应当督促、教育其履行监护责任。监护人拒不履行监护职责的，通知有关部门依法作出处理。

第五十四条 社区矫正机构工作人员和其他依法参与社区矫正工作的人员对履行职责过程中获得的未成年人身份信息应当予以保密。

除司法机关办案需要或者有关单位根据国家规定查询外，未成年社区矫正对象的档案信息不得提供给任何单位或者个人。依法进行查询的单位，应当对获得的信息予以保密。

第五十五条 对未完成义务教育的未成年社区矫正对象，社区矫正机构应当通知并配合教育部门为其完成义务教育提供条件。未成年社区矫正对象的监护人应当依法保证其按时入学接受并完成义务教育。

年满十六周岁的社区矫正对象有就业意愿的，社区矫正机构可以协调有关部门和单位为其提供职业技能培训，给予就业指导和帮助。

第五十六条 共产主义青年团、妇女联合会、未成年人保护组织应当依法协助社区矫正机构做好未成年人社区矫正工作。

国家鼓励其他未成年人相关社会组织参与未成年人社区矫正工作，依法给予政策支持。

第五十七条 未成年社区矫正对象在复学、升学、就业等方面依法享有与其他未成年人同等的权利，任何单位和个人不得歧视。有歧视行为的，应当由教育、人力资源和社会保障等部门依法作出处理。

第五十八条 未成年社区矫正对象在社区矫正期间年满十八周岁的，继续按照未成年人社区矫正有关规定执行。

第八章　法律责任

第五十九条 社区矫正对象在社区矫正期间有违反监督管理规定行为的，由公安机关依照《中华人民共和国治安管理处罚法》的规定给予处罚；具有撤销缓刑、假释或者暂予监外执行收监情形的，应当依法作出处理。

第六十条 社区矫正对象殴打、威胁、侮辱、骚扰、报复社区矫正机构工作人员和其他依法参与社区矫正工作的人员及其近亲属，构成犯罪的，依法追究刑事责任；尚不构成犯罪的，由公安机关依法给予治安管理处罚。

第六十一条 社区矫正机构工作人员和其他国家工作人员有下列行为之一的，应当给予处分；构成犯罪的，依法追究刑事责任：

（一）利用职务或者工作便利索取、收受贿赂的；

（二）不履行法定职责的；

（三）体罚、虐待社区矫正对象，或者违反法律规定限制或者变相限制社区矫正对象的人身自由的；

（四）泄露社区矫正工作秘密或者其他依法应当保密的信息的；

（五）对依法申诉、控告或者检举的社区矫正对象进行打击报复的；

（六）有其他违纪违法行为的。

第六十二条 人民检察院发现社区矫正工作违反法律规定的，应当依法提出纠正意见、检察建议。有关单位应当将采纳纠正意见、检察建议的情况书面回复人民检察院，没有采纳的应当说明理由。

第九章 附 则

第六十三条 本法自2020年7月1日起施行。

全国人民代表大会常务委员会关于修改《中华人民共和国台湾同胞投资保护法》的决定

（2019年12月28日第十三届全国人民代表大会常务委员会第十五次会议通过 2019年12月28日中华人民共和国主席令第41号公布 自2020年1月1日起施行）

第十三届全国人民代表大会常务委员会第十五次会议决定对《中华人民共和国台湾同胞投资保护法》作如下修改：

一、将第七条第一款修改为："台湾同胞投资，可以举办全部或者部分由台湾同胞投资者投资的企业（以下简称台湾同胞投资企业），也可以采用法律、行政法规或者国务院规定的其他投资形式。"

二、删去第八条。

三、将第九条改为第八条，修改为："台湾同胞投资企业依法进行经营管理活动，其经营管理的自主权不受干涉。”

四、删去第十四条。

本决定自2020年1月1日起施行。

《中华人民共和国台湾同胞投资保护法》根据本决定作相应修改并对条文顺序作相应调整，重新公布。

中华人民共和国
台湾同胞投资保护法

（1994年3月5日第八届全国人民代表大会常务委员会第六次会议通过　根据2016年9月3日第十二届全国人民代表大会常务委员会第二十二次会议《关于修改〈中华人民共和国外资企业法〉等四部法律的决定》第一次修正　根据2019年12月28日第十三届全国人民代表大会常务委员会第十五次会议《关于修改〈中华人民共和国台湾同胞投资保护法〉的决定》第二次修正）

第一条　为了保护和鼓励台湾同胞投资，促进海峡两岸的经济发展，制定本法。

第二条　台湾同胞投资适用本法；本法未规定的，国家其他有关法律、行政法规对台湾同胞投资有规定的，依照该规定执行。

本法所称台湾同胞投资是指台湾地区的公司、企业、其他经济组织或者个人作为投资者在其他省、自治区和直辖市投资。

第三条　国家依法保护台湾同胞投资者的投资、投资收益和其他合法权益。

台湾同胞投资必须遵守国家的法律、法规。

第四条　国家对台湾同胞投资者的投资不实行国有化和征收；在特殊情况下，根据社会公共利益的需要，对台湾同胞投资者的投资可以依照法律程序实行征收，并给予相应的补偿。

第五条　台湾同胞投资者投资的财产、工业产权、投资收益和其他合法权益，可以依法转让和继承。

第六条　台湾同胞投资者可以用可自由兑换货币、机器设备或者其他实物、工业产权、非专利技术等作为投资。

台湾同胞投资者可以用投资获得的收益进行再投资。

第七条 台湾同胞投资,可以举办全部或者部分由台湾同胞投资者投资的企业(以下简称台湾同胞投资企业),也可以采用法律、行政法规或者国务院规定的其他投资形式。

举办台湾同胞投资企业,应当符合国家的产业政策,有利于国民经济的发展。

第八条 台湾同胞投资企业依法进行经营管理活动,其经营管理的自主权不受干涉。

第九条 在台湾同胞投资企业集中的地区,可以依法成立台湾同胞投资企业协会,其合法权益受法律保护。

第十条 台湾同胞投资者依法获得的投资收益、其他合法收入和清算后的资金,可以依法汇回台湾或者汇往境外。

第十一条 台湾同胞投资者可以委托亲友作为其投资的代理人。

第十二条 台湾同胞投资企业依照国务院关于鼓励台湾同胞投资的有关规定,享受优惠待遇。

第十三条 台湾同胞投资者与其他省、自治区和直辖市的公司、企业、其他经济组织或者个人之间发生的与投资有关的争议,当事人可以通过协商或者调解解决。

当事人不愿协商、调解的,或者经协商、调解不成的,可以依据合同中的仲裁条款或者事后达成的书面仲裁协议,提交仲裁机构仲裁。

当事人未在合同中订立仲裁条款,事后又未达成书面仲裁协议的,可以向人民法院提起诉讼。

第十四条 本法自公布之日起施行。

有关法律问题的决定

全国人民代表大会常务委员会关于废止有关收容教育法律规定和制度的决定

（2019年12月28日第十三届全国人民代表大会常务委员会第十五次会议通过　2019年12月28日中华人民共和国主席令第42号公布　自2019年12月29日起施行）

第十三届全国人民代表大会常务委员会第十五次会议决定：

一、废止《全国人民代表大会常务委员会关于严禁卖淫嫖娼的决定》第四条第二款、第四款，以及据此实行的收容教育制度。

二、在收容教育制度废止前，依法作出的收容教育决定有效；收容教育制度废止后，对正在被依法执行收容教育的人员，解除收容教育，剩余期限不再执行。

本决定自2019年12月29日起施行。

全国人民代表大会常务委员会关于授权最高人民法院在部分地区开展民事诉讼程序繁简分流改革试点工作的决定

（2019年12月28日第十三届全国人民代表大会常务委员会第十五次会议通过）

为进一步优化司法资源配置，推进案件繁简分流、轻重分离、快慢分道，深化民事诉讼制度改革，提升司法效能，促进司法公正，第十三届全国人民代表大会常务委员会第十五次会议决定：授权最高人民法院在北京、上海市辖区内中级人民法院、基层人民法院，南京、苏州、杭州、宁波、合肥、福州、厦门、济南、郑州、洛阳、武汉、广州、深圳、成都、贵阳、昆明、西安、银川市中级人民法院及其辖区内基层人民法院，北京、上海、广州知识产权法院，上海金融法院，北京、杭州、广州互联网法院，就优化司法确认程序、完善小额诉讼程序、完善简易程序规则、扩大独任制适用范围、健全电子诉讼规则等，开展民事诉讼程序繁简分流改革试点工作。试点期间，试点法院暂时调整适用《中华人民共和国民事诉讼法》第三十九条第一款、第二款，第四十条第一款，第八十七条第一款，第一百六十二条，第一百六十九条第一款，第一百九十四条。试点工作应当遵循民事诉讼法的基本原则，充分保障当事人诉讼权利，促进提升司法效率，确保司法公正。试点具体办法由最高人民法院牵头研究制定，报全国人民代表大会常务委员会备案。试点期限为二年，自试点办法印发之日起算。

最高人民法院应当加强对试点工作的组织指导和监督检查。试点过程中，最高人民法院应当就试点情况向全国人民代表大会常务委员会作出中期报告。试点期满后，对实践证明可行的，应当修改完善有关法律；对实践证明不宜调整的，恢复施行有关法律规定。

本决定自2019年12月29日起施行。

行政法规

中华人民共和国外商投资法实施条例

（2019年12月12日国务院第74次常务会议通过　2019年12月26日中华人民共和国国务院令第723号公布　自2020年1月1日起施行）

第一章　总　则

第一条　根据《中华人民共和国外商投资法》（以下简称外商投资法），制定本条例。

第二条　国家鼓励和促进外商投资，保护外商投资合法权益，规范外商投资管理，持续优化外商投资环境，推进更高水平对外开放。

第三条　外商投资法第二条第二款第一项、第三项所称其他投资者，包括中国的自然人在内。

第四条　外商投资准入负面清单（以下简称负面清单）由国务院投资主管部门会同国务院商务主管部门等有关部门提出，报国务院发布或者报国务院批准后由国务院投资主管部门、商务主管部门发布。

国家根据进一步扩大对外开放和经济社会发展需要，适时调整负面清单。调整负面清单的程序，适用前款规定。

第五条　国务院商务主管部门、投资主管部门以及其他有关部门按照职责分工，密切配合、相互协作，共同做好外商投资促进、保护和管理工作。

县级以上地方人民政府应当加强对外商投资促进、保护和管理工作的组织领导，支持、督促有关部门依照法律法规和职责分工开展外商投资促进、保护和管理工作，及时协调、解决外商投资促进、保护和管理工作中的重大问题。

第二章　投资促进

第六条　政府及其有关部门在政府资金安排、土地供应、税费减免、资质许可、标准制定、项目申报、人力资源政策等方面，应当依法平等对待外商投资企业和内资企业。

政府及其有关部门制定的支持企业发展的政策应当依法公开；对政策实施中需要由企业申请办理的事项，政府及其有关部门应当公开申请办理的条件、流程、时限等，并在审核中依法平等对待外商投资企业和内资企业。

第七条 制定与外商投资有关的行政法规、规章、规范性文件，或者政府及其有关部门起草与外商投资有关的法律、地方性法规，应当根据实际情况，采取书面征求意见以及召开座谈会、论证会、听证会等多种形式，听取外商投资企业和有关商会、协会等方面的意见和建议；对反映集中或者涉及外商投资企业重大权利义务问题的意见和建议，应当通过适当方式反馈采纳的情况。

与外商投资有关的规范性文件应当依法及时公布，未经公布的不得作为行政管理依据。与外商投资企业生产经营活动密切相关的规范性文件，应当结合实际，合理确定公布到施行之间的时间。

第八条 各级人民政府应当按照政府主导、多方参与的原则，建立健全外商投资服务体系，不断提升外商投资服务能力和水平。

第九条 政府及其有关部门应当通过政府网站、全国一体化在线政务服务平台集中列明有关外商投资的法律、法规、规章、规范性文件、政策措施和投资项目信息，并通过多种途径和方式加强宣传、解读，为外国投资者和外商投资企业提供咨询、指导等服务。

第十条 外商投资法第十三条所称特殊经济区域，是指经国家批准设立、实行更大力度的对外开放政策措施的特定区域。

国家在部分地区实行的外商投资试验性政策措施，经实践证明可行的，根据实际情况在其他地区或者全国范围内推广。

第十一条 国家根据国民经济和社会发展需要，制定鼓励外商投资产业目录，列明鼓励和引导外国投资者投资的特定行业、领域、地区。鼓励外商投资产业目录由国务院投资主管部门会同国务院商务主管部门等有关部门拟订，报国务院批准后由国务院投资主管部门、商务主管部门发布。

第十二条 外国投资者、外商投资企业可以依照法律、行政法规或者国务院的规定，享受财政、税收、金融、用地等方面的优惠待遇。

外国投资者以其在中国境内的投资收益在中国境内扩大投资的，依法享受相应的优惠待遇。

第十三条 外商投资企业依法和内资企业平等参与国家标准、行业标准、地方标准和团体标准的制定、修订工作。外商投资企业可以根据需要自行制定或者与其他企业联合制定企业标准。

外商投资企业可以向标准化行政主管部门和有关行政主管部门提出标准的立项建议，在标准立项、起草、技术审查以及标准实施信息反馈、评估等过程中提出意见和建议，并按照规定承担标准起草、技术审查的相关工作以及标准的外文翻译工作。

标准化行政主管部门和有关行政主管部门应当建立健全相关工作机制，提高标准制定、修订的透明度，推进标准制定、修订全过程信息公开。

第十四条 国家制定的强制性标准对外商投资企业和内资企业平等适用，不得专门针对外商投资企业适用高于强制性标准的技术要求。

第十五条 政府及其有关部门不得阻挠和限制外商投资企业自由进入本地区和本行业的政府采购市场。

政府采购的采购人、采购代理机构不得在政府采购信息发布、供应商条件确定和资格审查、评标标准等方面，对外商投资企业实行差别待遇或者歧视待遇，不得以所有制形式、组织形式、股权结构、投资者国别、产品或者服务品牌以及其他不合理的条件对供应商予以限定，不得对外商投资企业在中国境内生产的产品、提供的服务和内资企业区别对待。

第十六条 外商投资企业可以依照《中华人民共和国政府采购法》（以下简称政府采购法）及其实施条例的规定，就政府采购活动事项向采购人、采购代理机构提出询问、质疑，向政府采购监督管理部门投诉。采购人、采购代理机构、政府采购监督管理部门应当在规定的时限内作出答复或者处理决定。

第十七条 政府采购监督管理部门和其他有关部门应当加强对政府采购活动的监督检查，依法纠正和查处对外商投资企业实行差别待遇或者歧视待遇等违法违规行为。

第十八条 外商投资企业可以依法在中国境内或者境外通过公开发行股票、公司债券等证券，以及公开或者非公开发行其他融资工具、借用外债等方式进行融资。

第十九条 县级以上地方人民政府可以根据法律、行政法规、地方性法规的规定，在法定权限内制定费用减免、用地指标保障、公共服务提供等方面的外商投资促进和便利化政策措施。

县级以上地方人民政府制定外商投资促进和便利化政策措施，应当以推动高质量发展为导向，有利于提高经济效益、社会效益、生态效益，有利于持续优化外商投资环境。

第二十条 有关主管部门应当编制和公布外商投资指引，为外国投资者和外商投资企业提供服务和便利。外商投资指引应当包括投资环境介绍、外商投资办事指南、投资项目信息以及相关数据信息等内容，并及时更新。

第三章 投资保护

第二十一条 国家对外国投资者的投资不实行征收。

在特殊情况下,国家为了公共利益的需要依照法律规定对外国投资者的投资实行征收的,应当依照法定程序、以非歧视性的方式进行,并按照被征收投资的市场价值及时给予补偿。

外国投资者对征收决定不服的,可以依法申请行政复议或者提起行政诉讼。

第二十二条 外国投资者在中国境内的出资、利润、资本收益、资产处置所得、取得的知识产权许可使用费、依法获得的补偿或者赔偿、清算所得等,可以依法以人民币或者外汇自由汇入、汇出,任何单位和个人不得违法对币种、数额以及汇入、汇出的频次等进行限制。

外商投资企业的外籍职工和香港、澳门、台湾职工的工资收入和其他合法收入,可以依法自由汇出。

第二十三条 国家加大对知识产权侵权行为的惩处力度,持续强化知识产权执法,推动建立知识产权快速协同保护机制,健全知识产权纠纷多元化解决机制,平等保护外国投资者和外商投资企业的知识产权。

标准制定中涉及外国投资者和外商投资企业专利的,应当按照标准涉及专利的有关管理规定办理。

第二十四条 行政机关(包括法律、法规授权的具有管理公共事务职能的组织,下同)及其工作人员不得利用实施行政许可、行政检查、行政处罚、行政强制以及其他行政手段,强制或者变相强制外国投资者、外商投资企业转让技术。

第二十五条 行政机关依法履行职责,确需外国投资者、外商投资企业提供涉及商业秘密的材料、信息的,应当限定在履行职责所必需的范围内,并严格控制知悉范围,与履行职责无关的人员不得接触有关材料、信息。

行政机关应当建立健全内部管理制度,采取有效措施保护履行职责过程中知悉的外国投资者、外商投资企业的商业秘密;依法需要与其他行政机关共享信息的,应当对信息中含有的商业秘密进行保密处理,防止泄露。

第二十六条 政府及其有关部门制定涉及外商投资的规范性文件,应当按照国务院的规定进行合法性审核。

外国投资者、外商投资企业认为行政行为所依据的国务院部门和地方人民政府及其部门制定的规范性文件不合法,在依法对行政行为申请行政复议或者提起行政诉讼时,可以一并请求对该规范性文件进行审查。

第二十七条 外商投资法第二十五条所称政策承诺,是指地方各级人民政府及其有关部门在法定权限内,就外国投资者、外商投资企业在本地区投资所适用的支持政策、享受的优惠待遇和便利条件等作出的书面承诺。政策承诺的内容应当符合法律、法规规定。

第二十八条 地方各级人民政府及其有关部门应当履行向外国投资者、外商投资企业依法作出的政策承诺以及依法订立的各类合同,不得以行政区划调整、政府换届、机构或者职能调整以及相关责任人更替等为由违约毁约。因国家利益、社会公共利益需要改变政策承诺、合同约定的,应当依照法定权限和程序进行,并依法对外国投资者、外商投资企业因此受到的损失及时予以公平、合理的补偿。

第二十九条 县级以上人民政府及其有关部门应当按照公开透明、高效便利的原则,建立健全外商投资企业投诉工作机制,及时处理外商投资企业或者其投资者反映的问题,协调完善相关政策措施。

国务院商务主管部门会同国务院有关部门建立外商投资企业投诉工作部际联席会议制度,协调、推动中央层面的外商投资企业投诉工作,对地方的外商投资企业投诉工作进行指导和监督。县级以上地方人民政府应当指定部门或者机构负责受理本地区外商投资企业或者其投资者的投诉。

国务院商务主管部门、县级以上地方人民政府指定的部门或者机构应当完善投诉工作规则、健全投诉方式、明确投诉处理时限。投诉工作规则、投诉方式、投诉处理时限应当对外公布。

第三十条 外商投资企业或者其投资者认为行政机关及其工作人员的行政行为侵犯其合法权益,通过外商投资企业投诉工作机制申请协调解决的,有关方面进行协调时可以向被申请的行政机关及其工作人员了解情况,被申请的行政机关及其工作人员应当予以配合。协调结果应当以书面形式及时告知申请人。

外商投资企业或者其投资者依照前款规定申请协调解决有关问题的,不影响其依法申请行政复议、提起行政诉讼。

第三十一条 对外商投资企业或者其投资者通过外商投资企业投诉工作机制反映或者申请协调解决问题,任何单位和个人不得压制或者打击报复。

除外商投资企业投诉工作机制外,外商投资企业或者其投资者还可以通过其他合法途径向政府及其有关部门反映问题。

第三十二条 外商投资企业可以依法成立商会、协会。除法律、法规另有规定外,外商投资企业有权自主决定参加或者退出商会、协会,任何单位和个人不得干预。

商会、协会应当依照法律法规和章程的规定，加强行业自律，及时反映行业诉求，为会员提供信息咨询、宣传培训、市场拓展、经贸交流、权益保护、纠纷处理等方面的服务。

国家支持商会、协会依照法律法规和章程的规定开展相关活动。

第四章 投资管理

第三十三条 负面清单规定禁止投资的领域，外国投资者不得投资。负面清单规定限制投资的领域，外国投资者进行投资应当符合负面清单规定的股权要求、高级管理人员要求等限制性准入特别管理措施。

第三十四条 有关主管部门在依法履行职责过程中，对外国投资者拟投资负面清单内领域，但不符合负面清单规定的，不予办理许可、企业登记注册等相关事项；涉及固定资产投资项目核准的，不予办理相关核准事项。

有关主管部门应当对负面清单规定执行情况加强监督检查，发现外国投资者投资负面清单规定禁止投资的领域，或者外国投资者的投资活动违反负面清单规定的限制性准入特别管理措施的，依照外商投资法第三十六条的规定予以处理。

第三十五条 外国投资者在依法需要取得许可的行业、领域进行投资的，除法律、行政法规另有规定外，负责实施许可的有关主管部门应当按照与内资一致的条件和程序，审核外国投资者的许可申请，不得在许可条件、申请材料、审核环节、审核时限等方面对外国投资者设置歧视性要求。

负责实施许可的有关主管部门应当通过多种方式，优化审批服务，提高审批效率。对符合相关条件和要求的许可事项，可以按照有关规定采取告知承诺的方式办理。

第三十六条 外商投资需要办理投资项目核准、备案的，按照国家有关规定执行。

第三十七条 外商投资企业的登记注册，由国务院市场监督管理部门或者其授权的地方人民政府市场监督管理部门依法办理。国务院市场监督管理部门应当公布其授权的市场监督管理部门名单。

外商投资企业的注册资本可以用人民币表示，也可以用可自由兑换货币表示。

第三十八条 外国投资者或者外商投资企业应当通过企业登记系统以及企业信用信息公示系统向商务主管部门报送投资信息。国务院商务主管部门、市场监督管理部门应当做好相关业务系统的对接和工作衔接,并为外国投资者或者外商投资企业报送投资信息提供指导。

第三十九条 外商投资信息报告的内容、范围、频次和具体流程,由国务院商务主管部门会同国务院市场监督管理部门等有关部门按照确有必要、高效便利的原则确定并公布。商务主管部门、其他有关部门应当加强信息共享,通过部门信息共享能够获得的投资信息,不得再行要求外国投资者或者外商投资企业报送。

外国投资者或者外商投资企业报送的投资信息应当真实、准确、完整。

第四十条 国家建立外商投资安全审查制度,对影响或者可能影响国家安全的外商投资进行安全审查。

第五章 法律责任

第四十一条 政府和有关部门及其工作人员有下列情形之一的,依法依规追究责任:

(一)制定或者实施有关政策不依法平等对待外商投资企业和内资企业;

(二)违法限制外商投资企业平等参与标准制定、修订工作,或者专门针对外商投资企业适用高于强制性标准的技术要求;

(三)违法限制外国投资者汇入、汇出资金;

(四)不履行向外国投资者、外商投资企业依法作出的政策承诺以及依法订立的各类合同,超出法定权限作出政策承诺,或者政策承诺的内容不符合法律、法规规定。

第四十二条 政府采购的采购人、采购代理机构以不合理的条件对外商投资企业实行差别待遇或者歧视待遇的,依照政府采购法及其实施条例的规定追究其法律责任;影响或者可能影响中标、成交结果的,依照政府采购法及其实施条例的规定处理。

政府采购监督管理部门对外商投资企业的投诉逾期未作处理的,对直接负责的主管人员和其他直接责任人员依法给予处分。

第四十三条 行政机关及其工作人员利用行政手段强制或者变相强制外国投资者、外商投资企业转让技术的,对直接负责的主管人员和其他直接责任人员依法给予处分。

第六章 附 则

第四十四条 外商投资法施行前依照《中华人民共和国中外合资经营企

业法》、《中华人民共和国外资企业法》、《中华人民共和国中外合作经营企业法》设立的外商投资企业(以下称现有外商投资企业),在外商投资法施行后5年内,可以依照《中华人民共和国公司法》、《中华人民共和国合伙企业法》等法律的规定调整其组织形式、组织机构等,并依法办理变更登记,也可以继续保留原企业组织形式、组织机构等。

自2025年1月1日起,对未依法调整组织形式、组织机构等并办理变更登记的现有外商投资企业,市场监督管理部门不予办理其申请的其他登记事项,并将相关情形予以公示。

第四十五条 现有外商投资企业办理组织形式、组织机构等变更登记的具体事宜,由国务院市场监督管理部门规定并公布。国务院市场监督管理部门应当加强对变更登记工作的指导,负责办理变更登记的市场监督管理部门应当通过多种方式优化服务,为企业办理变更登记提供便利。

第四十六条 现有外商投资企业的组织形式、组织机构等依法调整后,原合营、合作各方在合同中约定的股权或者权益转让办法、收益分配办法、剩余财产分配办法等,可以继续按照约定办理。

第四十七条 外商投资企业在中国境内投资,适用外商投资法和本条例的有关规定。

第四十八条 香港特别行政区、澳门特别行政区投资者在内地投资,参照外商投资法和本条例执行;法律、行政法规或者国务院另有规定的,从其规定。

台湾地区投资者在大陆投资,适用《中华人民共和国台湾同胞投资保护法》(以下简称台湾同胞投资保护法)及其实施细则的规定;台湾同胞投资保护法及其实施细则未规定的事项,参照外商投资法和本条例执行。

定居在国外的中国公民在中国境内投资,参照外商投资法和本条例执行;法律、行政法规或者国务院另有规定的,从其规定。

第四十九条 本条例自2020年1月1日起施行。《中华人民共和国中外合资经营企业法实施条例》、《中外合资经营企业合营期限暂行规定》、《中华人民共和国外资企业法实施细则》、《中华人民共和国中外合作经营企业法实施细则》同时废止。

2020年1月1日前制定的有关外商投资的规定与外商投资法和本条例不一致的,以外商投资法和本条例的规定为准。

保障农民工工资支付条例

（2019年12月4日国务院第73次常务会议通过　2019年12月30日中华人民共和国国务院令第724号公布　自2020年5月1日起施行）

第一章　总　则

第一条　为了规范农民工工资支付行为，保障农民工按时足额获得工资，根据《中华人民共和国劳动法》及有关法律规定，制定本条例。

第二条　保障农民工工资支付，适用本条例。

本条例所称农民工，是指为用人单位提供劳动的农村居民。

本条例所称工资，是指农民工为用人单位提供劳动后应当获得的劳动报酬。

第三条　农民工有按时足额获得工资的权利。任何单位和个人不得拖欠农民工工资。

农民工应当遵守劳动纪律和职业道德，执行劳动安全卫生规程，完成劳动任务。

第四条　县级以上地方人民政府对本行政区域内保障农民工工资支付工作负责，建立保障农民工工资支付工作协调机制，加强监管能力建设，健全保障农民工工资支付工作目标责任制，并纳入对本级人民政府有关部门和下级人民政府进行考核和监督的内容。

乡镇人民政府、街道办事处应当加强对拖欠农民工工资矛盾的排查和调处工作，防范和化解矛盾，及时调解纠纷。

第五条　保障农民工工资支付，应当坚持市场主体负责、政府依法监管、社会协同监督，按照源头治理、预防为主、防治结合、标本兼治的要求，依法根治拖欠农民工工资问题。

第六条　用人单位实行农民工劳动用工实名制管理，与招用的农民工书面约定或者通过依法制定的规章制度规定工资支付标准、支付时间、支付方式等内容。

第七条　人力资源社会保障行政部门负责保障农民工工资支付工作的组织协调、管理指导和农民工工资支付情况的监督检查，查处有关拖欠农民工工资案件。

住房城乡建设、交通运输、水利等相关行业工程建设主管部门按照职责履行行业监管责任，督办因违法发包、转包、违法分包、挂靠、拖欠工程款等导致的拖欠农民工工资案件。

发展改革等部门按照职责负责政府投资项目的审批管理，依法审查政府投资项目的资金来源和筹措方式，按规定及时安排政府投资，加强社会信用体系建设，组织对拖欠农民工工资失信联合惩戒对象依法依规予以限制和惩戒。

财政部门负责政府投资资金的预算管理，根据经批准的预算按规定及时足额拨付政府投资资金。

公安机关负责及时受理、侦办涉嫌拒不支付劳动报酬刑事案件，依法处置因农民工工资拖欠引发的社会治安案件。

司法行政、自然资源、人民银行、审计、国有资产管理、税务、市场监管、金融监管等部门，按照职责做好与保障农民工工资支付相关的工作。

第八条 工会、共产主义青年团、妇女联合会、残疾人联合会等组织按照职责依法维护农民工获得工资的权利。

第九条 新闻媒体应当开展保障农民工工资支付法律法规政策的公益宣传和先进典型的报道，依法加强对拖欠农民工工资违法行为的舆论监督，引导用人单位增强依法用工、按时足额支付工资的法律意识，引导农民工依法维权。

第十条 被拖欠工资的农民工有权依法投诉，或者申请劳动争议调解仲裁和提起诉讼。

任何单位和个人对拖欠农民工工资的行为，有权向人力资源社会保障行政部门或者其他有关部门举报。

人力资源社会保障行政部门和其他有关部门应当公开举报投诉电话、网站等渠道，依法接受对拖欠农民工工资行为的举报、投诉。对于举报、投诉的处理实行首问负责制，属于本部门受理的，应当依法及时处理；不属于本部门受理的，应当及时转送相关部门，相关部门应当依法及时处理，并将处理结果告知举报、投诉人。

第二章 工资支付形式与周期

第十一条 农民工工资应当以货币形式，通过银行转账或者现金支付给农民工本人，不得以实物或者有价证券等其他形式替代。

第十二条 用人单位应当按照与农民工书面约定或者依法制定的规章制度规定的工资支付周期和具体支付日期足额支付工资。

第十三条 实行月、周、日、小时工资制的，按照月、周、日、小时为周期支付工资；实行计件工资制的，工资支付周期由双方依法约定。

第十四条 用人单位与农民工书面约定或者依法制定的规章制度规定的具体支付日期，可以在农民工提供劳动的当期或者次期。具体支付日期遇法定节假日或者休息日的，应当在法定节假日或者休息日前支付。

用人单位因不可抗力未能在支付日期支付工资的，应当在不可抗力消除后及时支付。

第十五条 用人单位应当按照工资支付周期编制书面工资支付台账，并至少保存3年。

书面工资支付台账应当包括用人单位名称，支付周期，支付日期，支付对象姓名、身份证号码、联系方式，工作时间，应发工资项目及数额，代扣、代缴、扣除项目和数额，实发工资数额，银行代发工资凭证或者农民工签字等内容。

用人单位向农民工支付工资时，应当提供农民工本人的工资清单。

第三章 工资清偿

第十六条 用人单位拖欠农民工工资的，应当依法予以清偿。

第十七条 不具备合法经营资格的单位招用农民工，农民工已经付出劳动而未获得工资的，依照有关法律规定执行。

第十八条 用工单位使用个人、不具备合法经营资格的单位或者未依法取得劳务派遣许可证的单位派遣的农民工，拖欠农民工工资的，由用工单位清偿，并可以依法进行追偿。

第十九条 用人单位将工作任务发包给个人或者不具备合法经营资格的单位，导致拖欠所招用农民工工资的，依照有关法律规定执行。

用人单位允许个人、不具备合法经营资格或者未取得相应资质的单位以用人单位的名义对外经营，导致拖欠所招用农民工工资的，由用人单位清偿，并可以依法进行追偿。

第二十条 合伙企业、个人独资企业、个体经济组织等用人单位拖欠农民工工资的，应当依法予以清偿；不清偿的，由出资人依法清偿。

第二十一条 用人单位合并或者分立时，应当在实施合并或者分立前依法清偿拖欠的农民工工资；经与农民工书面协商一致的，可以由合并或者分立后承继其权利和义务的用人单位清偿。

第二十二条 用人单位被依法吊销营业执照或者登记证书、被责令关闭、被撤销或者依法解散的，应当在申请注销登记前依法清偿拖欠的农民工工资。

未依据前款规定清偿农民工工资的用人单位主要出资人，应当在注册新用人单位前清偿拖欠的农民工工资。

第四章　工程建设领域特别规定

第二十三条　建设单位应当有满足施工所需要的资金安排。没有满足施工所需要的资金安排的，工程建设项目不得开工建设；依法需要办理施工许可证的，相关行业工程建设主管部门不予颁发施工许可证。

政府投资项目所需资金，应当按照国家有关规定落实到位，不得由施工单位垫资建设。

第二十四条　建设单位应当向施工单位提供工程款支付担保。

建设单位与施工总承包单位依法订立书面工程施工合同，应当约定工程款计量周期、工程款进度结算办法以及人工费用拨付周期，并按照保障农民工工资按时足额支付的要求约定人工费用。人工费用拨付周期不得超过1个月。

建设单位与施工总承包单位应当将工程施工合同保存备查。

第二十五条　施工总承包单位与分包单位依法订立书面分包合同，应当约定工程款计量周期、工程款进度结算办法。

第二十六条　施工总承包单位应当按照有关规定开设农民工工资专用账户，专项用于支付该工程建设项目农民工工资。

开设、使用农民工工资专用账户有关资料应当由施工总承包单位妥善保存备查。

第二十七条　金融机构应当优化农民工工资专用账户开设服务流程，做好农民工工资专用账户的日常管理工作；发现资金未按约定拨付等情况的，及时通知施工总承包单位，由施工总承包单位报告人力资源社会保障行政部门和相关行业工程建设主管部门，并纳入欠薪预警系统。

工程完工且未拖欠农民工工资的，施工总承包单位公示30日后，可以申请注销农民工工资专用账户，账户内余额归施工总承包单位所有。

第二十八条　施工总承包单位或者分包单位应当依法与所招用的农民工订立劳动合同并进行用工实名登记，具备条件的行业应当通过相应的管理服务信息平台进行用工实名登记、管理。未与施工总承包单位或者分包单位订立劳动合同并进行用工实名登记的人员，不得进入项目现场施工。

施工总承包单位应当在工程项目部配备劳资专管员，对分包单位劳动用工实施监督管理，掌握施工现场用工、考勤、工资支付等情况，审核分包单位编制的农民工工资支付表，分包单位应当予以配合。

施工总承包单位、分包单位应当建立用工管理台账，并保存至工程完工且工资全部结清后至少3年。

第二十九条 建设单位应当按照合同约定及时拨付工程款，并将人工费用及时足额拨付至农民工工资专用账户，加强对施工总承包单位按时足额支付农民工工资的监督。

因建设单位未按照合同约定及时拨付工程款导致农民工工资拖欠的，建设单位应当以未结清的工程款为限先行垫付被拖欠的农民工工资。

建设单位应当以项目为单位建立保障农民工工资支付协调机制和工资拖欠预防机制，督促施工总承包单位加强劳动用工管理，妥善处理与农民工工资支付相关的矛盾纠纷。发生农民工集体讨薪事件的，建设单位应当会同施工总承包单位及时处理，并向项目所在地人力资源社会保障行政部门和相关行业工程建设主管部门报告有关情况。

第三十条 分包单位对所招用农民工的实名制管理和工资支付负直接责任。

施工总承包单位对分包单位劳动用工和工资发放等情况进行监督。

分包单位拖欠农民工工资的，由施工总承包单位先行清偿，再依法进行追偿。

工程建设项目转包，拖欠农民工工资的，由施工总承包单位先行清偿，再依法进行追偿。

第三十一条 工程建设领域推行分包单位农民工工资委托施工总承包单位代发制度。

分包单位应当按月考核农民工工作量并编制工资支付表，经农民工本人签字确认后，与当月工程进度等情况一并交施工总承包单位。

施工总承包单位根据分包单位编制的工资支付表，通过农民工工资专用账户直接将工资支付到农民工本人的银行账户，并向分包单位提供代发工资凭证。

用于支付农民工工资的银行账户所绑定的农民工本人社会保障卡或者银行卡，用人单位或者其他人员不得以任何理由扣押或者变相扣押。

第三十二条 施工总承包单位应当按照有关规定存储工资保证金，专项用于支付为所承包工程提供劳动的农民工被拖欠的工资。

工资保证金实行差异化存储办法，对一定时期内未发生工资拖欠的单位实行减免措施，对发生工资拖欠的单位适当提高存储比例。工资保证金可以用金融机构保函替代。

工资保证金的存储比例、存储形式、减免措施等具体办法，由国务院人力资源社会保障行政部门会同有关部门制定。

第三十三条 除法律另有规定外，农民工工资专用账户资金和工资保证金不得因支付为本项目提供劳动的农民工工资之外的原因被查封、冻结或者划拨。

第三十四条 施工总承包单位应当在施工现场醒目位置设立维权信息告示牌，明示下列事项：

（一）建设单位、施工总承包单位及所在项目部、分包单位、相关行业工程建设主管部门、劳资专管员等基本信息；

（二）当地最低工资标准、工资支付日期等基本信息；

（三）相关行业工程建设主管部门和劳动保障监察投诉举报电话、劳动争议调解仲裁申请渠道、法律援助申请渠道、公共法律服务热线等信息。

第三十五条 建设单位与施工总承包单位或者承包单位与分包单位因工程数量、质量、造价等产生争议的，建设单位不得因争议不按照本条例第二十四条的规定拨付工程款中的人工费用，施工总承包单位也不得因争议不按照规定代发工资。

第三十六条 建设单位或者施工总承包单位将建设工程发包或者分包给个人或者不具备合法经营资格的单位，导致拖欠农民工工资的，由建设单位或者施工总承包单位清偿。

施工单位允许其他单位和个人以施工单位的名义对外承揽建设工程，导致拖欠农民工工资的，由施工单位清偿。

第三十七条 工程建设项目违反国土空间规划、工程建设等法律法规，导致拖欠农民工工资的，由建设单位清偿。

第五章 监督检查

第三十八条 县级以上地方人民政府应当建立农民工工资支付监控预警平台，实现人力资源社会保障、发展改革、司法行政、财政、住房城乡建设、交通运输、水利等部门的工程项目审批、资金落实、施工许可、劳动用工、工资支付等信息及时共享。

人力资源社会保障行政部门根据水电燃气供应、物业管理、信贷、税收等反映企业生产经营相关指标的变化情况，及时监控和预警工资支付隐患并做好防范工作，市场监管、金融监管、税务等部门应当予以配合。

第三十九条 人力资源社会保障行政部门、相关行业工程建设主管部门和其他有关部门应当按照职责，加强对用人单位与农民工签订劳动合同、工资支付以及工程建设项目实行农民工实名制管理、农民工工资专用账户管理、施工总承包单位代发工资、工资保证金存储、维权信息公示等情况的监督检查，预防和减少拖欠农民工工资行为的发生。

第四十条 人力资源社会保障行政部门在查处拖欠农民工工资案件时，需要依法查询相关单位金融账户和相关当事人拥有房产、车辆等情况的，应当经设区的市级以上地方人民政府人力资源社会保障行政部门负责人批准，有关金融机构和登记部门应当予以配合。

第四十一条 人力资源社会保障行政部门在查处拖欠农民工工资案件时，发生用人单位拒不配合调查、清偿责任主体及相关当事人无法联系等情形的，可以请求公安机关和其他有关部门协助处理。

人力资源社会保障行政部门发现拖欠农民工工资的违法行为涉嫌构成拒不支付劳动报酬罪的，应当按照有关规定及时移送公安机关审查并作出决定。

第四十二条 人力资源社会保障行政部门作出责令支付被拖欠的农民工工资的决定，相关单位不支付的，可以依法申请人民法院强制执行。

第四十三条 相关行业工程建设主管部门应当依法规范本领域建设市场秩序，对违法发包、转包、违法分包、挂靠等行为进行查处，并对导致拖欠农民工工资的违法行为及时予以制止、纠正。

第四十四条 财政部门、审计机关和相关行业工程建设主管部门按照职责，依法对政府投资项目建设单位按照工程施工合同约定向农民工工资专用账户拨付资金情况进行监督。

第四十五条 司法行政部门和法律援助机构应当将农民工列为法律援助的重点对象，并依法为请求支付工资的农民工提供便捷的法律援助。

公共法律服务相关机构应当积极参与相关诉讼、咨询、调解等活动，帮助解决拖欠农民工工资问题。

第四十六条 人力资源社会保障行政部门、相关行业工程建设主管部门和其他有关部门应当按照“谁执法谁普法”普法责任制的要求，通过以案释法等多种形式，加大对保障农民工工资支付相关法律法规的普及宣传。

第四十七条 人力资源社会保障行政部门应当建立用人单位及相关责任人劳动保障守法诚信档案，对用人单位开展守法诚信等级评价。

用人单位有严重拖欠农民工工资违法行为的，由人力资源社会保障行政部门向社会公布，必要时可以通过召开新闻发布会等形式向媒体公开曝光。

第四十八条 用人单位拖欠农民工工资，情节严重或者造成严重不良社会影响的，有关部门应当将该用人单位及其法定代表人或者主要负责人、直接负责的主管人员和其他直接责任人员列入拖欠农民工工资失信联合惩戒对象名单，在政府资金支持、政府采购、招投标、融资贷款、市场准入、税收优惠、评优评先、交通出行等方面依法依规予以限制。

拖欠农民工工资需要列入失信联合惩戒名单的具体情形，由国务院人力资源社会保障行政部门规定。

第四十九条 建设单位未依法提供工程款支付担保或者政府投资项目拖欠工程款，导致拖欠农民工工资的，县级以上地方人民政府应当限制其新建项目，并记入信用记录，纳入国家信用信息系统进行公示。

第五十条 农民工与用人单位就拖欠工资存在争议，用人单位应当提供依法由其保存的劳动合同、职工名册、工资支付台账和清单等材料；不提供的，依法承担不利后果。

第五十一条 工会依法维护农民工工资权益，对用人单位工资支付情况进行监督；发现拖欠农民工工资的，可以要求用人单位改正，拒不改正的，可以请求人力资源社会保障行政部门和其他有关部门依法处理。

第五十二条 单位或者个人编造虚假事实或者采取非法手段讨要农民工工资，或者以拖欠农民工工资为名讨要工程款的，依法予以处理。

第六章 法律责任

第五十三条 违反本条例规定拖欠农民工工资的，依照有关法律规定执行。

第五十四条 有下列情形之一的，由人力资源社会保障行政部门责令限期改正；逾期不改正的，对单位处2万元以上5万元以下的罚款，对法定代表人或者主要负责人、直接负责的主管人员和其他直接责任人员处1万元以上3万元以下的罚款：

（一）以实物、有价证券等形式代替货币支付农民工工资；

（二）未编制工资支付台账并依法保存，或者未向农民工提供工资清单；

（三）扣押或者变相扣押用于支付农民工工资的银行账户所绑定的农民工本人社会保障卡或者银行卡。

第五十五条 有下列情形之一的，由人力资源社会保障行政部门、相关行业工程建设主管部门按照职责责令限期改正；逾期不改正的，责令项目停工，并处5万元以上10万元以下的罚款；情节严重的，给予施工单位限制承接新工程、降低资质等级、吊销资质证书等处罚：

（一）施工总承包单位未按规定开设或者使用农民工工资专用账户；

（二）施工总承包单位未按规定存储工资保证金或者未提供金融机构保函；

（三）施工总承包单位、分包单位未实行劳动用工实名制管理。

第五十六条 有下列情形之一的，由人力资源社会保障行政部门、相关行业工程建设主管部门按照职责责令限期改正；逾期不改正的，处5万元以上10万元以下的罚款：

（一）分包单位未按月考核农民工工作量、编制工资支付表并经农民工本人签字确认；

（二）施工总承包单位未对分包单位劳动用工实施监督管理；

（三）分包单位未配合施工总承包单位对其劳动用工进行监督管理；

（四）施工总承包单位未实行施工现场维权信息公示制度。

第五十七条 有下列情形之一的，由人力资源社会保障行政部门、相关行业工程建设主管部门按照职责责令限期改正；逾期不改正的，责令项目停工，并处5万元以上10万元以下的罚款：

（一）建设单位未依法提供工程款支付担保；

（二）建设单位未按约定及时足额向农民工工资专用账户拨付工程款中的人工费用；

（三）建设单位或者施工总承包单位拒不提供或者无法提供工程施工合同、农民工工资专用账户有关资料。

第五十八条 不依法配合人力资源社会保障行政部门查询相关单位金融账户的，由金融监管部门责令改正；拒不改正的，处2万元以上5万元以下的罚款。

第五十九条 政府投资项目政府投资资金不到位拖欠农民工工资的，由人力资源社会保障行政部门报本级人民政府批准，责令限期足额拨付所拖欠的资金；逾期不拨付的，由上一级人民政府人力资源社会保障行政部门约谈直接责任部门和相关监管部门负责人，必要时进行通报，约谈地方人民政府负责人。情节严重的，对地方人民政府及其有关部门负责人、直接负责的主管人员和其他直接责任人员依法依规给予处分。

第六十条 政府投资项目建设单位未经批准立项建设、擅自扩大建设规模、擅自增加投资概算、未及时拨付工程款等导致拖欠农民工工资的，除依法承担责任外，由人力资源社会保障行政部门、其他有关部门按照职责约谈建设单位负责人，并作为其业绩考核、薪酬分配、评优评先、职务晋升等的重要依据。

第六十一条 对于建设资金不到位、违法违规开工建设的社会投资工程建设项目拖欠农民工工资的，由人力资源社会保障行政部门、其他有关部门按照职责依法对建设单位进行处罚；对建设单位负责人依法依规给予处分。相关部门工作人员未依法履行职责的，由有关机关依法依规给予处分。

第六十二条 县级以上地方人民政府人力资源社会保障、发展改革、财政、公安等部门和相关行业工程建设主管部门工作人员，在履行农民工工资支付监督管理职责过程中滥用职权、玩忽职守、徇私舞弊的，依法依规给予处分；构成犯罪的，依法追究刑事责任。

第七章 附 则

第六十三条 用人单位一时难以支付拖欠的农民工工资或者拖欠农民工工资逃匿的，县级以上地方人民政府可以动用应急周转金，先行垫付用人单位拖欠的农民工部分工资或者基本生活费。对已经垫付的应急周转金，应当依法向拖欠农民工工资的用人单位进行追偿。

第六十四条 本条例自 2020 年 5 月 1 日起施行。

国务院文件

国务院办公厅关于建立政务服务“好差评”制度提高政务服务水平的意见

（2019年12月3日　国办发〔2019〕51号）

为全面及时准确了解企业和群众对政务服务的感受和诉求，接受社会监督，有针对性地改进政务服务，提升政府工作效能，优化营商环境，建设人民满意的服务型政府，经国务院同意，现就建立政务服务“好差评”制度提出以下意见。

一、总体要求

（一）指导思想。以习近平新时代中国特色社会主义思想为指导，全面贯彻落实党的十九大和十九届二中、三中、四中全会精神，按照党中央、国务院决策部署，坚持以人民为中心的发展思想，深入推进“放管服”改革、转变政府职能，创新行政方式，提高行政效能，对接群众需求实施服务供给侧改革，建立政务服务绩效由企业和群众评判的“好差评”制度，推动各级政府增强服务意识，转变工作作风，夯实服务责任，为企业和群众提供全面规范、公开公平、便捷高效的政务服务，提升企业和群众办事便利度和获得感。

（二）目标要求。2020年底前，全面建成政务服务“好差评”制度体系，建成全国一体化在线政务服务平台“好差评”管理体系，各级政务服务机构（含大厅、中心、站点、窗口等，下同）、各类政务服务平台（含业务系统、热线电话平台、移动服务端、自助服务端等，下同）全部开展“好差评”，线上线下全面融合，实现政务服务事项全覆盖、评价对象全覆盖、服务渠道全覆盖。确保每个政务服务事项均可评价，每个政务服务机构、政务服务平台和人员都接受评价，每个办事企业和群众都能自愿自主真实评价，每个差评都得到整改，形成评价、反馈、整改、监督全流程衔接，企业和群众积极参与、社会各界广泛评价、政府部门及时改进的良性互动局面，促进政务服务质量持续提升。

二、明确责任标准

（一）夯实政务服务责任。省级人民政府对本地区政务服务工作负主要责任，组织领导本地区政务服务工作，明确政务服务管理机构，统筹政务服务机构、平台建设，统一工作要求、服务程序和标准规范，完善配套政策，监督政务服务运行。市县级人民政府负责指导、监督本地区政务服务机构、平台依法依规履行职责，结合实际细化实化相关规定，推动落实各项工作，强化人员管理和考核，督促问题整改，受理复核申诉，查处违规违纪问题。各级政务服务机构、平台具体受理、办理政务服务事项，加强内部管理，明确经办人员职责，接受企业和群众监督评价，及时整改问题。国务院部门要加强对本系统、本领域政务服务工作的指导，发挥跨区域业务协调作用，加强与地方政府的协同配合；垂直管理部门要加强对本系统政务服务工作的组织领导；跨部门的政务服务工作由牵头部门组织，相关部门各司其职、积极配合、协同办理。

（二）厘清政务服务事项。政务服务事项全部实行清单管理。要根据法定职责和权责清单，基于国家政务服务事项基本目录，编制完整的政务服务事项清单，并纳入全国一体化在线政务服务平台管理，实现同一事项的名称、编码、依据、类型等基本要素统一。要逐项编制、完善办事指南，明确受理单位、办理渠道、申请条件、申请材料、办理程序、办理时限、收费依据及标准、评价渠道等要素，推进同一事项无差别受理、同标准办理。清单和办事指南要公开并及时更新完善。

（三）规范政务服务要求。要推进服务办理便捷化，优化办事流程，减少办理环节，加快政务信息系统资源整合共享。完善现场服务规范，政务服务大厅要合理设置服务标识和办事窗口，提升"一站式"服务功能，原则上实现集中办理、异地可办；文印、传真、邮寄等配套服务，需要收费的，要合理设定并公开收费标准。完善网上服务规范，落实"一网通办"要求，健全网上预约、申报、审批服务等流程，提供网上咨询服务，确保企业和群众网上办事流程清晰、操作便捷、沟通顺畅。压减政务服务办理时限，区分不同种类服务，推行当场办结、一次办结、限时办结，各地区可以在国家规定的办理时限内进一步压减时间，超过办理时间的，要公开说明理由。完善人员管理规范，做到业务熟练、服务周到、文明礼貌、仪容整洁。

（四）科学设置政务服务评价标准。在实践基础上，适时制定政务服务评价国家标准，围绕政务服务事项管理、办事流程、服务规范、服务质量、整改实效、监督管理等方面建立健全评价体系，按照统分结合、分级分类的方式，细化评价指标，完善评价方法，推动提升政务服务"好差评"制度的科学性、规范性和有效性。鼓励国务院各行业主管部门制定本领域各项政务服务的行业标准，各地区在国家标准和行业标准的基础上，结合地方实际，提出更高的政务服务评价标准要求。国务院办公厅及有关部门要加强对政务服务评价标准制定工作的指导协调。

三、畅通评价渠道

（一）现场服务“一次一评”。政务服务机构要在服务窗口醒目位置设置评价器或评价二维码，方便办事企业和群众自主评价。偏远地区和基层服务点等暂不具备条件的，应提供书面评价表格。没有在服务现场作出评价的企业和群众可在一定期限内补充评价。评价一般可设置“很好”、“好”、“一般”、“差”、“很差”或“非常满意”、“满意”、“基本满意”、“不满意”、“非常不满意”五个等级，后两个等级为差评。

（二）网上服务“一事一评”。政务服务平台要设置评价功能模块或环节，方便企业和群众即时评价。发挥信息技术优势，在五级评价的基础上，针对具体服务事项细化评价问询表单，可设置服务指引是否清晰、办事程序是否便利、材料手续是否精简、操作界面是否友好、有何改进意见等项目，由办事企业和群众自愿填写。

（三）社会各界“综合点评”。要通过意见箱、热线电话、监督平台、电子邮箱等多种渠道和方式，主动接受社会各界的综合性评价。引导社会组织、中介组织、研究机构等对政务服务状况进行专业、科学、客观的评估评价，提出意见建议。

（四）政府部门“监督查评”。要积极开展政务服务调查，尤其是对新出台的利企惠民政策、新提供的服务项目以及直接关系企业和群众切身利益的重点服务事项，及时了解政策知悉度、办事便利度、服务满意度等情况。按照一定比例随机抽取参与评价的企业和群众，开展回访调查。根据本地区、本部门实际，委托第三方独立开展政务服务评估，评估结果作为改进服务的重要依据。要进一步发挥中国政府网政务服务投诉与建议平台的作用。

四、用好评价结果

（一）强化服务差评整改。要建立差评和投诉问题调查核实、督促整改和反馈机制。收到差评和投诉后，按照“谁办理、谁负责”的原则，由业务办理单位第一时间启动程序，安排专人回访核实。对情况清楚、诉求合理的问题，立行立改；对情况复杂、一时难以解决的，建立台账，限期整改；对缺乏法定依据的，做好解释说明。核实为误评或恶意差评的，评价结果不予采纳，并通报同级政务服务管理机构。核实整改情况要通过适当方式，及时向企业和群众反馈，确保差评件件有整改、有反馈。做好差评回访整改情况记录，实名差评回访整改率要达到100%。强化对差评回访核实和整改情况的监督检查。

（二）加强评价数据的综合分析和应用。要运用大数据等技术，加强对评价数据的跟踪分析和综合挖掘，及时归纳发现政务服务的堵点难点，分析研判企业群众的诉求和期盼，找准服务企业群众的切入点和着力点，推进服务供给精细化，对企业和群众反映集中的问题，限期依法依规整改解决。

（三）健全政务服务奖惩机制。完善激励约束机制，有效激发政府部门和工作人员创新工作、改进服务的内生动力。国务院办公厅要通过全国一体化在线政务服务平台汇总、分析评价数据，定期形成各地区、各部门政务服务情况报告，并以适当形式反馈。各地区、各部门要将政务服务“好差评”情况纳入绩效评价。对企业和群众评价满意度高的单位和人员，按照国家有关规定进行表彰和奖励；对在政务服务中反复被差评、投诉，弄虚作假，故意刁难，甚至打击报复企业和群众的，依法依规严肃追责。

（四）公开政务服务评价信息。要坚持“以公开为常态、不公开为例外”，除依法不得公开的信息外，政务服务情况、评价结果及整改情况，均要通过政府门户网站、政务服务平台和新闻媒体向社会公开，并建立符合本地区、本部门实际的政务服务竞争机制。对造成不良影响的案例，要进行内部通报，必要时媒体曝光，推动形成愿评、敢评、评了管用的社会共识。

五、完善保障措施

（一）健全评价信息管理机制。基于全国一体化在线政务服务平台，建立“好差评”数据生成、归集、传输、分析、反馈机制，连通线上线下各类评价渠道，实现“好差评”内容同标准提供、评价结果同源发布、差评整改在线反馈、评价数据自动生成。各地区、各部门政务服务平台应当按照标准建设政务服务“好差评”系统，与国家政务服务平台互联互通。各地区统一提供“好差评”页面，完整采集、实时报送相关评价数据。各部门直属机构进驻地方政务服务大厅办理业务的，原则上应当通过所在地区“好差评”系统接受评价。建立评价数据安全保障机制，确保数据真实、安全、可靠。

（二）强化评价人和被评价人权益保护。要保障评价人自愿自主评价的权利，不得强迫或者干扰评价人的评价行为。鼓励办事企业和群众实名评价，建立健全评价人信息保护制度，规范信息查询权限，对泄露评价人信息的，依法依规严肃查处。保障被评价人举证解释和申诉申辩的权利，建立申诉复核机制，排除误评和恶意差评。

（三）加强组织领导。各地区、各部门要把建立政务服务“好差评”制度作为深化“放管服”改革的重要举措，层层压实责任，狠抓督促落实，确保工作扎实有序推进，目标任务按期完成；加强同其他投诉、评价制度的整合衔接，减少基层负担；根据企业和群众评价，及时总结推广创新做法、典型经验；注重政策宣传，引导企业和群众积极参与政务服务评价。国务院办公厅要加强对各地区、各部门政务服务工作的指导协调、跟踪督促。

有关行业主管部门要加强对本行业承担公共服务职能企事业单位的指导、监督,参照本意见的要求,组织开展公共服务评价。

国务院关于进一步做好稳就业工作的意见

(2019年12月13日　国发〔2019〕28号)

就业是民生之本、财富之源。当前我国就业形势保持总体平稳,但国内外风险挑战增多,稳就业压力加大。为全力做好稳就业工作,现提出以下意见。

一、总体要求

以习近平新时代中国特色社会主义思想为指导,全面贯彻党的十九大和十九届二中、三中、四中全会精神,坚持把稳就业摆在更加突出位置,强化底线思维,做实就业优先政策,健全有利于更充分更高质量就业的促进机制,坚持创造更多就业岗位和稳定现有就业岗位并重,突出重点、统筹推进、精准施策,全力防范化解规模性失业风险,全力确保就业形势总体稳定。

二、支持企业稳定岗位

(一)加大援企稳岗力度。阶段性降低失业保险费率、工伤保险费率的政策,实施期限延长至2021年4月30日。参保企业面临暂时性生产经营困难且恢复有望、坚持不裁员或少裁员的失业保险稳岗返还政策,以及困难企业开展职工在岗培训的补贴政策,实施期限均延长至2020年12月31日。

(二)加强对企业金融支持。落实普惠金融定向降准政策,释放的资金重点支持民营企业和小微企业融资。鼓励银行完善金融服务民营企业和小微企业的绩效考核激励机制,增加制造业中小微企业中长期贷款和信用贷款。对扩大小微企业融资担保业务规模、降低小微企业融资担保费率等政策性引导较强的地方进行奖补。发挥各级政府中小企业工作领导小组的协调作用,支持中小企业发展,增加就业。发挥各级金融监管机构作用,鼓励银行为重点企业制定专门信贷计划,对遇到暂时困难但符合授信条件的企业,不得盲目抽贷、断贷。

(三)引导企业开拓国内市场。完善省际间信息沟通、收益分享等机制,鼓励中西部和东北地区各类产业园区与东部产业转出地区加强对接,及时掌握有转移意愿的企业清单。推广工业用地长期租赁、先租后让、租让结合和弹性年期供应方式,降低物流和用电用能成本,有条件的地区可加大标准厂房建设力度并提供租金优惠,推动制造业跨区域有序转移。搭建跨部门综合服务平台,加强企业产销融通对接,重点支持相关企业对接国内各大电商平台和各行业、各区域大宗采购项目,支持企业拓展国内市场销售渠道。

(四)规范企业裁员行为。支持企业与职工集体协商,采取协商薪酬、调整工时、轮岗轮休、在岗培训等措施,保留劳动关系。对拟进行经济性裁员的企业,指导其依法依规制定和实施职工安置方案,提前30日向工会或全体职工说明相关情况,依法依规支付经济补偿,偿还拖欠的职工工资,补缴欠缴的社会保险费。

三、开发更多就业岗位

(五)挖掘内需带动就业。实施社区生活服务业发展试点,开展家政服务业提质扩容“领跑者”行动试点工作,深入推进家政培训提升行动和家政服务领域信用建设专项行动。加强旅游公共设施建设,推进区域医疗中心建设,开展支持社会力量发展普惠托育服务专项行动。支持养老服务业发展,通过政府购买服务等方式,支持养老服务机构向重点人群提供服务。鼓励汽车、家电、消费电子产品更新消费,有力有序推进老旧汽车报废更新,鼓励限购城市优化机动车限购管理措施。培育国内服务外包市场,支持行政事业单位、国有企业采购专业服务。

(六)加大投资创造就业。合理扩大有效投资,适当降低部分基础设施等项目资本金比例,加快发行使用地方政府专项债券,确保精准投入补短板重点项目。实施城镇老旧小区改造、棚户区改造、农村危房改造等工程,支持城市停车场设施建设,加快国家物流枢纽网络建设。深入实施新一轮重大技术改造升级工程。

(七)稳定外贸扩大就业。研究适时进一步降低进口关税和制度性成本,扩大出口信用保险覆盖面、合理降低保费,确保审核办理正常退税平均时间在10个工作日以内。发挥行业协会、商会、中介机构等作用,引导企业增强议价能力,鼓励提供公益法律服务。建设国际营销服务体系,加快跨境电子商务综合试验区建设,做大做强外贸综合服务企业。

(八)培育壮大新动能拓展就业空间。加快5G商用发展步伐,深入推进战略性新兴产业集群发展工程,加强人工智能、工业互联网等领域基础设施投资和产业布局。支持科技型企业开展联合技术攻关,完善首台(套)重大技术装备示范应用扶持政策,支持科技型企业到海外投资。加快落实促进平台经济规范健康发展的指导意见,促进新产业新业态新模式快速发展。

四、促进劳动者多渠道就业创业

(九)鼓励企业吸纳就业。降低小微企业创业担保贷款申请条件,当年新招用符合条件人员占现有职工比例下调为20%,职工超过100人的比例下调为10%。对企业吸纳登记失业半年以上人员就业且签订1年以上劳动合同并按规定缴纳社会保险的,有条件的地区可给予一次性吸纳就业补贴,实施期限为2020年1月1日至12月31日。

(十)扶持创业带动就业。持续推进简政放权、放管结合、优化服务改革,进一步优化营商环境,鼓励和支持更多劳动者创业创新。加大创业担保贷款政策实施力度,建立信用乡村、信用园区、创业孵化示范载体推荐免担保机制。实施"双创"支撑平台项目,引导"双创"示范基地、专业化众创空间等优质孵化载体承担相关公共服务事务。鼓励支持返乡创业,年度新增建设用地计划指标优先保障县以下返乡创业用地,支持建设一批农民工返乡创业园、农村创新创业和返乡创业孵化实训基地,建设一批县级农村电商服务中心、物流配送中心和乡镇运输服务站。实施返乡创业能力提升行动,加强返乡创业重点人群、贫困村创业致富带头人、农村电商人才等培训培育。对返乡农民工首次创业且正常经营1年以上的,有条件的地区可给予一次性创业补贴。

(十一)支持灵活就业和新就业形态。支持劳动者通过临时性、非全日制、季节性、弹性工作等灵活多样形式实现就业。研究完善支持灵活就业的政策措施,明确灵活就业、新就业形态人员劳动用工、就业服务、权益保障办法,启动新就业形态人员职业伤害保障试点,抓紧清理取消不合理限制灵活就业的规定。对就业困难人员享受灵活就业社会保险补贴政策期满仍未实现稳定就业的,政策享受期限可延长1年,实施期限为2020年1月1日至12月31日。

(十二)加强托底安置就业。加大对就业困难人员的就业援助力度,鼓励围绕补齐民生短板拓展公益性岗位。对从事公益性岗位政策期满仍未实现稳定就业的,政策享受期限可延长1年,实施期限为2020年1月1日至12月31日。在农村中小型基础设施建设、农村危房改造中实施以工代赈,组织建档立卡贫困人口参与工程项目建设。

(十三)稳定高校毕业生等青年就业。继续组织实施农村教师特岗计划、"三支一扶"计划等基层服务项目。公开招聘一批乡村教师、医生、社会工作者充实基层服务力量。扩大征集应届高校毕业生入伍规模。扩大就业见习规模,适当提高补贴标准,支持企业开发更多见习岗位。

五、大规模开展职业技能培训

(十四)大力推进职业技能提升行动。落实完善职业技能提升行动政策措施,按规定给予职业培训补贴和生活费补贴。针对不同对象开展精准培训,全面开展企业职工技能提升培训或转岗转业培训,组织失业人员参加技能培训或创业培训,实施农民工、高校毕业生、退役军人、建档立卡贫困人口、残疾人等重点群体专项培训计划。支持职业院校(含技工院校)积极承担相应培训任务。

（十五）扩大技能人才培养培训规模。推进落实职业院校奖助学金调整政策，扩大高职院校奖助学金覆盖面、提高补助标准，设立中等职业教育国家奖学金。推进各地技师学院、技工学校纳入职业教育统一招生平台。组织城乡未继续升学的初高中毕业生、20 岁以下有意愿的登记失业人员参加劳动预备制培训，按规定给予培训补贴，对其中的农村学员和困难家庭成员给予生活费补贴，实施期限为 2020 年 1 月 1 日至 12 月 31 日。

（十六）加强职业培训基础能力建设。启动国家产教融合建设试点，加强公共实训基地和产教融合实训基地建设。支持各类企业和职业院校（含技工院校）合作建设职工培训中心、企业大学和继续教育基地，鼓励设备设施、教学师资、课程教材等培训资源共建共享。实施新职业开发计划，加大职业技能标准和职业培训包开发力度，建立急需紧缺职业目录编制发布制度。

六、做实就业创业服务

（十七）推进就业服务全覆盖。劳动年龄内、有劳动能力、有就业要求、处于失业状态的城乡劳动者可在常住地进行失业登记，申请享受基本公共就业服务。健全就业信息监测系统，开放线上失业登记入口，实现失业人员基本信息、求职意愿和就业服务跨地区共享。加强重大项目、重大工程、专项治理对就业影响跟踪应对，对涉及企业关停并转的，主管部门要及时将企业信息提供给当地人力资源社会保障部门；对可能造成规模性失业的，要同步制定应对措施。

（十八）加强岗位信息归集提供。政府投资项目产生的岗位信息、各方面开发的公益性岗位信息，在本单位网站和同级人力资源社会保障部门网站公开发布。健全岗位信息公共发布平台，市级以上公共就业人才服务机构要在 2020 年 3 月底前实现岗位信息在线发布，并向省级、国家级归集，加快实现公共机构岗位信息区域和全国公开发布。

（十九）强化常态化管理服务。实施基层公共就业服务经办能力提升计划，建立登记失业人员定期联系和分级分类服务制度，每月至少进行 1 次跟踪调查，定期提供职业介绍、职业指导、创业服务，推介就业创业政策和职业培训项目，对其中的就业困难人员提供就业援助。加强重点企业跟踪服务，提供用工指导、政策咨询、劳动关系协调等服务和指导。公共就业人才服务机构、经营性人力资源服务机构和行业协会提供上述服务的，有条件的地区可根据服务人数、成效和成本等，对其给予就业创业服务补助。

七、做好基本生活保障

（二十）更好发挥失业保险作用。对符合领取失业保险金条件的人员，及时发放失业保险金。对领取失业保险金期满仍未就业且距离法定退休年龄不足1年的人员,可继续发放失业保险金直至法定退休年龄。对失业保险金发放出现缺口的地区,采取失业保险调剂金调剂、地方财政补贴等方式予以支持。

(二十一)做好困难人员生活保障。对符合条件的生活困难下岗失业人员,发放临时生活补助。对生活困难的失业人员及家庭,按规定纳入最低生活保障、临时救助等社会救助范围。对实现就业的低保对象,可通过"低保渐退"等措施,增强其就业意愿和就业稳定性。

八、加强组织保障

(二十二)完善工作组织协调机制。县级以上地方政府要切实履行稳就业主体责任,建立政府负责人牵头、相关部门共同参与的工作组织领导机制,明确目标任务、工作责任和督促落实机制,统筹领导和推进本地区稳就业工作和规模性失业风险应对处置,压实促进就业工作责任。

(二十三)完善资金投入保障机制。积极投入就业补助资金,统筹用好失业保险基金、工业企业结构调整专项奖补资金等,用于企业稳定岗位、鼓励就业创业、保障基本生活等稳就业支出。有条件的地方可设立就业风险储备金,用于应对突发性、规模性失业风险。

(二十四)完善就业形势监测机制。持续抓好就业常规统计,提升数据质量和时效性,多维度开展重点区域、重点群体、重点行业、重点企业就业监测。加强移动通信、铁路运输、社保缴纳、招聘求职等大数据比对分析,健全多方参与的就业形势研判机制。

(二十五)完善突发事件处置机制。各地区要第一时间处置因规模性失业引发的群体性突发事件,防止矛盾激化和事态扩大。处置过程中,当地政府可根据需要与可能、统筹不同群体就业需求,依法依规制定临时性应对措施。

(二十六)完善舆论宣传引导机制。大力宣传党中央、国务院稳就业决策部署和支持就业创业政策措施,引导广大劳动者树立正确的劳动观、价值观,选树一批促进就业创业工作典型经验、典型人物,发掘一批在中西部和东北地区、艰苦边远地区、城乡基层就业创业的先进典型,及时开展表彰激励。牢牢把握信息发布和舆论引导主动权,做好舆情监测研判,建立重大舆情沟通协调和应急处置机制,消除误传误解,稳定社会预期。

国务院部门规章

国家卫生健康委关于修改《职业健康检查管理办法》等4件部门规章的决定

（2019年2月28日国家卫生健康委员会令第2号公布　自公布之日起施行　国司备字[2019001065]）

为贯彻新修订的《职业病防治法》、《母婴保健法》，落实《国务院关于修改部分行政法规的决定》的有关要求，结合卫生健康管理需要，做好相关规章清理工作，我委决定对以下部门规章的部分条款予以修改。

一、《职业健康检查管理办法》

（一）将该办法中的“国家卫生计生委”统一修改为：“国家卫生健康委”，将“卫生计生行政部门”统一修改为：“卫生健康主管部门”。

（二）将第四条修改为：“医疗卫生机构开展职业健康检查，应当在开展之日起15个工作日内向省级卫生健康主管部门备案。备案的具体办法由省级卫生健康主管部门依据本办法制定，并向社会公布。

“省级卫生健康主管部门应当及时向社会公布备案的医疗卫生机构名单、地址、检查类别和项目等相关信息，并告知核发其《医疗机构执业许可证》的卫生健康主管部门。核发其《医疗机构执业许可证》的卫生健康主管部门应当在该机构的《医疗机构执业许可证》副本备注栏注明检查类别和项目等信息。”

（三）将第五条第一款第三项修改为：“具有与备案开展的职业健康检查类别和项目相适应的执业医师、护士等医疗卫生技术人员”；将第五项修改为：“具有与备案开展的职业健康检查类别和项目相适应的仪器、设备，具有相应职业卫生生物监测能力；开展外出职业健康检查，应当具有相应的职业健康检查仪器、设备、专用车辆等条件”；增加一项作为第七项：“具有与职业健康检查信息报告相应的条件”。

将第五条第二款修改为：“医疗卫生机构进行职业健康检查备案时，应当提交证明其符合以上条件的有关资料”。

(四)在第五条后增加一条:“开展职业健康检查工作的医疗卫生机构对备案的职业健康检查信息的真实性、准确性、合法性承担全部法律责任。

“当备案信息发生变化时,职业健康检查机构应当自信息发生变化之日起10个工作日内提交变更信息。”

(五)将第六条第一项修改为:“在备案开展的职业健康检查类别和项目范围内,依法开展职业健康检查工作,并出具职业健康检查报告”;将第二项修改为:“履行疑似职业病的告知和报告义务”;在第二项后增加一项作为第三项:“报告职业健康检查信息”。

(六)在第八条后增加一条:“省级卫生健康主管部门应当指定机构负责本辖区内职业健康检查机构的质量控制管理工作,组织开展实验室间比对和职业健康检查质量考核。

“职业健康检查质量控制规范由中国疾病预防控制中心制定。”

(七)将第九条第二款修改为:“以上每类中包含不同检查项目。职业健康检查机构应当在备案的检查类别和项目范围内开展相应的职业健康检查”。

(八)将第十四条修改为:“职业健康检查机构可以在执业登记机关管辖区域内或者省级卫生健康主管部门指定区域内开展外出职业健康检查。外出职业健康检查进行医学影像学检查和实验室检测,必须保证检查质量并满足放射防护和生物安全的管理要求”。

(九)删除第十六条中的“和安全生产监督管理部门”。

(十)将第十九条第二项修改为:“按照备案的类别和项目开展职业健康检查工作的情况”;将第五项修改为:“职业健康检查结果、疑似职业病的报告与告知以及职业健康检查信息报告情况”。

(十一)删除第二十三条。

(十二)将第二十四条修改为:“职业健康检查机构有下列行为之一的,由县级以上地方卫生健康主管部门责令改正,给予警告,可以并处3万元以下罚款:

“(一)未按规定备案开展职业健康检查的;

“(二)未按规定告知疑似职业病的;

“(三)出具虚假证明文件的。”

(十三)将第二十五条修改为:“职业健康检查机构未按照规定报告疑似职业病的,由县级以上地方卫生健康主管部门依据《职业病防治法》第七十四条的规定进行处理。”

(十四)将第二十六条修改为:“职业健康检查机构有下列行为之一的,由县级以上地方卫生健康主管部门给予警告，责令限期改正；逾期不改的，处以三万元以下罚款：

“（一）未指定主检医师或者指定的主检医师未取得职业病诊断资格的；

“（二）未按要求建立职业健康检查档案的；

“（三）未履行职业健康检查信息报告义务的；

“（四）未按照相关职业健康监护技术规范规定开展工作的；

“（五）违反本办法其他有关规定的。”

（十五）在第二十六条后增加一条：“职业健康检查机构未按规定参加实验室比对或者职业健康检查质量考核工作，或者参加质量考核不合格未按要求整改仍开展职业健康检查工作的，由县级以上地方卫生健康主管部门给予警告，责令限期改正；逾期不改的，处以三万元以下罚款。”

（十六）删除第二十七条。

二、《母婴保健专项技术服务许可及人员资格管理办法》

（一）将该办法中的“卫生部”统一修改为：“国家卫生健康委”，将“卫生行政部门”统一修改为：“卫生健康主管部门”。

（二）将第三条修改为：“施行结扎手术、终止妊娠手术的机构和人员的审批，由县级卫生健康主管部门负责；开展婚前医学检查的机构和人员的审批，由设区的市级以上卫生健康主管部门负责；开展遗传病诊断、产前诊断以及涉外婚前医学检查的机构和人员的审批，由省级卫生健康主管部门负责。”

（三）将第五条第一款第二项修改为：“有关医师的《母婴保健技术考核合格证书》或者加注母婴保健技术考核合格及技术类别的《医师执业证书》”。

删除第五条第二款。

（四）将第六条中的“应当在 60 日内”修改为：“应当在 45 日内”。

（五）将第七条修改为：“《母婴保健技术服务执业许可证》每 3 年校验 1 次，校验由原登记机关办理。”

（六）将第十条修改为：“凡从事《中华人民共和国母婴保健法》规定的婚前医学检查、遗传病诊断、产前诊断、施行结扎手术和终止妊娠手术的人员，必须符合《母婴保健专项技术服务基本标准》的有关规定，经考核合格，取得《母婴保健技术考核合格证书》或者在《医师执业证书》上加注母婴保健技术考核合格及技术类别。”

（七）将第十三条中的“经考核合格，取得《母婴保健技术考核合格证书》的卫生技术人员”修改为：“经考核合格，具备母婴保健技术服务相应资格的卫生技术人员”。

（八）将第十四条中的“《母婴保健技术服务执业许可证》和《母婴保健技

术考核合格证书》、《家庭接生员技术合格证书》应当妥善保管”修改为:“《母婴保健技术服务执业许可证》和《母婴保健技术考核合格证书》应当妥善保管”。

(九)将第十五条中的“《母婴保健技术服务执业许可证》和《母婴保健技术考核合格证书》、《家庭接生员技术合格证书》遗失后”修改为:“《母婴保健技术服务执业许可证》和《母婴保健技术考核合格证书》遗失后”。

(十)删除第十七条。

(十一)将第十八条修改为:“《母婴保健技术服务执业许可证》和《母婴保健技术考核合格证书》由国家卫生健康委统一印制。”

三、《产前诊断技术管理办法》

(一)将该办法中的“卫生部”统一修改为:“国家卫生健康委”,将“卫生行政部门”统一修改为:“卫生健康主管部门”。

(二)将第八条第四项修改为:“经省级卫生健康主管部门考核合格,取得从事产前诊断的《母婴保健技术考核合格证书》或者《医师执业证书》中加注母婴保健技术(产前诊断类)考核合格的。”

(三)将第三十一条中的“对未取得产前诊断类母婴保健技术考核合格证书的个人,擅自从事产前诊断或超越许可范围的”修改为:“对未取得《母婴保健技术考核合格证书》或者《医师执业证书》中未加注母婴保健技术(产前诊断类)考核合格的个人,擅自从事产前诊断或者超范围执业的”。

四、《医疗机构临床用血管理办法》

将第二十四条修改为:“医疗机构应当将无偿献血纳入健康教育内容,积极主动向患者、家属及社会广泛宣传,鼓励健康适龄公民自愿参加无偿献血,提升群众对无偿献血的知晓度和参与度。”

此外,相关部门规章的条文顺序根据本决定作相应的调整。

本决定自公布之日起施行。

职业健康检查管理办法

（2015年3月26日国家卫生和计划生育委员会令第5号公布 根据2019年2月28日《国家卫生健康委关于修改〈职业健康检查管理办法〉等4件部门规章的决定》修订）

第一章 总 则

第一条 为加强职业健康检查工作，规范职业健康检查机构管理，保护劳动者健康权益，根据《中华人民共和国职业病防治法》（以下简称《职业病防治法》），制定本办法。

第二条 本办法所称职业健康检查是指医疗卫生机构按照国家有关规定，对从事接触职业病危害作业的劳动者进行的上岗前、在岗期间、离岗时的健康检查。

第三条 国家卫生健康委负责全国范围内职业健康检查工作的监督管理。

县级以上地方卫生健康主管部门负责本辖区职业健康检查工作的监督管理；结合职业病防治工作实际需要，充分利用现有资源，统一规划、合理布局；加强职业健康检查机构能力建设，并提供必要的保障条件。

第二章 职业健康检查机构

第四条 医疗卫生机构开展职业健康检查，应当在开展之日起15个工作日内向省级卫生健康主管部门备案。备案的具体办法由省级卫生健康主管部门依据本办法制定，并向社会公布。

省级卫生健康主管部门应当及时向社会公布备案的医疗卫生机构名单、地址、检查类别和项目等相关信息，并告知核发其《医疗机构执业许可证》的卫生健康主管部门。核发其《医疗机构执业许可证》的卫生健康主管部门应当在该机构的《医疗机构执业许可证》副本备注栏注明检查类别和项目等信息。

第五条 承担职业健康检查的医疗卫生机构（以下简称职业健康检查机构）应当具备以下条件：

（一）持有《医疗机构执业许可证》，涉及放射检查项目的还应当持有《放射诊疗许可证》；

（二）具有相应的职业健康检查场所、候检场所和检验室，建筑总面积不少于400平方米，每个独立的检查室使用面积不少于6平方米；

（三）具有与备案开展的职业健康检查类别和项目相适应的执业医师、护士等医疗卫生技术人员；

（四）至少具有1名取得职业病诊断资格的执业医师；

（五）具有与备案开展的职业健康检查类别和项目相适应的仪器、设备，具有相应职业卫生生物监测能力；开展外出职业健康检查，应当具有相应的职业健康检查仪器、设备、专用车辆等条件；

（六）建立职业健康检查质量管理制度；

（七）具有与职业健康检查信息报告相应的条件。

医疗卫生机构进行职业健康检查备案时，应当提交证明其符合以上条件的有关资料。

第六条 开展职业健康检查工作的医疗卫生机构对备案的职业健康检查信息的真实性、准确性、合法性承担全部法律责任。

当备案信息发生变化时，职业健康检查机构应当自信息发生变化之日起10个工作日内提交变更信息。

第七条 职业健康检查机构具有以下职责：

（一）在备案开展的职业健康检查类别和项目范围内，依法开展职业健康检查工作，并出具职业健康检查报告；

（二）履行疑似职业病的告知和报告义务；

（三）报告职业健康检查信息；

（四）定期向卫生健康主管部门报告职业健康检查工作情况，包括外出职业健康检查工作情况；

（五）开展职业病防治知识宣传教育；

（六）承担卫生健康主管部门交办的其他工作。

第八条 职业健康检查机构应当指定主检医师。主检医师应当具备以下条件：

（一）具有执业医师证书；

（二）具有中级以上专业技术职务任职资格；

（三）具有职业病诊断资格；

（四）从事职业健康检查相关工作三年以上，熟悉职业卫生和职业病诊断相关标准。

主检医师负责确定职业健康检查项目和周期，对职业健康检查过程进行质量控制，审核职业健康检查报告。

第九条 职业健康检查机构及其工作人员应当关心、爱护劳动者，尊重和保护劳动者的知情权及个人隐私。

第十条 省级卫生健康主管部门应当指定机构负责本辖区内职业健康检查机构的质量控制管理工作，组织开展实验室间比对和职业健康检查质量考核。

职业健康检查质量控制规范由中国疾病预防控制中心制定。

第三章 职业健康检查规范

第十一条 按照劳动者接触的职业病危害因素，职业健康检查分为以下六类：

（一）接触粉尘类；

（二）接触化学因素类；

（三）接触物理因素类；

（四）接触生物因素类；

（五）接触放射因素类；

（六）其他类（特殊作业等）。

以上每类中包含不同检查项目。职业健康检查机构应当在备案的检查类别和项目范围内开展相应的职业健康检查。

第十二条 职业健康检查机构开展职业健康检查应当与用人单位签订委托协议书，由用人单位统一组织劳动者进行职业健康检查；也可以由劳动者持单位介绍信进行职业健康检查。

第十三条 职业健康检查机构应当依据相关技术规范，结合用人单位提交的资料，明确用人单位应当检查的项目和周期。

第十四条 在职业健康检查中，用人单位应当如实提供以下职业健康检查所需的相关资料，并承担检查费用：

（一）用人单位的基本情况；

（二）工作场所职业病危害因素种类及其接触人员名册、岗位（或工种）、接触时间；

（三）工作场所职业病危害因素定期检测等相关资料。

第十五条 职业健康检查的项目、周期按照《职业健康监护技术规范》（GBZ 188）执行，放射工作人员职业健康检查按照《放射工作人员职业健康监护技术规范》（GBZ 235）等规定执行。

第十六条 职业健康检查机构可以在执业登记机关管辖区域内或者省级

卫生健康主管部门指定区域内开展外出职业健康检查。外出职业健康检查进行医学影像学检查和实验室检测,必须保证检查质量并满足放射防护和生物安全的管理要求。

第十七条 职业健康检查机构应当在职业健康检查结束之日起 30 个工作日内将职业健康检查结果,包括劳动者个人职业健康检查报告和用人单位职业健康检查总结报告,书面告知用人单位,用人单位应当将劳动者个人职业健康检查结果及职业健康检查机构的建议等情况书面告知劳动者。

第十八条 职业健康检查机构发现疑似职业病病人时,应当告知劳动者本人并及时通知用人单位,同时向所在地卫生健康主管部门报告。发现职业禁忌的,应当及时告知用人单位和劳动者。

第十九条 职业健康检查机构要依托现有的信息平台,加强职业健康检查的统计报告工作,逐步实现信息的互联互通和共享。

第二十条 职业健康检查机构应当建立职业健康检查档案。职业健康检查档案保存时间应当自劳动者最后一次职业健康检查结束之日起不少于 15 年。

职业健康检查档案应当包括下列材料:

(一)职业健康检查委托协议书;

(二)用人单位提供的相关资料;

(三)出具的职业健康检查结果总结报告和告知材料;

(四)其他有关材料。

第四章 监督管理

第二十一条 县级以上地方卫生健康主管部门应当加强对本辖区职业健康检查机构的监督管理。按照属地化管理原则,制定年度监督检查计划,做好职业健康检查机构的监督检查工作。监督检查主要内容包括:

(一)相关法律法规、标准的执行情况;

(二)按照备案的类别和项目开展职业健康检查工作的情况;

(三)外出职业健康检查工作情况;

(四)职业健康检查质量控制情况;

(五)职业健康检查结果、疑似职业病的报告与告知以及职业健康检查信息报告情况;

(六)职业健康检查档案管理情况等。

第二十二条 省级卫生健康主管部门应当对本辖区内的职业健康检查机

构进行定期或者不定期抽查；设区的市级卫生健康主管部门每年应当至少组织一次对本辖区内职业健康检查机构的监督检查；县级卫生健康主管部门负责日常监督检查。

第二十三条 县级以上地方卫生健康主管部门监督检查时，有权查阅或者复制有关资料，职业健康检查机构应当予以配合。

第五章 法律责任

第二十四条 无《医疗机构执业许可证》擅自开展职业健康检查的，由县级以上地方卫生健康主管部门依据《医疗机构管理条例》第四十四条的规定进行处理。

第二十五条 职业健康检查机构有下列行为之一的，由县级以上地方卫生健康主管部门责令改正，给予警告，可以并处3万元以下罚款：

（一）未按规定备案开展职业健康检查的；

（二）未按规定告知疑似职业病的；

（三）出具虚假证明文件的。

第二十六条 职业健康检查机构未按照规定报告疑似职业病的，由县级以上地方卫生健康主管部门依据《职业病防治法》第七十四条的规定进行处理。

第二十七条 职业健康检查机构有下列行为之一的，由县级以上地方卫生健康主管部门给予警告，责令限期改正；逾期不改的，处以三万元以下罚款：

（一）未指定主检医师或者指定的主检医师未取得职业病诊断资格的；

（二）未按要求建立职业健康检查档案的；

（三）未履行职业健康检查信息报告义务的；

（四）未按照相关职业健康监护技术规范规定开展工作的；

（五）违反本办法其他有关规定的。

第二十八条 职业健康检查机构未按规定参加实验室比对或者职业健康检查质量考核工作，或者参加质量考核不合格未按要求整改仍开展职业健康检查工作的，由县级以上地方卫生健康主管部门给予警告，责令限期改正；逾期不改的，处以三万元以下罚款。

第六章 附 则

第二十九条 本办法自2015年5月1日起施行。2002年3月28日原卫生部公布的《职业健康监护管理办法》同时废止。

母婴保健专项技术服务许可及人员资格管理办法

（1995年8月7日卫妇发1995第7号令公布　根据2019年2月28日《国家卫生健康委关于修改〈职业健康检查管理办法〉等4件部门规章的决定》修订）

第一条　根据《中华人民共和国母婴保健法》第三十二条和第三十三条的规定制定本办法。

第二条　凡开展《中华人民共和国母婴保健法》规定的婚前医学检查、遗传病诊断、产前诊断、施行结扎手术和终止妊娠手术技术服务的医疗保健机构，必须符合本办法规定的条件，经卫生健康主管部门审查批准，取得《母婴保健技术服务执业许可证》。

第三条　施行结扎手术、终止妊娠手术的机构和人员的审批，由县级卫生健康主管部门负责；开展婚前医学检查的机构和人员的审批，由设区的市级以上卫生健康主管部门负责；开展遗传病诊断、产前诊断以及涉外婚前医学检查的机构和人员的审批，由省级卫生健康主管部门负责。

第四条　申请开展婚前医学检查、遗传病诊断、产前诊断以及施行结扎手术和终止妊娠手术的医疗保健机构，必须同时具备下列条件：

（一）符合当地医疗保健机构设置规划；

（二）取得《医疗机构执业许可证》；

（三）符合《母婴保健专项技术服务基本标准》；

（四）符合审批机关规定的其他条件。

第五条　申请婚前医学检查、遗传病诊断、产前诊断以及施行结扎手术和终止妊娠手术许可的医疗保健机构，必须向审批机关，提交《母婴保健技术服务执业许可申请登记书》并交验下列材料：

（一）《医疗机构执业许可证》及其副本；

（二）有关医师的《母婴保健技术考核合格证书》或者加注母婴保健技术考核合格及技术类别的《医师执业证书》；

（三）审批机关规定的其他材料。

第六条　审批机关受理申请后，应当在45日内，按照本办法规定的条件及《母婴保健专项技术服务基本标准》进行审查和核实。经审核合格的，发给

《母婴保健技术服务执业许可证》;审核不合格的,将审核结果和理由以书面形式通知申请人。

第七条 《母婴保健技术服务执业许可证》每3年校验1次,校验由原登记机关办理。

第八条 申请变更《母婴保健技术服务执业许可证》的许可项目的,应当依照本办法规定的程序重新报批。

第九条 医疗保健机构应当把《母婴保健技术服务执业许可证》悬挂在明显处所。

第十条 凡从事《中华人民共和国母婴保健法》规定的婚前医学检查、遗传病诊断、产前诊断、施行结扎手术和终止妊娠手术的人员,必须符合《母婴保健专项技术服务基本标准》的有关规定,经考核合格,取得《母婴保健技术考核合格证书》或者在《医师执业证书》上加注母婴保健技术考核合格及技术类别。

第十一条 从事遗传病诊断、产前诊断技术服务人员的资格考核,由省级卫生健康主管部门负责;从事婚前医学检查技术服务人员的资格考核,由设区的市级以上卫生健康主管部门负责;结扎手术和终止妊娠手术以及从事家庭接生技术服务人员的资格考核,由县级以上地方卫生健康主管部门负责。

母婴保健技术人员资格考核内容由国家卫生健康委规定。

第十二条 母婴保健技术人员资格考核办法由各省、自治区、直辖市卫生健康主管部门规定。

第十三条 经考核合格,具备母婴保健技术服务相应资格的卫生技术人员,不得私自或者在未取得《母婴保健技术服务执业许可证》的机构中开展母婴保健专项技术服务。

第十四条 《母婴保健技术服务执业许可证》和《母婴保健技术考核合格证书》应当妥善保管,不得出借或者涂改,禁止伪造、变造、盗用以及买卖。

第十五条 《母婴保健技术服务执业许可证》和《母婴保健技术考核合格证书》遗失后,应当及时报告原发证机关,并申请办理补发证书的手续。

第十六条 本办法实施前已经开展婚前医学检查、遗传病诊断、产前诊断以及施行结扎手术和终止妊娠手术的医疗保健机构,应当在本办法施行后的6个月内,按照本办法的规定补办审批手续。

第十七条 《母婴保健技术服务执业许可证》和《母婴保健技术考核合格证书》由国家卫生健康委统一印制。

第十八条 本办法由国家卫生健康委负责解释。

第十九条 本办法自发布之日起施行。

产前诊断技术管理办法

（2002 年 12 月 13 日卫生部令第 33 号发布　根据 2019 年 2 月 28 日《国家卫生健康委关于修改〈职业健康检查管理办法〉等 4 件部门规章的决定》修订）

第一章　总　　则

第一条　为保障母婴健康，提高出生人口素质，保证产前诊断技术的安全、有效，规范产前诊断技术的监督管理，依据《中华人民共和国母婴保健法》以及《中华人民共和国母婴保健法实施办法》，制定本管理办法。

第二条　本管理办法中所称的产前诊断，是指对胎儿进行先天性缺陷和遗传性疾病的诊断，包括相应筛查。

产前诊断技术项目包括遗传咨询、医学影像、生化免疫、细胞遗传和分子遗传等。

第三条　本管理办法适用于各类开展产前诊断技术的医疗保健机构。

第四条　产前诊断技术的应用应当以医疗为目的，符合国家有关法律规定和伦理原则，由经资格认定的医务人员在经许可的医疗保健机构中进行。

医疗保健机构和医务人员不得实施任何非医疗目的的产前诊断技术。

第五条　国家卫生健康委负责全国产前诊断技术应用的监督管理工作。

第二章　管理与审批

第六条　国家卫生健康委根据医疗需求、技术发展状况、组织与管理的需要等实际情况，制定产前诊断技术应用规划。

第七条　产前诊断技术应用实行分级管理。

国家卫生健康委制定开展产前诊断技术医疗保健机构的基本条件和人员条件；颁布有关产前诊断的技术规范；指定国家级开展产前诊断技术的医疗保健机构；对全国产前诊断技术应用进行质量管理和信息管理；对全国产前诊断专业技术人员的培训进行规划。

省、自治区、直辖市人民政府卫生健康主管部门（以下简称省级卫生健康主管部门）根据当地实际，因地制宜地规划、审批或组建本行政区域内开展产前诊断技术的医疗保健机构；对从事产前诊断技术的专业人员进行系统培训和资格认定;对产前诊断技术应用进行质量管理和信息管理。

县级以上人民政府卫生健康主管部门负责本行政区域内产前诊断技术应用的日常监督管理。

第八条 从事产前诊断的卫生专业技术人员应符合以下所有条件:

(一)从事临床工作的,应取得执业医师资格;

(二)从事医技和辅助工作的,应取得相应卫生专业技术职称;

(三)符合《从事产前诊断卫生专业技术人员的基本条件》;

(四)经省级卫生健康主管部门考核合格,取得从事产前诊断的《母婴保健技术考核合格证书》或者《医师执业证书》中加注母婴保健技术(产前诊断类)考核合格的。

第九条 申请开展产前诊断技术的医疗保健机构应符合下列所有条件:

(一)设有妇产科诊疗科目;

(二)具有与所开展技术相适应的卫生专业技术人员;

(三)具有与所开展技术相适应的技术条件和设备;

(四)设有医学伦理委员会;

(五)符合《开展产前诊断技术医疗保健机构的基本条件》及相关技术规范。

第十条 申请开展产前诊断技术的医疗保健机构应当向所在地省级卫生健康主管部门提交下列文件:

(一)医疗机构执业许可证副本;

(二)开展产前诊断技术的母婴保健技术服务执业许可申请文件;

(三)可行性报告;

(四)拟开展产前诊断技术的人员配备、设备和技术条件情况;

(五)开展产前诊断技术的规章制度;

(六)省级以上卫生健康主管部门规定提交的其他材料。

申请开展产前诊断技术的医疗保健机构,必须明确提出拟开展的产前诊断具体技术项目。

第十一条 申请开展产前诊断技术的医疗保健机构,由所属省、自治区、直辖市人民政府卫生健康主管部门审查批准。省、自治区、直辖市人民政府卫生健康主管部门收到本办法第十条规定的材料后,组织有关专家进行论证,并在收到专家论证报告后30个工作日内进行审核。经审核同意的,发给开展产前诊断技术的母婴保健技术服务执业许可证,注明开展产前诊断以及具体技术服务项目;经审核不同意的,书面通知申请单位。

第十二条 国家卫生健康委根据全国产前诊断技术发展需要,在经审批合格的开展产前诊断技术服务的医疗保健机构中,指定国家级开展产前诊断技术的医疗保健机构。

第十三条 开展产前诊断技术的《母婴保健技术服务执业许可证》每三年校验一次,校验由原审批机关办理。经校验合格的,可继续开展产前诊断技术;经校验不合格的,撤销其许可证书。

第十四条 省、自治区、直辖市人民政府卫生健康主管部门指定的医疗保健机构,协助卫生健康主管部门负责对本行政区域内产前诊断的组织管理工作。

第十五条 从事产前诊断的人员不得在未许可开展产前诊断技术的医疗保健机构中从事相关工作。

第三章 实 施

第十六条 对一般孕妇实施产前筛查以及应用产前诊断技术坚持知情选择。开展产前筛查的医疗保健机构要与经许可开展产前诊断技术的医疗保健机构建立工作联系,保证筛查病例能落实后续诊断。

第十七条 孕妇有下列情形之一的,经治医师应当建议其进行产前诊断:

(一)羊水过多或者过少的;

(二)胎儿发育异常或者胎儿有可疑畸形的;

(三)孕早期时接触过可能导致胎儿先天缺陷的物质的;

(四)有遗传病家族史或者曾经分娩过先天性严重缺陷婴儿的;

(五)年龄超过35周岁的。

第十八条 既往生育过严重遗传性疾病或者严重缺陷患儿的,再次妊娠前,夫妻双方应当到医疗保健机构进行遗传咨询。医务人员应当对当事人介绍有关知识,给予咨询和指导。

经治医师根据咨询的结果,对当事人提出医学建议。

第十九条 确定产前诊断重点疾病,应当符合下列条件:

(一)疾病发生率较高;

(二)疾病危害严重,社会、家庭和个人疾病负担大;

(三)疾病缺乏有效的临床治疗方法;

(四)诊断技术成熟、可靠、安全和有效。

第二十条 开展产前检查、助产技术的医疗保健机构在为孕妇进行早孕检查或产前检查时,遇到本办法第十七条所列情形的孕妇,应当进行有关知识的普及,提供咨询服务,并以书面形式如实告知孕妇或其家属,建议孕妇进行产前诊断。

第二十一条 孕妇自行提出进行产前诊断的，经治医师可根据其情况提供医学咨询，由孕妇决定是否实施产前诊断技术。

第二十二条 开展产前诊断技术的医疗保健机构出具的产前诊断报告，应当由2名以上经资格认定的执业医师签发。

第二十三条 对于产前诊断技术及诊断结果，经治医师应本着科学、负责的态度，向孕妇或家属告知技术的安全性、有效性和风险性，使孕妇或家属理解技术可能存在的风险和结果的不确定性。

第二十四条 在发现胎儿异常的情况下，经治医师必须将继续妊娠和终止妊娠可能出现的结果以及进一步处理意见，以书面形式明确告知孕妇，由孕妇夫妻双方自行选择处理方案，并签署知情同意书。若孕妇缺乏认知能力，由其近亲属代为选择。涉及伦理问题的，应当交医学伦理委员会讨论。

第二十五条 开展产前诊断技术的医疗保健机构对经产前诊断后终止妊娠娩出的胎儿，在征得其家属同意后，进行尸体病理学解剖及相关的遗传学检查。

第二十六条 当事人对产前诊断结果有异议的，可以依据《中华人民共和国母婴保健法实施办法》第五章的有关规定，申请技术鉴定。

第二十七条 开展产前诊断技术的医疗保健机构不得擅自进行胎儿的性别鉴定。对怀疑胎儿可能为伴性遗传病，需要进行性别鉴定的，由省、自治区、直辖市人民政府卫生健康主管部门指定的医疗保健机构按照有关规定进行鉴定。

第二十八条 开展产前诊断技术的医疗保健机构应当建立健全技术档案管理和追踪观察制度。

第四章 处 罚

第二十九条 违反本办法规定，未经批准擅自开展产前诊断技术的非医疗保健机构，按照《医疗机构管理条例》有关规定进行处罚。

第三十条 对违反本办法，医疗保健机构未取得产前诊断执业许可或超越许可范围，擅自从事产前诊断的，按照《中华人民共和国母婴保健法实施办法》有关规定处罚，由卫生健康主管部门给予警告，责令停止违法行为，没收违法所得；违法所得5000元以上的，并处违法所得3倍以上5倍以下的罚款；违法所得不足5000元的，并处5000元以上2万元以下的罚款。情节严重的，依据《医疗机构管理条例》依法吊销医疗机构执业许可证。

第三十一条 对未取得《母婴保健技术考核合格证书》或者《医师执业证书》中未加注母婴保健技术(产前诊断类)考核合格的个人,擅自从事产前诊断或者超范围执业的,由县级以上人民政府卫生健康主管部门给予警告或者责令暂停六个月以上一年以下执业活动;情节严重的,按照《中华人民共和国执业医师法》吊销其医师执业证书。构成犯罪的,依法追究刑事责任。

第三十二条 违反本办法第二十七条规定,按照《中华人民共和国母婴保健法实施办法》第四十二条规定处罚。

第五章 附 则

第三十三条 各省、自治区、直辖市人民政府卫生健康主管部门可以根据本办法和本地实际情况制定实施细则。

第三十四条 本办法自2003年5月1日起施行。

医疗机构临床用血管理办法

(2012年6月7日卫生部令第85号公布 根据2019年2月28日《国家卫生健康委关于修改〈职业健康检查管理办法〉等4件部门规章的决定》修订)

第一章 总 则

第一条 为加强医疗机构临床用血管理,推进临床科学合理用血,保护血液资源,保障临床用血安全和医疗质量,根据《中华人民共和国献血法》,制定本办法。

第二条 卫生部负责全国医疗机构临床用血的监督管理。县级以上地方人民政府卫生行政部门负责本行政区域医疗机构临床用血的监督管理。

第三条 医疗机构应当加强临床用血管理,将其作为医疗质量管理的重要内容,完善组织建设,建立健全岗位责任制,制定并落实相关规章制度和技术操作规程。

第四条 本办法适用于各级各类医疗机构的临床用血管理工作。

第二章 组织与职责

第五条 卫生部成立临床用血专家委员会,其主要职责是:

(一)协助制订国家临床用血相关制度、技术规范和标准;

(二)协助指导全国临床用血管理和质量评价工作,促进提高临床合理用血水平;

(三)协助临床用血重大安全事件的调查分析,提出处理意见;

(四)承担卫生部交办的有关临床用血管理的其他任务。

卫生部建立协调机制,做好临床用血管理工作,提高临床合理用血水平,保证输血治疗质量。

第六条 各省、自治区、直辖市人民政府卫生行政部门成立省级临床用血质量控制中心,负责辖区内医疗机构临床用血管理的指导、评价和培训等工作。

第七条 医疗机构应当加强组织管理,明确岗位职责,健全管理制度。

医疗机构法定代表人为临床用血管理第一责任人。

第八条 二级以上医院和妇幼保健院应当设立临床用血管理委员会,负责本机构临床合理用血管理工作。主任委员由院长或者分管医疗的副院长担任,成员由医务部门、输血科、麻醉科、开展输血治疗的主要临床科室、护理部门、手术室等部门负责人组成。医务、输血部门共同负责临床合理用血日常管理工作。

其他医疗机构应当设立临床用血管理工作组,并指定专(兼)职人员负责日常管理工作。

第九条 临床用血管理委员会或者临床用血管理工作组应当履行以下职责:

(一)认真贯彻临床用血管理相关法律、法规、规章、技术规范和标准,制订本机构临床用血管理的规章制度并监督实施;

(二)评估确定临床用血的重点科室、关键环节和流程;

(三)定期监测、分析和评估临床用血情况,开展临床用血质量评价工作,提高临床合理用血水平;

(四)分析临床用血不良事件,提出处理和改进措施;

(五)指导并推动开展自体输血等血液保护及输血新技术;

(六)承担医疗机构交办的有关临床用血的其他任务。

第十条 医疗机构应当根据有关规定和临床用血需求设置输血科或者血

库,并根据自身功能、任务、规模,配备与输血工作相适应的专业技术人员、设施、设备。

不具备条件设置输血科或者血库的医疗机构,应当安排专(兼)职人员负责临床用血工作。

第十一条 输血科及血库的主要职责是:

(一)建立临床用血质量管理体系,推动临床合理用血;

(二)负责制订临床用血储备计划,根据血站供血的预警信息和医院的血液库存情况协调临床用血;

(三)负责血液预订、入库、储存、发放工作;

(四)负责输血相关免疫血液学检测;

(五)参与推动自体输血等血液保护及输血新技术;

(六)参与特殊输血治疗病例的会诊,为临床合理用血提供咨询;

(七)参与临床用血不良事件的调查;

(八)根据临床治疗需要,参与开展血液治疗相关技术;

(九)承担医疗机构交办的有关临床用血的其他任务。

第三章 临床用血管理

第十二条 医疗机构应当加强临床用血管理,建立并完善管理制度和工作规范,并保证落实。

第十三条 医疗机构应当使用卫生行政部门指定血站提供的血液。

医疗机构科研用血由所在地省级卫生行政部门负责核准。

医疗机构应当配合血站建立血液库存动态预警机制,保障临床用血需求和正常医疗秩序。

第十四条 医疗机构应当科学制订临床用血计划,建立临床合理用血的评价制度,提高临床合理用血水平。

第十五条 医疗机构应当对血液预订、接收、入库、储存、出库及库存预警等进行管理,保证血液储存、运送符合国家有关标准和要求。

第十六条 医疗机构接收血站发送的血液后,应当对血袋标签进行核对。符合国家有关标准和要求的血液入库,做好登记;并按不同品种、血型和采血日期(或有效期),分别有序存放于专用储藏设施内。

血袋标签核对的主要内容是:

(一)血站的名称;

(二)献血编号或者条形码、血型;

（三）血液品种；

（四）采血日期及时间或者制备日期及时间；

（五）有效期及时间；

（六）储存条件。

禁止将血袋标签不合格的血液入库。

第十七条 医疗机构应当在血液发放和输血时进行核对，并指定医务人员负责血液的收领、发放工作。

第十八条 医疗机构的储血设施应当保证运行有效，全血、红细胞的储藏温度应当控制在2－6℃，血小板的储藏温度应当控制在20－24℃。储血保管人员应当做好血液储藏温度的24小时监测记录。储血环境应当符合卫生标准和要求。

第十九条 医务人员应当认真执行临床输血技术规范，严格掌握临床输血适应证，根据患者病情和实验室检测指标，对输血指证进行综合评估，制订输血治疗方案。

第二十条 医疗机构应当建立临床用血申请管理制度。

同一患者一天申请备血量少于800毫升的，由具有中级以上专业技术职务任职资格的医师提出申请，上级医师核准签发后，方可备血。

同一患者一天申请备血量在800毫升至1600毫升的，由具有中级以上专业技术职务任职资格的医师提出申请，经上级医师审核，科室主任核准签发后，方可备血。

同一患者一天申请备血量达到或超过1600毫升的，由具有中级以上专业技术职务任职资格的医师提出申请，科室主任核准签发后，报医务部门批准，方可备血。

以上第二款、第三款和第四款规定不适用于急救用血。

第二十一条 在输血治疗前，医师应当向患者或者其近亲属说明输血目的、方式和风险，并签署临床输血治疗知情同意书。

因抢救生命垂危的患者需要紧急输血，且不能取得患者或者其近亲属意见的，经医疗机构负责人或者授权的负责人批准后，可以立即实施输血治疗。

第二十二条 医疗机构应当积极推行节约用血的新型医疗技术。

三级医院、有条件的二级医院和妇幼保健院应当开展自体输血技术，建立并完善管理制度和技术规范，提高合理用血水平，保证医疗质量和安全。

医疗机构应当动员符合条件的患者接受自体输血技术，提高输血治疗效果和安全性。

第二十三条 医疗机构应当积极推行成分输血，保证医疗质量和安全。

第二十四条 医疗机构应当将无偿献血纳入健康教育内容,积极主动向患者、家属及社会广泛宣传,鼓励健康适龄公民自愿参加无偿献血,提升群众对无偿献血的知晓度和参与度。

第二十五条 医疗机构应当根据国家有关法律法规和规范建立临床用血不良事件监测报告制度。临床发现输血不良反应后,应当积极救治患者,及时向有关部门报告,并做好观察和记录。

第二十六条 各省、自治区、直辖市人民政府卫生行政部门应当制订临床用血保障措施和应急预案,保证自然灾害、突发事件等大量伤员和特殊病例、稀缺血型等应急用血的供应和安全。

因应急用血或者避免血液浪费,在保证血液安全的前提下,经省、自治区、直辖市人民政府卫生行政部门核准,医疗机构之间可以调剂血液。具体方案由省级卫生行政部门制订。

第二十七条 省、自治区、直辖市人民政府卫生行政部门应当加强边远地区医疗机构临床用血保障工作,科学规划和建设中心血库与储血点。

医疗机构应当制订应急用血工作预案。为保证应急用血,医疗机构可以临时采集血液,但必须同时符合以下条件:

(一)危及患者生命,急需输血;

(二)所在地血站无法及时提供血液,且无法及时从其他医疗机构调剂血液,而其他医疗措施不能替代输血治疗;

(三)具备开展交叉配血及乙型肝炎病毒表面抗原、丙型肝炎病毒抗体、艾滋病病毒抗体和梅毒螺旋体抗体的检测能力;

(四)遵守采供血相关操作规程和技术标准。

医疗机构应当在临时采集血液后 10 日内将情况报告县级以上人民政府卫生行政部门。

第二十八条 医疗机构应当建立临床用血医学文书管理制度,确保临床用血信息客观真实、完整、可追溯。医师应当将患者输血适应证的评估、输血过程和输血后疗效评价情况记入病历;临床输血治疗知情同意书、输血记录单等随病历保存。

第二十九条 医疗机构应当建立培训制度,加强对医务人员临床用血和无偿献血知识的培训,将临床用血相关知识培训纳入继续教育内容。新上岗医务人员应当接受岗前临床用血相关知识培训及考核。

第三十条 医疗机构应当建立科室和医师临床用血评价及公示制度。将临床用血情况纳入科室和医务人员工作考核指标体系。

禁止将用血量和经济收入作为输血科或者血库工作的考核指标。

第四章 监督管理

第三十一条 县级以上地方人民政府卫生行政部门应当加强对本行政区域内医疗机构临床用血情况的督导检查。

第三十二条 县级以上地方人民政府卫生行政部门应当建立医疗机构临床用血评价制度,定期对医疗机构临床用血工作进行评价。

第三十三条 县级以上地方人民政府卫生行政部门应当建立临床合理用血情况排名、公布制度。对本行政区域内医疗机构临床用血量和不合理使用等情况进行排名,将排名情况向本行政区域内的医疗机构公布,并报上级卫生行政部门。

第三十四条 县级以上地方人民政府卫生行政部门应当将医疗机构临床用血情况纳入医疗机构考核指标体系;将临床用血情况作为医疗机构评审、评价重要指标。

第五章 法律责任

第三十五条 医疗机构有下列情形之一的,由县级以上人民政府卫生行政部门责令限期改正;逾期不改的,进行通报批评,并予以警告;情节严重或者造成严重后果的,可处3万元以下的罚款,对负有责任的主管人员和其他直接责任人员依法给予处分:

(一)未设立临床用血管理委员会或者工作组的;

(二)未拟定临床用血计划或者一年内未对计划实施情况进行评估和考核的;

(三)未建立血液发放和输血核对制度的;

(四)未建立临床用血申请管理制度的;

(五)未建立医务人员临床用血和无偿献血知识培训制度的;

(六)未建立科室和医师临床用血评价及公示制度的;

(七)将经济收入作为对输血科或者血库工作的考核指标的;

(八)违反本办法的其他行为。

第三十六条 医疗机构使用未经卫生行政部门指定的血站供应的血液的,由县级以上地方人民政府卫生行政部门给予警告,并处3万元以下罚款;情节严重或者造成严重后果的,对负有责任的主管人员和其他直接责任人员依法给予处分。

第三十七条　医疗机构违反本办法关于应急用血采血规定的，由县级以上人民政府卫生行政部门责令限期改正，给予警告；情节严重或者造成严重后果的，处3万元以下罚款，对负有责任的主管人员和其他直接责任人员依法给予处分。

第三十八条　医疗机构及其医务人员违反本办法规定，将不符合国家规定标准的血液用于患者的，由县级以上地方人民政府卫生行政部门责令改正；给患者健康造成损害的，应当依据国家有关法律法规进行处理，并对负有责任的主管人员和其他直接责任人员依法给予处分。

第三十九条　县级以上地方卫生行政部门未按照本办法规定履行监管职责，造成严重后果的，对直接负责的主管人员和其他直接责任人员依法给予记大过、降级、撤职、开除等行政处分。

第四十条　医疗机构及其医务人员违反临床用血管理规定，构成犯罪的，依法追究刑事责任。

第六章　附　　则

第四十一条　本办法自2012年8月1日起施行。卫生部于1999年1月5日公布的《医疗机构临床用血管理办法（试行）》同时废止。

商业银行股权托管办法

（2019年7月12日中国银行保险监督管理委员会令2019年第2号公布　自公布之日起施行　国司备字[2019001063]）

第一章　总　　则

第一条　为规范商业银行股权托管，加强股权管理，提高股权透明度，根据《中华人民共和国银行业监督管理法》《中华人民共和国商业银行法》，制定本办法。

第二条　中华人民共和国境内依法设立的商业银行进行股权托管，适用本办法。法律法规对商业银行股权托管另有规定的，从其规定。

第三条　本办法所称股权托管是指商业银行与托管机构签订服务协议，委托其管理商业银行股东名册，记载股权信息，以及代为处理相关股权管理事务。

第四条 股票在证券交易所或国务院批准的其他证券交易场所上市交易,或在全国中小企业股份转让系统挂牌的商业银行,按照法律、行政法规规定股权需集中存管到法定证券登记结算机构的,股权托管工作按照相应的规定进行;其他商业银行应选择符合本办法规定条件的托管机构托管其股权,银保监会另有规定的除外。

第五条 托管机构应当按照与商业银行签订的服务协议,为商业银行提供安全高效的股权托管服务,向银保监会及其派出机构报送商业银行股权信息。

第六条 银保监会及其派出机构依法对商业银行的股权托管活动进行监督管理。

第二章 商业银行股权的托管

第七条 商业银行应委托依法设立的证券登记结算机构、符合下列条件的区域性股权市场运营机构或其他股权托管机构管理其股权事务:

(一)在中国境内依法设立的企业法人,拥有不少于两年的登记托管业务经验(区域性股权市场运营机构除外);

(二)具有提供股权托管服务所必须的场所和设施,具有便捷的服务网点或者符合安全要求的线上服务能力;

(三)具有熟悉商业银行股权管理法律法规以及相关监管规定的管理人员;

(四)具有健全的业务管理制度、风险防范措施和保密管理制度;

(五)具有完善的信息系统,能够保证股权信息在传输、处理、存储过程中的安全性,具有灾备能力;

(六)具备向银保监会及其派出机构报送信息和相关资料的条件与能力;

(七)能够妥善保管业务资料,原始凭证及有关文件和资料的保存期限不得少于二十年;

(八)与商业银行股权托管业务有关的业务规则、主要收费项目和收费标准公开、透明、公允;

(九)最近两年无严重违法违规行为或发生重大负面案件;

(十)银保监会认为应当具备的其他条件。

第八条 商业银行选择的股权托管机构应具备完善的信息系统,信息系统应符合以下要求:

(一)能够完整支持托管机构按照本办法规定提供各项股权托管服务,系统服务能力应能满足银行股权托管业务的实际需要；

（二）股权托管业务使用的服务器和存储设备应自主维护、管理；

（三）系统安全稳定运行，未出现重大故障且未发现重大安全隐患；

（四）业务连续性应能满足银行股权管理的连续性要求，具有能够全面接管业务并能独立运行的灾备系统。

（五）能够保留完整的系统操作记录和业务历史信息，并配合银保监会及其派出机构的检查；

（六）能够支持按照本办法的要求和银保监会制定的数据标准报送银行股权托管信息。

第九条 商业银行选择的托管机构应对处理商业银行股权事务过程中所获取的数据和资料予以保密。

第十条 商业银行应当与托管机构签订服务协议，明确双方的权利义务。服务协议应当至少包括以下内容：

（一）商业银行应向托管机构完整、及时、准确地提供股东名册、股东信息以及股权变动、质押、冻结等情况和相关资料；

（二）托管机构承诺勤勉尽责地管理股东名册，记载股权的变动、质押、冻结等状态，采取措施保障数据记载准确无误，并按照约定向商业银行及时反馈；

（三）托管机构承诺对在办理托管事务过程中所获取的商业银行股权信息予以保密，服务协议终止后仍履行保密义务；

（四）商业银行与托管机构应约定股权事务办理流程，明确双方职责；

（五）托管机构承诺按照监管要求向银保监会报送相关信息；

（六）商业银行股权变更按照规定需要经银保监会或其派出机构审批而未提供相应批准文件的，托管机构应拒绝办理业务，并及时向银保监会或其派出机构报告；

（七）有下列情形之一的，托管机构应向银保监会或其派出机构报告：

1. 托管机构发现商业银行股权活动违法违规的；

2. 托管机构发现商业银行股东不符合资质的；

3. 因商业银行原因造成托管机构无法履行托管职责的；

4. 银保监会要求报告的其他情况。

（八）如托管机构不符合本办法规定的相关要求，或因自身不当行为被银保监会或其派出机构责令更换或列入黑名单，商业银行解除服务协议的，相应的责任由托管机构承担。

商业银行在本办法发布前已与托管机构签订服务协议，且服务协议不符合本办法要求的，需与托管机构签订补充协议，并将上述要求体现于补充协议中。

第十一条 商业银行应当自与托管机构签订服务协议之日起五个工作日内向银保监会或其派出机构报告。报告材料应包括与托管机构签订的服务协议以及托管机构符合本办法第七条、第八条所规定资质条件的说明性文件等。

商业银行与托管机构重新签订、修改或者补充服务协议的，需重新向银保监会或其派出机构报告。

第十二条 商业银行应当在签订服务协议后，向托管机构及时提交股东名册及其他相关资料。商业银行选择的托管机构，应能够按照服务协议和本办法的要求办理商业银行股东名册的初始登记。

第十三条 商业银行选择的托管机构，应能在商业银行股权发生变更时，按照服务协议和本办法的要求办理商业银行股东名册的变更登记。商业银行股权被质押、锁定、冻结的，托管机构应当在股东名册上加以标记。

商业银行选择的托管机构，在办理商业银行股权质押登记时，应符合工商管理部门的相关要求。

第十四条 商业银行可以委托托管机构代为处理以下股权管理事务：

（一）为商业银行及商业银行股东提供股权信息的查询服务；

（二）办理股权凭证的发放、挂失、补办，出具股权证明文件等；

（三）商业银行的权益分派等；

（四）其他符合法律法规要求的股权事务。

第十五条 有下列情形之一的，商业银行应及时更换托管机构：

（一）因在合法交易场所上市或挂牌，按照法律法规规定必须到其他机构登记存管股权的；

（二）托管机构法人主体资格消亡，或者发生合并重组，且新的主体不符合本办法规定的资质条件的；

（三）托管机构违反服务协议，对商业银行和商业银行股东的利益造成损害的；

（四）托管机构被银保监会列入黑名单的；

（五）银保监会或其派出机构认为应更换托管机构的其他情形。

发生前款规定情形的，托管机构应当妥善保管商业银行股权信息，并根据商业银行要求向更换后的托管机构移交相关信息及资料。

第三章 监督管理

第十六条 商业银行有下列情形之一的，银保监会或其派出机构应当责令限期改正;逾期未改正的,银保监会或其派出机构可以区别情形,按照《中华人民共和国银行业监督管理法》第三十七条的规定采取相应的监管措施;情节严重的,可根据《中华人民共和国银行业监督管理法》第四十六条、第四十八条的规定实施行政处罚:

(一)未按照本办法要求进行股权托管的;

(二)向托管机构提供虚假信息的;

(三)股权变更按照规定应当经银保监会或其派出机构审批,未经批准仍向托管机构报送股权变更信息的;

(四)不履行服务协议规定,造成托管机构无法正常履行协议的;

(五)银保监会责令更换托管机构,拒不执行的;

(六)其他违反股权托管相关监管要求的。

第十七条 托管机构有下列情形之一的,银保监会或其派出机构可责令商业银行更换托管机构:

(一)不符合本办法第七条、第八条规定的资质条件;

(二)服务协议不符合本办法第十条规定和其他监管要求;

(三)股权变更按照规定应当经银保监会或其派出机构审批,未见批复材料仍为商业银行或商业银行股东办理股权变更;

(四)办理商业银行股权信息登记时未尽合理的审查义务,致使商业银行股权信息登记发生重大漏报、瞒报和错报;

(五)未妥善履行保密义务,造成商业银行股权信息泄露;

(六)未按照本办法和服务协议要求向银保监会或其派出机构提供信息或报告;

(七)银保监会或其派出机构认为应更换托管机构的其他情形。

第十八条 银保监会建立托管机构黑名单制度,通过全国信用信息共享平台与相关部门或政府机构共享信息。

第四章 附 则

第十九条 在中华人民共和国境内依法设立的其他银行业金融机构,参照适用本办法。银保监会另有规定的,从其规定。

第二十条 本办法由银保监会负责解释。

第二十一条 本办法自公布之日起施行。

交通运输部关于修改《运输机场使用许可规定》的决定

（2019 年 10 月 21 日交通运输部令 2019 年第 25 号公布　自 2020 年 1 月 1 日起施行　国司备字［2019001083］）

交通运输部决定对《运输机场使用许可规定》（交通运输部令 2018 年第 14 号）作如下修改：

一、将第八条第五项修改为："（五）使用空域已经批准"。

增加一项，作为第六项："（六）飞行程序和运行标准符合民航局的规定"。

二、将第十七条第一项修改为："（一）机场关闭后，不再具备安全生产条件，被撤销机场使用许可的"。

本决定自 2020 年 1 月 1 日起施行。

《运输机场使用许可规定》根据本决定作相应修改并对条文序号作相应调整，重新公布。

运输机场使用许可规定

（2018 年 8 月 31 日交通运输部令 2018 年第 14 号公布　根据 2019 年 10 月 21 日《交通运输部关于修改〈运输机场使用许可规定〉的决定》修订）

第一章　总　　则

第一条　为了规范运输机场使用许可工作，保障运输机场安全、正常运行，根据《中华人民共和国民用航空法》、《中华人民共和国安全生产法》、《中华人民共和国行政许可法》、《民用机场管理条例》和其他有关法律、行政法规，制定本规定。

第二条　本规定适用于运输机场（含军民合用机场民用部分，以下简称机场）的使用许可及其相关活动管理。

第三条　机场实行使用许可制度。机场管理机构取得机场使用许可证后，机场方可开放使用。

机场管理机构是指依法组建的或者受委托的负责机场安全和运营管理的具有法人资格的机构。

机场管理机构应当按照机场使用许可证规定的范围使用机场。

机场使用许可证在未被吊销、撤销、注销等情况下，持续有效。

第四条 中国民用航空局（以下简称民航局）负责对全国范围内的机场使用许可及其相关活动实施统一监督管理；负责飞行区指标为4F的机场使用许可审批工作。

第五条 民航地区管理局负责对所辖区域内的机场使用许可及其相关活动实施监督管理。包括：

（一）受民航局委托实施辖区内飞行区指标为4E（含）以下的机场使用许可审批工作；

（二）监督检查本辖区内机场使用许可的执行情况；

（三）组织对辖区内取得使用许可证的机场进行年度适用性检查和每5年一次的符合性评价；

（四）法律、行政法规规定的以及民航局授权的其他职责。

第六条 机场使用许可管理应当遵循安全第一、条件完备、审核严格、程序规范的原则。

第二章 机场使用许可

第一节 申 请

第七条 机场使用许可证应当由机场管理机构按照本规定向民航局或者受民航局委托的机场所在地民航地区管理局申请。

第八条 申请机场使用许可证的机场应当具备下列条件：

（一）有健全的安全运营管理体系、组织机构和管理制度；

（二）机场管理机构的主要负责人、分管运行安全的负责人以及其他需要承担安全管理职责的高级管理人员具备与其运营业务相适应的资质和条件；

（三）有符合规定的与其运营业务相适应的飞行区、航站区、工作区以及运营、服务设施、设备及人员；

（四）有符合规定的能够保障飞行安全的空中交通服务、航空情报、通信导航监视、航空气象等设施、设备及人员；

（五）使用空域已经批准；

（六）飞行程序和运行标准符合民航局的规定；

（七）有符合规定的安全保卫设施、设备、人员及民用航空安全保卫方案；

（八）有符合规定的机场突发事件应急救援预案、应急救援设施、设备及人员；

（九）机场名称已在民航局备案。

第九条 申请机场使用许可证，应当报送下列文件资料：

（一）《运输机场使用许可证申请书》（附件1）。

（二）机场使用手册（以下简称手册）。

（三）机场管理机构的主要负责人、分管运行安全的负责人以及其他需要承担安全管理职责的高级管理人员的资质证明，与机场运行安全有关的人员情况一览表。

（四）机场建设的批准文件和行业验收的有关文件；机场产权和委托管理的证明文件。

（五）通信导航监视、气象等设施设备开放使用的批准或者备案文件。

（六）符合要求的机场使用细则、飞行程序、机场运行最低标准的材料。

（七）符合要求的民用航空安全保卫方案和人员配备、设施设备配备清单。

（八）机场突发事件应急救援预案。

（九）机场名称在民航局的备案文件。

（十）民航局、民航地区管理局要求报送的其他必要材料。

机场管理机构应当对申请机场使用许可证文件资料的真实性负责。

第十条 申请材料不齐全或者不符合法定形式的，民航地区管理局应当当场或者在5个工作日内一次告知机场管理机构需要补正的全部内容，逾期不告知的，自收到申请材料之日起即为受理。

第二节 核 发

第十一条 民航局或者民航地区管理局收到符合要求的机场使用许可申请文件资料后，应当按照下列要求进行审查：

（一）对文件资料的真实性、完整性进行审核；

（二）对手册的格式以及内容与规章、标准的符合性进行审查；

（三）对机场设施、设备、人员及管理制度与所报文件材料的一致性进行现场检查复核。

负责前款事项的人员由民航局或者民航地区管理局指派或者监察员担任，但只有监察员有权在相应的文件上签字。

第十二条 民航局或者民航地区管理局经过审查，认为机场管理机构的申请符合本规定第八条、第九条要求的，应当在受理申请后的45个工作日内以民航局的名义作出批准决定，并自作出批准决定之日起10个工作日内将批准文件、机场使用许可证以及手册一并交与机场管理机构。

民航地区管理局颁发机场使用许可证后，应当将许可审批文件等资料报民航局备案。

第十三条 民航局或者民航地区管理局经过审查，认为机场管理机构报送的文件资料或者实际情况不完全具备本规定第八条、第九条要求的，应当书面通知机场管理机构并说明理由。

在机场管理机构采取相应措施弥补前款提及的缺陷后，仍不能满足要求的，民航局或者民航地区管理局应当以民航局的名义作出不予颁发机场使用许可证的书面决定。

第十四条 民航局统一印制机场使用许可证（附件2），并对许可证编号实施统一管理。

第三节 变 更

第十五条 机场使用许可证载明的下列事项发生变化的，机场管理机构应当按照本规定申请变更：

（一）机场名称；

（二）机场管理机构；

（三）机场管理机构法定代表人；

（四）机场飞行区指标；

（五）机场目视助航条件；

（六）跑道运行类别、模式；

（七）机场可使用最大机型；

（八）跑道道面等级号；

（九）机场消防救援等级；

（十）机场应急救护等级。

第十六条 申请变更机场使用许可证的，机场管理机构可以仅报送机场使用许可证申请资料的变化部分。

第四节 注 销

第十七条 有下列情况之一的，民航局或者民航地区管理局应当依法办理机场使用许可证的注销手续：

（一）机场关闭后，不再具备安全生产条件，被撤销机场使用许可的；

（二）决定机场关闭不再运营的；

（三）机场管理机构依法终止的；

（四）因不可抗力导致机场使用许可无法实施的；

（五）法律、行政法规规定的应当注销行政许可的其他情形。

第十八条 机场管理机构决定机场关闭不再运营的，应当于机场预期关闭前至少45日向民航局或者所在地民航地区管理局提出关闭申请，经民航局或者民航地区管理局批准后方可关闭，并向社会公告。民航局或者民航地区管理局应当自受理机场管理机构申请之日起20个工作日内予以答复，并在预期的机场关闭日期注销该机场使用许可证。机场管理机构应当在机场许可证注销后的5个工作日内，将原证交回颁证机关。

第十九条 机场管理机构应当按照相关规定将机场关闭信息通知航行情报服务机构发布航行通告并向社会公告，并自关闭之日起，撤掉识别机场的标志、风向标等，设置跑道、滑行道关闭标志。

第二十条 有下列情形之一的，机场管理机构应当于机场预期关闭前至少45日报民航局或者所在地民航地区管理局审批，民航局或者民航地区管理局应当在5个工作日内予以答复，但机场使用许可证不予注销：

（一）机场因改扩建在1年以内暂不接受航空器起降的；

（二）航空业务量不足，暂停机场运营1年以内的。

机场管理机构应当根据民航局或者民航地区管理局的答复，及时通知有关的空中交通管理单位或者航行情报服务机构发布航行通告并向社会公告。在批准的关闭日期，撤掉识别机场的标志、风向标等，设置跑道、滑行道关闭标志。

机场恢复开放使用时，机场管理机构应当报民航局或者所在地民航地区管理局批准。

第三章　机场使用手册

第一节　编制与生效

第二十一条 手册是机场运行的基本依据，机场管理机构应当严格按照生效的手册运行和管理机场。

第二十二条 手册应当符合本规定《机场使用手册主要内容》（附件3）的要求。

第二十三条 手册应当由机场管理机构依据法律法规、涉及民航管理的规章和标准组织编制。手册编制时应当广泛征求使用者的意见,确保手册具有可操作性、实用性,满足机场运行安全管理工作需要。

相关驻场单位应当积极配合机场管理机构完成手册编制。

第二十四条 手册应当采用活页格式,预留手册修改记录空白页和机场使用许可证变更记录页,编排形式便于编写、审查。

第二十五条 编制完成的手册由机场管理机构按照本规定第九条,在申请机场使用许可证时报送民航局或者所在地民航地区管理局。经审查合格的,在民航局或者民航地区管理局发放机场使用许可证以及手册时一并生效。

第二节 发放与使用

第二十六条 机场管理机构应当将生效的手册的相关章节发放给在本场运行的航空运输企业及其他运行保障单位。

第二十七条 机场管理机构、在本场运行的航空运输企业及其他运行保障单位应当将手册的相关章节印发给相关部门及岗位人员,就手册内容对员工进行培训和考核,确保员工熟知并严格遵守。

第二十八条 机场管理机构、在本场运行的航空运输企业及其他运行保障单位应当根据本单位各部门的工作职责和岗位的实际分工,制定相应部门、岗位的手册实施细则。手册实施细则应当涵盖手册中与该部门、岗位职责相关的内容,并不得与手册相冲突。

第三节 动态管理

第二十九条 机场管理机构应当建立手册的动态管理制度,使手册符合有关法律法规、涉及民航管理的规章和标准,以及机场实际运行情况,确保手册的持续有效。

第三十条 机场管理机构应当至少每年组织相关驻场单位对手册的完整性、适用性、有效性等进行一次评估和完善。

第三十一条 有下列情形之一的,机场管理机构应当及时组织修改手册:

(一)手册不符合有关法律法规、涉及民航管理的规章、标准等的;

(二)机场组织机构、管理制度、基础设施、保障设备等发生变化的;

(三)手册执行过程中,发现规定内容难以客观反映运行安全管理要求,不利于保障机场安全运行的;

(四)手册年度评估中发现存在问题的;

(五)民航局或者民航地区管理局要求修改的。

第三十二条 机场管理机构应当将修改后的手册及时报民航局或者民航

地区管理局进行符合性审查。

手册单章的全面修改或者章节中相对独立内容的修改,负责审查的监察员应当在10个工作日内完成审查工作,审查后签字;手册的整体修改,民航局或者民航地区管理局应当在20个工作日内完成符合性审查工作,出具审查意见。

负责审查的监察员应当在相应的手册修改记录页上签字并注明生效日期。

第三十三条 机场管理机构应当根据审查意见,对手册进行修改完善。

第三十四条 机场管理机构应当将审查修改完成的手册在生效日期的5个工作日前印发至使用手册的相关单位。

第三十五条 机场管理机构应当为民航局、所在地民航地区管理局各提供一套,并至少保存一套现行完整的手册。

第四章 机场名称管理

第三十六条 机场名称是体现航空运输始发、经停、到达的重要标识,其命名、更名和使用应当遵循本规定和国家有关规定。

第三十七条 机场的命名应当以确定机场具体位置并区别于其他机场为准则。

第三十八条 机场名称一般由行政区划名,后缀机场专名组成。

机场行政区划名应当与所在地行政区划名称相一致。跨地区的机场,机场行政区划名应当使用所跨行政区的地方政府协商确定的名称。

机场专名通常使用机场所在地县、区、旗、乡、镇名称,并不得与其他机场的行政区划名、专名重名,同时避免使用同音字和生僻字。

按照国家译名管理相关规定,规范拼写机场英文译名。

第三十九条 机场的更名应当遵循下列要求:

(一)机场所在地更名的,应当变更机场行政区划名;

(二)有机场所在地经济发展需要、与当地人民群众风俗习惯相冲突、现有名称的谐音容易产生歧义等情况的,可以变更机场专名;

(三)作为国际机场使用的机场,需在机场名称内增加"国际"二字;

(四)变更后的名称应当符合本规定第三十八条的要求。

第四十条 机场的命名或者更名,应当按照《地名管理条例》及相关规定的要求进行,并报民航局备案。

第四十一条 机场名称备案时,应当向民航局报送下列文件:

（一）机场管理机构关于机场命名或者更名的申请文件；

（二）机场所在地人民政府的审核意见；

（三）军队产权的军民合用机场民用部分，附相关军队机关的意见；

（四）机场名称内需增加“国际”二字的，附第四十二条要求的相关文件。

第四十二条 在机场名称中增加“国际”二字的，备案时应当向民航局报送下列文件：

（一）国务院批准设立航空口岸的批复；

（二）联检设施经国家口岸管理办公室验收合格的证明文件；

（三）国家有关部门批准对外籍飞机开放的证明文件。

第四十三条 机场管理机构应当在机场入口和航站楼显著位置设置机场名称标志。

一个城市只有一个机场的，机场管理机构可以在航站楼屋面上只设置机场行政区划名；一个城市有多个机场的，机场管理机构应当在航站楼屋面上同时设置行政区划名和专名。

国际机场还应当标示符合规范的机场英文名称。

第五章 监督管理

第四十四条 民航地区管理局应当对辖区内已取得使用许可证的机场进行年度适用性检查和符合性评价，监督检查机场使用许可的执行情况和许可条件的符合性；发现存在问题的，督促机场管理机构整改。

适用性检查与符合性评价的形式包括文件审核与现场检查。

第四十五条 民航地区管理局应当制定监督检查计划，明确年度适用性检查的内容、频次、检查方式等，并按计划落实年度检查任务。

第四十六条 民航地区管理局对已取得使用许可证的机场进行符合性评价后，应当向机场管理机构出具符合性评价意见，并报民航局备案。

第四十七条 机场管理机构及相关驻场单位应当配合所在地民航地区管理局对机场使用许可的监督管理，及时整改监督检查中发现的问题。

第四十八条 对机场管理机构的适用性检查、符合性评价、行政处罚、行政强制等处理措施及其执行情况记入民航行业信用信息记录，并按照有关规定进行公示。

第六章 法律责任

第四十九条 机场管理机构违反本规定第三条，未取得机场使用许可证或者机场使用许可证被吊销、撤销、注销而开放使用机场的，由民航局或者受民航局委托的民航地区管理局责令停止开放使用；没收违法所得，可以并处违法所得1倍以下的罚款。

第五十条 机场管理机构未按照机场使用许可证规定的范围使用机场的，由民航地区管理局责令改正，处20万元以上50万元以下的罚款；造成严重后果的，处50万元以上100万元以下的罚款。

第五十一条 机场管理机构违反本规定第九条，提供虚假材料申请机场使用许可的，由民航局或者民航地区管理局给予警告。

第五十二条 机场管理机构违反本规定第十五条，应当变更机场使用许可证而未申请变更的，由民航局或者民航地区管理局给予警告，可以并处1万元以上3万元以下的罚款。

第五十三条 机场管理机构未经批准擅自关闭机场的，由民航地区管理局责令改正，处10万元以上20万元以下的罚款；情节严重的，处20万元以上50万元以下的罚款。

第五十四条 机场管理机构违反本规定第十八条、第二十条关于申请时间的要求，未在预期关闭前45日向民航局或者民航地区管理局提出关闭申请的，由民航局或者民航地区管理局给予警告；情节严重的，处1万元以上3万元以下的罚款。

第五十五条 机场管理机构违反本规定第十九条、第二十条第二款，未按规定程序关闭的，由民航地区管理局责令立即改正，处2万元以上3万元以下的罚款；其中违反《民用机场管理条例》第二十一条规定的，按照《民用机场管理条例》第六十六条的规定予以处罚。

第五十六条 机场管理机构违反本规定第二十条第三款，未经民航地区管理局批准，即恢复开放使用机场的，由民航地区管理局责令停止开放使用，按照本规定第四十九条的规定予以处罚。

第五十七条 机场管理机构有下列行为之一的，由民航地区管理局给予警告，可以并处1万元以上3万元以下的罚款：

（一）违反本规定第二十六条、第三十四条有关发放手册要求的；

（二）违反本规定第二十九条、第三十条、第三十一条，未对手册进行动态管理的；

（三）违反本规定第三十二条，未将修改后的手册报民航局或者民航地区管理局进行符合性审查的；

（四）违反本规定第三十三条，未根据审查意见对手册进行修改完善的；

（五）未按照本规定第三十五条要求提供、保存手册的。

第五十八条 相关驻场单位违反本规定第二十三条,不配合机场管理机构编制手册的,由民航地区管理局责令改正;拒不改正的,处1万元以上3万元以下的罚款。

第五十九条 机场管理机构、在本场运行的航空运输企业及其他运行保障单位违反本规定第二十七条、第二十八条,造成手册不能有效实施的,由民航地区管理局给予警告,可以并处1万元以上3万元以下的罚款。

第六十条 机场管理机构违反本规定第四十七条,对民航地区管理局在监督检查中发现的不符合安全运营要求的问题拒不改正,或者经改正仍不符合安全运营要求的,由民航局或者民航地区管理局作出机场限制使用的决定;情节严重的,吊销机场使用许可证。

第七章　附　　则

第六十一条 本规定自2019年1月1日起施行。原民航总局于2005年10月7日公布的《民用机场使用许可规定》(民航总局令第156号)同时废止。

附件1　运输机场使用许可证申请书(略)
附件2　标准航徽(略)
附件3　机场使用手册主要内容(略)
附件4　机场使用许可证编号规则(略)

交通运输部关于修改《定期国际航空运输管理规定》的决定

(2019年10月21日交通运输部令2019年第26号公布　自2020年1月1日起施行　国司备字[2019001084])

交通运输部决定对《定期国际航空运输管理规定》(交通运输部令2017年第24号公布,交通运输部令2018年第26号修改)作如下修改:

将第三条第一款第七项修改为:"(七)符合法律、行政法规规定的其他条件"。

本决定自2020年1月1日起施行。

《定期国际航空运输管理规定》根据本决定作相应修改,重新公布。

定期国际航空运输管理规定

（2017年5月26日交通运输部令2017年第24号公布　根据2018年10月22日《交通运输部关于修改〈定期国际航空运输管理规定〉的决定》第一次修订　根据2019年10月21日《交通运输部关于修改〈定期国际航空运输管理规定〉的决定》第二次修订）

第一条　为了维护国家的航空权益，促进国际航空运输安全、健康、有秩序地发展，根据《中华人民共和国民用航空法》和国家其他有关法律、行政法规的规定，制定本规定。

第二条　本规定适用于在中华人民共和国境内设立的公共航空运输企业（以下简称空运企业）经营定期旅客、行李、货物、邮件的国际航空运输（以下称国际航班）。

第三条　申请国际航线经营许可的空运企业，应当具备以下条件：

（一）已按照《公共航空运输企业经营许可规定》申请增加了国际航班经营范围；

（二）具备与经营该国际航线相适应的民用航空器、人员和保险；

（三）航班计划和航权使用率符合规定；

（四）近两年公司责任原因运输航空事故征候率年平均值未连续超过同期行业水平；

（五）守法信用信息记录中没有严重违法行为记录；

（六）符合航班正常、服务质量管理的有关规定；

（七）符合法律、行政法规规定的其他条件。

初次申请国际航线经营许可的，还应具有与经营国际航班相适应的专业技术人员和主要管理人员、相应的经营国际航班的管理制度。

第四条　申请国际航线经营许可的空运企业（以下简称申请人），应当向民航局提交书面申请以及下列材料：

（一）公共航空运输企业经营许可证；

（二）最近一年内的航空运输业务经营情况及证明材料；

（三）与经营该国际航线相适应的民用航空器的情况；

（四）投保飞机机身险、机身战争险和法定责任险的保险证明文件；

（五）可行性研究报告；

（六）经营该国际航线的航班计划、拟飞行航路、班期、运力安排，以及始发站、经停站、目的站国际机场和备降国际机场的资料；

（七）申请人所使用的国际机场具备其通航所用机型相适应的条件和具备国际标准的安保措施等证明材料；

（八）确保航权能够有效执行的说明及近两年航权使用率情况；

（九）符合我国与外国政府签订的航空运输协定的代码共享航班计划的说明；

（十）其他必要的资料。

初次申请国际航线经营许可的，还应当提供与经营国际航班相适应的专业技术人员和主要管理人员情况、有关管理制度等证明材料。

第五条 民航局对申请人的申请，除按本规定第三条规定审核外，还应当考虑以下因素：

（一）符合我国与外国政府签订的航空运输协定。

（二）符合我国国家发展战略和国际航线总体规划。

（三）对于航权开放的国家或者航线，民航局根据本条第（一）项、第（二）项制定目录，目录内的航线不限定指定承运人、运营航线、运营班次及运力安排。对于其他航线，应当符合民航局有关国际航权和航班管理办法。

第六条 申请人应当在计划开航之日 45 日前，向民航局提交申请材料。申请材料不齐全或者不符合法定形式的，民航局在接收该申请材料时或者在 5 日内一次告知申请人需要补正的全部内容，逾期不告知的，自收到申请材料之日起即为受理。

申请材料齐全、符合法定形式，或者申请人按照民航局要求提交全部补正申请材料的，应当受理申请。

第七条 民航局应当自受理申请之日起 20 日内作出批准或者不予批准的书面决定。20 日内不能作出决定的，经民航局负责人批准，可以延长 10 日，并应当将延长期限的理由告知申请人。

第八条 民航局应当公开国际航线航权分配原则，并公示申请人申请开通国际航线的信息，公示期不少于 5 日。利害关系人有异议的，可以在公示期内提出，由民航局按照相关法规、规定予以处理。民航局作出的准予国际航线经营许可的决定，应当予以公开，供社会公众查阅。

第九条 空运企业需要调整或补充航班计划的，按照民航局有关国际航权和航班管理办法办理。

第十条 申请人取得国际航线经营许可后，应当于国际航线经营许可颁发之日起一年内开通航线，并自开航之日起连续正常运营不少于三个月。

申请人因自身原因不能按期开航的，可向民航局申请延长，延期最多不超过三个月。三个月后仍不能开航的，自延期期满之日起该国际航线经营许可失效，民航局将依法予以注销。

第十一条 空运企业应当主动归还不能完全使用的航权。暂停或终止经营国际航线的，应当在计划暂停之日30日前、或终止之日60日前向民航局提出申请。因不可抗力原因暂停或终止经营国际航线的除外。

第十二条 空运企业暂停或终止经营国际航线，应当符合航空运输宏观调控政策，并向民航局提交以下材料：

(一)暂停或终止申请书，并说明原因；

(二)消费者权益保护方案。

第十三条 民航局在收到空运企业暂停或终止经营国际航线申请之日起20日内，作出批准或者不予批准的决定。

暂停国际航线的期限不得超过一个航季。空运企业逾期不能复航的，自暂停期满之日起该国际航线经营许可失效，民航局将依法予以注销。

第十四条 民航局根据各空运企业现有航线的实际经营情况，保留航权使用充分的航空公司经营权利。对于未有效执行的航权，民航局将予以收回。

航空公司连续两个航季未执行的航线经营许可将自动失效，民航局将依法予以注销。

第十五条 国际航线经营许可不得转让、买卖和交换。

第十六条 经营国际航班的空运企业，应当遵守我国政府与外国政府签订的航空运输协定以及我国有关法律、法规、规章和民航局有关规定。

第十七条 民航局和民航地区管理局依法对空运企业的国际航班运营情况进行监督检查。

民航局和民航地区管理局实施监督检查可以采取查阅文件或者要求空运企业报送材料的方式，也可以进行现场检查。

第十八条 空运企业不能持续符合国际航线经营许可条件的，不得从事国际航线经营许可相关的国际航空运输活动。

第十九条 对已经依法取得国际航线经营许可和国际航班经营范围的空运企业，民航局或民航地区管理局发现其不再具备安全生产条件的，由民航局撤销有关国际航线经营许可，直至撤销国际航班经营范围。

第二十条 空运企业有下列情形之一的，由民航局或民航地区管理局责令改正，给予警告；情节严重的，处1万元以上3万元以下罚款：

(一)违反本规定第十一条，未经批准擅自暂停或终止国际航线运营的；

(二)违反本规定第十五条，擅自转让、买卖和交换国际航线经营许可的；

(三)违反本规定第十八条，不符合许可条件仍继续从事有关国际航空运输活动的。

第二十一条 空运企业隐瞒有关情况或者提供虚假材料申请国际航线经营许可的,民航局不予受理或者不予许可,并给予警告;空运企业在一年内不得再次申请该许可。

第二十二条 空运企业以欺骗、贿赂等不正当手段取得国际航线经营许可的,由民航局撤销该项许可,给予警告,并处 3 万元以下罚款,该申请人自被撤销许可之日起三年内不得重新申报;构成犯罪的,依法追究刑事责任。

第二十三条 对空运企业的撤销许可、行政处罚、行政强制等处理措施及其执行情况记入守法信用信息记录,并按照有关规定进行公开。

第二十四条 本规定中实施行政许可的期限以工作日计算,不含法定节假日。

第二十五条 空运企业经营至中华人民共和国香港特别行政区、澳门特别行政区和台湾地区的定期旅客、行李、货物、邮件的航空运输,参照本规定执行。

第二十六条 本规定自 2017 年 7 月 1 日起施行。1993 年 7 月 29 日施行的《定期国际航空运输管理规定》(民航总局令第 36 号)同时废止。

交通运输部关于废止《中国民用航空总局职能部门规范性文件制定程序规定》的决定

(2019 年 10 月 21 日交通运输部令 2019 年第 27 号公布 自公布之日起施行 国司备字[2019001085])

交通运输部决定废止《中国民用航空总局职能部门规范性文件制定程序规定》(民航总局令第 187 号)。

本决定自公布之日起施行。

产业结构调整指导目录
(2019 年本)

(2019 年 10 月 30 日国家发展和改革委员会令第 29 号公布　自 2020 年 1 月 1 日起施行　国司备字[2019001011]

《产业结构调整指导目录(2019 年本)》已经 2019 年 8 月 27 日第 2 次委务会议审议通过,现予公布,自 2020 年 1 月 1 日起施行。《产业结构调整指导目录(2011 年本)(修正)》同时废止。

附件:产业结构调整指导目录(2019 年本)(略)

健康保险管理办法

(2019 年 10 月 31 日中国银行保险监督管理委员会令 2019 年第 3 号公布　自 2019 年 12 月 1 日起施行　国司备字[2019001070])

第一章　总　则

第一条　为了促进健康保险的发展,规范健康保险的经营行为,保护健康保险活动当事人的合法权益,提升人民群众健康保障水平,根据《中华人民共和国保险法》(以下简称《保险法》)等法律、行政法规,制定本办法。

第二条　本办法所称健康保险,是指由保险公司对被保险人因健康原因或者医疗行为的发生给付保险金的保险,主要包括医疗保险、疾病保险、失能收入损失保险、护理保险以及医疗意外保险等。

本办法所称医疗保险,是指按照保险合同约定为被保险人的医疗、康复等提供保障的保险。

本办法所称疾病保险,是指发生保险合同约定的疾病时,为被保险人提供保障的保险。

本办法所称失能收入损失保险,是指以保险合同约定的疾病或者意外伤害导致工作能力丧失为给付保险金条件,为被保险人在一定时期内收入减少或者中断提供保障的保险。

本办法所称护理保险，是指按照保险合同约定为被保险人日常生活能力障碍引发护理需要提供保障的保险。

本办法所称医疗意外保险，是指按照保险合同约定发生不能归责于医疗机构、医护人员责任的医疗损害，为被保险人提供保障的保险。

第三条 健康保险是国家多层次医疗保障体系的重要组成部分，坚持健康保险的保障属性，鼓励保险公司遵循审慎、稳健原则，不断丰富健康保险产品，改进健康保险服务，扩大健康保险覆盖面，并通过有效管理和市场竞争降低健康保险价格和经营成本，提升保障水平。

第四条 健康保险按照保险期限分为长期健康保险和短期健康保险。

长期健康保险，是指保险期间超过一年或者保险期间虽不超过一年但含有保证续保条款的健康保险。

长期护理保险保险期间不得低于5年。

短期健康保险，是指保险期间为一年以及一年以下且不含有保证续保条款的健康保险。

保证续保条款，是指在前一保险期间届满前，投保人提出续保申请，保险公司必须按照原条款和约定费率继续承保的合同约定。

第五条 医疗保险按照保险金的给付性质分为费用补偿型医疗保险和定额给付型医疗保险。

费用补偿型医疗保险，是指根据被保险人实际发生的医疗、康复费用支出，按照约定的标准确定保险金数额的医疗保险。

定额给付型医疗保险，是指按照约定的数额给付保险金的医疗保险。

费用补偿型医疗保险的给付金额不得超过被保险人实际发生的医疗、康复费用金额。

第六条 中国银行保险监督管理委员会（以下简称银保监会）根据法律、行政法规和国务院授权，对保险公司经营健康保险的活动进行监督管理。

第七条 保险公司开展的与健康保险相关的政策性保险业务，除国家政策另有规定外，参照本办法执行。

保险公司开展不承担保险风险的委托管理服务不适用本办法。

第二章 经营管理

第八条 依法成立的健康保险公司、人寿保险公司、养老保险公司，经银保监会批准，可以经营健康保险业务。

前款规定以外的保险公司，经银保监会批准，可以经营短期健康保险业务。

第九条 除健康保险公司外，保险公司经营健康保险业务应当成立专门健康保险事业部。健康保险事业部应当持续具备下列条件：

（一）建立健康保险业务单独核算制度；

（二）建立健康保险精算制度和风险管理制度；

（三）建立健康保险核保制度和理赔制度；

（四）建立健康保险数据管理与信息披露制度；

（五）建立功能完整、相对独立的健康保险信息管理系统；

（六）配备具有健康保险专业知识的精算人员、核保人员、核赔人员和医学教育背景的管理人员；

（七）银保监会规定的其他条件。

第十条 保险公司应当对从事健康保险的核保、理赔以及销售等工作的从业人员进行健康保险专业培训。

第十一条 保险公司应当加强投保人、被保险人和受益人的隐私保护，建立健康保险客户信息管理和保密制度。

第三章 产品管理

第十二条 保险公司拟定健康保险的保险条款和保险费率，应当按照银保监会的有关规定报送审批或者备案。

享受税收优惠政策的健康保险产品在产品设计、赔付率等方面应当遵循相关政策和监管要求。

第十三条 保险公司拟定的健康保险产品包含两种以上健康保障责任的，应当由总精算师按照一般精算原理判断主要责任，并根据主要责任确定产品类型。

第十四条 医疗意外保险和长期疾病保险产品可以包含死亡保险责任。长期疾病保险的死亡给付金额不得高于疾病最高给付金额。其他健康保险产品不得包含死亡保险责任，但因疾病引发的死亡保险责任除外。

医疗保险、疾病保险和医疗意外保险产品不得包含生存保险责任。

第十五条 长期健康保险产品应当设置合同犹豫期，并在保险条款中列明投保人在犹豫期内的权利。长期健康保险产品的犹豫期不得少于15天。

第十六条 保险公司应当严格按照审批或者备案的产品费率销售短期个人健康保险产品。

第十七条 除家族遗传病史之外，保险公司不得基于被保险人其他遗传信息、基因检测资料进行区别定价。

第十八条 短期团体健康保险产品可以对产品参数进行调整。

产品参数，是指保险产品条款中根据投保团体的具体情况进行合理调整的保险金额、起付金额、给付比例、除外责任、责任等待期等事项。

第十九条 保险公司将产品参数可调的短期团体健康保险产品报送审批或者备案时，提交的申请材料应当包含产品参数调整办法，并由总精算师遵循审慎原则签字确认。

保险公司销售产品参数可调的短期团体健康保险产品，应当根据产品参数调整办法、自身风险管理水平和投保团体的风险情况计算相应的保险费率，且产品参数的调整不得改变费率计算方法以及费率计算需要的基础数据。

保险公司销售产品参数可调的短期团体健康保险产品，如需改变费率计算方法或者费率计算需要的基础数据的，应当将该产品重新报送审批或者备案。

第二十条 保险公司可以在保险产品中约定对长期医疗保险产品进行费率调整，并明确注明费率调整的触发条件。

长期医疗保险产品费率调整应当遵循公平、合理原则，触发条件应当客观且能普遍适用，并符合有关监管规定。

第二十一条 含有保证续保条款的健康保险产品，应当明确约定保证续保条款的生效时间。

含有保证续保条款的健康保险产品不得约定在续保时保险公司有减少保险责任和增加责任免除范围的权利。

保险公司将含有保证续保条款的健康保险产品报送审批或者备案的，应当在产品精算报告中说明保证续保的定价处理方法和责任准备金计算办法。

第二十二条 保险公司拟定医疗保险产品条款，应当尊重被保险人接受合理医疗服务的权利，不得在条款中设置不合理的或者违背一般医学标准的要求作为给付保险金的条件。

第二十三条 保险公司在健康保险产品条款中约定的疾病诊断标准应当符合通行的医学诊断标准，并考虑到医疗技术条件发展的趋势。

健康保险合同生效后，被保险人根据通行的医学诊断标准被确诊疾病的，保险公司不得以该诊断标准与保险合同约定不符为理由拒绝给付保险金。

第二十四条 保险公司设计费用补偿型医疗保险产品，必须区分被保险人是否拥有公费医疗、基本医疗保险、其他费用补偿型医疗保险等不同情况，在保险条款、费率或者赔付金额等方面予以区别对待。

第二十五条 被保险人同时拥有多份有效的费用补偿型医疗保险保险单的,可以自主决定理赔申请顺序。

第二十六条 保险公司可以同投保人约定,以被保险人在指定医疗机构中进行医疗为给付保险金的条件。

保险公司指定医疗机构应当遵循方便被保险人、合理管理医疗成本的原则,引导被保险人合理使用医疗资源、节省医疗费用支出,并对投保人和被保险人做好说明、解释工作。

第二十七条 疾病保险、医疗保险、护理保险产品的等待期不得超过180天。

第二十八条 医疗保险产品可以在定价、赔付条件、保障范围等方面对贫困人口适当倾斜,并以书面形式予以明确。

第二十九条 护理保险产品在保险期间届满前给付的生存保险金,应当以被保险人因保险合同约定的日常生活能力障碍引发护理需要为给付条件。

第三十条 鼓励保险公司开发医疗保险产品,对新药品、新医疗器械和新诊疗方法在医疗服务中的应用支出进行保障。

第三十一条 鼓励保险公司采用大数据等新技术提升风险管理水平。对于事实清楚、责任明确的健康保险理赔申请,保险公司可以借助互联网等信息技术手段,对被保险人的数字化理赔材料进行审核,简化理赔流程,提升服务效率。

第三十二条 保险公司应当根据健康保险产品实际赔付经验,对产品定价进行回溯、分析,及时修订新销售的健康保险产品费率,并按照银保监会有关规定进行审批或者备案。

第三十三条 鼓励保险公司提供创新型健康保险产品,满足人民群众多层次多样化的健康保障需求。

第三十四条 保险公司开发的创新型健康保险产品应当符合《保险法》和保险基本原理,并按照有关规定报银保监会审批或者备案。

第四章 销售管理

第三十五条 保险公司销售健康保险产品,应当严格执行经审批或者备案的保险条款和保险费率。

第三十六条 经过审批或者备案的健康保险产品,除法定理由和条款另有约定外,保险公司不得拒绝提供。

保险公司销售健康保险产品,不得强制搭配其他产品销售。

第三十七条 保险公司不得委托医疗机构或者医护人员销售健康保险产品。

第三十八条 保险公司销售健康保险产品,不得非法搜集、获取被保险人除家族遗传病史之外的遗传信息、基因检测资料;也不得要求投保人、被保险人或者受益人提供上述信息。

保险公司不得以被保险人家族遗传病史之外的遗传信息、基因检测资料作为核保条件。

第三十九条 保险公司销售健康保险产品,应当以书面或者口头等形式向投保人说明保险合同的内容,对下列事项作出明确告知,并由投保人确认:

(一)保险责任;

(二)保险责任的减轻或者免除;

(三)保险责任等待期;

(四)保险合同犹豫期以及投保人相关权利义务;

(五)是否提供保证续保以及续保有效时间;

(六)理赔程序以及理赔文件要求;

(七)组合式健康保险产品中各产品的保险期间;

(八)银保监会规定的其他告知事项。

第四十条 保险公司销售健康保险产品,不得夸大保险保障范围,不得隐瞒责任免除,不得误导投保人和被保险人。

投保人和被保险人就保险条款中的保险、医疗和疾病等专业术语提出询问的,保险公司应当用清晰易懂的语言进行解释。

第四十一条 保险公司销售费用补偿型医疗保险,应当向投保人询问被保险人是否拥有公费医疗、基本医疗保险或者其他费用补偿型医疗保险的情况,投保人应当如实告知。

保险公司应当向投保人说明未如实告知的法律后果,并做好相关记录。

保险公司不得诱导投保人为同一被保险人重复购买保障功能相同或者类似的费用补偿型医疗保险产品。

第四十二条 保险公司销售医疗保险,应当向投保人告知约定医疗机构的名单或者资质要求,并提供查询服务。

保险公司调整约定医疗机构的,应当及时通知投保人或者被保险人。

第四十三条 保险公司以附加险形式销售无保证续保条款的健康保险产品的,附加险的保险期限不得小于主险保险期限。

第四十四条 保险公司销售长期个人健康保险产品的,应当在犹豫期内对投保人进行回访。

保险公司在回访中发现投保人被误导的，应当做好解释工作，并明确告知投保人有依法解除保险合同的权利。

第四十五条 保险公司承保团体健康保险，应当以书面或者口头等形式告知每个被保险人其参保情况以及相关权益。

第四十六条 投保人解除团体健康保险合同的，保险公司应当要求投保人提供已通知被保险人退保的有效证明，并按照银保监会有关团体保险退保的规定将退保金通过银行转账或者原投保资金汇入路径退至投保人缴费账户或者其他账户。

第五章 准备金评估

第四十七条 经营健康保险业务的保险公司应当按照本办法有关规定提交上一年度的精算报告或者准备金评估报告。

第四十八条 对已经发生保险事故并已提出索赔、保险公司尚未结案的赔案，保险公司应当提取已发生已报案未决赔款准备金。

保险公司应当采取逐案估计法、案均赔款法等合理的方法谨慎提取已发生已报案未决赔款准备金。

保险公司如果采取逐案估计法之外的精算方法计提已发生已报案未决赔款准备金，应当详细报告该方法的基础数据、参数设定和估计方法，并说明基础数据来源、数据质量以及准备金计算结果的可靠性。

保险公司总精算师不能确认估计方法的可靠性或者相关业务的经验数据不足 3 年的，应当按照已经提出的索赔金额提取已发生已报案未决赔款准备金。

第四十九条 对已经发生保险事故但尚未提出的赔偿或者给付，保险公司应当提取已发生未报案未决赔款准备金。

保险公司应当根据险种的风险性质和经验数据等因素，至少采用链梯法、案均赔款法、准备金进展法、B－F 法、赔付率法中的两种方法评估已发生未报案未决赔款准备金，并选取评估结果的最大值确定最佳估计值。

保险公司应当详细报告已发生未报案未决赔款准备金的基础数据、计算方法和参数设定，并说明基础数据来源、数据质量以及准备金计算结果的可靠性。

保险公司总精算师判断数据基础不能确保计算结果的可靠性，或者相关业务的经验数据不足 3 年的，应当按照不低于该会计年度实际赔款支出的 10% 提取已发生未报案未决赔款准备金。

第五十条 对于短期健康保险业务，保险公司应当提取未到期责任准备金。

短期健康保险提取未到期责任准备金，可以采用下列方法之一：

（一）二十四分之一毛保费法（以月为基础计提）；

（二）三百六十五分之一毛保费法（以天为基础计提）；

（三）根据风险分布状况可以采用其他更为谨慎、合理的方法，提取的未到期责任准备金不得低于方法（一）和（二）所得结果的较小者。

第五十一条 短期健康保险未到期责任准备金的提取金额应当不低于下列两者中较大者：

（一）预期未来发生的赔款与费用扣除相关投资收入之后的余额；

（二）在责任准备金评估日假设所有保单退保时的退保金额。

未到期责任准备金不足的，应当提取保费不足准备金，用于弥补未到期责任准备金和前款两项中较大者之间的差额。

第五十二条 本办法所称责任准备金为业务相关报告责任准备金，财务报告责任准备金、偿付能力报告责任准备金的计提按照财政部和银保监会的相关规定执行。

第五十三条 长期健康保险未到期责任准备金的计提办法应当按照银保监会的有关规定执行。

第五十四条 保险公司应当按照再保前、再保后分别向银保监会报告准备金提取结果。

第六章 健康管理服务与合作

第五十五条 保险公司可以将健康保险产品与健康管理服务相结合，提供健康风险评估和干预、疾病预防、健康体检、健康咨询、健康维护、慢性病管理、养生保健等服务，降低健康风险，减少疾病损失。

第五十六条 保险公司开展健康管理服务的，有关健康管理服务内容可以在保险合同条款中列明，也可以另行签订健康管理服务合同。

第五十七条 健康保险产品提供健康管理服务，其分摊的成本不得超过净保险费的20%。

超出以上限额的服务，应当单独定价，不计入保险费，并在合同中明示健康管理服务价格。

第五十八条 保险公司经营医疗保险，应当加强与医疗机构、健康管理机构、康复服务机构等合作，为被保险人提供优质、方便的医疗服务。

保险公司经营医疗保险,应当按照有关政策文件规定,监督被保险人医疗行为的真实性和合法性,加强医疗费用支出合理性和必要性管理。

第五十九条 保险公司应当积极发挥健康保险费率调节机制对医疗费用和风险管控的作用,降低不合理的医疗费用支出。

第六十条 保险公司应当积极发挥作为医患关系第三方的作用,帮助缓解医患信息不对称,促进解决医患矛盾纠纷。

第六十一条 保险公司与医疗机构、健康管理机构之间的合作,不得损害被保险人的合法权益。

第六十二条 保险公司应当按照法律、行政法规的规定,充分保障客户隐私和数据安全,依据服务范围和服务对象与医疗机构、基本医保部门等进行必要的信息互联和数据共享。

第七章 再保险管理

第六十三条 保险公司办理健康保险再保险业务,应当遵守《保险法》和银保监会有关再保险业务管理的规定。

第六十四条 保险公司分支机构不得办理健康保险再保险分入业务,再保险公司分支机构除外。

第八章 法律责任

第六十五条 保险公司及其分支机构违反本办法,由银保监会及其派出机构依照法律、行政法规进行处罚;法律、行政法规没有规定的,由银保监会及其派出机构责令改正,给予警告,对有违法所得的处以违法所得 1 倍以上 3 倍以下罚款,但最高不得超过 3 万元,对没有违法所得的处以 1 万元以下罚款;涉嫌犯罪的,依法移交司法机关追究其刑事责任。

第六十六条 保险公司从业人员、保险公司分支机构从业人员违反本办法,由银保监会及其派出机构依照法律、行政法规进行处罚;法律、行政法规没有规定的,由银保监会及其派出机构责令改正,给予警告,对有违法所得的处以违法所得 1 倍以上 3 倍以下罚款,但最高不得超过 3 万元,对没有违法所得的处以 1 万元以下罚款;涉嫌犯罪的,依法移交司法机关追究其刑事责任。

第九章 附 则

第六十七条 相互保险组织经营健康保险适用本办法。

第六十八条 保险中介机构及其从业人员销售健康保险产品适用本办法。

第六十九条 通过银行、邮政等渠道销售健康保险产品的,应当遵守相关监管部门的规定。

第七十条 本办法施行前原中国保险监督管理委员会颁布的规定与本办法不符的,以本办法为准。

第七十一条 本办法由银保监会负责解释。

第七十二条 本办法自2019年12月1日起施行。原中国保险监督管理委员会2006年8月7日发布的《健康保险管理办法》(保监会令2006年第8号)同时废止。

危险货物道路运输安全管理办法

(2019年11月10日交通运输部、工业和信息化部、公安部、生态环境部、应急管理部、国家市场监督管理总局令2019年第29号公布自2020年1月1日起施行　国司备字[2019001243])

第一章　总　　则

第一条 为了加强危险货物道路运输安全管理,预防危险货物道路运输事故,保障人民群众生命、财产安全,保护环境,依据《中华人民共和国安全生产法》《中华人民共和国道路运输条例》《危险化学品安全管理条例》《公路安全保护条例》等有关法律、行政法规,制定本办法。

第二条 对使用道路运输车辆从事危险货物运输及相关活动的安全管理,适用本办法。

第三条 危险货物道路运输应当坚持安全第一、预防为主、综合治理、便利运输的原则。

第四条 国务院交通运输主管部门主管全国危险货物道路运输管理工作。

县级以上地方人民政府交通运输主管部门负责组织领导本行政区域的危险货物道路运输管理工作。

工业和信息化、公安、生态环境、应急管理、市场监督管理等部门按照各自职责,负责对危险货物道路运输相关活动进行监督检查。

第五条 国家建立危险化学品监管信息共享平台,加强危险货物道路运输安全管理。

第六条 不得托运、承运法律、行政法规禁止运输的危险货物。

第七条 托运人、承运人、装货人应当制定危险货物道路运输作业查验、记录制度,以及人员安全教育培训、设备管理和岗位操作规程等安全生产管理制度。

托运人、承运人、装货人应当按照相关法律法规和《危险货物道路运输规则》(JT/T 617)要求,对本单位相关从业人员进行岗前安全教育培训和定期安全教育。未经岗前安全教育培训考核合格的人员,不得上岗作业。

托运人、承运人、装货人应当妥善保存安全教育培训及考核记录。岗前安全教育培训及考核记录保存至相关从业人员离职后12个月;定期安全教育记录保存期限不得少于12个月。

第八条 国家鼓励危险货物道路运输企业应用先进技术和装备,实行专业化、集约化经营。

禁止危险货物运输车辆挂靠经营。

第二章 危险货物托运

第九条 危险货物托运人应当委托具有相应危险货物道路运输资质的企业承运危险货物。托运民用爆炸物品、烟花爆竹的,应当委托具有第一类爆炸品或者第一类爆炸品中相应项别运输资质的企业承运。

第十条 托运人应当按照《危险货物道路运输规则》(JT/T 617)确定危险货物的类别、项别、品名、编号,遵守相关特殊规定要求。需要添加抑制剂或者稳定剂的,托运人应当按照规定添加,并将有关情况告知承运人。

第十一条 托运人不得在托运的普通货物中违规夹带危险货物,或者将危险货物匿报、谎报为普通货物托运。

第十二条 托运人应当按照《危险货物道路运输规则》(JT/T 617)妥善包装危险货物,并在外包装设置相应的危险货物标志。

第十三条 托运人在托运危险货物时,应当向承运人提交电子或者纸质形式的危险货物托运清单。

危险货物托运清单应当载明危险货物的托运人、承运人、收货人、装货人、始发地、目的地、危险货物的类别、项别、品名、编号、包装及规格、数量、应急联系电话等信息,以及危险货物危险特性、运输注意事项、急救措施、消防措施、泄漏应急处置、次生环境污染处置措施等信息。

托运人应当妥善保存危险货物托运清单,保存期限不得少于12个月。

第十四条 托运人应当在危险货物运输期间保持应急联系电话畅通。

第十五条 托运人托运剧毒化学品、民用爆炸物品、烟花爆竹或者放射性物品的，应当向承运人相应提供公安机关核发的剧毒化学品道路运输通行证、民用爆炸物品运输许可证、烟花爆竹道路运输许可证、放射性物品道路运输许可证明或者文件。

托运人托运第一类放射性物品的，应当向承运人提供国务院核安全监管部门批准的放射性物品运输核与辐射安全分析报告。

托运人托运危险废物（包括医疗废物，下同）的，应当向承运人提供生态环境主管部门发放的电子或者纸质形式的危险废物转移联单。

第三章　例外数量与有限数量危险货物运输的特别规定

第十六条 例外数量危险货物的包装、标记、包件测试，以及每个内容器和外容器可运输危险货物的最大数量，应当符合《危险货物道路运输规则》（JT/T 617）要求。

第十七条 有限数量危险货物的包装、标记，以及每个内容器或者物品所装的最大数量、总质量（含包装），应当符合《危险货物道路运输规则》（JT/T 617）要求。

第十八条 托运人托运例外数量危险货物的，应当向承运人书面声明危险货物符合《危险货物道路运输规则》（JT/T 617）包装要求。承运人应当要求驾驶人随车携带书面声明。

托运人应当在托运清单中注明例外数量危险货物以及包件的数量。

第十九条 托运人托运有限数量危险货物的，应当向承运人提供包装性能测试报告或者书面声明危险货物符合《危险货物道路运输规则》（JT/T 617）包装要求。承运人应当要求驾驶人随车携带测试报告或者书面声明。

托运人应当在托运清单中注明有限数量危险货物以及包件的数量、总质量（含包装）。

第二十条 例外数量、有限数量危险货物包件可以与其他危险货物、普通货物混合装载，但有限数量危险货物包件不得与爆炸品混合装载。

第二十一条 运输车辆载运例外数量危险货物包件数不超过 1000 个或者有限数量危险货物总质量（含包装）不超过 8000 千克的，可以按照普通货物运输。

第四章　危险货物承运

第二十二条　危险货物承运人应当按照交通运输主管部门许可的经营范围承运危险货物。

第二十三条　危险货物承运人应当使用安全技术条件符合国家标准要求且与承运危险货物性质、重量相匹配的车辆、设备进行运输。

危险货物承运人使用常压液体危险货物罐式车辆运输危险货物的，应当在罐式车辆罐体的适装介质列表范围内承运；使用移动式压力容器运输危险货物的，应当按照移动式压力容器使用登记证上限定的介质承运。

危险货物承运人应当按照运输车辆的核定载质量装载危险货物，不得超载。

第二十四条　危险货物承运人应当制作危险货物运单，并交由驾驶人随车携带。危险货物运单应当妥善保存，保存期限不得少于12个月。

危险货物运单格式由国务院交通运输主管部门统一制定。危险货物运单可以是电子或者纸质形式。

运输危险废物的企业还应当填写并随车携带电子或者纸质形式的危险废物转移联单。

第二十五条　危险货物承运人在运输前，应当对运输车辆、罐式车辆罐体、可移动罐柜、罐式集装箱（以下简称罐箱）及相关设备的技术状况，以及卫星定位装置进行检查并做好记录，对驾驶人、押运人员进行运输安全告知。

第二十六条　危险货物道路运输车辆驾驶人、押运人员在起运前，应当对承运危险货物的运输车辆、罐式车辆罐体、可移动罐柜、罐箱进行外观检查，确保没有影响运输安全的缺陷。

危险货物道路运输车辆驾驶人、押运人员在起运前，应当检查确认危险货物运输车辆按照《道路运输危险货物车辆标志》（GB 13392）要求安装、悬挂标志。运输爆炸品和剧毒化学品的，还应当检查确认车辆安装、粘贴符合《道路运输爆炸品和剧毒化学品车辆安全技术条件》（GB 20300）要求的安全标示牌。

第二十七条　危险货物承运人除遵守本办法规定外，还应当遵守《道路危险货物运输管理规定》有关运输行为的要求。

第五章　危险货物装卸

第二十八条　装货人应当在充装或者装载货物前查验以下事项；不符合

要求的，不得充装或者装载：

（一）车辆是否具有有效行驶证和营运证；

（二）驾驶人、押运人员是否具有有效资质证件；

（三）运输车辆、罐式车辆罐体、可移动罐柜、罐箱是否在检验合格有效期内；

（四）所充装或者装载的危险货物是否与危险货物运单载明的事项相一致；

（五）所充装的危险货物是否在罐式车辆罐体的适装介质列表范围内，或者满足可移动罐柜导则、罐箱适用代码的要求。

充装或者装载剧毒化学品、民用爆炸物品、烟花爆竹、放射性物品或者危险废物时，还应当查验本办法第十五条规定的单证报告。

第二十九条 装货人应当按照相关标准进行装载作业。装载货物不得超过运输车辆的核定载质量，不得超出罐式车辆罐体、可移动罐柜、罐箱的允许充装量。

第三十条 危险货物交付运输时，装货人应当确保危险货物运输车辆按照《道路运输危险货物车辆标志》（GB 13392）要求安装、悬挂标志，确保包装容器没有损坏或者泄漏，罐式车辆罐体、可移动罐柜、罐箱的关闭装置处于关闭状态。

爆炸品和剧毒化学品交付运输时，装货人还应当确保车辆安装、粘贴符合《道路运输爆炸品和剧毒化学品车辆安全技术条件》（GB 20300）要求的安全标示牌。

第三十一条 装货人应当建立危险货物装货记录制度，记录所充装或者装载的危险货物类别、品名、数量、运单编号和托运人、承运人、运输车辆及驾驶人等相关信息并妥善保存，保存期限不得少于12个月。

第三十二条 充装或者装载危险化学品的生产、储存、运输、使用和经营企业，应当按照本办法要求建立健全并严格执行充装或者装载查验、记录制度。

第三十三条 收货人应当及时收货，并按照安全操作规程进行卸货作业。

第三十四条 禁止危险货物运输车辆在卸货后直接实施排空作业等活动。

第六章 危险货物运输车辆与罐式车辆罐体、可移动罐柜、罐箱

第三十五条 工业和信息化主管部门应当通过《道路机动车辆生产企业

及产品公告》公布产品型号，并按照《危险货物运输车辆结构要求》（GB 21668）公布危险货物运输车辆类型。

第三十六条 危险货物运输车辆生产企业应当按照工业和信息化主管部门公布的产品型号进行生产。危险货物运输车辆应当获得国家强制性产品认证证书。

第三十七条 危险货物运输车辆生产企业应当按照《危险货物运输车辆结构要求》（GB 21668）标注危险货物运输车辆的类型。

第三十八条 液体危险化学品常压罐式车辆罐体生产企业应当取得工业产品生产许可证，生产的罐体应当符合《道路运输液体危险货物罐式车辆》（GB 18564）要求。

检验机构应当严格按照国家标准、行业标准及国家统一发布的检验业务规则，开展液体危险化学品常压罐式车辆罐体检验，对检验合格的罐体出具检验合格证书。检验合格证书包括罐体载质量、罐体容积、罐体编号、适装介质列表和下次检验日期等内容。

检验机构名录及检验业务规则由国务院市场监督管理部门、国务院交通运输主管部门共同公布。

第三十九条 常压罐式车辆罐体生产企业应当按照要求为罐体分配并标注唯一性编码。

第四十条 罐式车辆罐体应当在检验有效期内装载危险货物。

检验有效期届满后，罐式车辆罐体应当经具有专业资质的检验机构重新检验合格，方可投入使用。

第四十一条 装载危险货物的常压罐式车辆罐体的重大维修、改造，应当委托具备罐体生产资质的企业实施，并通过具有专业资质的检验机构维修、改造检验，取得检验合格证书，方可重新投入使用。

第四十二条 运输危险货物的可移动罐柜、罐箱应当经具有专业资质的检验机构检验合格，取得检验合格证书，并取得相应的安全合格标志，按照规定用途使用。

第四十三条 危险货物包装容器属于移动式压力容器或者气瓶的，还应当满足特种设备相关法律法规、安全技术规范以及国际条约的要求。

第七章 危险货物运输车辆运行管理

第四十四条 在危险货物道路运输过程中，除驾驶人外，还应当在专用车辆上配备必要的押运人员，确保危险货物处于押运人员监管之下。

运输车辆应当安装、悬挂符合《道路运输危险货物车辆标志》(GB 13392)要求的警示标志,随车携带防护用品、应急救援器材和危险货物道路运输安全卡,严格遵守道路交通安全法律法规规定,保障道路运输安全。

运输爆炸品和剧毒化学品车辆还应当安装、粘贴符合《道路运输爆炸品和剧毒化学品车辆安全技术条件》(GB 20300)要求的安全标示牌。

运输剧毒化学品、民用爆炸物品、烟花爆竹、放射性物品或者危险废物时,还应当随车携带本办法第十五条规定的单证报告。

第四十五条 危险货物承运人应当按照《中华人民共和国反恐怖主义法》和《道路运输车辆动态监督管理办法》要求,在车辆运行期间通过定位系统对车辆和驾驶人进行监控管理。

第四十六条 危险货物运输车辆在高速公路上行驶速度不得超过每小时80公里,在其他道路上行驶速度不得超过每小时60公里。道路限速标志、标线标明的速度低于上述规定速度的,车辆行驶速度不得高于限速标志、标线标明的速度。

第四十七条 驾驶人应当确保罐式车辆罐体、可移动罐柜、罐箱的关闭装置在运输过程中处于关闭状态。

第四十八条 运输民用爆炸物品、烟花爆竹和剧毒、放射性等危险物品时,应当按照公安机关批准的路线、时间行驶。

第四十九条 有下列情形之一的,公安机关可以依法采取措施,限制危险货物运输车辆通行:

(一)城市(含县城)重点地区、重点单位、人流密集场所、居民生活区;

(二)饮用水水源保护区、重点景区、自然保护区;

(三)特大桥梁、特长隧道、隧道群、桥隧相连路段及水下公路隧道;

(四)坡长坡陡、临水临崖等通行条件差的山区公路;

(五)法律、行政法规规定的其他可以限制通行的情形。

除法律、行政法规另有规定外,公安机关综合考虑相关因素,确需对通过高速公路运输危险化学品依法采取限制通行措施的,限制通行时段应当在0时至6时之间确定。

公安机关采取限制危险货物运输车辆通行措施的,应当提前向社会公布,并会同交通运输主管部门确定合理的绕行路线,设置明显的绕行提示标志。

第五十条 遇恶劣天气、重大活动、重要节假日、交通事故、突发事件等,公安机关可以临时限制危险货物运输车辆通行,并做好告知提示。

第五十一条 危险货物运输车辆需在高速公路服务区停车的,驾驶人、押运人员应当按照有关规定采取相应的安全防范措施。

第八章　监督检查

第五十二条　对危险货物道路运输负有安全监督管理职责的部门，应当依照下列规定加强监督检查：

（一）交通运输主管部门负责核发危险货物道路运输经营许可证，定期对危险货物道路运输企业动态监控工作的情况进行考核，依法对危险货物道路运输企业进行监督检查，负责对运输环节充装查验、核准、记录等进行监管。

（二）工业和信息化主管部门应当依法对《道路机动车辆生产企业及产品公告》内的危险货物运输车辆生产企业进行监督检查，依法查处违法违规生产企业及产品。

（三）公安机关负责核发剧毒化学品道路运输通行证、民用爆炸物品运输许可证、烟花爆竹道路运输许可证和放射性物品运输许可证明或者文件，并负责危险货物运输车辆的通行秩序管理。

（四）生态环境主管部门应当依法对放射性物品运输容器的设计、制造和使用等进行监督检查，负责监督核设施营运单位、核技术利用单位建立健全并执行托运及充装管理制度规程。

（五）应急管理部门和其他负有安全生产监督管理职责的部门依法负责危险化学品生产、储存、使用和经营环节的监管，按照职责分工督促企业建立健全充装管理制度规程。

（六）市场监督管理部门负责依法查处危险化学品及常压罐式车辆罐体质量违法行为和常压罐式车辆罐体检验机构出具虚假检验合格证书的行为。

第五十三条　对危险货物道路运输负有安全监督管理职责的部门，应当建立联合执法协作机制。

第五十四条　对危险货物道路运输负有安全监督管理职责的部门发现危险货物托运、承运或者装载过程中存在重大隐患，有可能发生安全事故的，应当要求其停止作业并消除隐患。

第五十五条　对危险货物道路运输负有安全监督管理职责的部门监督检查时，发现需由其他负有安全监督管理职责的部门处理的违法行为，应当及时移交。

其他负有安全监督管理职责的部门应当接收，依法处理，并将处理结果反馈移交部门。

第九章 法律责任

第五十六条 交通运输主管部门对危险货物承运人违反本办法第七条，未对从业人员进行安全教育和培训的，应当责令限期改正，可以处5万元以下的罚款；逾期未改正的，责令停产停业整顿，并处5万元以上10万元以下的罚款，对其直接负责的主管人员和其他直接责任人员处1万元以上2万元以下的罚款。

第五十七条 交通运输主管部门对危险化学品托运人有下列情形之一的，应当责令改正，处10万元以上20万元以下的罚款，有违法所得的，没收违法所得；拒不改正的，责令停产停业整顿：

（一）违反本办法第九条，委托未依法取得危险货物道路运输资质的企业承运危险化学品的；

（二）违反本办法第十一条，在托运的普通货物中违规夹带危险化学品，或者将危险化学品匿报或者谎报为普通货物托运的。

有前款第（二）项情形，构成违反治安管理行为的，由公安机关依法给予治安管理处罚。

第五十八条 交通运输主管部门对危险货物托运人违反本办法第十条，危险货物的类别、项别、品名、编号不符合相关标准要求的，应当责令改正，属于非经营性的，处1000元以下的罚款；属于经营性的，处1万元以上3万元以下的罚款。

第五十九条 交通运输主管部门对危险化学品托运人有下列情形之一的，应当责令改正，处5万元以上10万元以下的罚款；拒不改正的，责令停产停业整顿：

（一）违反本办法第十条，运输危险化学品需要添加抑制剂或者稳定剂，托运人未添加或者未将有关情况告知承运人的；

（二）违反本办法第十二条，未按照要求对所托运的危险化学品妥善包装并在外包装设置相应标志的。

第六十条 交通运输主管部门对危险货物承运人有下列情形之一的，应当责令改正，处2000元以上5000元以下的罚款：

（一）违反本办法第二十三条，未在罐式车辆罐体的适装介质列表范围内或者移动式压力容器使用登记证上限定的介质承运危险货物的；

（二）违反本办法第二十四条，未按照规定制作危险货物运单或者保存期限不符合要求的；

（三）违反本办法第二十五条，未按照要求对运输车辆、罐式车辆罐体、可移动罐柜、罐箱及设备进行检查和记录的。

第六十一条 交通运输主管部门对危险货物道路运输车辆驾驶人具有下列情形之一的，应当责令改正，处1000元以上3000元以下的罚款：

（一）违反本办法第二十四条、第四十四条，未按照规定随车携带危险货物运单、安全卡的；

（二）违反本办法第四十七条，罐式车辆罐体、可移动罐柜、罐箱的关闭装置在运输过程中未处于关闭状态的。

第六十二条 交通运输主管部门对危险货物承运人违反本办法第四十条、第四十一条、第四十二条，使用未经检验合格或者超出检验有效期的罐式车辆罐体、可移动罐柜、罐箱从事危险货物运输的，应当责令限期改正，可以处5万元以下的罚款；逾期未改正的，处5万元以上20万元以下的罚款，对其直接负责的主管人员和其他直接责任人员处1万元以上2万元以下的罚款；情节严重的，责令停产停业整顿。

第六十三条 交通运输主管部门对危险货物承运人违反本办法第四十五条，未按照要求对运营中的危险化学品、民用爆炸物品、核与放射性物品的运输车辆通过定位系统实行监控的，应当给予警告，并责令改正；拒不改正的，处10万元以下的罚款，并对其直接负责的主管人员和其他直接责任人员处1万元以下的罚款。

第六十四条 工业和信息化主管部门对作为装货人的民用爆炸物品生产、销售企业违反本办法第七条、第二十八条、第三十一条，未建立健全并严格执行充装或者装载查验、记录制度的，应当责令改正，处1万元以上3万元以下的罚款。

生态环境主管部门对核设施营运单位、核技术利用单位违反本办法第七条、第二十八条、第三十一条，未建立健全并严格执行充装或者装载查验、记录制度的，应当责令改正，处1万元以上3万元以下的罚款。

第六十五条 交通运输主管部门、应急管理部门和其他负有安全监督管理职责的部门对危险化学品生产、储存、运输、使用和经营企业违反本办法第三十二条，未建立健全并严格执行充装或者装载查验、记录制度的，应当按照职责分工责令改正，处1万元以上3万元以下的罚款。

第六十六条 对装货人违反本办法第四十三条，未按照规定实施移动式压力容器、气瓶充装查验、记录制度，或者对不符合安全技术规范要求的移动式压力容器、气瓶进行充装的，依照特种设备相关法律法规进行处罚。

第六十七条 公安机关对有关企业、单位或者个人违反本办法第十五条，未经许可擅自通过道路运输危险货物的，应当责令停止非法运输活动，并予以处罚：

（一）擅自运输剧毒化学品的，处5万元以上10万元以下的罚款；

（二）擅自运输民用爆炸物品的，处5万元以上20万元以下的罚款，并没收非法运输的民用爆炸物品及违法所得；

（三）擅自运输烟花爆竹的，处1万元以上5万元以下的罚款，并没收非法运输的物品及违法所得；

（四）擅自运输放射性物品的，处2万元以上10万元以下的罚款。

第六十八条 公安机关对危险货物承运人有下列行为之一的，应当责令改正，处5万元以上10万元以下的罚款；构成违反治安管理行为的，依法给予治安管理处罚：

（一）违反本办法第二十三条，使用安全技术条件不符合国家标准要求的车辆运输危险化学品的；

（二）违反本办法第二十三条，超过车辆核定载质量运输危险化学品的。

第六十九条 公安机关对危险货物承运人违反本办法第四十四条，通过道路运输危险化学品不配备押运人员的，应当责令改正，处1万元以上5万元以下的罚款；构成违反治安管理行为的，依法给予治安管理处罚。

第七十条 公安机关对危险货物运输车辆违反本办法第四十四条，未按照要求安装、悬挂警示标志的，应当责令改正，并对承运人予以处罚：

（一）运输危险化学品的，处1万元以上5万元以下的罚款；

（二）运输民用爆炸物品的，处5万元以上20万元以下的罚款；

（三）运输烟花爆竹的，处200元以上2000元以下的罚款；

（四）运输放射性物品的，处2万元以上10万元以下的罚款。

第七十一条 公安机关对危险货物承运人违反本办法第四十四条，运输剧毒化学品、民用爆炸物品、烟花爆竹或者放射性物品未随车携带相应单证报告的，应当责令改正，并予以处罚：

（一）运输剧毒化学品未随车携带剧毒化学品道路运输通行证的，处500元以上1000元以下的罚款；

（二）运输民用爆炸物品未随车携带民用爆炸物品运输许可证的，处5万元以上20万元以下的罚款；

（三）运输烟花爆竹未随车携带烟花爆竹道路运输许可证的，处200元以上2000元以下的罚款；

（四）运输放射性物品未随车携带放射性物品道路运输许可证明或者文件的，有违法所得的，处违法所得3倍以下且不超过3万元的罚款；没有违法所得的，处1万元以下的罚款。

第七十二条 公安机关对危险货物运输车辆违反本办法第四十八条，未依照批准路线等行驶的，应当责令改正，并对承运人予以处罚：

（一）运输剧毒化学品的，处1000元以上1万元以下的罚款；

（二）运输民用爆炸物品的，处5万元以上20万元以下的罚款；

（三）运输烟花爆竹的，处200元以上2000元以下的罚款；

（四）运输放射性物品的，处2万元以上10万元以下的罚款。

第七十三条 危险化学品常压罐式车辆罐体检验机构违反本办法第三十八条，为不符合相关法规和标准要求的危险化学品常压罐式车辆罐体出具检验合格证书的，按照有关法律法规的规定进行处罚。

第七十四条 交通运输、工业和信息化、公安、生态环境、应急管理、市场监督管理等部门应当相互通报有关处罚情况，并将涉企行政处罚信息及时归集至国家企业信用信息公示系统，依法向社会公示。

第七十五条 对危险货物道路运输负有安全监督管理职责的部门工作人员在危险货物道路运输监管工作中滥用职权、玩忽职守、徇私舞弊的，依法进行处理；构成犯罪的，依法追究刑事责任。

第十章 附 则

第七十六条 军用车辆运输危险货物的安全管理，不适用本办法。

第七十七条 未列入《危险货物道路运输规则》（JT/T 617）的危险化学品、《国家危险废物名录》中明确的在转移和运输环节实行豁免管理的危险废物、诊断用放射性药品的道路运输安全管理，不适用本办法，由国务院交通运输、生态环境等主管部门分别依据各自职责另行规定。

第七十八条 本办法下列用语的含义是：

（一）危险货物，是指列入《危险货物道路运输规则》（JT/T 617），具有爆炸、易燃、毒害、感染、腐蚀、放射性等危险特性的物质或者物品。

（二）例外数量危险货物，是指列入《危险货物道路运输规则》（JT/T 617），通过包装、包件测试、单证等特别要求，消除或者降低其运输危险性并免除相关运输条件的危险货物。

（三）有限数量危险货物，是指列入《危险货物道路运输规则》（JT/T 617），通过数量限制、包装、标记等特别要求，消除或者降低其运输危险性并免除相关运输条件的危险货物。

（四）装货人，是指受托运人委托将危险货物装进危险货物车辆、罐式车辆罐体、可移动罐柜、集装箱、散装容器，或者将装有危险货物的包装容器装载到车辆上的企业或者单位。

第七十九条 本办法自2020年1月1日起施行。

渔业船舶检验管理规定

（2019年11月20日交通运输部令2019年第28号公布 自2020年1月1日起施行 国司备字[2019001202]）

第一章 总 则

第一条 为加强渔业船舶检验管理，规范渔业船舶检验行为，保障渔业船舶检验质量，依据《中华人民共和国渔业法》《中华人民共和国渔业船舶检验条例》《中华人民共和国船舶和海上设施检验条例》，制定本规定。

第二条 渔业船舶检验活动及从事渔业船舶检验活动的机构和人员的管理适用本规定。

前款所称渔业船舶检验，是指对渔业船舶和船用产品的强制检验。

第三条 交通运输部主管全国渔业船舶检验和监督管理工作。

交通运输部海事局负责渔业船舶检验监督管理和行业指导工作。

县级以上地方人民政府承担渔业船舶检验监管职责的部门，负责本行政区域国内渔业船舶检验的监督管理。

渔业船舶检验机构依照本规定负责有关渔业船舶检验工作。

第二章 检验机构和检验人员

第四条 渔业船舶检验机构是实施渔业船舶检验的机构，包括交通运输部设置的船舶检验机构和省级、市级、县级地方渔业船舶检验机构。

第五条 渔业船舶检验机构应当在交通运输部海事局核定的业务范围内开展检验业务。

渔业船舶检验机构的业务范围应当向社会公布。

第六条 渔业船舶检验人员应当具备相应的专业知识和检验技能，满足国家有关检验人员管理的要求，经交通运输部海事局考核合格，方可从事相应的渔业船舶检验工作。

交通运输部海事局负责统一组织渔业船舶检验人员考试，并按照国家有关规定发放检验人员证书。

第七条 渔业船舶检验机构应当配备与核定的业务范围相适应符合相关要求的检验人员。渔业船舶检验机构应当组织对检验人员进行岗前培训和不定期持续知识更新培训。

第八条 渔业船舶检验机构和检验人员应当按照法律、法规、规章以及渔业船舶检验技术规范的要求开展检验工作,并对检验结论负责。

渔业船舶检验人员开展检验工作应当恪守职业道德和执业纪律。

第三章 检验业务范围

第九条 交通运输部设置的船舶检验机构负责远洋渔业船舶及船用产品的检验业务,地方渔业船舶检验机构负责本行政区域国内渔业船舶及船用产品的检验业务。

第十条 渔业船舶检验机构按照A、B、C、D四类从事渔业船舶检验:

(一)A类检验机构,可以从事远洋渔业船舶及船用产品的检验;

(二)B类检验机构,可以从事国内渔业船舶及相关船用产品的检验;

(三)C类检验机构,可以从事内河渔业船舶的检验;

(四)D类检验机构,可以从事内河12米以下渔业船舶的检验。

第十一条 交通运输部海事局根据技术条件对渔业船舶检验机构的业务范围进行核定。省级地方渔业船舶检验机构申请业务范围核定前,应当初步划分本行政区域内下级地方渔业船舶检验机构业务范围,统一向交通运输部海事局申请业务范围核定。

第十二条 渔业船舶检验机构业务范围变更的,应当向交通运输部海事局申请重新核定。

第四章 强制检验

第十三条 渔业船舶强制检验是渔业船舶检验机构根据法律、法规、规章和渔业船舶检验技术规范,对渔业船舶和船用产品的安全技术状况实施的技术监督服务活动。

渔业船舶强制检验包括初次检验、营运检验、临时检验。

第十四条 渔业船舶检验机构应当根据法律、法规、规章和检验技术规范开展检验,确保检验完成时,图纸符合检验技术规范要求、船舶与图纸相符、证书与实船相符。

渔业船舶检验机构开展强制检验应当通过核查、审查、检查(包括抽查、详细检查、检测或试验等)方式对有关检验项目的技术状况进行确认。

第十五条 进口的渔业船舶和远洋渔业船舶的初次检验、远洋渔业船舶的营运检验和临时检验,由交通运输部设置的船舶检验机构统一组织实施。其他渔业船舶的初次检验、营运检验和临时检验,由船籍港渔业船舶检验机构负责实施。

渔业船舶的制造地或者改造地与船籍港不一致的,初次检验由制造地或者改造地渔业船舶检验机构实施;因故不能回船籍港进行营运检验、临时检验的渔业船舶,由船籍港渔业船舶检验机构委托船舶的营运地或者维修地渔业船舶检验机构实施检验,并提供相应的信息支持。船舶的营运地或者维修地渔业船舶检验机构不得拒绝接受委托。

第十六条 下列渔业船舶的所有者或者经营者应当申报初次检验:

(一)制造的渔业船舶;

(二)改造的渔业船舶(包括非渔业船舶改为渔业船舶、国内作业的渔业船舶改为远洋作业的渔业船舶);

(三)进口的渔业船舶。

第十七条 营运中的渔业船舶的所有者或者经营者应当按照交通运输部规定的时间申报营运检验。

渔业船舶检验机构应当按照交通运输部的规定,根据渔业船舶运行年限和安全要求对下列项目实施检验:

(一)渔业船舶的结构和机电设备;

(二)与渔业船舶安全有关的设备、部件;

(三)与防止污染环境有关的设备、部件;

(四)交通运输部规定的其他检验项目。

第十八条 有下列情形之一的渔业船舶,其所有者或者经营者应当申报临时检验:

(一)因检验证书失效无法及时回船籍港的;

(二)因不符合水上交通安全或者环境保护法律、法规的有关要求被责令检验的;

(三)因发生事故而影响船舶安全航行、作业技术条件的;

(四)改变证书所限定的航区或者用途的;

(五)检验证书失效的;

(六)涉及渔业船舶安全的修理或者改装,但重大改建的除外;

(七)变更渔业船舶检验机构、船名、船籍港的;

（八）具有交通运输部规定的其他特定情形的。

第十九条 渔业船舶制造、改造、维修中使用的与航行、作业和人身财产安全以及防止污染环境有关的重要设备、部件和材料，应当进行船用产品检验。

前款规定应当检验的重要设备、部件和材料的目录，由交通运输部公布。

渔业船舶检验机构应当按照检验技术规范，对纳入检验范围内的船用产品开展工厂认可、型式认可、设计认可、产品检验。

第二十条 进行渔业船舶和船用产品强制检验，应当按照交通运输部海事局的有关规定向渔业船舶检验机构提交相关申请材料。

渔业船舶检验机构不得增加或者变相增加有关申请材料或者设置前置条件。

第二十一条 国内渔业船舶和船用产品经检验符合相关的渔业船舶检验技术要求的，渔业船舶检验机构应当使用国家船舶检验发证系统签发相应的检验证书或者技术文件。

远洋渔业船舶经检验符合相关检验技术要求的，交通运输部设置的船舶检验机构应当使用经交通运输部海事局认可的检验发证系统签发相应的检验证书或者技术文件。

渔业船舶和船用产品的检验证书、检验记录、检验报告的式样和检验业务印章，由交通运输部海事局统一规定。

第五章 检验技术规范

第二十二条 渔业船舶检验技术规范由交通运输部海事局组织制定，经交通运输部批准后公布施行。

前款所称渔业船舶检验技术规范，是指与渔业船舶和船用产品相关的，涉及航行安全、作业安全及环境保护的检验制度、安全标准和检验规程等。

第二十三条 省级地方人民政府承担渔业船舶检验监管职责的部门，对船长小于12米的渔业船舶，可以制定符合本地实际情况的渔业船舶检验技术规范，明确相应的检验制度和技术要求，并报交通运输部海事局备案。

第二十四条 有下列情形之一的，渔业船舶检验技术规范的制定机构应当组织开展检验技术规范后评估：

（一）实施满5年的；

（二）上位法或者相关国际公约有重大修改或者调整的；

（三）渔业船舶的航行、作业环境发生重大变化，影响渔业船舶检验技术规范适宜性的；

（四）其他应当进行后评估的情形。

第六章 检验管理和监督

第二十五条 交通运输部海事局应当对渔业船舶检验机构和检验活动进行监督。

县级以上地方人民政府承担渔业船舶检验监管职责的部门应当对本行政区域内地方渔业船舶检验机构和检验活动进行监督。

第二十六条 交通运输部海事局应当建立渔业船舶检验工作报告制度。

渔业船舶检验机构应当建立船舶检验业务管理制度和档案管理制度。

第二十七条 渔业船舶检验机构应当建立渔业船舶船用产品强制检验质量监督机制，发现船用产品存在重大质量问题的，应当撤销检验证书或者禁止装船使用。

第二十八条 渔业船舶检验机构在渔业船舶制造、改造开工前，应当对开工条件进行检查，检查合格后方可开展检验。

第二十九条 渔业船舶检验机构应当对为其提供服务的检修、检测、图纸评审机构进行安全质量、技术条件的控制和监督。

第三十条 渔业船舶的所有者、经营者，渔业船舶设计、制造、改造单位，渔业船舶船用产品制造厂商应当按照规定如实向渔业船舶检验机构提交检查、检测、试验报告等相关材料，并对其真实性负责。

第三十一条 为渔业船舶提供服务的检修、检测机构应当对其出具的检修、检测结果负责。

第三十二条 有下列情形之一的渔业船舶，渔业船舶检验机构不得受理检验：

（一）设计图纸、技术文件未经渔业船舶检验机构审查批准或者确认的；

（二）设计、制造、改造渔业船舶的单位不符合国家规定条件，或者不遵守渔业船舶技术规范的；

（三）渔业船舶所有者或者经营者未选择符合国家规定条件的维修单位对渔业船舶进行维修的；

（四）用于维修、更换渔业船舶的有关航行、作业和人身财产安全以及防止污染环境的重要设备、部件和材料，在使用前未经渔业船舶检验机构检验合格的；

（五）按照国家有关规定应当报废的。

第三十三条　有下列情形之一的,渔业船舶检验机构应当停止检验或者撤销相关检验证书:

(一)违规制造、改造渔业船舶的;

(二)提供虚假证明材料的。

第三十四条　有下列情形之一的渔业船舶,其所有者或者经营者应当在渔业船舶报废、改籍、改造之日前7个工作日内或者自渔业船舶灭失之日起20个工作日内,向渔业船舶检验机构申请注销其渔业船舶检验证书;逾期不申请的,渔业船舶检验证书自渔业船舶改籍、改造完毕之日起或者渔业船舶报废、灭失之日起失效,并由渔业船舶检验机构注销渔业船舶检验证书:

(一)按照国家有关规定报废的;

(二)中国籍改为外国籍的;

(三)渔业船舶改为非渔业船舶的;

(四)因沉没等原因灭失的。

第三十五条　申请检验的单位或者个人对检验结论持有异议,可以向上一级渔业船舶检验机构申请复验,接到复验申请的检验机构应当在7个工作日内作出是否予以复验的答复。

对复验结论仍有异议的,可以向交通运输部海事局提出再复验。交通运输部海事局应当在接到再复验申请之日起15个工作日内作出是否予以再复验的答复。予以再复验的,交通运输部海事局应当组织技术专家组进行检验、评议并作出最终结论。

第七章　法律责任

第三十六条　渔业船舶检验机构有下列情形之一的,由交通运输部海事局责令限期整改,并向社会公告:

(一)超越业务范围开展检验的;

(二)违反规定受理检验的;

(三)使用不符合规定的检验人员独立从事检验活动的;

(四)渔业船舶制造、改造开工前未进行开工条件检查或者在检查不合格的情况下开展检验的;

(五)未对提供服务的检修、检测、图纸评审机构进行安全质量、技术条件的控制和监督的;

(六)检验机构擅自增加申请材料或者设置前置条件的;

(七)检验机构应当停止检验或者撤销检验证书而未停止检验或者撤销

的；

（八）出现重大检验质量问题的。

第三十七条 渔业船舶检验机构有下列情形之一的，由交通运输部海事局责令改正：

（一）未对检验人员进行培训的；

（二）未按规定向交通运输部海事局报告工作情况的；

（三）未建立检验业务管理制度的；

（四）未建立档案管理制度的；

（五）未建立渔业船舶船用产品强制检验质量监督机制的。

第三十八条 渔业船舶检验机构的工作人员未经考核合格从事渔业船舶检验工作的，责令其立即停止检验工作，处1000元以上5000元以下的罚款。

第三十九条 有下列情形之一的，责令立即改正，对直接负责的主管人员和其他直接责任人员，依法给予降级、撤职、取消检验资格的处分；构成犯罪的，依法追究刑事责任；已签发的渔业船舶检验证书无效：

（一）未按照本规定实施检验的；

（二）所签发的渔业船舶检验证书或者检验记录、检验报告与渔业船舶实际情况不相符的；

（三）超越规定的权限进行渔业船舶检验的。

第八章 附 则

第四十条 从事国际航行的渔业辅助船舶的检验适用《船舶检验管理规定》（交通运输部令2016年第2号）。

第四十一条 本规定自2020年1月1日起施行。

产品质量监督抽查管理暂行办法

（2019年11月21日国家市场监督管理总局令第18号公布 自2020年1月1日起施行 国司备字［2019001192］）

第一章 总 则

第一条 为了加强产品质量监督管理，规范产品质量监督抽查工作，保护消费者的合法权益，根据《中华人民共和国产品质量法》和《中华人民共和国消费者权益保护法》等法律、行政法规，制定本办法。

第二条 市场监督管理部门对本行政区域内生产、销售的产品实施监督抽查，适用本办法。

法律、行政法规、部门规章对产品质量监督抽查另有规定的，依照其规定。

第三条 本办法所称监督抽查，是指市场监督管理部门为监督产品质量，依法组织对在中华人民共和国境内生产、销售的产品进行抽样、检验，并进行处理的活动。

第四条 监督抽查分为由国家市场监督管理总局组织的国家监督抽查和县级以上地方市场监督管理部门组织的地方监督抽查。

第五条 国家市场监督管理总局负责统筹管理、指导协调全国监督抽查工作，组织实施国家监督抽查，汇总、分析全国监督抽查信息。

省级市场监督管理部门负责统一管理本行政区域内地方监督抽查工作，组织实施本级监督抽查，汇总、分析本行政区域监督抽查信息。

市级、县级市场监督管理部门负责组织实施本级监督抽查，汇总、分析本行政区域监督抽查信息，配合上级市场监督管理部门在本行政区域内开展抽样工作，承担监督抽查结果处理工作。

第六条 监督抽查所需样品的抽取、购买、运输、检验、处置以及复查等工作费用，按照国家有关规定列入同级政府财政预算。

第七条 生产者、销售者应当配合监督抽查，如实提供监督抽查所需材料和信息，不得以任何方式阻碍、拒绝监督抽查。

第八条 同一市场监督管理部门不得在六个月内对同一生产者按照同一标准生产的同一商标、同一规格型号的产品（以下简称同一产品）进行两次以上监督抽查。

被抽样生产者、销售者在抽样时能够证明同一产品在六个月内经上级市场监督管理部门监督抽查的，下级市场监督管理部门不得重复抽查。

对监督抽查发现的不合格产品的跟踪抽查和为应对突发事件开展的监督抽查，不适用前两款规定。

第九条 监督抽查实行抽检分离制度。除现场检验外，抽样人员不得承担其抽样产品的检验工作。

第十条 组织监督抽查的市场监督管理部门应当按照法律、行政法规有关规定公开监督抽查结果。

未经组织监督抽查的市场监督管理部门同意，任何单位和个人不得擅自公开监督抽查结果。

第二章 监督抽查的组织

第十一条 国家市场监督管理总局负责制定国家监督抽查年度计划，并通报省级市场监督管理部门。

县级以上地方市场监督管理部门负责制定本级监督抽查年度计划，并报送上一级市场监督管理部门备案。

第十二条 组织监督抽查的市场监督管理部门应当根据本级监督抽查年度计划，制定监督抽查方案和监督抽查实施细则。

监督抽查方案应当包括抽查产品范围、工作分工、进度要求等内容。监督抽查实施细则应当包括抽样方法、检验项目、检验方法、判定规则等内容。

监督抽查实施细则应当在抽样前向社会公开。

第十三条 组织监督抽查的市场监督管理部门应当按照政府采购等有关要求，确定承担监督抽查抽样、检验工作的抽样机构、检验机构，并签订委托协议，明确权利、义务、违约责任等内容。

法律、行政法规对抽样机构、检验机构的资质有规定的，应当委托具备法定资质的机构。

第十四条 抽样机构、检验机构应当在委托范围内开展抽样、检验工作，保证抽样、检验工作及其结果的客观、公正、真实。

抽样机构、检验机构不得有下列行为：

（一）在实施抽样前以任何方式将监督抽查方案有关内容告知被抽样生产者、销售者；

（二）转包检验任务或者未经组织监督抽查的市场监督管理部门同意分包检验任务；

（三）出具虚假检验报告；

（四）在承担监督抽查相关工作期间，与被抽样生产者、销售者签订监督抽查同类产品的有偿服务协议或者接受被抽样生产者、销售者对同一产品的委托检验；

（五）利用监督抽查结果开展产品推荐、评比，出具监督抽查产品合格证书、牌匾等；

（六）利用承担监督抽查相关工作的便利，牟取非法或者不当利益；

（七）违反规定向被抽样生产者、销售者收取抽样、检验等与监督抽查有关的费用。

第三章　抽　　样

第一节　现场抽样

第十五条　市场监督管理部门应当自行抽样或者委托抽样机构抽样，并按照有关规定随机抽取被抽样生产者、销售者，随机选派抽样人员。

抽样人员应当熟悉相关法律、行政法规、部门规章以及标准等规定。

第十六条　抽样人员不得少于两人，并向被抽样生产者、销售者出示组织监督抽查的市场监督管理部门出具的监督抽查通知书、抽样人员身份证明。抽样机构执行抽样任务的，还应当出示组织监督抽查的市场监督管理部门出具的授权委托书复印件。

抽样人员应当告知被抽样生产者、销售者抽查产品范围、抽样方法等。

第十七条　样品应当由抽样人员在被抽样生产者、销售者的待销产品中随机抽取，不得由被抽样生产者、销售者自行抽样。

抽样人员发现被抽样生产者、销售者涉嫌存在无证无照等无需检验即可判定违法的情形的，应当终止抽样，立即报告组织监督抽查的市场监督管理部门，并同时报告涉嫌违法的被抽样生产者、销售者所在地县级市场监督管理部门。

第十八条　有下列情形之一的，抽样人员不得抽样：

（一）待销产品数量不符合监督抽查实施细则要求的；

（二）有充分证据表明拟抽样产品不用于销售，或者只用于出口并且出口合同对产品质量另有约定的；

（三）产品或者其包装上标注“试制”、“处理”、“样品”等字样的。

第十九条　抽样人员应当按照监督抽查实施细则所规定的抽样方法进行抽样。

抽样人员应当使用规定的抽样文书记录抽样信息，并对抽样场所、贮存环境、被抽样产品的标识、库存数量、抽样过程等通过拍照或者录像的方式留存证据。

抽样文书应当经抽样人员和被抽样生产者、销售者签字。被抽样生产者、销售者拒绝签字的，抽样人员应当在抽样文书上注明情况，必要时可以邀请有关人员作为见证人。

抽样文书确需更正或者补充的，应当由被抽样生产者、销售者在更正或者补充处以签名、盖章等方式予以确认。

第二十条 因被抽样生产者、销售者转产、停业等原因致使无法抽样的，抽样人员应当如实记录，报送组织监督抽查的市场监督管理部门。

第二十一条 被抽样生产者、销售者以明显不合理的样品价格等方式阻碍、拒绝或者不配合抽样的，抽样人员应当如实记录，立即报告组织监督抽查的市场监督管理部门，并同时报告被抽样生产者、销售者所在地县级市场监督管理部门。

第二十二条 样品分为检验样品和备用样品。

除不以破坏性试验方式进行检验，并且不会对样品质量造成实质性影响的外，抽样人员应当购买检验样品。购买检验样品的价格以生产、销售产品的标价为准；没有标价的，以同类产品的市场价格为准。

备用样品由被抽样生产者、销售者先行无偿提供。

法律、行政法规、部门规章对样品获取方式另有规定的，依照其规定。

第二十三条 抽样人员应当采取有效的防拆封措施，对检验样品和备用样品分别封样，并由抽样人员和被抽样生产者、销售者签字确认。

第二十四条 样品应当由抽样人员携带或者寄递至检验机构进行检验。对于易碎品、危险化学品等对运输、贮存过程有特殊要求的样品，应当采取有效措施，保证样品的运输、贮存过程符合国家有关规定，不发生影响检验结论的变化。

样品需要先行存放在被抽样生产者、销售者处的，应当予以封存，并加施封存标识。被抽样生产者、销售者应当妥善保管封存的样品，不得隐匿、转移、变卖、损毁。

第二节　网络抽样

第二十五条 市场监督管理部门对电子商务经营者销售的本行政区域内的生产者生产的产品和本行政区域内的电子商务经营者销售的产品进行抽样时，可以以消费者的名义买样。

第二十六条 市场监督管理部门进行网络抽样的，应当记录抽样人员以及付款账户、注册账号、收货地址、联系方式等信息。抽样人员应当通过截图、拍照或者录像的方式记录被抽样销售者信息、样品网页展示信息，以及订单信息、支付记录等。

第二十七条 抽样人员购买的样品应当包括检验样品和备用样品。

第二十八条 抽样人员收到样品后，应当通过拍照或者录像的方式记录拆封过程，对寄递包装、样品包装、样品标识、样品寄递情形等进行查验，对检验样品和备用样品分别封样，并将检验样品和备用样品携带或者寄递至检验机构进行检验。

抽样人员应当根据样品情况填写抽样文书。抽样文书经抽样人员签字并加盖抽样单位公章后,与监督抽查通知书一并寄送被抽样销售者。抽样机构执行买样任务的,还应当寄送组织监督抽查的市场监督管理部门出具的授权委托书复印件。

第四章　检　　验

第二十九条　检验人员收到样品后,应当通过拍照或者录像的方式检查记录样品的外观、状态、封条有无破损以及其他可能对检验结论产生影响的情形,并核对样品与抽样文书的记录是否相符。

对于抽样不规范的样品,检验人员应当拒绝接收并书面说明理由,同时向组织监督抽查的市场监督管理部门报告。

对于网络抽样的检验样品和备用样品,应当分别加贴相应标识后,按照有关要求予以存放。

第三十条　被抽样产品实行生产许可、强制性产品认证等管理的,检验人员应当在检验前核实样品的生产者是否符合相应要求。

检验人员发现样品的生产者涉嫌存在无证无照等无需检验即可判定违法的情形的,应当终止检验,立即报告组织监督抽查的市场监督管理部门,并同时报告涉嫌违法的样品的生产者所在地县级市场监督管理部门。

第三十一条　检验人员应当按照监督抽查实施细则所规定的检验项目、检验方法、判定规则等进行检验。

检验中发现因样品失效或者其他原因致使检验无法进行的,检验人员应当如实记录,并提供相关证明材料,报送组织监督抽查的市场监督管理部门。

第三十二条　检验机构出具检验报告,应当内容真实齐全、数据准确、结论明确,并按照有关规定签字、盖章。

检验机构和检验人员应当对其出具的检验报告负责。

第三十三条　检验机构应当在规定时间内将检验报告及有关材料报送组织监督抽查的市场监督管理部门。

第三十四条　检验结论为合格并且属于无偿提供的样品,组织监督抽查的市场监督管理部门应当在提出异议处理申请期限届满后及时退还。

前款规定以外的其他样品,组织监督抽查的市场监督管理部门应当在提出异议处理申请期限届满后按照有关规定处理。

第五章 异议处理

第三十五条 组织监督抽查的市场监督管理部门应当及时将检验结论书面告知被抽样生产者、销售者,并同时告知其依法享有的权利。

样品属于在销售者处现场抽取的,组织监督抽查的市场监督管理部门还应当同时书面告知样品标称的生产者。

样品属于通过网络抽样方式购买的,还应当同时书面告知电子商务平台经营者和样品标称的生产者。

第三十六条 被抽样生产者、销售者有异议的,应当自收到检验结论书面告知之日起十五日内向组织监督抽查的市场监督管理部门提出书面异议处理申请,并提交相关材料。

第三十七条 被抽样生产者、销售者对抽样过程、样品真实性等有异议的,收到异议处理申请的市场监督管理部门应当组织异议处理,并将处理结论书面告知申请人。

被抽样生产者、销售者对检验结论有异议,提出书面复检申请并阐明理由的,收到异议处理申请的市场监督管理部门应当组织研究。对需要复检并具备检验条件的,应当组织复检。

除不以破坏性试验方式进行检验,并且不会对样品质量造成实质性影响的外,组织复检的市场监督管理部门应当向被抽样生产者、销售者支付备用样品费用。

第三十八条 申请人应当自收到市场监督管理部门复检通知之日起七日内办理复检手续。逾期未办理的,视为放弃复检。

第三十九条 市场监督管理部门应当自申请人办理复检手续之日起十日内确定具备相应资质的检验机构进行复检。

复检机构与初检机构不得为同一机构,但组织监督抽查的省级以上市场监督管理部门行政区域内或者组织监督抽查的市级、县级市场监督管理部门所在省辖区内仅有一个检验机构具备相应资质的除外。

第四十条 被抽样生产者、销售者隐匿、转移、变卖、损毁备用样品的,应当终止复检,并以初检结论为最终结论。

第四十一条 复检机构应当通过拍照或者录像的方式检查记录备用样品的外观、状态、封条有无破损以及其他可能对检验结论产生影响的情形,并核对备用样品与抽样文书的记录是否相符。

第四十二条 复检机构应当在规定时间内按照监督抽查实施细则所规定

的检验方法、判定规则等对与异议相关的检验项目进行复检，并将复检结论及时报送组织复检的市场监督管理部门，由组织复检的市场监督管理部门书面告知复检申请人。复检结论为最终结论。

第四十三条 复检费用由申请人向复检机构先行支付。复检结论与初检结论一致的，复检费用由申请人承担；与初检结论不一致的，复检费用由组织监督抽查的市场监督管理部门承担。

第六章 结果处理

第四十四条 组织监督抽查的市场监督管理部门应当汇总分析、依法公开监督抽查结果，并向地方人民政府、上一级市场监督管理部门和同级有关部门通报监督抽查情况。

组织地方监督抽查的市场监督管理部门发现不合格产品为本行政区域以外的生产者生产的，应当及时通报生产者所在地同级市场监督管理部门。

第四十五条 对检验结论为不合格的产品，被抽样生产者、销售者应当立即停止生产、销售同一产品。

第四十六条 负责结果处理的市场监督管理部门应当责令不合格产品的被抽样生产者、销售者自责令之日起六十日内予以改正。

第四十七条 负责结果处理的市场监督管理部门应当自责令之日起七十五日内按照监督抽查实施细则组织复查。

被抽样生产者、销售者经复查不合格的，负责结果处理的市场监督管理部门应当逐级上报至省级市场监督管理部门，由其向社会公告。

第四十八条 负责结果处理的市场监督管理部门应当在公告之日起六十日后九十日前对被抽样生产者、销售者组织复查，经复查仍不合格的，按照《中华人民共和国产品质量法》第十七条规定，责令停业，限期整顿；整顿期满后经复查仍不合格的，吊销营业执照。

第四十九条 复查所需样品由被抽样生产者、销售者无偿提供。

除为提供复查所需样品外，被抽样生产者、销售者在经负责结果处理的市场监督管理部门认定复查合格前，不得恢复生产、销售同一产品。

第五十条 监督抽查发现产品存在区域性、行业性质量问题，市场监督管理部门可以会同其他有关部门、行业组织召开质量分析会，指导相关产品生产者、销售者加强质量管理。

第七章 法律责任

第五十一条 被抽样生产者、销售者有下列情形之一的，由县级市场监督管理部门按照有关法律、行政法规规定处理；法律、行政法规未作规定的，处三万元以下罚款；涉嫌构成犯罪，依法需要追究刑事责任的，按照有关规定移送公安机关：

（一）被抽样产品存在严重质量问题的；

（二）阻碍、拒绝或者不配合依法进行的监督抽查的；

（三）未经负责结果处理的市场监督管理部门认定复查合格而恢复生产、销售同一产品的；

（四）隐匿、转移、变卖、损毁样品的。

第五十二条 抽样机构、检验机构及其工作人员违反本办法第九条、第十四条第二款规定的，由县级市场监督管理部门按照有关法律、行政法规规定处理；法律、行政法规未作规定的，处三万元以下罚款；涉嫌构成犯罪，依法需要追究刑事责任的，按照有关规定移送公安机关。

第五十三条 市场监督管理部门工作人员滥用职权、玩忽职守、徇私舞弊的，对直接负责的主管人员和其他直接责任人员依法给予行政处分。

第八章 附 则

第五十四条 市场监督管理部门应当妥善保存抽样文书等有关材料、证据，保存期限不得少于两年。

第五十五条 本办法中所称“日”为公历日。期间届满的最后一日为法定节假日的，以法定节假日后的第一日为期间届满的日期。

第五十六条 本办法自2020年1月1日起施行。2010年12月29日原国家质量监督检验检疫总局令第133号公布的《产品质量监督抽查管理办法》、2014年2月14日原国家工商行政管理总局令第61号公布的《流通领域商品质量抽查检验办法》、2016年3月17日原国家工商行政管理总局令第85号公布的《流通领域商品质量监督管理办法》同时废止。

消费品召回管理暂行规定

（2019 年 11 月 21 日国家市场监督管理总局令第 19 号公布　自 2020 年 1 月 1 日起施行　国司备字[2019001191]）

第一条　为了规范缺陷消费品召回工作，保障人体健康和人身、财产安全，根据《中华人民共和国消费者权益保护法》等法律、行政法规，制定本规定。

第二条　中华人民共和国境内缺陷消费品的召回及其监督管理，适用本规定。

法律、行政法规、部门规章对消费品的监督管理部门或者召回程序等另有规定的，依照其规定。

第三条　本规定所称消费品，是指消费者为生活消费需要购买、使用的产品。

本规定所称缺陷，是指因设计、制造、警示等原因，致使同一批次、型号或者类别的消费品中普遍存在的危及人身、财产安全的不合理危险。

本规定所称召回，是指生产者对存在缺陷的消费品，通过补充或者修正警示标识、修理、更换、退货等补救措施，消除缺陷或者降低安全风险的活动。

第四条　生产者应当对其生产的消费品的安全负责。消费品存在缺陷的，生产者应当实施召回。

第五条　国家市场监督管理总局负责指导协调、监督管理全国缺陷消费品召回工作。

省级市场监督管理部门负责监督管理本行政区域内缺陷消费品召回工作。

省级以上市场监督管理部门可以委托相关技术机构承担缺陷消费品召回的具体技术工作。

第六条　任何单位或者个人有权向市场监督管理部门反映消费品可能存在缺陷的信息。

市场监督管理部门应当畅通信息反映渠道，收集汇总、分析处理消费品可能存在缺陷的信息。

第七条　生产者和从事消费品销售、租赁、修理等活动的其他经营者（以下简称其他经营者）应当建立消费品缺陷信息的收集核实和分析处理制度。

鼓励生产者和其他经营者建立消费品可追溯制度。

第八条　生产者和其他经营者发现其生产经营的消费品存在以下情形之

一的，应当自发现之日起二个工作日内向所在地省级市场监督管理部门报告：

（一）已经造成或者可能造成死亡、严重人身伤害、重大财产损失的；

（二）在中华人民共和国境外实施召回的。

省级市场监督管理部门接到前款规定事项报告，发现消费品生产者不在本行政区域内的，应当自发现之日起二个工作日内通报生产者所在地省级市场监督管理部门。

第九条 生产者发现消费品可能存在缺陷的，应当立即组织调查分析。

省级市场监督管理部门发现本行政区域内生产者生产的消费品可能存在缺陷的，应当自发现之日起三个工作日内通知生产者开展调查分析。生产者应当按照通知要求开展调查分析，并将调查分析结果报告省级市场监督管理部门。

经调查分析认为消费品存在缺陷的，生产者应当立即实施召回，不得隐瞒缺陷。

第十条 生产者未按照通知要求开展调查分析，或者省级市场监督管理部门认为调查分析结果不足以证明消费品不存在缺陷的，省级市场监督管理部门应当组织缺陷调查。

省级以上市场监督管理部门认为消费品可能存在足以造成严重后果或者影响范围较大的缺陷的，可以直接组织缺陷调查。

第十一条 市场监督管理部门组织缺陷调查，可以进入生产者和其他经营者的生产经营场所进行现场调查，查阅、复制相关资料和记录，向相关单位和个人了解消费品可能存在缺陷的情况，组织相关技术机构和专家进行技术分析和风险评估，必要时可以约谈生产者。

生产者和其他经营者应当配合市场监督管理部门开展的缺陷调查，提供调查需要的资料、消费品和专用设备等。

第十二条 经缺陷调查认为消费品存在缺陷的，组织缺陷调查的市场监督管理部门应当通知生产者实施召回。

生产者接到召回通知，认为消费品存在缺陷的，应当立即实施召回。

第十三条 生产者认为消费品不存在缺陷的，可以自收到通知之日起十个工作日内向通知其召回的市场监督管理部门提出异议，并提供相关材料。

接到异议的市场监督管理部门应当审查相关材料，必要时组织相关技术机构或者专家采用检验、检测、鉴定或者论证等方式进行缺陷认定，并将认定结果通知生产者。认定消费品存在缺陷的，生产者应当立即实施召回。

第十四条 生产者既不按照市场监督管理部门通知要求实施召回又未在规定期限内提出异议，或者经缺陷认定确认消费品存在缺陷但仍未实施召回的，由国家市场监督管理总局责令其实施召回。生产者应当立即实施召回。

第十五条 生产者认为消费品存在缺陷或者被责令实施召回的，应当立即停止生产、销售、进口缺陷消费品，通知其他经营者停止经营。

生产者应当承担消费者因消费品被召回支出的必要费用。

第十六条 其他经营者接到生产者通知的，应当立即停止经营存在缺陷的消费品，并协助生产者实施召回。

第十七条 生产者主动实施召回的，应当自调查分析认为消费品存在缺陷之日起十个工作日内向所在地省级市场监督管理部门报告召回计划。

生产者按照市场监督管理部门通知实施召回的，应当自接到通知之日起十个工作日内向通知其召回的市场监督管理部门报告召回计划。

生产者被责令实施召回的，应当自被责令召回之日起十个工作日内向国家市场监督管理总局报告召回计划。

第十八条 召回计划应当包括以下内容：

（一）需要召回的消费品范围、存在的缺陷以及避免损害发生的应急处置方式；

（二）具体的召回措施；

（三）召回的负责机构、联系方式、进度安排；

（四）其他需要报告的内容。

第十九条 接到召回计划报告的市场监督管理部门应当通过消费品召回管理信息系统向社会公示生产者报告的召回计划。

生产者应当自召回计划报告之日起三个工作日内以便于公众知晓的方式发布召回信息，并接受公众咨询。其他经营者应当在其门店、网站等经营场所公开生产者发布的召回信息。

第二十条 生产者应当按照召回计划实施召回。对采取更换、退货方式召回的缺陷消费品，生产者应当按照有关规定进行处理。未消除缺陷或者降低安全风险的，不得再次销售或者交付使用。

第二十一条 生产者应当自召回实施之日起每三个月向报告召回计划的市场监督管理部门提交召回阶段性总结，并在完成召回计划后十五个工作日内提交召回总结。

生产者应当制作并保存召回记录。召回记录的保存期不得少于五年。

第二十二条 生产者发现召回的消费品范围不准确、召回措施未能消除缺陷或者降低安全风险的，应当重新实施召回。

接到召回计划报告的市场监督管理部门应当对生产者召回实施情况进行监督。发现生产者召回的消费品范围不准确、召回措施未能消除缺陷或者降低安全风险的，应当通知生产者重新实施召回。

第二十三条 参与缺陷消费品召回监督管理相关工作的单位及其人员对工作中获悉的商业秘密、个人隐私，应当依法保密。

第二十四条 生产者经责令召回仍拒绝或者拖延实施召回的，按照《中华人民共和国消费者权益保护法》第五十六条规定处理。

第二十五条 生产者和其他经营者违反本规定第八条第一款、第十一条第二款、第十五条至第十七条、第十九条第二款、第二十条、第二十一条规定，由省级市场监督管理部门责令限期改正；逾期未改正的，处一万元以上三万元以下罚款；涉嫌构成犯罪，依法需要追究刑事责任的，按照有关规定移送公安机关。

第二十六条 从事缺陷消费品召回监督管理工作的人员滥用职权、玩忽职守、徇私舞弊的，对直接负责的主管人员和其他直接责任人员依法给予行政处分。

第二十七条 市场监督管理部门应当将责令召回情况及行政处罚信息记入信用档案，依法向社会公布。

第二十八条 生产者按照本规定召回缺陷消费品，不免除其依法应当承担的其他法律责任。

第二十九条 进口消费品的境外生产者指定的在中华人民共和国境内实施召回的机构，视为本规定所称生产者；境外生产者未指定的，进口商视为本规定所称生产者。

第三十条 根据需要，市级、县级市场监督管理部门可以负责省级市场监督管理部门缺陷消费品召回监督管理部分工作，具体职责分工由省级市场监督管理部门确定。

第三十一条 除消费品以外，法律、行政法规规定由市场监督管理部门负责监督管理召回活动的其他产品，可以参照本规定执行。

第三十二条 本规定自2020年1月1日起施行。2007年8月27日原国家质量监督检验检疫总局令第101号公布的《儿童玩具召回管理规定》同时废止。

国家统计局关于修改《统计执法监督检查办法》的决定

（2019年11月21日国家统计局令第28号公布　自公布之日起施行　国司备字[2019001204]）

国家统计局决定对《统计执法监督检查办法》作如下修改：

一、删除第十八条。

二、将第十九条修改为："统计执法监督检查机构进行执法监督检查时，执法检查人员不得少于2名，并应当出示国家统计局统一颁发的统计执法证，告知检查对象和有关单位实施检查的人民政府统计机构名称，检查的依据、范围、内容和方式，以及相应的权利、义务和法律责任。未出示统计执法证的，有关单位和个人有权拒绝接受检查。"

三、将第二十九条第二款修改为："统计执法监督检查机构或者执法检查人员按照前款规定的条件，对拟立案的有关材料进行初步审查并提出初步处理意见，报送所属人民政府统计机构负责人批准后，予以立案查处。"

四、将第三十三条第二款修改为："在审理过程中发现统计违法事实不清、证据不足或者程序错误的，应当责成执法检查组或者执法检查人员及时补充或者重新调查。"

本决定自公布之日起施行。

《统计执法监督检查办法》根据本决定作相应修改，重新公布。

统计执法监督检查办法

（2017年7月5日国家统计局令第21号公布　根据2018年11月20日《国家统计局关于修改〈统计执法监督检查办法〉的决定》第一次修订　根据2019年11月14日《国家统计局关于修改〈统计执法监督检查办法〉的决定》第二次修订）

第一章　总　则

第一条　为了规范统计执法监督检查工作，保护公民、法人和其他组织的合法权益，保障和提高统计数据质量，根据《中华人民共和国统计法》《中华人民共和国行政处罚法》和《中华人民共和国统计法实施条例》等法律、行政法规，制定本办法。

第二条 本办法适用于县级以上人民政府统计机构对执行统计法律法规规章情况的监督检查和对统计违法行为的查处。

第三条 国家统计局统计执法监督局在国家统计局领导下，具体负责对全国统计执法监督检查工作的组织管理，指导监督地方统计机构和国家调查队统计执法监督检查机构工作，检查各地方、各部门统计法执行情况，查处重大统计违法行为。

省级及市级统计执法监督检查机构在所属统计局或者国家调查队领导下，具体负责指导监督本地区、本系统统计执法监督检查工作，对本地区、本系统统计法执行情况的检查和查处统计违法行为。县级统计执法监督检查机构或者执法检查人员在所属统计局或者国家调查队领导下，依据法定分工负责本地区、本系统统计执法监督检查工作。

地方统计机构和国家调查队应当建立统计执法监督检查沟通协作机制。

第四条 县级以上人民政府有关部门在同级人民政府统计机构的组织指导下，负责监督本部门统计调查中执行统计法情况，对本部门统计调查中发生的统计违法行为，移交同级人民政府统计机构予以处理。

第五条 各级人民政府统计机构应当建立行政执法监督检查责任制和问责制，切实保障统计执法监督检查所需的人员、经费和其他工作条件。

第六条 统计执法监督检查应当贯彻有法必依、执法必严、违法必究的方针，坚持预防、查处和整改相结合，坚持教育与处罚相结合，坚持实事求是、客观公正、统一规范、文明执法、高效廉洁原则。

统计执法监督检查中，与执法监督检查对象有利害关系以及其他可能影响公正性的人员，应当回避。

第七条 县级以上人民政府统计机构应当畅通统计违法举报渠道，公布统计违法举报电话、通信地址、网络专栏、电子邮箱等，认真受理、核实、办理统计违法举报。

第八条 县级以上人民政府统计机构应当建立统计违法行为查处情况报告制度，定期向上一级统计机构报告统计违法举报、统计执法监督检查和统计违法行为查处情况。

第二章　统计执法监督检查机构和执法检查人员

第九条 县级以上人民政府统计机构健全统计执法监督检查队伍，完善统计执法监督检查机制,建立统计执法骨干人才库,确保在库人员服从设库机构的调用。

第十条 统计执法监督检查机构和执法检查人员的主要职责是:

(一)起草制定统计法律法规规章和规范性文件;

(二)宣传、贯彻统计法律法规规章;

(三)组织、指导、监督、管理统计执法监督检查工作;

(四)依法查处统计违法行为,防范和惩治统计造假、弄虚作假;

(五)组织实施统计执法"双随机"抽查,受理、办理、督办统计违法举报;

(六)建立完善统计信用制度,建立实施对统计造假、弄虚作假的联合惩戒机制;

(七)监督查处涉外统计调查活动和民间统计调查活动中的违法行为;

(八)法律、法规和规章规定的其他职责。

第十一条 执法检查人员应当参加培训,经考试合格,取得由国家统计局统一颁发的统计执法证。

经县级以上人民政府统计机构批准,可以聘用专业技术人员参与统计执法监督检查。

第十二条 统计执法监督检查机构应当加强对所属执法检查人员的法律法规、统计业务知识、职业道德教育和执法监督检查技能培训,健全管理、考核和奖惩制度。

第三章 统计执法监督检查

第十三条 县级以上人民政府统计机构和有关部门应当建立统计执法监督检查工作机制和相关制度,综合运用"双随机"抽查、专项检查、重点检查、实地核查等方式,组织开展本地区、本部门、本单位统计执法监督检查工作。

按照国家有关规定,实施统计执法监督检查全过程记录制度。

第十四条 统计执法监督检查事项包括:

(一)地方各级人民政府、政府统计机构和有关部门以及各单位及其负责人遵守、执行统计法律法规规章和国家统计规则、政令情况;

(二)地方各级人民政府、政府统计机构和有关部门建立防范和惩治统计造假、弄虚作假责任制和问责制情况;

(三)统计机构和统计人员依法独立行使统计调查、统计报告、统计监督职权情况;

(四)国家机关、企业事业单位和其他组织以及个体工商户和个人等统计

调查对象遵守统计法律法规规章、统计调查制度情况;

(五)依法开展涉外统计调查和民间统计调查情况;

(六)法律法规规章规定的其他事项。

第十五条 县级以上人民政府统计机构对接到的举报应当严格按照规定予以受理,经审核可能存在统计违法行为的,应当采取立案查处、执法检查办理,市级以上人民政府统计机构也可以按照规定将举报转交下级统计机构办理。

第十六条 县级以上人民政府统计机构在组织实施统计执法监督检查前应当拟定检查方案,明确检查的依据、时间、范围、内容和组织形式等。

第十七条 统计执法监督检查机构或者执法检查人员组织实施执法监督检查前,应报所属人民政府统计机构负责人批准。

第十八条 统计执法监督检查机构进行执法监督检查时,执法检查人员不得少于2名,并应当出示国家统计局统一颁发的统计执法证,告知检查对象和有关单位实施检查的人民政府统计机构名称,检查的依据、范围、内容和方式,以及相应的权利、义务和法律责任。未出示统计执法证的,有关单位和个人有权拒绝接受检查。

第十九条 县级以上人民政府统计机构调查统计违法行为或者核查统计数据时,依据《统计法》第三十五条的规定,行使统计执法监督检查职权。

第二十条 检查对象和有关单位应当按照统计法律法规规定,积极配合执法监督检查工作,为检查工作提供必要的条件保障。有关人员应当如实回答询问、反映情况,提供相关证明和资料,核实笔录,并在有关证明、资料和笔录上签字,涉及单位的加盖公章。拒绝签字或者盖章的,由执法检查人员现场记录原因并录音录像。

有关地方、部门、单位应当及时通知相关人员按照要求接受检查。

第二十一条 统计执法监督检查机构在执法监督检查过程中,应当及时按规定制作执法文书,如实记录执法检查人员询问情况和检查对象反映的情况以及提供的证明和资料,由执法检查人员在有关笔录上签名。

第二十二条 县级以上人民政府统计机构和执法检查人员对在执法监督检查过程中知悉的国家秘密、商业秘密、个人信息资料和能够识别或者推断单个调查对象身份的资料,负有保密义务。

第二十三条 统计执法监督检查机构应当在调查结束后,及时向所属人民政府统计机构提交监督检查报告,报告检查中发现的问题并提出处理建议。处理建议包括:

(一)发现有统计违法行为,符合立案查处条件的,予以立案查处;

（二）发现统计违法事实不清、证据不足或者程序错误的，应当及时补充或者重新调查；

（三）按照违法行为性质、情节，提请上一级或者移交下级人民政府统计机构立案查处；

（四）未发现统计违法行为或者统计违法事实轻微，依法不应追究法律责任的，不予处理。

第四章　统计违法行为的处罚

第二十四条　查处统计违法案件应当做到事实清楚，证据确凿，定性准确，处理恰当，适用法律正确，符合法定程序。

第二十五条　国家统计局负责查处情节严重或影响恶劣的统计造假、弄虚作假案件，对国家重大统计部署贯彻不力的案件，重大国情国力调查中发生的严重统计造假、弄虚作假案件，其他重大统计违法案件。

省级统计局依法负责查处本行政区域内统计造假、弄虚作假案件，违反国家统计调查制度以及重要的地方统计调查制度的案件。但是国家调查总队组织实施的统计调查中发生的统计造假、弄虚作假案件，违反国家统计调查制度案件，由组织实施统计调查的国家调查总队进行查处。

市级、县级统计局和国家统计局市级、县级调查队，发现本行政区域内统计造假、弄虚作假违法行为的，应当及时报告省级统计机构依法查处；依法负责查处本行政区域内其他统计违法案件。

第二十六条　统计执法监督检查机构具体负责查处统计违法行为，统计执法队接受所属统计机构委托开展有关执法检查工作。

第二十七条　对下列统计违法行为，县级以上人民政府统计机构应当依法立案：

（一）各地方、各部门、各单位及其负责人违反统计法律法规规章的；

（二）县级以上人民政府统计机构及其工作人员违反统计法律法规规章的；

（三）国家机关、企业事业单位和其他组织以及个体工商户等调查对象违反统计法律法规规章的；

（四）违反国家统计规则、政令的；

（五）违反涉外统计调查和民间统计调查有关法律法规规章的；

（六）其他按照法律法规规章规定应当立案的。

第二十八条　立案查处的统计违法行为，应当同时具备下列条件：

（一）有明确的行为人；

（二）有违反本办法第二十七条所列行为，依法应当追究法律责任；

（三）属于人民政府统计机构职责权限和管辖范围。

统计执法监督检查机构或者执法检查人员按照前款规定的条件，对拟立案的有关材料进行初步审查并提出初步处理意见，报送所属人民政府统计机构负责人批准后，予以立案查处。

第二十九条 立案查处的案件，一般案件执法检查人员不得少于2人，重大案件应当按规定组成执法检查组。

第三十条 执法检查人员应当合法、客观、全面地收集证据。收集证据过程中，执法检查人员应当及时制作《现场检查笔录》《调查笔录》等文书，并整理制作《证据登记表》。

案件证据应当与本案件有关联，包括书证、物证、电子数据、视听资料、证人证言、当事人陈述、鉴定结论和勘验笔录等以及其他可证明违法事实的材料。

第三十一条 调查结束后，执法检查组或者执法检查人员应当及时形成监督检查报告，报送所属人民政府统计机构负责人。

监督检查报告内容包括：立案依据、检查情况、违法事实、法律依据、违法性质、法律责任、酌定情形、处理意见等。

第三十二条 统计执法监督检查机构应当及时组织召开会议，对案件进行讨论审理，确定统计违法行为性质和处理决定，报统计机构负责人审查。对情节复杂或者重大违法行为给予较重的行政处罚，应当集体讨论决定。

在审理过程中发现统计违法事实不清、证据不足或者程序错误的，应当责成执法检查组或者执法检查人员及时补充或者重新调查。

第三十三条 统计违法案件审理终结，应当分别以下情况作出处理：

（一）违反统计法律法规规章证据不足，或者统计违法事实情节轻微，依法不应追究法律责任的，即行销案；

（二）违反统计法律法规规章事实清楚、证据确凿的，依法作出处理；

（三）违反统计法律法规规章和国家统计规则、政令，应当给予处分的，移送任免机关或者纪检监察机关处理；

（四）违反统计法律法规规章和国家统计规则、政令，被认定为统计严重失信的，按照国家有关规定进行公示和惩戒；

（五）涉嫌违反其他法律法规规定的，移交有关行政机关处理；

（六）涉嫌犯罪的，移送司法机关、监察机关处理。

第三十四条 统计违法事实清楚、证据确凿，依法决定予以行政处罚的，应当在作出行政处罚决定前，制作《统计行政处罚决定告知书》，向处罚对象告知给予行政处罚的事实、理由、依据和处罚对象依法享有的权利。处罚对象对处罚决定进行陈述、申辩，提出不同意见时，统计执法监督检查机构应当认真听取。处罚对象提出新的事实、理由和证据，统计执法监督检查机构应当进行复核，复核成立的，予以采纳。

第三十五条 县级以上人民政府统计机构作出对法人或者其他组织5万元以上罚款，对个体工商户作出2000元以上罚款的行政处罚决定前，应当告知处罚对象有要求举行听证的权利。处罚对象要求听证的，作出处罚决定的统计机构应当依法组织听证。

处罚对象应当在收到《统计行政处罚决定告知书》3日内向作出处罚决定的统计机构提出听证要求，作出处罚决定的统计机构应当在听证的7日前通知处罚对象举行听证的时间和地点。

听证由统计机构指定的非本案执法检查人员主持，处罚对象认为主持人与本案有直接利害关系的，有权申请回避。举行听证时，执法检查人员提出处罚对象违法的事实、证据和处罚建议，处罚对象进行申辩和质证。听证应当制作笔录，笔录应当交处罚对象审核无误后签字或者盖章。

听证结束后，统计机构依照本办法第三十三条作出处罚决定。

第三十六条 统计违法行为应当给予行政处罚的，依法作出处罚决定，制作《统计行政处罚决定书》。《统计行政处罚决定书》应当载明下列事项：

（一）处罚对象的名称或者姓名、地址；

（二）违反统计法律法规规章的事实和证据；

（三）统计行政处罚的种类和依据；

（四）统计行政处罚的履行方式和期限；

（五）不服统计行政处罚决定，申请行政复议或者提起行政诉讼的途径和期限；

（六）作出统计行政处罚决定的统计机构名称和作出决定的日期。

统计行政处罚决定书必须盖有作出统计行政处罚决定的统计机构的印章。

第三十七条 县级以上人民政府统计机构应当在《统计行政处罚决定书》作出后7日内送达处罚对象。处罚对象应当在送达回执上签字盖章，并注明签收日期。处罚对象拒绝接收的，应当在其他人员见证下，由送达人员、见证人员在送达回执上签字并注明理由，将《统计行政处罚决定书》留置；处罚对象不能接收的，应当在其他人员见证下，由送达人员、见证人员在送达回执上签字并注明理由。

邮寄送达的，应当通过中国邮政挂号寄送。

第三十八条 统计行政处罚决定作出后，处罚对象应当在统计行政处罚决定的期限内予以履行。处罚对象对统计行政处罚决定不服，申请行政复议或者提起行政诉讼的，统计行政处罚不停止执行。

统计执法监督检查机构应当及时掌握统计行政处罚的执行情况。

第三十九条 立案查处的统计违法行为，应当在立案后3个月内处理完毕；因特殊情况需要延长办理期限的，应当按规定报经批准，但延长期限不得超过3个月。

第四十条 统计违法事实清楚并有法定依据，对法人或者其他组织予以警告或者警告并处1000元以下罚款行政处罚的，可以适用简易处罚程序，当场作出统计行政处罚决定。

第四十一条 统计违法行为处理决定执行后，应当及时结案。

结案应当撰写结案报告，报送所属人民政府统计机构负责人同意，予以结案。

第四十二条 县级以上人民政府统计机构在查处统计违法案件时，认为对有关国家工作人员应当给予处分处理的，应当按照有关规定提出处分处理建议，并将案件材料和处分处理建议移送具有管辖权的任免机关或者纪检机关、监察机关、组织(人事)部门。

第四十三条 立案查处和执法检查的典型、严重统计违法案件，应当按照有关规定予以曝光。

对具有严重统计造假弄虚作假情形的，应当依法认定为统计上严重失信，按照有关规定予以公示和惩戒。

第五章 法律责任

第四十四条 县级以上人民政府统计机构负责人、执法检查人员及其相关人员在统计执法监督检查中有下列行为之一的，由统计机构予以通报，由任免机关或者纪检监察机关给予处分：

(一)包庇、纵容统计违法行为；

(二)瞒案不报，压案不查；

(三)未按规定受理、核查、处理统计违法举报；

(四)未按法定权限、程序和要求开展统计执法监督检查，造成不良后果；

(五)违反保密规定，泄露举报人或者案情；

(六)滥用职权，徇私舞弊；

（七）其他违纪违法行为。

第四十五条 县级以上人民政府统计机构负责人、执法检查人员及其相关人员在统计执法监督检查中，违反有关纪律的，依纪依法给予处分。

第四十六条 县级以上人民政府统计机构负责人、执法检查人员及其相关人员泄露在检查过程中知悉的国家秘密、商业秘密、个人信息资料和能够识别或者推断单个调查对象身份的资料，依纪依法给予处分。

第六章 附 则

第四十七条 本办法自公布之日起施行。

应收账款质押登记办法

（2019年11月22日中国人民银行令［2019］第4号公布 自2020年1月1日起施行 国司备字［2019001189］）

第一章 总 则

第一条 为规范应收账款质押登记，保护质押当事人和利害关系人的合法权益，根据《中华人民共和国物权法》等相关法律规定，制定本办法。

第二条 本办法所称应收账款是指权利人因提供一定的货物、服务或设施而获得的要求义务人付款的权利以及依法享有的其他付款请求权，包括现有的和未来的金钱债权，但不包括因票据或其他有价证券而产生的付款请求权，以及法律、行政法规禁止转让的付款请求权。

本办法所称的应收账款包括下列权利：

（一）销售、出租产生的债权，包括销售货物，供应水、电、气、暖，知识产权的许可使用，出租动产或不动产等；

（二）提供医疗、教育、旅游等服务或劳务产生的债权；

（三）能源、交通运输、水利、环境保护、市政工程等基础设施和公用事业项目收益权；

（四）提供贷款或其他信用活动产生的债权；

（五）其他以合同为基础的具有金钱给付内容的债权。

第三条 本办法所称应收账款质押是指《中华人民共和国物权法》第二百二十三条规定的应收账款出质，具体是指为担保债务的履行，债务人或者第三人将其合法拥有的应收账款出质给债权人,债务人不履行到期债务或者发生当事人约定的实现质权的情形,债权人有权就该应收账款及其收益优先受偿。

前款规定的债务人或者第三人为出质人,债权人为质权人。

第四条 中国人民银行征信中心(以下简称征信中心)是应收账款质押的登记机构。

征信中心建立基于互联网的登记公示系统(以下简称登记公示系统),办理应收账款质押登记,并为社会公众提供查询服务。

第五条 中国人民银行对征信中心办理应收账款质押登记有关活动进行管理。

第六条 在同一应收账款上设立多个权利的,质权人按照登记的先后顺序行使质权。

第二章 登记与查询

第七条 应收账款质押登记通过登记公示系统办理。

第八条 应收账款质押登记由质权人办理。质权人办理质押登记的,应当与出质人就登记内容达成一致。

质权人也可以委托他人办理登记。委托他人办理登记的,适用本办法关于质权人办理登记的规定。

第九条 质权人办理应收账款质押登记时,应当注册为登记公示系统的用户。

第十条 登记内容包括质权人和出质人的基本信息、应收账款的描述、登记期限。

出质人或质权人为单位的,应当填写单位的法定注册名称、住所、法定代表人或负责人姓名、组织机构代码或金融机构编码、工商注册号、法人和其他组织统一社会信用代码、全球法人机构识别编码等机构代码或编码。

出质人或质权人为个人的,应当填写有效身份证件号码、有效身份证件载明的地址等信息。

质权人可以与出质人约定将主债权金额等项目作为登记内容。

第十一条 质权人应当将填写完毕的登记内容提交登记公示系统。登记公示系统记录提交时间并分配登记编号,生成应收账款质押登记初始登记证明和修改码提供给质权人。

第十二条 质权人应当根据主债权履行期限合理确定登记期限。登记期限最短1个月,最长不超过30年。

第十三条 在登记期限届满前90日内,质权人可以申请展期。

质权人可以多次展期,展期期限最短1个月,每次不得超过30年。

第十四条 登记内容存在遗漏、错误等情形或登记内容发生变化的,质权人应当办理变更登记。

质权人在原质押登记中增加新的应收账款出质的,新增加的部分视为新的质押登记。

第十五条 质权人办理登记时所填写的出质人法定注册名称或有效身份证件号码变更的,质权人应当在变更之日起4个月内办理变更登记。

第十六条 质权人办理展期、变更登记的,应当与出质人就展期、变更事项达成一致。

第十七条 有下列情形之一的,质权人应当自该情形产生之日起10个工作日内办理注销登记:

(一)主债权消灭;

(二)质权实现;

(三)质权人放弃登记载明的应收账款之上的全部质权;

(四)其他导致所登记权利消灭的情形。

质权人迟延办理注销登记,给他人造成损害的,应当承担相应的法律责任。

第十八条 质权人凭修改码办理展期、变更登记、注销登记。

第十九条 出质人或其他利害关系人认为登记内容错误的,可以要求质权人变更登记或注销登记。质权人不同意变更或注销的,出质人或其他利害关系人可以办理异议登记。

办理异议登记的出质人或其他利害关系人可以自行注销异议登记。

第二十条 出质人或其他利害关系人应当在异议登记办理完毕之日起7日内通知质权人。

第二十一条 出质人或其他利害关系人自异议登记之日起30日内,未将争议起诉或提请仲裁并在登记公示系统提交案件受理通知的,征信中心撤销异议登记。

第二十二条 应出质人或其他利害关系人、质权人的申请,征信中心根据对出质人或其他利害关系人、质权人生效的法院判决、裁定或仲裁机构裁决撤销应收账款质押登记或异议登记。

第二十三条 质权人办理变更登记和注销登记、出质人或其他利害关系人办理异议登记后,登记公示系统记录登记时间、分配登记编号,并生成变更登记、注销登记或异议登记证明。

第二十四条 质权人开展应收账款质押融资业务时，应当严格审核确认应收账款的真实性，并在登记公示系统中查询应收账款的权利负担状况。

第二十五条 质权人、出质人和其他利害关系人应当按照登记公示系统提示项目如实登记，并对登记内容的真实性、完整性和合法性负责。办理登记时，存在提供虚假材料等行为给他人造成损害的，应当承担相应的法律责任。

第二十六条 任何单位和个人均可以在注册为登记公示系统的用户后，查询应收账款质押登记信息。

第二十七条 出质人为单位的，查询人以出质人的法定注册名称进行查询。

出质人为个人的，查询人以出质人的身份证件号码进行查询。

第二十八条 征信中心根据查询人的申请，提供查询证明。

第二十九条 质权人、出质人或其他利害关系人、查询人可以通过证明编号在登记公示系统对登记证明和查询证明进行验证。

第三章 征信中心的职责

第三十条 征信中心应当采取技术措施和其他必要措施，维护登记公示系统安全、正常运行，防止登记信息泄露、丢失。

第三十一条 征信中心应当制定登记操作规则和内部管理制度，并报中国人民银行备案。

第三十二条 登记注销或登记期限届满后，征信中心应当对登记记录进行电子化离线保存，保存期限为 15 年。

第四章 附 则

第三十三条 征信中心按照国务院价格主管部门批准的收费标准收取应收账款登记服务费用。

第三十四条 权利人在登记公示系统办理以融资为目的的应收账款转让登记，参照本办法的规定。

第三十五条 权利人在登记公示系统办理其他动产和权利担保登记的，参照本办法的规定执行。

本办法所称动产和权利担保包括当事人通过约定在动产和权利上设定的、为偿付债务或以其他方式履行债务提供的、具有担保性质的各类交易形式，包括但不限于融资租赁、保证金质押、存货和仓单质押等，法律法规另有规定的除外。

第三十六条 本办法由中国人民银行负责解释。

第三十七条 本办法自2020年1月1日起施行。《应收账款质押登记办法》(中国人民银行令〔2017〕第3号发布)同时废止。

信用评级业管理暂行办法

(2019年11月26日中国人民银行、国家发展和改革委员会、财政部、中国证券监督管理委员会令〔2019〕第5号公布 自2019年12月26日起施行 国司备字〔2019001188〕)

第一章 总 则

第一条 为了规范信用评级业务,保护当事人合法权益,促进信用评级业健康发展,根据《中华人民共和国中国人民银行法》、《中华人民共和国公司法》、《中华人民共和国证券法》、《中华人民共和国预算法》、《企业债券管理条例》等法律法规,制定本办法。

第二条 在中华人民共和国境内从事信用评级业务,适用本办法。法律法规和有关业务管理部门制定的信用评级机构监督管理规则中另有规定的,适用其规定。

本办法所称信用评级,是指信用评级机构对影响经济主体或者债务融资工具的信用风险因素进行分析,就其偿债能力和偿债意愿作出综合评价,并通过预先定义的信用等级符号进行表示。

本办法所称信用评级业务,是指为开展信用评级而进行的信息收集、分析、评估、审核和结果发布等活动。

本办法所称信用评级机构,是指依法设立,主要从事信用评级业务的社会中介机构。

本办法所称评级对象,是指受评经济主体或者受评债务融资工具。

本办法所称债务融资工具,包括:贷款,地方政府债券、金融债券、非金融企业债务融资工具、企业债券、公司债券等债券,资产支持证券等结构化融资产品,其他债务类融资产品。

第三条 本办法所称监管主体包括信用评级行业主管部门和业务管理部门。中国人民银行是信用评级行业主管部门,主管全国的信用评级监督管理工作。

发展改革委、财政部、证监会为信用评级业务管理部门（以下统称业务管理部门），在职责范围内依法对信用评级业务实施监督管理。

第四条 信用评级行业主管部门履行以下职责：

（一）研究起草信用评级相关法律法规草案；

（二）拟定信用评级业发展战略、规划和政策；

（三）制定信用评级机构的准入原则和基本规范；

（四）研究制定信用评级业对外开放政策；

（五）促进信用评级业健康发展。

第五条 业务管理部门依据相关法律法规和监管职责，对信用评级业务进行监督管理。业务管理部门可以根据需要，对信用评级机构的监督管理制定相应规则。

第六条 信用评级行业主管部门和业务管理部门建立部际协调机制，根据职责分工，协调配合，共同加强监管工作。

第七条 信用评级行业主管部门、业务管理部门在各自职责范围内分别建立信用评级机构信用档案和信用评级机构高级管理人员信用档案，并将信用评级机构及高级管理人员信用档案信息、评级业务信息、检查及行政处罚等信息纳入全国信用信息共享平台，按照有关规定，实现信息公开与共享。

信用评级机构应当建立本机构从业人员信用档案，并将从业人员信用档案信息纳入全国信用信息共享平台，按照有关规定，实现信息公开与共享。

第八条 信用评级机构从事信用评级业务应当遵循独立、客观、公正和审慎性原则，勤勉尽责，诚信经营，不得损害国家利益、社会公共利益和市场主体合法权益。

信用评级机构从事评级业务，应当遵循一致性原则，对同一类对象评级，或者对同一评级对象跟踪评级，应当采用一致的评级标准和工作程序。评级标准和工作程序及其调整，应当予以充分披露。

信用评级机构依法独立开展业务，不受任何单位和个人的干涉。

第二章 信用评级机构管理

第九条 设立信用评级机构，应当符合《中华人民共和国公司法》规定的公司设立条件，自公司登记机关准予登记之日起30日内向所在地的信用评级行业主管部门省一级派出机构（以下简称备案机构）办理备案，并提交以下材料：

（一）信用评级机构备案表；

（二）营业执照复印件；

（三）全球法人机构识别编码；

（四）股权结构说明，包括注册资本、股东名单及其出资额或者所持股份，股东在本机构以外的实体持股情况，实际控制人、受益所有人情况；

（五）董事、监事、高级管理人员以及信用评级分析人员的情况说明和证明文件；

（六）主要股东、实际控制人、受益所有人、董事、监事、高级管理人员未因犯有贪污、贿赂、侵占财产、挪用财产罪或者破坏社会主义市场经济秩序罪，被判处刑罚，或者因犯罪被剥夺政治权利的声明，以及主要股东、实际控制人、受益所有人的信用报告；

（七）营业场所、组织机构设置及公司治理情况；

（八）独立性、信息披露以及业务制度说明；

（九）信用评级行业主管部门基于保护投资者、维护社会公共利益考虑，合理要求的与信用评级机构及其相关自然人有关的其他材料。

备案机构可以对高级管理人员和主要信用评级分析人员进行政策法规、业务技能等方面的监管谈话，以评估其专业素质的合格性。

第十条 信用评级机构设立分支机构的，自该分支机构成立之日起 30 日内，信用评级机构应当向原备案机构、信用评级机构分支机构应当向备案机构分别办理备案，并提交以下材料：

（一）信用评级机构分支机构备案表；

（二）信用评级机构分支机构营业执照复印件；

（三）信用评级机构分支机构营业场所及组织机构设置说明；

（四）信用评级机构分支机构高级管理人员和信用评级分析人员情况说明和证明文件。

第十一条 信用评级机构应当自下列事项变更或者发生之日起 30 日内，向备案机构办理变更备案：

（一）机构名称、营业场所；

（二）持有出资额或者股份 5% 以上的股东，实际控制人、受益所有人；

（三）董事、监事、高级管理人员、信用评级分析人员；

（四）按照法律法规、行业主管部门和业务管理部门的规定开展相关市场信用评级业务；

（五）不再从事信用评级业务。

信用评级机构分支机构前款第一项、第三项和第五项事项变更或者发生的，信用评级机构及其分支机构应当自相关事项变更或者发生之日起 30 日内向各自的备案机构办理变更备案。

第十二条 信用评级机构解散或者被依法宣告破产的，应当向备案机构报告，并按照以下方式处理信用评级数据库系统：

（一）与其他信用评级机构约定，转让给其他信用评级机构；

（二）不能依照前项规定转让的，移交给备案机构指定的信用评级机构；

（三）不能依照前两项规定转让、移交的，在备案机构的监督下销毁。

第十三条 业务管理部门对有关信用评级业务资质另有规定的，从其规定。

第三章 信用评级从业人员管理

第十四条 信用评级机构应当将高级管理人员和信用评级分析人员的基本信息向备案机构办理备案。

第十五条 信用评级机构的高级管理人员和信用评级分析人员离职并受聘于其曾参与评级的受评经济主体、受评债务融资工具发行人、信用评级委托方或者主承销商的，信用评级机构应当检查其离职前两年内参与的与其受聘机构有关的信用评级工作。对评级结果确有影响的，信用评级机构应当及时披露检查结果以及对原信用评级结果的调整情况。

第十六条 信用评级机构应当定期对高级管理人员和信用评级分析人员进行业务培训和业务能力测试，采取有效措施提高从业人员的职业道德和业务水平，并做好培训和测试记录。

第四章 信用评级程序及业务规则

第十七条 信用评级机构应当对内部管理制度的有效性进行年度检查和评估，就存在的问题提出处理措施，并于每个财务年度结束之日起四个月内将检查和评估报告向信用评级行业主管部门和业务管理部门报备。

第十八条 信用评级机构应当建立完善的信用评级制度，对信用等级的划分与定义、评级方法与程序、评级质量控制、尽职调查、信用评级评审委员会、评级结果公布、跟踪评级等进行明确规定。

第十九条 信用评级机构在开展委托评级项目前，应当与委托人签订评级协议，明确评级双方的权利和义务。

第二十条 信用评级机构在开展信用评级业务时，应当组建评级项目组。

信用评级机构应当对每一评级项目投入充分的富有经验的分析资源。评级项目组成员应当具备从事相关项目的工作经历或者与评级项目相适应的知识结构，评级项目组长应当有充分的经验且至少从事信用评级业务三年以上。

第二十一条 信用评级机构应当对评级对象开展尽职调查，进行必要的评估以确信评级所需信息来源可靠且充分满足使用需求，并在调查前制定详细的调查提纲。

调查过程中，信用评级机构应当制作尽职调查工作底稿，作为评级资料一并存档保管。

第二十二条 评级项目组应当依法收集评级对象的相关资料，并对所依据的文件资料内容进行核查验证和客观分析，在此基础上得出初评结果。

第二十三条 信用评级初评结果应当经过三级审核程序，包括评级小组初审、部门再审和公司三审。

各审核阶段应当相互独立，三级审核文件资料应当按相关要求存档保管。

第二十四条 信用评级机构应当成立内部信用评审委员会。信用评级结果由内部信用评审委员会召开评审会议，以投票表决方式最终确定。信用评级机构应当根据每一评级项目的具体情况，安排充足且具有相关经验的人员参加评审会议。

第二十五条 信用评级机构应当将信用评级结果反馈至评级委托方，评级委托方应当在规定期限内反馈意见。如评级委托方、受评经济主体、受评债务融资工具发行人不是同一主体的，信用评级机构还应当将信用评级结果反馈至受评经济主体和受评债务融资工具发行人。

评级委托方、受评经济主体或者受评债务融资工具发行人对信用评级结果有异议且向信用评级机构提供充分、有效的补充材料的，可以在约定时间内申请复评一次。

第二十六条 信用评级机构公布受评债务融资工具及受评经济主体信用评级结果，应当符合下列要求：

（一）评级结果应当包括评级等级和评级报告，评级报告应当采用简洁、明了的语言，对评级对象的信用等级和有效期等内容作出明确解释；

（二）按照本办法第三十八条的规定公布评级结果；

（三）存在多个评级结果的，多个评级结果均应当予以公布。

业务管理部门另有规定的，从其规定。

第二十七条 在信用评级结果有效期内，信用评级机构应当对评级对象进行跟踪评级，并在签订评级协议时明确跟踪评级安排。其中，评级结果有效期为一年以上的，信用评级机构应当每年跟踪评级一次，并及时公布跟踪评级结果。

业务管理部门另有规定的，从其规定。

第二十八条　在评级结果有效期内发生可能影响评级对象偿债能力和偿债意愿的重大事项的，信用评级机构应当及时进行不定期跟踪评级，并公布跟踪评级结果。

第二十九条　信用评级机构应当建立评级业务档案管理制度。业务档案应当包括受托开展评级业务的委托书、出具评级报告所依据的原始资料、工作底稿、初评报告、评级报告、内部信用评审委员会表决意见及会议记录、跟踪评级资料、跟踪评级报告等。

业务档案应当保存至评级合同期满后五年、评级对象存续期满后五年或者评级对象违约后五年，且不得少于十年。

第三十条　信用评级机构应当建立信用评级业务信息保密制度。对于在开展信用评级业务、处理信用评级数据库系统过程中知悉的国家秘密、商业秘密和个人隐私，信用评级机构及其从业人员应当依法履行保密义务。

信用评级机构在中国境内采集的信息的整理、保存和加工，应当在中国境内进行。信用评级机构向境外组织或者个人提供信息，应当遵守法律法规以及信用评级行业主管部门和业务管理部门的有关规定。

第三十一条　发生下列情形之一的，信用评级机构可以终止或者撤销评级：

（一）受评经济主体及债务融资工具发行人拒不提供评级所需关键材料或者提供的材料存在虚假记载、误导性陈述或者重大遗漏的；

（二）受评经济主体解散或者被依法宣告破产的；

（三）受评债务融资工具不再存续的；

（四）评级工作不能正常开展的其他情形。

因上述原因终止或者撤销评级的，信用评级机构应当及时公告并说明原因。

第三十二条　信用评级机构不得有下列行为：

（一）篡改相关资料或者歪曲评级结果；

（二）以承诺分享投资收益或者分担投资损失、承诺高等级、承诺低收费、诋毁同行等手段招揽业务；

（三）以挂靠、外包等形式允许其他机构使用其名义开展信用评级业务；

（四）与受评经济主体、受评债务融资工具发行人或者相关第三方存在不正当交易或者商业贿赂；

（五）向受评经济主体、受评债务融资工具发行人或者相关第三方提供顾问或者咨询服务；

（六）对受评经济主体、受评债务融资工具发行人或者相关第三方进行敲诈勒索；

（七）违反信用评级业务规则，损害投资人、评级对象合法权益，损害信用评级业声誉的其他行为。

第五章 独立性要求

第三十三条 信用评级机构、信用评级从业人员应当在对经济主体、债务融资工具本身风险进行充分分析的基础之上独立得出信用评级结果，防止评级结果受到其他商业行为的不当影响。

第三十四条 信用评级机构与受评经济主体或者受评债务融资工具发行人存在下列情形之一的，不得开展信用评级业务：

（一）信用评级机构与受评经济主体或者受评债务融资工具发行人为同一实际控制人所控制，或者由同一股东持股均达到5%以上；

（二）受评经济主体、受评债务融资工具发行人或者其实际控制人直接或者间接持有信用评级机构出资额或者股份达到5%以上；

（三）信用评级机构或者其实际控制人直接或者间接持有受评经济主体、受评债务融资工具发行人出资额或者股份达到5%以上；

（四）信用评级机构或者其实际控制人在开展评级业务之前六个月内及开展评级业务期间买卖受评经济主体或者受评债务融资工具发行人发行的证券等产品；

（五）影响信用评级机构独立性的其他情形。

第三十五条 信用评级机构应当建立回避制度。信用评级从业人员在开展信用评级业务期间有下列情形之一的，应当回避：

（一）本人、直系亲属持有受评经济主体或者受评债务融资工具发行人的出资额或者股份达到5%以上，或者是受评经济主体、受评债务融资工具发行人的实际控制人；

（二）本人、直系亲属担任受评经济主体或者受评债务融资工具发行人的董事、监事或者高级管理人员；

（三）本人、直系亲属担任受评经济主体或者受评债务融资工具发行人聘任的会计师事务所、律师事务所、财务顾问等服务机构的负责人或者项目签字人；

（四）本人、直系亲属持有债务融资工具或者受评经济主体发行的证券金额超过50万元，或者与受评经济主体、受评债务融资工具发行人发生累计超过 50 万元的交易；

（五）信用评级行业主管部门和业务管理部门认定的足以影响独立、客观、公正原则的其他情形。

第三十六条 信用评级机构应建立完善的公司治理机制，确保其主要股东及实际控制人在出资比例、股权比例或投票权等方面不存在足以影响评级独立性的情形。

信用评级机构应当建立清晰合理的内部组织结构，建立健全防火墙，确保信用评级业务部门独立于营销等其他部门。

信用评级机构应当建立独立的合规部门，负责监督并报告评级机构及其员工的合规状况。

第三十七条 信用评级从业人员的薪酬不得与评级对象的信用级别、债务融资工具发行状况等因素相关联。

第六章 信息披露要求

第三十八条 信用评级机构应当通过信用评级行业主管部门和业务管理部门指定的网站和其公司网站进行信息披露。

第三十九条 信用评级机构应当披露下列基本信息：

（一）机构基本情况、经营范围；

（二）股东及其出资额或者所持股份、出资方式、出资比例、股东之间是否存在关联关系的说明，股权变更信息；

（三）保证评级质量的内部控制制度；

（四）评级报告采用的评级符号、评级方法、评级模型和关键假设，披露程度以反映评级可靠性为限，不得涉及商业秘密或妨碍创新。

以上内容发生变更的，应当披露变更原因和对已评级项目的影响。

第四十条 信用评级机构应当在每个财务年度结束之日起四个月内披露下列独立性相关信息：

（一）每年对其独立性的内部审核结果；

（二）信用评级分析人员轮换政策；

（三）财务年度评级收入前 20 名或者占比 5% 以上的客户名单；

（四）信用评级机构的关联公司为受评经济主体、受评债务融资工具发行人或者相关第三方提供顾问、咨询服务的情况；

（五）信用评级机构为受评经济主体、受评债务融资工具发行人或者相关第三方提供其他附加服务的情况。

信用评级机构在前款规定时间内将前款第三项信息向行业主管部门以及业务管理部门备案的，可以不披露该信息。

第四十一条 信用评级机构应当披露下列评级质量相关信息：

（一）一年、三年、五年期的信用评级违约率和信用等级迁移情况；

（二）任何终止或撤销信用评级的决定及原因；

（三）其他依法应当披露的信息。

第四十二条 信用评级机构应当披露开展信用评级项目依据的主要信息来源。

第四十三条 信用评级机构应当披露聘用第三方进行尽职调查的情况。

第四十四条 信用评级机构开展结构化融资产品信用评级的，应当持续更新，并按照第三十九条第一款第四项的要求，及时披露结构化融资产品评级方法、评级模型和关键假设。

第七章 监督管理

第四十五条 信用评级行业主管部门、业务管理部门及其派出机构依照法律法规和本办法相关规定，履行对信用评级机构的监督管理职责，可以采取下列监督检查措施：

（一）进入信用评级机构进行现场检查；

（二）询问相关的单位和个人，要求其对有关事项作出说明；

（三）查询、复制相关文件、资料，封存可能被转移、销毁、隐匿或者篡改的文件、资料；

（四）检查信用评级数据库系统；

（五）其他现场检查措施。

第四十六条 现场检查内容包括下列事项：

（一）备案信息与实际情况的一致性；

（二）信用评级业务与评级模型、程序、方法的一致性；

（三）内部管理情况；

（四）独立性管理情况；

（五）信息披露情况；

（六）执行信用评级行业主管部门、业务管理部门信用评级管理规定情况；

（七）信用评级行业主管部门、业务管理部门认为有必要检查的其他内容。

第四十七条 现场检查程序按照信用评级行业主管部门、业务管理部门的规定执行。

相关信用评级机构和从业人员应当配合，如实提供有关文件、资料，不得隐瞒、拒绝和阻碍。

第四十八条 信用评级机构按照相关规定向信用评级行业主管部门、业务管理部门及其派出机构报送信用评级结果、信用评级报告、统计报表、违约率数据、经审计的财务报表、财务年度信用评级工作报告等资料，并对报表和资料的真实性、准确性、完整性负责。

第四十九条 信用评级行业主管部门、业务管理部门及其派出机构对信用评级机构报送内容进行监测、分析和统计。对发现的问题依据本办法相关规定及时处理。

第五十条 信用评级行业主管部门组织建立违约率检验系统对信用评级结果进行事后检验，并建立违约率检验和通报机制。

第五十一条 信用评级行业主管部门可以将现场与非现场检查情况形成行业监管报告并适时公布。

第五十二条 信用评级行业主管部门、业务管理部门及其派出机构根据监管需要，可以约谈信用评级机构董事、监事和高级管理人员，要求其就相关重大事项作出说明。

第八章　法律责任

第五十三条 信用评级行业主管部门、业务管理部门及其派出机构的工作人员泄露知悉的国家秘密或者商业秘密，或者徇私舞弊、滥用职权、玩忽职守的，依法给予行政处分；涉嫌构成犯罪的，移送司法机关依法追究刑事责任。

第五十四条 信用评级机构及其从业人员违反本办法的，依照本章的有关规定给予处罚。

法律法规和业务管理部门另有规定的，从其规定。

第五十五条 信用评级机构开展业务，未按本办法规定办理备案的，由信用评级行业主管部门或者其省一级派出机构责令限期改正，并处未备案期间评级业务收入50%的罚款，没有评级业务收入或者评级业务收入无法计算的，处50万元以上200万元以下的罚款；逾期不改正的，处未备案期间评级业务收入1倍以上3倍以下的罚款，没有评级业务收入或者评级业务收入无法计算的，处200万元以上500万元以下的罚款。

第五十六条 信用评级机构未按本办法规定办理信用评级从业人员备案的，由信用评级行业主管部门或者其省一级派出机构责令限期改正，对信用评级机构处该评级从业人员未备案期间参与的评级业务收入50%的罚款，没有评级业务收入或者评级业务收入无法计算的，处20万元以上50万元以下的罚款；逾期不改正的，对信用评级机构处该评级从业人员未备案期间参与的评级业务收入1倍以上3倍以下的罚款，没有评级业务收入或者评级业务收入无法计算的，处50万元以上200万元以下的罚款。

第五十七条 信用评级机构隐瞒相关情况或者提交虚假备案材料的，信用评级行业主管部门省一级派出机构不予办理备案或者注销备案；已经开展信用评级业务的，处虚假备案期间评级业务收入50%的罚款，没有评级业务收入或者评级业务收入无法计算的，处50万元以上200万元以下的罚款；情节严重的，处虚假备案期间评级业务收入1倍以上3倍以下的罚款，没有评级业务收入或者评级业务收入无法计算的，处200万元以上500万元以下的罚款。

第五十八条 信用评级机构违反本办法规定，有下列行为之一的，由信用评级行业主管部门、业务管理部门或者其派出机构给予警告，并处相关评级业务收入50%的罚款，没有评级业务收入或者评级业务收入无法计算的，处50万元以上200万元以下的罚款；情节严重或者拒不改正的，并处相关评级业务收入1倍以上3倍以下的罚款，没有评级业务收入或者评级业务收入无法计算的，处200万元以上500万元以下的罚款；对直接责任人员给予警告，并处3万元以上10万元以下的罚款：

（一）未按照法定评级程序及业务规则开展信用评级业务的；

（二）违反独立性要求的；

（三）未按照规定披露信息或者披露虚假信息的。

第五十九条 信用评级机构违反本办法规定，有下列行为之一的，由信用评级行业主管部门、业务管理部门或者其派出机构给予警告，并处3万元罚款；拒不改正的，自违规行为发生之日起每日处1万元的罚款：

（一）拒绝、阻碍信用评级行业主管部门、业务管理部门或者其派出机构检查、监管，或者不如实提供文件、资料的；

（二）未按规定向信用评级行业主管部门、业务管理部门或者其派出机构报送报告、资料的；

（三）违反本办法其他规定的。

第六十条 信用评级从业人员违反本办法规定，有下列行为之一的，由信用评级行业主管部门、业务管理部门或者其派出机构给予警告，并处违规收入50%的罚款，没有违规收入或者违规收入无法计算的，处50万元以上200万元以下的罚款；情节严重的，并处违规收入1倍以上3倍以下的罚款，没有违规收入或者违规收入无法计算的，处200万元以上500万元以下的罚款；涉嫌犯罪的，移送司法机关依法追究刑事责任：

（一）从事与信用评级业务有利益冲突的兼职行为的；

（二）以礼金、回扣等方式输送或者接受不正当利益的；

（三）接受受评经济主体、受评债务融资工具发行人等相关主体的礼物或者现金馈赠，参与受评经济主体、受评债务融资工具发行人等相关主体组织的可能影响评级结果独立、客观、公正的活动的；

（四）违反本办法第三十五条相关规定的；

（五）离职并受聘于曾参与评级的受评经济主体、受评债务融资工具发行人、信用评级委托方或者主承销商，未通知信用评级机构的。

第六十一条 信用评级机构由于故意或者重大过失，对投资人、评级委托人或者评级对象利益造成严重损害的，由信用评级行业主管部门、业务管理部门或者其派出机构给予警告，并处相关评级业务收入 1 倍以上 3 倍以下的罚款，没有评级业务收入或者评级业务收入无法计算的，处 200 万元以上 500 万元以下的罚款；对直接责任人员给予警告，并处 3 万元以上 10 万元以下的罚款。

第六十二条 信用评级行业主管部门、业务管理部门依据本办法相关规定，建立信用评价机制，定期对信用评级机构及信用评级从业人员的违法失信行为等开展信用评价，并将信用评价结果纳入信用评级机构信用档案。对信用评价较低的信用评级机构，可以采取向市场公开通报等惩戒措施。

信用评级行业主管部门会同业务管理部门健全守信联合激励和失信联合惩戒机制。建立信用评级机构及信用评级从业人员“失信联合惩戒对象名单”管理制度，根据失信严重程度采取不同惩戒措施；对失信较严重的信用评级机构及信用评级从业人员，纳入“失信联合惩戒对象名单”管理范畴，列为市场不信任信用评级机构及失信信用评级从业人员，发起多部门联合惩戒与约束，情节严重的依法依规实施暂停业务或市场禁入措施。

第六十三条 信用评级机构违反本办法有关规定，受到行政处罚的，信用评级行业主管部门、业务管理部门依法通过“信用中国”网站等渠道向社会公布。

第九章 附 则

第六十四条 信用评级机构自律组织依法开展行业自律管理，接受信用评级行业主管部门和业务管理部门的监督指导。

第六十五条 本办法实施前已经开展信用评级业务的机构，应当自本办法实施之日起六个月内，依照本办法规定向备案机构办理备案。

第六十六条 非信用评级机构为了自身业务开展的内部信用评级结果不得对外提供。

第六十七条 主动评级是指信用评级机构未经委托，主要通过公开渠道收集评级对象相关资料，并以此为依据对相关经济主体或者债务融资工具开展的信用评级。

信用评级机构开展主动评级的，不适用本办法第十九条、第二十五条、第二十六条、第二十七条、第二十八条的规定。

第六十八条 依照评级协议，评级结果不公开的，信用评级机构在开展相关业务时，不适用本办法第二十六条、第二十七条、第二十八条的规定。

第六十九条 境外信用评级机构申请中华人民共和国境内有关信用评级业务资质的，依照信用评级行业主管部门和业务管理部门的相关规定执行。

第七十条 本办法所称受益所有人，是指最终拥有或控制信用评级机构的自然人，包括直接或间接拥有超过25%公司股权或者表决权，或者以其他形式可以对公司的决策、经营、管理形成有效控制或者实际影响的自然人。

第七十一条 本办法由信用评级行业主管部门会同业务管理部门解释。

第七十二条 本办法自2019年12月26日起施行。

国家统计局关于修改《统计执法证管理办法》的决定

（2019年11月26日国家统计局令第29号公布　自公布之日起施行　国司备字[2019001205]）

国家统计局决定对《统计执法证管理办法》作如下修改：

一、在第六条增加一款，作为第四款："国家对执法证制式有特殊规定的，从其规定。"

二、将第八条第一款第三项修改为："具备3年以上统计工作经验，或者具有法律专业本科以上学历且具备1年以上统计工作经验，或者在统计法治机构工作1年以上"。

三、将第九条修改为："有以下情形的人员不予颁发统计执法证：

（一）3年内年度考核结果有不称职等次；

……

（四）因违反纪律受到党纪政务严重处分并在处分影响期。"

四、删除第十七条第三款和第四款，将第一款修改为："国家统计局统计执法监督局负责制定统计执法人员资格考试大纲，建立考试题库。"

五、删除第二十条。

六、删除第二十六条第三款，将第二款修改为："统计执法证遗失、被盗或者损毁的，持证人员应当及时报告所在单位，由所在单位按申请程序向原发证机关申请补办。持证人员所在单位和发证机关应当及时将遗失、被盗、损毁的统计执法证公告作废。"

七、在第三十二条增加一项，作为第（八）项："（八）拒绝、阻碍统计执法检查，包庇、纵容统计违法行为；"

将原第（八）项修改为："（九）受到党纪政务处分；"

八、将第三十四条修改为："违反本办法，擅自制作、发放统计执法证的，由国家统计局责令改正，予以警告，可以予以通报；其直接负责的主管人员和其他直接责任人员属于国家工作人员的，由任免机关或者纪检监察机关依照有关规定予以处分。"

本决定自公布之日起施行。

《统计执法证管理办法》根据本决定作相应修改，重新公布。

统计执法证管理办法

（2017年6月26日国家统计局令第20号公布　根据2019年11月14日《国家统计局关于修改〈统计执法证管理办法〉的决定》修订）

第一章　总　　则

第一条　为保障统计执法工作顺利进行，规范统计执法证的颁发和管理工作，根据《中华人民共和国行政处罚法》《中华人民共和国统计法》《中华人民共和国统计法实施条例》等有关法律法规，制定本办法。

第二条　统计执法证的申请、印制、核发、使用和监督管理适用本办法。

第三条　统计执法证是统计执法人员依法从事统计执法活动时证明其身份的有效证件，是履行统计行政执法职责的凭证。

第四条　从事统计执法工作的人员应当持有统计执法证。未取得统计执法证的，不得从事统计执法工作。

统计执法人员依法开展统计执法工作时，应当主动向统计检查对象出示统计执法证。

第五条 国家统计局负责全国统计执法证的颁发和管理工作。

省级统计机构负责本地区、本系统统计执法证的申请、审核、管理工作。

第六条 统计执法证由专用皮夹和内卡组成。

皮夹为横式黑色皮质，外部正面上部镂刻“中华人民共和国”字样、中间镂刻国徽图案、底部镂刻“统计执法证”字样，背面中部镂刻国家统计局标志、底部镂刻“国家统计局颁发”字样；内部放置内卡。

统计执法证内卡左侧为防伪塑封卡，标明“中华人民共和国统计执法证”字样和执法证号、持证人姓名、性别、照片、所在单位、发证机关、有效期限以及国家统计局印章，右侧为纸质卡片，标明执法人员职责、权限和监督电话。

国家对执法证制式有特殊规定的，从其规定。

第二章　证件取得与核发

第七条 取得统计执法证，应当符合下列条件：

（一）理想信念坚定，坚决执行组织决定；

（二）坚持原则，作风正派，忠于职守，遵纪守法；

（三）具备必要的法律知识，熟练掌握统计法律法规规章和相关行政法律法规的内容；

（四）具备必要的统计业务知识，熟悉统计调查制度的主要内容；

（五）熟练掌握统计执法流程和纪律规定；

（六）法律、行政法规和规章规定的其他条件。

第八条 取得统计执法证，应当具备下列资格：

（一）县级以上人民政府统计机构中的公务员或者参照《中华人民共和国公务员法》管理的工作人员，且拟从事统计执法工作；

（二）具有大专以上学历；

（三）具备3年以上统计工作经验，或者具有法律专业本科以上学历且具备1年以上统计工作经验，或者在统计法治机构工作1年以上；

（四）参加省级以上统计机构组织的统计执法培训，并且通过统计执法人员资格考试。

第九条 有以下情形的人员不予颁发统计执法证：

（一）3年内年度考核结果有不称职等次；

（二）在统计工作中有违法记录；

（三）因违反统计法律法规被处分；

（四）因违反纪律受到党纪政务严重处分并在处分影响期。

第十条 省级、市级、县级统计机构申请统计执法证，应当向省级以上统计执法机构提交拟颁发统计执法证人员的下列材料：

（一）统计执法证申请表；

（二）干部任免表；

（三）学历证书复印件；

（四）所在统计机构关于学历、编制、职务、年度考核结果的证明材料；

（五）所在统计机构关于法律知识、统计业务知识、执法能力水平和无本办法第九条所列情形的证明材料。

第十一条 统计机构对拟颁发统计执法证的人员应当依据本办法第七条、第八条、第九条规定进行初步审查。对符合条件和资格的，统计机构按照会议制度规定集体研究确定拟颁发统计执法证的人员名单，在《统计执法证申请表》相应栏目签署审查意见并加盖单位公章，报送省级统计机构审核。

第十二条 省级统计执法机构收到《统计执法证申请表》后，按照本办法规定进行审核，对符合条件和资格的，提交省级统计机构按照会议制度规定集体研究确定拟颁发统计执法证人员，并报国家统计局统计执法监督局审定，由国家统计局颁发统计执法证。

第十三条 国家统计局各单位申请统计执法证的，由司级机构依据本办法第七条、第八条、第九条规定对拟颁发统计执法证人员进行审核，对符合条件和资格的，在《统计执法证申请表》相应栏目签署审核意见并加盖单位公章，报送统计执法监督局。统计执法监督局按照本办法规定进行审核并集体研究确定拟颁发统计执法证的人员名单，报国家统计局领导审定。

第三章　统计执法培训和考试

第十四条 国家统计局负责组织编制全国统计执法人员培训规划，制定培训大纲。

省级以上统计机构按照培训规划，组织开展统计执法人员岗位培训。

第十五条 统计执法岗位培训分为资格培训和在岗培训，培训内容包括统计法律法规规章、相关行政法律法规、政策理论、统计专业知识、现场执法实务、党纪党规和工作制度等。

第十六条 统计执法岗位培训师资应当是国家统计局、省级统计机构、国家统计局执法骨干人才库中的统计法治工作者、统计业务骨干，法律专家，具有丰富执法经验、熟练执法技能的人员。

第十七条 国家统计局统计执法监督局负责制定统计执法人员资格考试大纲，建立考试题库。

省级以上统计机构按照考试大纲，负责组织本地区、本系统统计执法人员依据国家统计局统计执法监督局提供的试题进行资格考试，实行统一命题、统一制卷、统一阅卷。

第十八条 统计执法人员资格考试包括法律基础知识、统计法律法规、相关法律法规、统计执法专业知识和其他相关知识。

第十九条 省级以上统计机构应当严格按照国家统计局的规定，组织实施资格考试，确保参考人员严格遵守考场纪律。

第二十条 省级以上统计机构应当免费组织开展统计执法人员岗位培训和资格考试。

第四章 证件管理和使用

第二十一条 省级以上统计机构应当加强对持证人员的管理，建立统计执法证数据库并实行动态管理。

省级统计机构应当定期将本地区、本系统统计执法证使用情况报送国家统计局备案。

第二十二条 省级以上统计机构应当通过政府网站向社会公布统计执法证的持有人姓名和所在单位、执法证号等信息，供社会公众查询。

第二十三条 统计执法证由国家统计局统一印制，实行全国统一编号。

统计执法证由国家统计局统一核发。统计执法证自核发之日起，5 年内有效。有效期届满的，应当依据本办法重新申请统计执法证。

第二十四条 统计执法证限于持证人员从事统计执法工作使用。

持证人员应当依照法定职权使用统计执法证，不得涂改、复制、转借、抵押、赠送、买卖或者故意毁损，不得使用统计执法证进行非统计执法活动。

第二十五条 持证人员应当妥善保管统计执法证，防止遗失、被盗或者损毁。

统计执法证遗失、被盗或者损毁的，持证人员应当及时报告所在单位，由所在单位按申请程序向原发证机关申请补办。持证人员所在单位和发证机关应当及时将遗失、被盗、损毁的统计执法证公告作废。

第二十六条 持证人员有下列情况之一的，由所在单位收回其统计执法证并经省级统计机构审核后交发证机关注销：

（一）退休；

（二）辞职、被辞退；

（三）不再从事统计执法工作；

（四）统计执法证有效期届满；

（五）因其他原因应当收回。

第五章　监督检查

第二十七条　国家统计局对统计执法证的申请、核发、管理和使用工作进行监督检查。

省级人民政府统计机构、国家统计局调查总队应当对本地区、本系统持证人员使用统计执法证的情况进行监督检查。

第二十八条　建立统计执法证管理工作考核制度。国家统计局定期组织开展统计执法证管理工作抽查，每年对省级统计机构管理统计执法证工作情况进行考核。

第二十九条　建立统计执法证人员抽查制度。国家统计局不定期抽取部分统计执法证持有人员，对资格考试试题范围内容进行复查。

第六章　法律责任

第三十条　持证人员有下列情形之一的，由省级以上统计机构批评教育，责令改正，可以暂扣其统计执法证：

（一）超越法定权限执法或者违反法定程序执法，未造成严重后果；

（二）将统计执法证用于非统计执法活动，未造成严重后果；

（三）涉嫌违纪违法被立案审查，尚未做出结论；

（四）其他原因应当暂扣。

第三十一条　持证人员有下列情形之一的，由省级以上统计机构收缴其统计执法证：

（一）超越法定权限执法或者违反法定程序执法，造成严重后果；

（二）将统计执法证用于非统计执法活动，造成严重后果；

（三）涂改、复制、转借、抵押、赠送、买卖或者故意毁损统计执法证；

（四）利用职务上的便利，索取收受他人财物、收缴罚款据为己有或者进行其他违法活动；

（五）有徇私舞弊、玩忽职守等渎职行为；

（六）年度考核结果不称职；

（七）受到行政拘留处罚、刑事拘留或者判处刑罚；

（八）拒绝、阻碍统计执法检查，包庇、纵容统计违法行为；

（九）受到党纪政务处分；

（十）其他应当收缴统计执法证的情形。

第三十二条 任何单位违反本办法规定，伪造、变造或者冒用统计执法证的，由国家统计局或者省级统计机构责令改正，予以警告，可以予以通报；其直接负责的主管人员和其他直接责任人员属于国家工作人员的，由任免机关或者纪检监察机关依照有关规定予以处分。

第三十三条 违反本办法，擅自制作、发放统计执法证的，由国家统计局责令改正，予以警告，可以予以通报；其直接负责的主管人员和其他直接责任人员属于国家工作人员的，由任免机关或者纪检监察机关依照有关规定予以处分。

第三十四条 违反本办法规定，构成违反治安管理行为的，依法予以治安管理处罚；构成犯罪的，依法追究刑事责任。

第七章 附 则

第三十五条 本办法自公布之日起施行。

税收违法行为检举管理办法

（2019 年 11 月 26 日国家税务总局令第 49 号公布 自 2020 年 1 月 1 日起施行 国司备字[2019001235]）

第一章 总 则

第一条 为了保障单位、个人依法检举纳税人、扣缴义务人违反税收法律、行政法规行为的权利，规范检举秩序，根据《中华人民共和国税收征收管理法》及其实施细则的有关规定，制定本办法。

第二条 本办法所称检举，是指单位、个人采用书信、电话、传真、网络、来访等形式，向税务机关提供纳税人、扣缴义务人税收违法行为线索的行为。

采用前款所述的形式，检举税收违法行为的单位、个人称检举人；被检举的纳税人、扣缴义务人称被检举人。

检举人可以实名检举，也可以匿名检举。

第三条　本办法所称税收违法行为，是指涉嫌偷税（逃避缴纳税款），逃避追缴欠税，骗税，虚开、伪造、变造发票，以及其他与逃避缴纳税款相关的税收违法行为。

第四条　检举管理工作坚持依法依规、分级分类、属地管理、严格保密的原则。

第五条　市（地、州、盟）以上税务局稽查局设立税收违法案件举报中心。国家税务总局稽查局税收违法案件举报中心负责接收税收违法行为检举，督促、指导、协调处理重要检举事项；省、自治区、直辖市、计划单列市和市（地、州、盟）税务局稽查局税收违法案件举报中心负责税收违法行为检举的接收、受理、处理和管理；各级跨区域稽查局和县税务局应当指定行使税收违法案件举报中心职能的部门，负责税收违法行为检举的接收，并按规定职责处理。

本办法所称举报中心是指前款所称的税收违法案件举报中心和指定行使税收违法案件举报中心职能的部门。举报中心应当对外挂标识牌。

第六条　税务机关应当向社会公布举报中心的电话（传真）号码、通讯地址、邮政编码、网络检举途径，设立检举接待场所和检举箱。

税务机关同时通过 12366 纳税服务热线接收税收违法行为检举。

第七条　税务机关应当与公安、司法、纪检监察和信访等单位加强联系和合作，做好检举管理工作。

第八条　检举税收违法行为是检举人的自愿行为，检举人因检举而产生的支出应当由其自行承担。

第九条　检举人在检举过程中应当遵守法律、行政法规等规定；应当对其所提供检举材料的真实性负责，不得捏造、歪曲事实，不得诬告、陷害他人；不得损害国家、社会、集体的利益和其他公民的合法权益。

第二章　检举事项的接收与受理

第十条　检举人检举税收违法行为应当提供被检举人的名称（姓名）、地址（住所）和税收违法行为线索；尽可能提供被检举人统一社会信用代码（身份证件号码），法定代表人、实际控制人信息和其他相关证明资料。

鼓励检举人提供书面检举材料。

第十一条　举报中心接收实名检举，应当准确登记实名检举人信息。

检举人以个人名义实名检举应当由其本人提出；以单位名义实名检举应当委托本单位工作人员提出。

多人联名进行实名检举的，应当确定第一联系人；未确定的，以检举材料的第一署名人为第一联系人。

第十二条 12366纳税服务热线接收电话检举后，应当按照以下分类转交相关部门：

（一）符合本办法第三条规定的检举事项，应当及时转交举报中心；

（二）对应开具而未开具发票、未申报办理税务登记及其他轻微税收违法行为的检举事项，按照有关规定直接转交被检举人主管税务机关相关业务部门处理；

（三）其他检举事项转交有处理权的单位或者部门。

税务机关的其他单位或者部门接到符合本办法第三条规定的检举材料后，应当及时转交举报中心。

第十三条 以来访形式实名检举的，检举人应当提供营业执照、居民身份证等有效身份证件的原件和复印件。

以来信、网络、传真形式实名检举的，检举人应当提供营业执照、居民身份证等有效身份证件的复印件。

以电话形式要求实名检举的，税务机关应当告知检举人采取本条第一款、第二款的形式进行检举。

检举人未采取本条第一款、第二款的形式进行检举的，视同匿名检举。

举报中心可以应来访的实名检举人要求出具接收回执；对多人联名进行实名来访检举的，向其确定的第一联系人或者第一署名人出具接收回执。

第十四条 来访检举应当到税务机关设立的检举接待场所；多人来访提出相同检举事项的，应当推选代表，代表人数应当在3人以内。

第十五条 接收来访口头检举，应当准确记录检举事项，交检举人阅读或者向检举人宣读确认。实名检举的，由检举人签名或者盖章；匿名检举的，应当记录在案。

接收电话检举，应当细心接听、询问清楚、准确记录。

接收电话、来访检举，经告知检举人后可以录音、录像。

接收书信、传真等书面形式检举，应当保持检举材料的完整，及时登记处理。

第十六条 税务机关应当合理设置检举接待场所。检举接待场所应当与办公区域适当分开，配备使用必要的录音、录像等监控设施，保证监控设施对接待场所全覆盖并正常运行。

第十七条 举报中心对接收的检举事项，应当及时审查，有下列情形之一的，不予受理：

（一）无法确定被检举对象，或者不能提供税收违法行为线索的；

（二）检举事项已经或者依法应当通过诉讼、仲裁、行政复议以及其他法定途径解决的；

（三）对已经查结的同一检举事项再次检举，没有提供新的有效线索的。

除前款规定外，举报中心自接收检举事项之日起即为受理。

举报中心可以应实名检举人要求，视情况采取口头或者书面方式解释不予受理原因。

国家税务总局稽查局举报中心对本级收到的检举事项应当进行甄别。对本办法第三条规定以外的检举事项，转送有处理权的单位或者部门；对本办法第三条规定范围内的检举事项，按属地管理原则转送相关举报中心，由该举报中心审查并决定是否受理。国家税务总局稽查局举报中心应当定期向相关举报中心了解所转送检举事项的受理情况，对应受理未受理的应予以督办。

第十八条 未设立稽查局的县税务局受理的检举事项，符合本办法第三条规定的，提交上一级税务局稽查局举报中心统一处理。

各级跨区域稽查局受理的检举事项，符合本办法第三条规定的，提交同级税务局稽查局备案后处理。

第十九条 检举事项管辖有争议的，由争议各方本着有利于案件查处的原则协商解决；不能协商一致的，报请共同的上一级税务机关协调或者决定。

第三章 检举事项的处理

第二十条 检举事项受理后，应当分级分类，按照以下方式处理：

（一）检举内容详细、税收违法行为线索清楚、证明资料充分的，由稽查局立案检查。

（二）检举内容与线索较明确但缺少必要证明资料，有可能存在税收违法行为的，由稽查局调查核实。发现存在税收违法行为的，立案检查；未发现的，作查结处理。

（三）检举对象明确，但其他检举事项不完整或者内容不清、线索不明的，可以暂存待查，待检举人将情况补充完整以后，再进行处理。

（四）已经受理尚未查结的检举事项，再次检举的，可以合并处理。

（五）本办法第三条规定以外的检举事项，转交有处理权的单位或者部门。

第二十一条 举报中心可以税务机关或者以自己的名义向下级税务机关督办、交办检举事项。

第二十二条 举报中心应当在检举事项受理之日起十五个工作日内完成分级分类处理，特殊情况除外。

查处部门应当在收到举报中心转来的检举材料之日起三个月内办理完毕；案情复杂无法在期限内办理完毕的，可以延期。

第二十三条 税务局稽查局对督办案件的处理结果应当认真审查。对于事实不清、处理不当的，应当通知承办机关补充调查或者重新调查，依法处理。

第四章 检举事项的管理

第二十四条 举报中心应当严格管理检举材料，逐件登记已受理检举事项的主要内容、办理情况和检举人、被检举人的基本情况。

第二十五条 已接收的检举材料原则上不予退还。不予受理的检举材料，登记检举事项的基本信息和不予受理原因后，经本级稽查局负责人批准可以销毁。

第二十六条 暂存待查的检举材料，若在受理之日起两年内未收到有价值的补充材料，可以销毁。

第二十七条 督办案件的检举材料应当专门管理，并按照规定办理督办案件材料的转送、报告等具体事项。

第二十八条 检举材料的保管和整理，应当按照档案管理的有关规定办理。

第二十九条 举报中心每年度对检举案件和有关事项的数量、类别及办理情况等进行汇总分析，形成年度分析报告，并按规定报送。

第五章 检举人的答复和奖励

第三十条 实名检举人可以要求答复检举事项的处理情况与查处结果。

实名检举人要求答复处理情况时，应当配合核对身份；要求答复查处结果时，应当出示检举时所提供的有效身份证件。

举报中心可以视具体情况采取口头或者书面方式答复实名检举人。

第三十一条 实名检举事项的处理情况，由作出处理行为的税务机关的举报中心答复。

将检举事项督办、交办、提交或者转交的，应当告知去向；暂存待查的，应当建议检举人补充资料。

第三十二条 实名检举事项的查处结果，由负责查处的税务机关的举报中心答复。

实名检举人要求答复检举事项查处结果的，检举事项查结以后，举报中心可以将与检举线索有关的查处结果简要告知检举人，但不得告知其检举线索以外的税收违法行为的查处情况，不得提供执法文书及有关案情资料。

第三十三条 12366纳税服务热线接收检举事项并转交举报中心或者相关业务部门后，可以应检举人要求将举报中心或者相关业务部门反馈的受理情况告知检举人。

第三十四条 检举事项经查证属实，为国家挽回或者减少损失的，按照财政部和国家税务总局的有关规定对实名检举人给予相应奖励。

第六章 权利保护

第三十五条 检举人不愿提供个人信息或者不愿公开检举行为的，税务机关应当予以尊重和保密。

第三十六条 税务机关应当在职责范围内依法保护检举人、被检举人的合法权益。

第三十七条 税务机关工作人员与检举事项或者检举人、被检举人有直接利害关系的，应当回避。

检举人有正当理由并且有证据证明税务机关工作人员应当回避的，经本级税务机关负责人或者稽查局负责人批准以后，予以回避。

第三十八条 税务机关工作人员必须严格遵守以下保密规定：

（一）检举事项的受理、登记、处理及查处，应当依照国家有关法律、行政法规等规定严格保密，并建立健全工作责任制，不得私自摘抄、复制、扣压、销毁检举材料；

（二）严禁泄露检举人的姓名、身份、单位、地址、联系方式等情况，严禁将检举情况透露给被检举人及与案件查处无关的人员；

（三）调查核实情况和立案检查时不得出示检举信原件或者复印件，不得暴露检举人的有关信息，对匿名的检举书信及材料，除特殊情况以外，不得鉴定笔迹；

（四）宣传报道和奖励检举有功人员，未经检举人书面同意，不得公开检举人的姓名、身份、单位、地址、联系方式等情况。

第七章 法律责任

第三十九条 税务机关工作人员违反本办法规定，将检举人的检举材料或者有关情况提供给被检举人或者与案件查处无关人员的，依法给予行政处分。

第四十条 税务机关工作人员打击报复检举人的，视情节和后果，依法给予行政处分；涉嫌犯罪的，移送司法机关依法处理。

第四十一条 税务机关工作人员不履行职责、玩忽职守、徇私舞弊，给检举工作造成损失的，应当给予批评教育；情节严重的，依法给予行政处分并调离工作岗位；涉嫌犯罪的，移送司法机关依法处理。

第四十二条 税收违法检举案件中涉及税务机关或者税务人员违纪违法问题的，应当按照规定移送有关部门依纪依法处理。

第四十三条 检举人违反本办法第九条规定的，税务机关工作人员应当对检举人进行劝阻、批评和教育；经劝阻、批评和教育无效的，可以联系有关部门依法处理。

第八章　附　　则

第四十四条 本办法所称的检举事项查结，是指检举案件的结论性文书生效，或者检举事项经调查核实后未发现税收违法行为。

第四十五条 国家税务总局各省、自治区、直辖市和计划单列市税务局可以根据本办法制定具体的实施办法。

第四十六条 本办法自 2020 年 1 月 1 日起施行。《税收违法行为检举管理办法》(国家税务总局令第 24 号公布)同时废止。

国家税务总局关于修改《税收规范性文件制定管理办法》的决定

(2019 年 11 月 26 日国家税务总局令第 50 号公布　自 2020 年 1 月 1 日起施行　国司备字[2019001236])

国家税务总局决定对《税收规范性文件制定管理办法》作如下修改：

一、将规章名称修改为："税务规范性文件制定管理办法"。

二、将文中"税收规范性文件"修改为"税务规范性文件"，但第五十条中的"《税收规范性文件制定管理办法》"除外。

三、将第一条修改为："为了规范税务规范性文件制定和管理工作，落实税收法定原则，建设规范统一的税收法律制度体系，优化税务执法方式，促进税务机关依法行政，保障税务行政相对人的合法权益，根据《中华人民共和国立法法》《规章制定程序条例》等法律法规和有关规定，结合税务机关工作实际，制定本办法。”

四、将第二条第一款修改为：“本办法所称税务规范性文件，是指县以上税务机关依照法定职权和规定程序制定并发布的，影响纳税人、缴费人、扣缴义务人等税务行政相对人权利、义务，在本辖区内具有普遍约束力并在一定期限内反复适用的文件。”

五、删去第五条中“经国务院批准的设定减税、免税等事项除外。”

六、将第六条第二款修改为：“各级税务机关的内设机构、派出机构和临时性机构，不得以自己的名义制定税务规范性文件。”

七、将第十七条修改为：“起草税务规范性文件，起草部门应当深入调查研究，总结实践经验，听取基层税务机关意见。起草与税务行政相对人生产经营密切相关的税务规范性文件，起草部门应当听取税务行政相对人代表和行业协会商会的意见。起草部门可以邀请政策法规部门共同听取意见。

“听取意见可以采取书面、网络征求意见，或者召开座谈会、论证会等多种形式。

“除依法需要保密的外，对涉及税务行政相对人切身利益或者对其权利义务可能产生重大影响的税务规范性文件，起草部门应当向社会公开征求意见。

“法律、行政法规对规范性文件公开征求意见期限有明确规定的，从其规定。”

八、将第二十六条修改为：“送审稿涉及重大公共利益或者对税务行政相对人合法权益、税务管理产生重大影响的，经政策法规部门审查通过后，起草部门应当提请集体审议。政策法规部门在审查时，认为税务规范性文件涉及重大公共利益或者对税务行政相对人合法权益、税务管理产生重大影响的，可以建议起草部门提请集体审议。”

九、将第二十七条修改为：“税务机关牵头与其他机关联合制定规范性文件，省以下税务机关代地方人大及其常务委员会、政府起草涉及税务行政相对人权利义务的文件，业务主管部门应当将文件送审稿或者会签文本送交政策法规部门审查。

“经其他机关会签后，文件内容有实质性变动的，起草部门应当重新送交政策法规部门审查。

“其他机关牵头与税务机关联合制定的规范性文件，参照本条第一款规定执行。”

十、第四十八条增加一款，作为第一款：“各级税务机关在税务规范性文件制定管理过程中，应当充分发挥公职律师的作用。”第一款相应地改为第二款。

此外，对个别文字作相应调整和修改。

本决定自2020年1月1日起施行。

《税收规范性文件制定管理办法》根据本决定作相应修改，重新公布。

税务规范性文件制定管理办法

（2017年5月16日国家税务总局令第41号公布　根据2019年11月26日《国家税务总局关于修改〈税收规范性文件制定管理办法〉的决定》）修订）

第一章　总　　则

第一条　为了规范税务规范性文件制定和管理工作，落实税收法定原则，建设规范统一的税收法律制度体系，优化税务执法方式，促进税务机关依法行政，保障税务行政相对人的合法权益，根据《中华人民共和国立法法》《规章制定程序条例》等法律法规和有关规定，结合税务机关工作实际，制定本办法。

第二条　本办法所称税务规范性文件，是指县以上税务机关依照法定职权和规定程序制定并发布的，影响纳税人、缴费人、扣缴义务人等税务行政相对人权利、义务，在本辖区内具有普遍约束力并在一定期限内反复适用的文件。

国家税务总局制定的税务部门规章，不属于本办法所称的税务规范性文件。

第三条　税务规范性文件的起草、审查、决定、发布、备案、清理等工作，适用本办法。

第四条　制定税务规范性文件，应当坚持科学、民主、公开、统一的原则，符合法律、法规、规章以及上级税务规范性文件的规定，遵循本办法规定的制定规则和制定程序。

第五条　税务规范性文件不得设定税收开征、停征、减税、免税、退税、补税事项，不得设定行政许可、行政处罚、行政强制、行政事业性收费以及其他不得由税务规范性文件设定的事项。

第六条　县税务机关制定税务规范性文件，应当依据法律、法规、规章或者省以上税务机关税务规范性文件的明确授权；没有授权又确需制定税务规范性文件的，应当提请上一级税务机关制定。

各级税务机关的内设机构、派出机构和临时性机构，不得以自己的名义制定税务规范性文件。

第二章 制定规则

第七条 税务规范性文件可以使用“办法”“规定”“规程”“规则”等名称，但是不得称“条例”“实施细则”“通知”“批复”等。

上级税务机关对下级税务机关有关特定税务行政相对人的特定事项如何适用法律、法规、规章或者税务规范性文件的请示所作的批复，需要普遍适用的，应当按照本办法规定的制定规则和制定程序另行制定税务规范性文件。

第八条 税务规范性文件应当根据需要，明确制定目的和依据、适用范围和主体、权利义务、具体规范、操作程序、施行日期或者有效期限等事项。

第九条 制定税务规范性文件，应当做到内容具体、明确，内在逻辑严密，语言规范、简洁、准确，避免产生歧义，具有可操作性。

第十条 税务规范性文件可以采用条文式或者段落式表述。

采用条文式表述的税务规范性文件，需要分章、节、条、款、项、目的，章、节应当有标题，章、节、条的序号用中文数字依次表述；款不编序号；项的序号用中文数字加括号依次表述；目的序号用阿拉伯数字依次表述。

第十一条 上级税务机关需要下级税务机关对规章和税务规范性文件细化具体操作规定的，可以授权下级税务机关制定具体的实施办法。

被授权税务机关不得将被授予的权力转授给其他机关。

第十二条 税务规范性文件由制定机关负责解释。制定机关不得将税务规范性文件的解释权授予本级机关的内设机构或者下级税务机关。

税务规范性文件有下列情形之一的，制定机关应当及时作出解释：

（一）税务规范性文件的规定需要进一步明确具体含义的；

（二）税务规范性文件制定后出现新的情况，需要明确适用依据的。

下级税务机关在适用上级税务机关制定的税务规范性文件时认为存在本条第二款规定情形之一的，应当提请制定机关解释。

第十三条 税务规范性文件不得溯及既往，但是为了更好地保护税务行政相对人权利和利益而作出的特别规定除外。

第十四条 税务规范性文件应当自发布之日起30日后施行。

税务规范性文件发布后不立即施行将有碍执行的，可以自发布之日起施行。

与法律、法规、规章或者上级机关决定配套实施的税务规范性文件，其施行日期需要与前述文件保持一致的，不受本条第一款、第二款时限规定的限制。

第三章 制定程序

第十五条 税务规范性文件由制定机关业务主管部门负责起草。内容涉及两个或者两个以上部门的,由制定机关负责人指定牵头起草部门。

第十六条 各级税务机关从事政策法规工作的部门或者人员(以下统称"政策法规部门")负责对税务规范性文件进行审查,包括合法性审核和世界贸易组织规则合规性评估。

未经政策法规部门审查的税务规范性文件,办公厅(室)不予核稿,制定机关负责人不予签发。

第十七条 起草税务规范性文件,起草部门应当深入调查研究,总结实践经验,听取基层税务机关意见。起草与税务行政相对人生产经营密切相关的税务规范性文件,起草部门应当听取税务行政相对人代表和行业协会商会的意见。起草部门可以邀请政策法规部门共同听取意见。

听取意见可以采取书面、网络征求意见,或者召开座谈会、论证会等多种形式。

除依法需要保密的外,对涉及税务行政相对人切身利益或者对其权利义务可能产生重大影响的税务规范性文件,起草部门应当向社会公开征求意见。

法律、行政法规对规范性文件公开征求意见期限有明确规定的,从其规定。

第十八条 起草税务规范性文件,应当明确列举拟被该文件废止的文件的名称、文号以及条款,避免与本机关已发布的税务规范性文件相矛盾。

同一事项已由多个税务规范性文件作出规定的,起草部门在起草同类文件时,应当对有关文件进行归并、整合。

第十九条 税务规范性文件送审稿应当由起草部门负责人签署后,送交政策法规部门审查。

送审稿内容涉及征管业务及其工作流程的,应当于送交审查前会签征管科技部门;涉及其他业务主管部门工作的,应当于送交审查前会签相关业务主管部门;未按规定会签的,政策法规部门不予审查。

起草部门认定送审稿属于重要文件的,应当注明"请主要负责人会签"。

第二十条 起草部门将送审稿送交审查时,应当一并提供下列材料:

(一)起草说明,包括制定目的、制定依据、必要性与可行性、起草过程、征求意见以及采纳情况、对税务行政相对人权利和利益可能产生影响的评估情况、施行日期的说明、相关文件衔接处理情况以及其他需要说明的事项；

（二）税务规范性文件解读稿，包括文件出台的背景、意义，文件内容的重点、理解的难点、必要的举例说明和落实的措施要求等；

（三）作为制定依据的法律、法规、规章以及税务规范性文件纸质或者电子文本；

（四）会签单位意见以及采纳情况；

（五）其他相关材料。

按照规定应当对送审稿进行公平竞争审查的，起草部门应当提供相关审查材料。

第二十一条 制定内容简单的税务规范性文件，起草部门在征求意见、提供材料等方面可以从简适用本办法第十七条、第二十条的规定。

从简适用第二十条的，不得缺少起草说明和税务规范性文件解读稿。

第二十二条 政策法规部门应当就下列事项进行合法性审核：

（一）是否超越法定权限；

（二）是否具有法定依据；

（三）是否违反法律、法规、规章以及上级税务机关税务规范性文件的规定；

（四）是否设定行政许可、行政处罚、行政强制、行政事业性收费以及其他不得由税务规范性文件设定的事项；

（五）是否违法、违规减损税务行政相对人的合法权利和利益，或者违法、违规增加其义务；

（六）是否违反本办法规定的制定规则或者程序；

（七）是否与本机关制定的其他税务规范性文件进行衔接。

对审核中发现的明显不适当的规定，政策法规部门可以提出删除或者修改的建议。

政策法规部门审核过程中认为有必要的，可以通过召开座谈会、论证会等形式听取相关各方意见。

第二十三条 政策法规部门进行合法性审核，根据不同情况提出审核意见：

（一）认为送审稿没有问题或者经过协商达成一致意见的，提出审核通过意见；

（二）认为起草部门应当补充征求意见，或者对重大分歧意见没有合理说明的，退回起草部门补充征求意见或者作出进一步说明；

（三）认为送审稿存在问题，经协商不能达成一致意见的，提出书面审核意见后，退回起草部门。

第二十四条 政策法规部门应当根据世界贸易组织规则对送审稿进行合规性评估，并提出评估意见。

第二十五条 送审稿经政策法规部门审查通过的，按公文处理程序报制定机关负责人签发。

第二十六条 送审稿涉及重大公共利益或者对税务行政相对人合法权益、税务管理产生重大影响的，经政策法规部门审查通过后，起草部门应当提请集体审议。政策法规部门在审查时，认为税务规范性文件涉及重大公共利益或者对税务行政相对人合法权益、税务管理产生重大影响的，可以建议起草部门提请集体审议。

第二十七条 税务机关牵头与其他机关联合制定规范性文件，省以下税务机关代地方人大及其常务委员会、政府起草涉及税务行政相对人权利义务的文件，业务主管部门应当将文件送审稿或者会签文本送交政策法规部门审查。

经其他机关会签后，文件内容有实质性变动的，起草部门应当重新送交政策法规部门审查。

其他机关牵头与税务机关联合制定的规范性文件，参照本条第一款规定执行。

第二十八条 税务规范性文件应当以公告形式发布；未以公告形式发布的，不得作为税务机关执法依据。

第二十九条 制定机关应当及时在本级政府公报、税务部门公报、本辖区范围内公开发行的报纸或者在政府网站、税务机关网站上刊登税务规范性文件。

不具备本条第一款所述发布条件的税务机关，应当通过公告栏或者宣传材料等形式，在办税服务厅等公共场所及时发布税务规范性文件。

第三十条 制定机关的起草部门和政策法规部门应当及时跟踪了解税务规范性文件的施行情况。

对实施机关或者税务行政相对人反映存在问题的税务规范性文件，制定机关应当进行认真分析评估，并及时研究提出处理意见。

第四章 备案审查

第三十一条 税务规范性文件应当备案审查，实行有件必备、有备必审、有错必纠。

第三十二条　省以下税务机关的税务规范性文件应当自发布之日起30日内向上一级税务机关报送备案。

省税务机关应当于每年3月1日前向国家税务总局报送上一年度本辖区内税务机关发布的税务规范性文件目录。

第三十三条　报送税务规范性文件备案，应当提交备案报告和以下材料的电子文本：

（一）税务规范性文件备案报告表；

（二）税务规范性文件；

（三）起草说明；

（四）税务规范性文件解读稿。

第三十四条　上一级税务机关的政策法规部门具体负责税务规范性文件备案登记、审查、督促整改和考核等工作。

业务主管部门承担其职能范围内的税务规范性文件审查工作，并按照规定时限向政策法规部门送交审查意见。

第三十五条　报送备案的税务规范性文件资料齐全的，上一级税务机关政策法规部门予以备案登记；资料不齐全的，通知制定机关限期补充报送。

第三十六条　上一级税务机关对报送备案的税务规范性文件进行审查时，可以征求相关部门意见；需要了解相关情况的，可以要求制定机关提交情况说明或者补充材料。

第三十七条　上一级税务机关对报送备案的税务规范性文件，应当就本办法第二十二条所列事项以及是否符合世界贸易组织规则进行审查。

第三十八条　上一级税务机关审查发现报送备案的税务规范性文件存在问题需要纠正或者补正的，应当通知制定机关在规定的时限内纠正或者补正。

制定机关应当按期纠正或者补正，并于规定时限届满之日起30日内，将处理情况报告上一级税务机关。

第三十九条　对未报送备案或者不按时报送备案的，上一级税务机关应当要求制定机关限期报送；逾期仍不报送的，予以通报，并责令限期改正。

第四十条　税务行政相对人认为税务规范性文件违反法律、法规、规章或者上级税务规范性文件规定的，可以向制定机关或者其上一级税务机关书面提出审查的建议，制定机关或者其上一级税务机关应当依法及时研究处理。

有税务规范性文件制定权的税务机关应当建立书面审查建议的处理制度和工作机制。

第五章 文件清理

第四十一条 制定机关应当及时对税务规范性文件进行清理，形成文件清理长效机制。

清理采取日常清理和集中清理相结合的方法。

第四十二条 日常清理由业务主管部门负责。

业务主管部门应当根据立法变化以及税务工作发展需要，对税务规范性文件进行及时清理。

第四十三条 有下列情形之一的，制定机关应当进行集中清理：

（一）上级机关部署的；

（二）新的法律、法规颁布或者法律、法规进行重大修改，对税务执法产生普遍影响的。

第四十四条 集中清理由政策法规部门负责牵头组织，业务主管部门分工负责。

业务主管部门应当在规定期限内列出需要清理的税务规范性文件目录，并提出清理意见；政策法规部门应当对业务主管部门提出的文件目录以及清理意见进行汇总、审查后，提请集体讨论决定。

清理过程中，业务主管部门和政策法规部门应当听取有关各方意见。

第四十五条 对清理中发现存在问题的税务规范性文件，制定机关应当分类处理：

（一）有下列情形之一的，宣布失效：

1. 调整对象灭失；

2. 不需要继续执行的。

（二）有下列情形之一的，宣布废止：

1. 违反上位法规定的；

2. 已被新的规定替代的；

3. 明显不适应现实需要的。

（三）有下列情形之一的，予以修改：

1. 与本机关税务规范性文件相矛盾的；

2. 与本机关税务规范性文件相重复的；

3. 存在漏洞或者难以执行的。

税务规范性文件部分内容被修改的，应当全文发布修改后的税务规范性文件。

第四十六条　制定机关应当及时发布日常清理结果；在集中清理结束后，应当统一发布失效、废止的税务规范性文件目录。

上级税务机关发布清理结果后，下级税务机关应当及时对本机关制定的税务规范性文件相应进行清理。

第六章　附　　则

第四十七条　税务规范性文件的解释、修改或者废止，参照本办法的有关规定执行。

第四十八条　各级税务机关在税务规范性文件制定管理过程中，应当充分发挥公职律师的作用。

各级税务机关负有督察内审职责的部门应当加强对税务规范性文件制定管理工作的监督。

第四十九条　税务规范性文件合规性评估的具体实施办法由国家税务总局另行制定。

第五十条　本办法自2017年7月1日起施行。《税收规范性文件制定管理办法》（国家税务总局令第20号公布）同时废止。

交通运输部关于修改《通用航空经营许可管理规定》的决定

（2019年11月28日交通运输部令2019年第30号公布　自2020年1月1日起施行　国司备字［2019001200］）

交通运输部决定对《通用航空经营许可管理规定》（交通运输部令2016年第31号公布，交通运输部令2018年第36号修改）作如下修改：

一、将第八条修改为：“取得通用航空经营许可，应当具备下列基本条件：

“（一）从事通用航空经营活动的主体应当为企业法人，企业的法定代表人为中国籍公民；

“（二）购买或者租赁不少于两架民用航空器，航空器应当在中华人民共和国登记，符合适航标准；

“（三）有与民用航空器相适应，经过专业训练，取得相应执照的航空人员；

“（四）按规定投保地面第三人责任险；

"(五)法律、行政法规规定的其他条件。"

二、将第十条修改为:"申请人应当向企业住所地民航地区管理局提出通用航空经营许可的申请,按规定的格式提交以下申请材料并确保其真实、完整、有效:

"(一)通用航空经营许可申请书;

"(二)企业营业执照;

"(三)合法占有使用民用航空器的购租合同;

"(四)民用航空器的国籍登记证、适航证和装配的机载无线电台的执照;

"(五)驾驶员的执照,以及与申请人签订的有效劳动合同或者等效证明文件;

"(六)投保地面第三人责任险的投保文件或者等效证明文件。"

三、将第三十五条修改为:"违反本规定第三条,未取得经营许可证擅自从事通用航空经营活动,或者超出经营许可证载明的经营范围从事通用航空经营活动的,由民航局或者民航地区管理局责令停止违法活动,处违法所得三倍以下、最高不超过三万元的罚款,没有违法所得的,处一万元以下的罚款。"

四、删去第三十六条。

本决定自2020年1月1日起施行。

《通用航空经营许可管理规定》根据本决定作相应修改并对条文序号作相应调整,重新公布。

通用航空经营许可管理规定

(2016年4月7日交通运输部令2016年第31号公布　根据2018年11月16日《交通运输部关于修改〈通用航空经营许可管理规定〉的决定》第一次修正　根据2019年11月28日《交通运输部关于修改〈通用航空经营许可管理规定〉的决定》第二次修正)

第一章　总　　则

第一条　为了规范对通用航空的行业管理,促进通用航空安全、有序、健康发展,根据《中华人民共和国民用航空法》《中华人民共和国行政许可法》和国家有关法律、行政法规,制定本规定。

第二条　本规定适用于中华人民共和国境内(港澳台地区除外)从事经营性通用航空活动的通用航空企业的经营许可及相应的监督管理。

第三条 从事通用航空经营活动,应当取得通用航空经营许可。

取得通用航空经营许可的企业,应当遵守国家法律、行政法规和规章的规定,在批准的经营范围内依法开展经营活动。

第四条 中国民用航空局(以下简称民航局)对通用航空经营许可及相应监督管理工作实施统一管理。中国民用航空地区管理局(以下简称民航地区管理局)负责实施辖区内的通用航空经营许可管理工作。

第五条 实施通用航空经营许可管理遵循下列基本原则:

(一)促进通用航空事业发展,维护社会公共利益,保护消费者合法权益;

(二)符合通用航空发展政策;

(三)符合科学规划、市场引导、协调发展的要求;

(四)保障飞行及作业安全。

第六条 开展以下经营项目的企业应当取得通用航空经营许可:

(一)甲类 通用航空包机飞行、石油服务、直升机引航、医疗救护、商用驾驶员执照培训;

(二)乙类 空中游览、直升机机外载荷飞行、人工降水、航空探矿、航空摄影、海洋监测、渔业飞行、城市消防、空中巡查、电力作业、航空器代管、跳伞飞行服务;

(三)丙类 私用驾驶员执照培训、航空护林、航空喷洒(撒)、空中拍照、空中广告、科学实验、气象探测;

(四)丁类 使用具有标准适航证的载人自由气球、飞艇开展空中游览;使用具有特殊适航证的航空器开展航空表演飞行、个人娱乐飞行、运动驾驶员执照培训、航空喷洒(撒)、电力作业等经营项目。

其他需经许可的经营项目,由民航局确定。

抢险救灾不受上述项目的划分限制,按照民航局的有关规定执行。

第七条 民航局、民航地区管理局对从事经营性通用航空保障业务的企业实施监督管理。

第二章 经营许可条件和程序

第八条 取得通用航空经营许可,应当具备下列基本条件:

(一)从事通用航空经营活动的主体应当为企业法人,企业的法定代表人为中国籍公民;

(二)购买或者租赁不少于两架民用航空器,航空器应当在中华人民共和国登记,符合适航标准;

（三）有与民用航空器相适应，经过专业训练，取得相应执照的航空人员；

（四）按规定投保地面第三人责任险；

（五）法律、行政法规规定的其他条件。

第九条 具有下列情形之一的，民航地区管理局不予受理通用航空经营许可申请：

（一）不符合本规定第五条的；

（二）申请人因隐瞒有关情况或者提供虚假材料不予受理或者不予许可，一年内再次申请的；

（三）申请人因使用欺骗、贿赂等不正当手段被撤销通用航空经营许可证后，三年内再次申请的；

（四）申请人收到不予许可决定后，基于同样事实和材料再次提出经营许可申请的；

（五）法律、法规规定的不予受理的其他情形。

第十条 申请人应当向企业住所地民航地区管理局提出通用航空经营许可的申请，按规定的格式提交以下申请材料并确保其真实、完整、有效：

（一）通用航空经营许可申请书；

（二）企业营业执照；

（三）合法占有使用民用航空器的购租合同；

（四）民用航空器的国籍登记证、适航证和装配的机载无线电台的执照；

（五）驾驶员的执照，以及与申请人签订的有效劳动合同或者等效证明文件；

（六）投保地面第三人责任险的投保文件或者等效证明文件。

第十一条 有下列情形之一的人员，不得担任通用航空企业法定代表人（负责人）：

（一）未履行《安全生产法》规定的安全生产管理职责，导致发生生产安全事故，受刑事处罚或者撤职处分，执行期满未逾五年的；

（二）因贪污、贿赂、侵占财产、挪用财产或者破坏社会主义市场经济秩序，被判处刑罚，执行期满未逾五年的；

（三）担任因违法被吊销营业执照、责令关闭的公司、企业的法定代表人，并负有个人责任的，自该公司、企业被吊销营业执照之日起未逾三年的；

（四）法律、法规规定不得担任企业法定代表人（负责人）的其他情形。

对重大、特别重大生产安全事故负有责任的，终身不得担任通用航空企业法定代表人（负责人）。

第十二条 民航地区管理局应当自受理之日起二十日内作出是否准予许

可的决定。二十日内不能作出决定的,经民航地区管理局负责人批准,可以延长十日,并应当将延长期限的理由告知申请人。准予许可的,应当自作出决定之日起十日内向申请人颁发通用航空经营许可证(以下简称经营许可证);不予许可的,应当自作出决定之日起十日内书面通知申请人,说明理由,并告知申请人享有依法申请行政复议或者提起行政诉讼的权利。

民航地区管理局应当将颁发经营许可证的相关审核材料报送民航局备案,民航局定期公告通用航空经营许可情况。

第十三条 通用航空经营许可证应当载明:

(一)许可证编号;

(二)企业名称;

(三)企业住所;

(四)基地机场(起降场地);

(五)企业类型;

(六)法定代表人;

(七)经营范围;

(八)有效期限;

(九)颁发日期;

(十)许可机关印章。

第三章 经营许可证的管理

第十四条 通用航空经营许可证所载的事项需变更的,通用航空经营许可证持有人(以下简称许可证持有人)应当自变更事项发生之日起十五日内向住所地民航地区管理局提出变更申请。

第十五条 通用航空经营许可证有效期限为三年。

许可证持有人应当于经管许可证有效期届满三十日前,以书面形式向民航地区管理局提出换证申请,并提交相关申请材料。

民航地区管理局接到申请材料后,应当自受理之日起二十日内作出是否准予换证的决定。准予换证的,应当自作出决定之日起十日内向申请人颁发新的经营许可证,许可证持有人领取新的经营许可证时,应当交回原经营许可证;不符合条件的,应当自作出决定之日起十日内书面通知申请人、说明理由,告知申请人享有依法申请行政复议或者提起行政诉讼的权利。

第十六条 民航地区管理局应当将经营许可证的变更、换发、注销等情形的相关审核材料及时报民航局备案,民航局定期公告。

第十七条 经营许可证不得涂改、出借、买卖或者转让。

发生遗失、损毁、灭失等情况的,许可证持有人应当自发生之日起十五日内向住所地民航地区管理局申请补发,并在相关媒体发布公告。

第四章 监督检查

第十八条 许可证持有人开展经营活动时,应当履行下列义务:

(一)遵守国家法律法规和规章的要求,采取有效措施确保飞行安全;

(二)持续符合经营许可条件;

(三)在经营许可证载明的经营范围内进行经营活动;

(四)开展经管活动前,应当将经营活动信息向所在地民航地区管理局备案;跨地区开展经营活动前还应当将经营活动信息向活动所在地区的民航地区管理局备案,并接受监督管理;

(五)履行飞行活动的申报手续,在规定的空域内活动;

(六)按照国家标准和民航行业标准开展作业与服务;

(七)采取符合规定的环境保护措施;

(八)向民航局和民航地区管理局及时、真实、完整地报送安全生产经营情况、行业统计数据以及申领民航财政补贴所需信息;

(九)向民航局和民航地区管理局及时报备对企业运营产生重大影响的相关信息,如股权结构变更、机队构成调整等;

(十)公布服务合同样本及价格,明确与通用航空用户、机上乘客的权利义务关系;

(十一)确保持续具备赔偿责任承担能力,确保开展经营活动期间所投保的地面第三人责任险等强制保险足额、有效,鼓励投保航空器机身险、机上人员险等补充险种;

(十二)按照国家及民航有关规定,对参与飞行活动的人员进行有效的监督管理,并登记、保留相关人员资料;

(十三)未经监护人同意,不得允许未成年人参加飞行活动;

(十四)民航局规定的其他要求。

第十九条 许可证持有人拟设立分公司开展通用航空经营活动的,应当及时向住所地以及分公司所在地民航地区管理局备案。

第二十条 许可证持有人办理分公司备案应当提交如下材料:

(一)分公司情况说明,包括航空器、航空人员等情况,分公司运营管理、安全管理等组织机构设立情况等;

（二）分公司负责人的书面任职文件、资质和身份证明；

（三）分公司及负责人的通讯地址和联系方式；

（四）民航局规定的其他资料。

第二十一条 许可证持有人应当按照有关规定完成国家下达的抢险救灾任务。

第二十二条 民航局建立健全通用航空经营许可及相应监督管理工作的监督检查制度，及时纠正通用航空经营许可和相应监督管理过程中的违法行为。

第二十三条 有下列情形之一的，民航局、民航地区管理局依法撤销已作出的行政许可决定：

（一）工作人员滥用职权、玩忽职守，违规审核通用航空经营许可申请的；

（二）超越法定职权颁发通用航空经营许可证的；

（三）违反法定程序颁发通用航空经营许可证的；

（四）向不具备申请资格或者不符合规定条件的申请人颁发通用航空经营许可证的；

（五）申请人以欺骗、贿赂等不正当手段取得通用航空经营许可证的；

（六）依法可以撤销通用航空经营许可的其他情形。

第二十四条 民航地区管理局建立健全本地区通用航空经营活动的监督检查制度，对本辖区内的通用航空经营活动实施监督检查，依法查处违法开展的通用航空经营活动。

对跨地区违法开展经营活动的许可证持有人，违法事实发生地民航地区管理局进行查处后，应当将违法事实、处理结果抄告其住所地民航地区管理局。

第二十五条 民航地区管理局应当每年组织不少于一次的对本地区许可证持有人的生产经营情况和生产经营场所的年度检查，并向其出具年度检查意见。检查过程中，民航地区管理局有权依法查阅或者要求许可证持有人提供有关材料。

民航地区管理局应当对其他地区许可证持有人在本地区设立的分公司进行年度检查，向其出具年度检查意见并抄送许可证持有人住所地民航地区管理局。许可证持有人住所地民航地区管理局汇总后形成对相关许可证持有人的年检结论。

第二十六条 许可证持有人应当配合民航局、民航地区管理局执法人员的监督检查，如实、完整地提供有关情况和材料，不得隐瞒或者提供虚假信息。

第二十七条 依据年度检查意见，许可证持有人需进行整改的，民航地区管理局应责令其限期改正或者依法采取有效措施督促其改正。

需要整改的,许可证持有人应当在年度检查意见所规定的期限内完成整改工作,并在完成整改工作后十日内向民航地区管理局书面反馈整改情况。

第二十八条 许可证持有人的年度检查结论分为合格、不合格两类。

民航地区管理局应当将年度检查结论书面告知被检查人,同时报民航局备案。民航局汇总后定期公告许可证持有人的年度检查情况。

第二十九条 许可证持有人在年检周期内未发生违法违规行为,能够履行本规定设定义务的,其年检结论为合格。

第三十条 有以下情形之一的,许可证持有人的年检结论为不合格:

(一)有违反本规定行为,情节严重,且对安全运行、市场秩序等产生重大影响的;

(二)拒不接受年检或故意隐瞒、提供虚假情况的;

(三)未能在期限内完成整改或整改期限需超过一年的。

第三十一条 对年度检查结论为不合格的经营许可证持有人,民航局暂停其享受当年民航财政补贴和其他扶持政策的资格。

第三十二条 许可证持有人有下列情形之一的,民航地区管理局应不予办理换证:

(一)许可证逾期后提交换证申请的;

(二)连续三年的年度检查结论均为不合格的;

(三)许可证有效期内不能持续符合经营许可条件的。

第三十三条 许可证持有人有下列情形之一的,民航地区管理局应当依法办理经营许可证的注销手续:

(一)经营许可证有效期届满未换证的;

(二)法定代表人死亡或者丧失行为能力,未申请变更的;

(三)因破产、解散等原因被终止法人资格的;

(四)经营许可证依法被撤销或吊销的;

(五)经营许可证所载明的经营项目均被撤回的;

(六)自行申请注销的;

(七)法律、法规规定的应当注销的其他情形。

第三十四条 任何组织或个人有权向民航局、民航地区管理局举报违法开展的通用航空经营活动;民航局、民航地区管理局应当依法予以核实、处理。

第五章 法律责任

第三十五条 违反本规定第三条,未取得经营许可证擅自从事通用航空经营活动,或者超出经营许可证载明的经营范围从事通用航空经营活动的,由民航局或者民航地区管理局责令停止违法活动,处违法所得三倍以下、最高不超过三万元的罚款,没有违法所得的,处一万元以下的罚款。

第三十六条 申请人隐瞒有关情况或者提供虚假材料申请经营许可的,民航地区管理局不予受理或者不予许可,并给予警告。

申请人以欺骗、贿赂等不正当手段取得经营许可的,由民航地区管理局撤销该经营许可,并处三万元以下的罚款。

第三十七条 违反本规定第十四条,许可证持有人未按规定及时办理经营许可证变更手续的,由民航局或民航地区管理局给予警告,并处一万元以下的罚款。

第三十八条 违反本规定第十七条,许可证持有人涂改、出借、买卖、转让经营许可证的,由民航局或民航地区管理局责令整改,并处一万元以下的罚款;有违法所得的,处违法所得一倍以上三倍以下但不超过三万元的罚款。

第三十九条 违反本规定第十八条第(八)或(十一)项,作业飞行未保护环境的,或者未按规定投保地面第三人责任险或取得相应责任担保的,由民航局或民航地区管理局责令整改,并处一万元以下的罚款;情节严重的,责处一万至三万元的罚款;情节特别严重的,吊销经营许可证,并处三万元的罚款,通报工商行政管理部门。

第四十条 违反本规定第十九条,许可证持有人未按规定办理分公司备案的,由民航局或民航地区管理局责令整改,并处一万元以下的罚款;情节严重的,处一万元以上三万元以下的罚款。

第四十一条 违反本规定第二十六条,拒绝接受民航局、民航地区管理局监督检查,或故意隐瞒、提供虚假情况的,由民航局或民航地区管理局责令整改,并处三万元以下罚款。

第四十二条 许可证持有人不再具备安全生产条件的,民航局或民航地区管理局应及时撤销该许可证持有人的经营许可证,通报工商行政管理部门。构成犯罪的,依法追究刑事责任。

第六章 附 则

第四十三条 外商投资从事经营性通用航空活动的,除适用本规定外,还应当符合相关规定。

境外通用航空企业在中华人民共和国境内开展经营活动的管理办法,由民航局另行规定。

使用民用无人驾驶航空器进行经营性通用航空活动的管理办法，由民航局另行规定。

第四十四条 本规定自2016年6月1日起施行。民航总局2007年2月14日发布的《通用航空经营许可管理规定》(中国民用航空总局令第176号)同时废止。

附录 本规定术语解释(略)

交通运输部关于修改《快递业务经营许可管理办法》的决定

(2019年11月28日交通运输部令2019年第31号公布 自公布之日起施行 国司备字[2019001206])

交通运输部决定对《快递业务经营许可管理办法》(交通运输部令2018年第23号)作如下修改:

将第三十三条修改为:“被检查企业拒绝、阻碍邮政管理部门依法实施的监督检查的，依照有关法律、行政法规的规定予以处罚。”

本决定自公布之日起施行。

《快递业务经营许可管理办法》根据本决定作相应修改，重新公布。

快递业务经营许可管理办法

(2018年10月22日交通运输部令2018年第23号公布 根据2019年11月28日《交通运输部关于修改〈快递业务经营许可管理办法〉的决定》修订)

第一章 总 则

第一条 为了规范快递业务经营许可管理，促进快递业健康发展，根据《中华人民共和国邮政法》《中华人民共和国行政许可法》《快递暂行条例》等法律、行政法规，制定本办法。

第二条 快递业务经营许可的申请、审批以及相关监督管理，适用本办法。

第三条 国务院邮政管理部门和省、自治区、直辖市邮政管理机构以及按照国务院规定设立的省级以下邮政管理机构（以下统称邮政管理部门）负责快递业务经营许可管理工作。

第四条 快递业务经营许可管理遵循公开、公平、公正、便民、高效的原则。

邮政管理部门应当充分利用计算机网络、大数据等信息技术，提升快递业务经营许可管理服务效能。

第五条 经营快递业务，应当依法取得快递业务经营许可，并接受邮政管理部门及其他有关部门的监督管理；未经许可，任何单位和个人不得经营快递业务。

第二章　申请与受理

第六条 申请快递业务经营许可，应当符合《中华人民共和国邮政法》第五十二条的规定。

第七条 申请快递业务经营许可，应当具备下列服务能力：

（一）与申请经营的地域范围、业务范围相适应的服务网络和信件、包裹、印刷品、其他寄递物品（以下统称快件）的运递能力；

（二）能够提供寄递快件的业务咨询、电话查询和互联网信息查询服务；

（三）收寄、投递快件的，有与申请经营的地域范围、业务范围相适应的场地或者设施；

（四）通过互联网等信息网络经营快递业务的，有与申请经营的地域范围、业务范围相适应的信息处理能力，能够保存快递服务信息不少于3年；

（五）对快件进行分拣、封发、储存、交换、转运等处理的，有封闭的、面积适宜的处理场地，配置相应的设备，且符合邮政管理部门和国家安全机关依法履行职责的要求。

在省、自治区、直辖市范围内专门从事快件收寄、投递服务的，应当具备前款第一项至第四项的服务能力；还应当与所合作的经营快递业务的企业签订书面协议或者意向书。

第八条 申请快递业务经营许可，应当具备下列服务质量管理制度和业务操作规范：

（一）服务种类、服务时限、服务价格等服务承诺公示管理制度；

（二）投诉受理办法、赔偿办法等管理制度；

（三）业务查询、收寄、分拣、投递等操作规范。

第九条 申请快递业务经营许可，根据其申请经营的业务范围，应当具备下列安全保障制度和措施：

（一）从业人员安全、用户信息安全等保障制度；

（二）突发事件应急预案；

（三）收寄验视、实名收寄等制度；

（四）快件安全检查制度；

（五）配备符合国家规定的监控、安检等设备设施；

（六）配备统一的计算机管理系统，配置符合邮政管理部门规定的数据接口，能够提供快递服务有关数据；

（七）监测、记录计算机管理系统运行状态的技术措施；

（八）快递服务信息数据备份和加密措施。

第十条 申请经营国际快递业务的，还应当能够向有关部门提供寄递快件的报关数据，位于机场和进出口岸等属于海关监管的处理场地、设施、设备应当符合海关依法履行职责的要求。

第十一条 申请快递业务经营许可，应当向《中华人民共和国邮政法》第五十三条第一款规定的邮政管理部门提交下列材料：

（一）快递业务经营许可申请书；

（二）企业名称预先核准材料或者企业法人营业执照；

（三）符合本办法第七条至第十条规定条件的情况说明；

（四）法律、行政法规规定的其他材料。

快递业务经营许可申请可以通过邮政管理部门信息系统提出。

第十二条 邮政管理部门对申请人提出的快递业务经营许可申请，应当依照《中华人民共和国行政许可法》第三十二条的规定作出处理。

第三章 审查与决定

第十三条 邮政管理部门应当自受理快递业务经营许可申请之日起45个工作日内进行审查，作出批准或者不予批准的决定。予以批准的，颁发《快递业务经营许可证》并公告；不予批准的，书面通知申请人并说明理由。

邮政管理部门审查快递业务经营许可申请，应当考虑国家安全等因素，并征求有关部门的意见。

第十四条 在国务院邮政管理部门规定的区域内，对本办法第十条规定的报关数据和处理场地、设施、设备条件，申请人在提出快递业务经营许可申请时未实际具备，但是承诺在约定期限内能够达到的，受理申请的邮政管理部门可以认定申请人符合有关条件。约定期限自邮政管理部门作出行政许可决定之日起不超过6个月。

邮政管理部门应当对被许可人是否在约定期限内履行承诺进行检查。发现被许可人实际情况与承诺内容不符的，邮政管理部门应当撤销快递业务经营许可。

第十五条 国务院邮政管理部门和省、自治区、直辖市邮政管理机构可以依照《中华人民共和国行政许可法》第二十四条的规定，委托下级邮政管理部门实施快递业务经营许可有关工作。

第四章 许可管理

第十六条 《快递业务经营许可证》记载事项发生变化的，经营快递业务的企业应当向作出行政许可决定的邮政管理部门提出申请；邮政管理部门依法办理变更手续。

经营快递业务的企业提交的变更行政许可事项申请材料齐全、符合法定形式的，邮政管理部门应当依法受理，作出批准或者不予批准变更的决定；提交的变更行政许可事项申请材料不齐全或者不符合法定形式的，邮政管理部门应当一次性告知需要补正的全部内容。

第十七条 快递业务经营许可的有效期为5年。

经营快递业务的企业需要延续快递业务经营许可有效期的，应当在有效期届满30日前向作出行政许可决定的邮政管理部门提出申请；未在有效期届满30日前提出申请的，邮政管理部门可以不再受理。

第十八条 经营快递业务的企业应当按照《快递业务经营许可证》记载的业务范围、地域范围和有效期限开展快递业务经营活动。

第十九条 经营快递业务的企业应当在每年4月30日前向邮政管理部门提交快递业务经营许可年度报告。

第二十条 经营快递业务的企业在快递业务经营许可有效期内停止经营的，应当提前10日向社会公告，书面告知作出行政许可决定的邮政管理部门，交回《快递业务经营许可证》，并依法妥善处理未投递的快件。

第二十一条 经营快递业务的企业有下列情形之一的，邮政管理部门应当依法注销快递业务经营许可并公告：

（一）快递业务经营许可有效期届满未延续的；

（二）企业法人资格依法终止的；

（三）快递业务经营许可依法被撤销、撤回的，或者《快递业务经营许可证》依法被吊销的；

（四）法律、法规规定的其他情形。

第二十二条 经营快递业务的企业有下列情形之一的，邮政管理部门应当公告作废《快递业务经营许可证》：

（一）快递业务经营许可有效期内停止经营，主动交回《快递业务经营许可证》的；

（二）快递业务经营许可有效期内停止经营超过6个月，被邮政管理部门责令交回《快递业务经营许可证》，但拒不交回或者逾期未交回的；

（三）国务院邮政管理部门规定的其他情形。

第二十三条 经营快递业务的企业吸收其他企业法人进行合并的或者分立后仍然存续的，应当向作出快递业务经营许可决定的邮政管理部门备案。经营快递业务的企业设立分公司、营业部等非法人分支机构的，应当向分支机构所在地邮政管理部门备案，取得分支机构名录。分支机构的监控、安检设备设施应当符合邮政业安全生产设备配置有关要求。

经营快递业务的企业撤销分支机构或者其分支机构名录记载事项发生变化的，应当向分支机构所在地邮政管理部门撤销、变更备案。

第二十四条 有下列情形之一的，由分支机构备案的邮政管理部门公告作废相关分支机构名录：

（一）经营快递业务的企业撤销分支机构或者依法变更分支机构的经营范围取消快递业务的；

（二）经营快递业务的企业设立分支机构向邮政管理部门备案时隐瞒真实情况、弄虚作假的；

（三）分支机构停止经营快递业务超过6个月的；

（四）分支机构被吊销营业执照或者被国家机关依法责令关闭、关停的；

（五）法律、行政法规和国务院邮政管理部门规定的其他情形。

第二十五条 经营快递业务的企业及其分支机构可以根据业务需要开办快递末端网点，并应当自开办之日起20日内向快递末端网点所在地邮政管理部门备案。经营快递业务的企业及其分支机构对其开办的快递末端网点承担服务质量责任和安全主体责任。

开办快递末端网点的企业、分支机构撤销快递末端网点或者快递末端网点的备案信息发生变化的，应当按照邮政管理部门的规定向原备案机关撤销、变更备案。

第二十六条 《快递业务经营许可证》应当按照国务院邮政管理部门规定的统一式样印制。

任何单位和个人不得伪造、涂改、冒用、租借、倒卖《快递业务经营许可证》以及邮政管理部门提供的备案文件。

第五章 监督检查

第二十七条 邮政管理部门依照《快递暂行条例》第三十六条和第三十七条的规定进行监督检查。被检查企业应当配合监督检查,不得拒绝、阻碍。

第二十八条 邮政管理部门依照《快递暂行条例》第三十六条的规定,重点监督检查下列事项:

(一)经营快递业务的企业实际情况是否与《快递业务经营许可证》记载事项相符合;

(二)快递业务经营许可的变更、延续、注销以及年度报告等执行情况;

(三)分支机构和快递末端网点备案情况;

(四)法律、行政法规规定的其他内容。

第二十九条 任何单位和个人发现邮政管理部门的工作人员在实施快递业务经营许可以及相关监督管理过程中有违法行为,可以向邮政管理部门举报。

第六章 法律责任

第三十条 申请人申请快递业务经营许可时隐瞒真实情况、弄虚作假的,邮政管理部门不予受理或者不予批准,并给予警告,1 年内不再受理其快递业务经营许可申请。

以欺骗、贿赂等不正当手段取得快递业务经营许可的,由邮政管理部门依法撤销行政许可,处 1 万元以上 3 万元以下的罚款;申请人在 3 年内不得再次申请经营快递业务。

经营快递业务的企业伪造、涂改、冒用、租借、倒卖《快递业务经营许可证》或者邮政管理部门提供的备案文件的,由邮政管理部门处 1 万元以上 3 万元以下的罚款。

第三十一条 快递企业设立分支机构、吸收其他企业法人进行合并或者分立后仍然存续,未向邮政管理部门备案的,依照《中华人民共和国邮政法》第七十三条的规定给予处罚。

除前款规定外,经营快递业务的企业未按照本办法规定办理分支机构备案、撤销、变更手续,或者未按照规定提交快递业务经营许可年度报告的,由邮政管理部门责令改正,可以处1万元以下的罚款。

经营快递业务的企业提交快递业务经营许可年度报告、备案材料时隐瞒真实情况、弄虚作假的,由邮政管理部门责令改正,可以处1万元以上3万元以下的罚款。

第三十二条 经营快递业务的企业或者其分支机构开办快递末端网点未向所在地邮政管理部门备案的,由邮政管理部门责令改正,依照《快递暂行条例》第四十条的规定给予处罚;未按照规定向邮政管理部门撤销、变更备案的,由邮政管理部门责令改正,可以处1万元以下的罚款。

第三十三条 被检查企业拒绝、阻碍邮政管理部门依法实施的监督检查的,依照有关法律、行政法规的规定予以处罚。

第三十四条 申请人以及其他单位和个人隐瞒有关情况、提供虚假材料的,邮政管理部门应当记入其快递业信用记录,并可以实施联合惩戒。

第三十五条 邮政管理部门工作人员在快递业务经营许可管理工作中滥用职权、玩忽职守、徇私舞弊的,依法给予处分。

第七章 附 则

第三十六条 本办法自2019年1月1日起施行。交通运输部于2009年9月1日以交通运输部令2009年第12号公布,2013年4月12日以交通运输部令2013年第4号、2015年6月24日以交通运输部令2015年第15号修改的《快递业务经营许可管理办法》同时废止。

交通运输部关于修改《港口工程建设管理规定》的决定

(2019年11月28日交通运输部令2019年第32号公布 自公布之日起施行 国司备字[2019001227])

交通运输部决定对《港口工程建设管理规定》(交通运输部令2018年第42号)作如下修改:

一、将第四十二条修改为"港口工程建设项目建成后,符合竣工验收条件的，项目单位应当及时办理港口工程竣工验收手续。”

二、删去第四十三条。

三、删去第四十七条第三项。

四、删去第四十九条第四项。

五、删去附件1“XX工程竣工验收报告”中的“六、试运行报告”部分。

条文序号作相应调整。

本决定自公布之日起施行。

《港口工程建设管理规定》根据本决定作相应修改，重新发布。

港口工程建设管理规定

（2018年1月15日交通运输部令2018年第2号公布　根据2018年11月28日《交通运输部关于修改〈港口工程建设管理规定〉的决定》第一次修订　根据2019年11月28日《交通运输部关于修改〈港口工程建设管理规定〉的决定》第二次修订）

第一章　总　　则

第一条　为了加强港口工程建设管理，规范港口工程建设活动，保证港口工程质量，根据《中华人民共和国港口法》《建设工程质量管理条例》《建设工程勘察设计管理条例》《企业投资项目核准和备案管理条例》等法律、行政法规，制定本规定。

第二条　在中华人民共和国境内从事港口工程建设活动，适用本规定。

本规定所称港口工程建设，是指在港口规划范围内，为实现港口功能进行新建、改建和扩建的码头工程（含舾装码头工程）及其同时立项的配套设施、防波堤、锚地、护岸等工程建设。

第三条　交通运输部主管全国港口工程建设的行业管理工作。

省级交通运输主管部门负责本行政区域内港口工程建设的监督管理工作。

所在地港口行政管理部门按照地方人民政府的规定具体实施本行政区域内港口工程建设的监督管理工作。

第四条　港口工程建设应当符合法规、技术标准和港口规划。

第五条　港口工程安全设施应当与主体工程同时设计、同时施工、同时投入使用。

新建、改建、扩建的码头工程应当规划、设计和建设岸基供电设施。已建成的码头应当逐步实施岸基供电设施改造。

港口工程应当按照法规和技术标准要求同时建设船舶污染物接收设施，并做好与城市公共转运、处置设施的衔接。

客运码头工程应当按照法规和技术标准要求建设客运设施，满足旅客安全、便捷出行需要。

第六条 鼓励港口工程建设采用新技术、新设备、新工艺、新材料，推行施工质量和安全标准化管理，加强施工安全风险管控，科学组织建设。

第七条 港口工程建设的项目单位（以下简称项目单位）应当通过登录国家建立的项目在线监管平台（以下简称在线平台）进行项目申报，并按照要求填写开工建设、建设进度、竣工等信息。

省级交通运输主管部门、所在地港口行政管理部门应当利用在线平台进行在线审批、在线监测、协同监管等，提高信息化管理水平。

第二章 建设程序管理

第八条 港口工程建设项目应当按照国家规定的建设程序进行。除国家另有规定外，不得擅自简化基本建设程序。

第九条 政府投资的港口工程建设项目应当执行以下建设程序：

（一）开展工程预可行性研究，编制项目建议书；

（二）根据批准的项目建议书，进行工程可行性研究，编制可行性研究报告；

（三）根据批准的可行性研究报告，编制初步设计文件；

（四）根据批准的初步设计文件，编制施工图设计文件；

（五）办理施工图设计审批手续；

（六）根据国家有关规定，依法办理开工前相关手续，具备条件后开工建设；

（七）组织工程实施；

（八）工程完工后，编制竣工材料，进行工程竣工验收的各项准备工作；

（九）组织竣工验收。

第十条 企业投资的港口工程建设项目应当执行以下建设程序：

（一）编制项目申请书或者填写备案信息，履行核准或者备案手续；

（二）根据核准的项目申请书或者备案信息，编制初步设计文件；

（三）根据批准的初步设计文件，编制施工图设计文件；

（四）办理施工图设计审批手续；

（五）根据国家有关规定，依法办理开工前相关手续，具备条件后开工建设；

（六）组织工程实施；

（七）工程完工后，编制竣工材料，进行工程竣工验收的各项准备工作；

（八）组织竣工验收。

第十一条 储存、装卸危险货物的港口工程建设项目，项目单位除执行本规定第九条、第十条的规定外，还应当按照《中华人民共和国安全生产法》《危险化学品安全管理条例》《港口危险货物安全管理规定》等要求，办理安全条件审查、安全设施设计审查手续，组织安全设施验收。

第十二条 港口工程建设项目需要使用港口岸线的，项目单位应当按照港口岸线使用的管理规定办理港口岸线使用手续。未取得岸线使用批准文件或者交通运输部关于岸线使用的意见，不得开工建设。

第十三条 交通运输部负责国家重点水运工程建设项目初步设计审批。

省级交通运输主管部门负责经省级人民政府及其投资主管部门审批、核准或者备案的港口工程建设项目初步设计审批。

所在地港口行政管理部门负责其余港口工程建设项目初步设计审批。

第十四条 项目单位应当向有审批权限的交通运输主管部门或者所在地港口行政管理部门申请初步设计审批，并提供以下材料：

（一）申请文件；

（二）初步设计文件；

（三）经批准的可行性研究报告，或者经核准的项目申请书，或者备案证明。

第十五条 编制港口工程建设项目初步设计文件，应当符合以下要求：

（一）建设方案符合港口总体规划；

（二）建设规模、标准及主要建设内容等符合项目审批、核准文件或者备案信息；

（三）设计符合有关技术标准，编制格式和内容符合水运工程设计文件编制要求。

第十六条 所在地港口行政管理部门负责港口工程建设项目施工图设计审批，对施工图设计文件中涉及公共利益、公众安全、工程建设强制性标准的内容进行审查。

第十七条 项目单位应当向所在地港口行政管理部门申请施工图设计审批，并提供以下材料：

（一）申请文件；

（二）施工图设计文件；

（三）经批准的初步设计文件。

施工图设计文件应当集中报批。对于工期长、涉及专业多的项目，可以分批报批。项目单位在首次申请施工图设计文件审批时，应当将分批安排报所在地港口行政管理部门。

第十八条 编制港口工程建设项目施工图设计文件，应当符合以下要求：

（一）建设规模、标准及主要建设内容符合经批准的初步设计文件；

（二）设计符合有关技术标准，编制格式和内容符合水运工程设计文件编制要求。

第十九条 对于技术复杂、难度较大、风险较大的港口工程建设项目，交通运输主管部门或者所在地港口行政管理部门在审批初步设计前应当委托另一设计单位进行技术审查咨询。受委托的设计单位资质等级应当不低于原初步设计文件编制单位资质等级。

所在地港口行政管理部门在审批施工图设计前可以委托另一设计单位进行技术审查咨询。受委托的设计单位资质等级应当不低于原施工图设计文件编制单位资质等级。

第二十条 技术审查咨询主要核查以下内容，并对工程设计方案和概（预）算编制提出合理化建议：

（一）工程建设规模和主要建设内容与项目审批、核准文件或者备案信息的符合性；

（二）工程设计与强制性标准的符合性；

（三）总平面布置、主要工艺流程、主要设备配置的合理性；

（四）地基基础、主体结构的合理性、安全性、稳定性、耐久性；

（五）环境保护、安全、职业病防护、消防、节能等涉及公共安全、公众利益的工程措施与强制性标准的符合性；

（六）工程概（预）算的编制依据和方法的合理性。

第二十一条 交通运输主管部门、所在地港口行政管理部门应当在法定期限内对受理的设计审批申请作出书面决定，并告知项目单位；需要延长审批时限的，应当依法按照程序办理。

第二十二条 港口工程建设项目设计文件经批准后方可使用。

第二十三条 对于建设内容简单、投资规模较小的按照备案管理的港口工程建设项目，初步设计和施工图设计可以合并设计，深度应当达到施工图设计要求。

第三章　建设实施管理

第二十四条　项目单位应当在立项审批、核准文件及其他文件规定的有效期内开工建设。在有效期内不能开工建设的，应当按照规定在有效期届满前申请延期。

第二十五条　港口工程建设项目在条件具备后方可开工建设。项目单位在开工建设前，应当完成法规规定的各项手续，登录在线平台填写项目开工基本信息，并接受省级交通运输主管部门、所在地港口行政管理部门等对项目依法负有监督管理职责的相关部门的监管。

所在地港口行政管理部门应当通过在线监测、现场核查等方式加强对项目开工建设的监管。

第二十六条　项目单位依据国家有关规定对港口工程建设项目实行全过程管理，对工程质量和安全管理负总责。

项目单位应当符合《水运建设市场监督管理办法》规定的管理能力；不具备管理能力的，应当按照规定委托符合条件的代建单位进行项目建设管理。

第二十七条　经核准的企业投资港口工程建设项目建设地点发生变更，或者建设规模、内容发生较大变更的，项目单位应当向项目核准机关提出变更申请。已备案的企业投资港口工程建设项目信息发生较大变更的，企业应当及时告知备案机关。

政府投资的港口工程建设项目投资概算超过项目批准的投资估算10%的，或者项目建设地点、建设内容及规模发生重大变化的，项目单位应当按照项目审批机关的要求重新报送可行性研究报告。

第二十八条　港口工程建设项目出现批准机关调整审批、核准文件或者重新办理备案的，项目单位应当向初步设计审批部门申请调整初步设计审批内容。

第二十九条　港口工程建设项目设计文件一经批准，应当严格遵照执行，不得擅自变更。确需对设计文件内容进行变更的，应当履行相关手续后方可实施。

第三十条　港口工程建设项目设计变更应当符合强制性标准和技术规范，满足工程安全、质量、使用功能和环境保护等要求。

第三十一条　设计变更发生下列情形之一的，由原初步设计审批部门审批：

（一）对工程总平面布置进行重大调整，主要包括水域设计水深、码头或者防波堤顶高程、陆域生产区主要布置形式、防波堤轴向或者口门尺度等；

（二）改变主要水工建筑物结构型式；

（三）改变主要装卸工艺方案；

（四）政府投资港口工程建设项目超出初步设计批准总概算但在项目批准的投资估算10%以内。

前款规定的设计变更涉及施工图设计重大修改的，还应当由原施工图设计审批部门审批。

第三十二条 设计变更发生下列情形之一的，由原施工图设计审批部门审批：

（一）对工程总平面布置进行较大调整，主要包括水域主要布置形式、陆域辅助生产区主要布置形式等；

（二）调整主要生产建筑物结构型式；

（三）调整主要装卸工艺设备配置规模。

第三十三条 审批部门在批准设计变更时，可以委托另一设计单位进行技术审查咨询。受委托的设计单位资质等级应当不低于原设计文件编制单位资质等级。

第三十四条 本规定第三十一条、第三十二条以外的设计变更，项目单位应当加强管理，制定设计变更内部管理程序，不得随意变更设计内容，或者采取肢解设计变更内容等方式规避设计变更审批手续。

第三十五条 港口工程建设项目设计变更文件应当由原设计单位编制，或者经原设计单位书面同意，也可以由其他具有相应资质的设计单位编制。编制单位对设计变更文件承担相应责任。

第三十六条 申请港口工程建设项目设计变更，应当提交以下材料：

（一）申请文件；

（二）设计变更文件，内容包括港口工程建设项目的基本情况、拟变更的主要内容以及设计变更的合理性论证；设计变更前后相应的勘察、设计图纸；工程量、概算变化对照清单和分项投资等。

第三十七条 因应急抢险等紧急情况引起本规定第三十一条、第三十二条规定的设计变更情形的，项目单位可以先行组织实施，但应当在10个工作日内书面报告设计变更审批部门，并按照要求及时履行相应的设计变更手续。

第四章 验收管理

第三十八条 港口工程建设项目应当按照法规和国家有关规定及时组织

竣工验收,经竣工验收合格后方可正式投入使用。

本规定所称竣工验收,是指港口工程建设项目完工后、正式投入使用前,对工程交工验收、执行强制性标准、投资使用等情况进行全面检查验收,以及对工程建设、设计、施工、监理等工作进行综合评价。

第三十九条 港口工程建设项目合同段完工后,由项目单位组织设计、施工、监理、试验检测等单位进行交工验收,并邀请所在地港口行政管理部门参加。

第四十条 交工验收应当具备以下条件:

(一)合同约定的各项内容已建设完成,未遗留有碍船舶航行和港口作业安全的隐患;

(二)项目单位组织对工程质量的检测结果合格;

(三)监理单位对工程质量的评定(评估)合格;

(四)质量监督机构对工程交工质量核验合格;

(五)设计单位、施工单位、监理单位已完成工作总结报告。

第四十一条 交工验收的主要工作内容:

(一)检查合同执行情况,核验工程建设内容与批复的设计内容是否一致;

(二)检查施工自检报告、施工总结报告及施工资料;

(三)检查监理单位独立抽检资料、监理总结报告及质量评定资料;

(四)检查设计单位对工程设计符合性评价意见和设计总结报告;

(五)检查工程实体质量;

(六)对合同是否全面执行、工程质量是否合格作出结论,出具交工验收意见。

第四十二条 港口工程建设项目建成后,符合竣工验收条件的,项目单位应当及时办理港口工程竣工验收手续。

第四十三条 国家重点水运工程建设项目由项目单位向省级交通运输主管部门申请竣工验收。

前款规定以外的港口工程建设项目,属于政府投资的,由项目单位向所在地港口行政管理部门申请竣工验收;属于企业投资的,由项目单位组织竣工验收。

所在地港口行政管理部门应当加强对项目单位验收活动和验收结果的监督核查。

第四十四条 省级交通运输主管部门或者所在地港口行政管理部门应当按照国家规定的程序和时限完成港口工程竣工验收。竣工验收合格的,应当签发《港口工程竣工验收证书》。

第四十五条 港口工程建设项目竣工验收的主要依据是:

(一)法规及相关技术标准、规范;

(二)项目审批、核准文件或者备案证明;

(三)项目初步设计、施工图设计、设计变更等批准文件;

(四)主要设备技术规格或者说明书;

(五)合同文件。

第四十六条 港口工程建设项目竣工验收应当具备以下条件:

(一)已按照批准的工程设计和有关合同约定的各项内容建设完成,各合同段交工验收合格;建设项目有尾留工程的,尾留工程不得影响建设项目的投产使用,尾留工程投资额可以根据实际测算投资额或者按照工程概算所列的投资额列入竣工决算报告,但不超过工程总投资的5%;

(二)主要工艺设备或者设施通过调试具备生产条件;

(三)环境保护设施、安全设施、职业病防护设施、消防设施已按照有关规定通过验收或者备案;航标设施以及其他辅助性设施已按照《中华人民共和国港口法》的规定,与港口工程同时建设,并保证按期投入使用;

(四)竣工档案资料齐全,并通过专项验收;

(五)竣工决算报告编制完成,按照国家有关规定需要审计的,已完成审计;

(六)廉政建设合同已履行。

第四十七条 项目单位向所在地港口行政管理部门申请竣工验收,应当提交以下材料:

(一)申请文件;

(二)竣工验收报告。

第四十八条 申请或者组织竣工验收前,项目单位应当组织编制竣工验收报告,竣工验收报告应当包括以下内容:

(一)项目单位工作报告;

(二)设计、施工、监理等单位的工作报告;

(三)质量监督机构出具的交工质量核验意见;

(四)竣工决算报告(按照国家有关规定需要审计的,应当包括竣工决算审计报告);

(五)环境保护设施、安全设施、职业病防护设施、消防设施已按照有关部门规定通过验收或者备案的相关文件;

(六)有关批准文件。

第四十九条 港口工程建设项目竣工验收的主要内容:

（一）检查工程执行有关部门批准文件情况；

（二）检查工程实体建设情况，核查质量监督机构出具的交工质量核验意见；

（三）检查工程合同履约情况；

（四）检查工程执行强制性标准情况；

（五）检查环境保护设施、安全设施、职业病防护设施、消防设施、档案等验收或者备案情况；

（六）检查竣工验收报告编制情况；

（七）检查廉政建设合同执行情况；

（八）对存在问题和尾留工程提出处理意见；

（九）对港口工程建设、设计、施工、监理等单位的工作作出综合评价；

（十）对工程竣工验收是否合格作出结论，出具竣工验收现场核查报告。

第五十条 港口工程建设项目竣工验收应当成立竣工验收现场核查组对工程进行现场核查。

竣工验收现场核查组应当由验收组织部门或者单位、所在地港口行政管理部门、质量监督机构、项目单位人员和专家等组成，并应当邀请海事管理机构等其他依法对项目负有监督管理职责的相关部门参加。

工程设计、施工、监理、试验检测等单位人员应当参加现场核查。

第五十一条 竣工验收现场核查组成员应当为9人以上单数，其中专家不少于5人；竣工验收现场核查组组长由负责组织竣工验收的部门或者单位人员担任。

对于建设内容简单、投资规模较小的备案项目，竣工验收现场核查组可以由7人以上单数组成，其中专家不少于4人。

第五十二条 竣工验收专家应当具有一定的水运工程建设和管理经验，具备良好的职业道德，具有高级专业技术职称，且不得与项目单位以及勘察、设计、施工、监理、试验检测等单位有直接利害关系。

第五十三条 竣工验收现场核查组应当对照港口工程竣工验收主要内容，客观公正、实事求是地对工程进行现场核查，形成竣工验收现场核查报告。

第五十四条 竣工验收现场核查报告应当全面反映竣工验收现场核查工作开展情况和工程建设实际情况，并明确作出竣工验收合格或者不合格的核查结论。

第五十五条 竣工验收现场核查报告由竣工验收现场核查组全体成员签字。

竣工验收现场核查组成员对核查结论有不同意见的，应当以书面形式说明其不同意见和理由，竣工验收现场核查报告应当注明不同意见。竣工验收现场核查组组长应当组织全体成员对不同意见进行研究，提出竣工验收是否合格的核查结论。

竣工验收现场核查组成员拒绝在核查报告上签字，又不书面说明其不同意见和理由的，视为同意核查结论。

第五十六条 竣工验收现场核查报告明确竣工验收合格但提出整改要求的，项目单位应当进行整改，将整改情况形成书面材料存档；竣工验收现场核查报告明确竣工验收不合格的，项目单位整改后应当重新申请或者组织竣工验收。

第五十七条 港口工程建设项目竣工验收合格后15日内，由项目单位负责组织竣工验收的，项目单位应当将修改完善的竣工验收报告和竣工验收现场核查报告报所在地港口行政管理部门。由省级交通运输主管部门或者所在地港口行政管理部门负责组织竣工验收的，省级交通运输主管部门或者所在地港口行政管理部门应当按照要求将竣工验收报告和竣工验收现场核查报告报上一级交通运输主管部门。

省级交通运输主管部门、所在地港口行政管理部门应当在港口工程建设项目竣工验收后30日内向海事管理机构通报通航技术尺度等信息。

第五十八条 港口工程建设项目竣工验收合格后，项目单位应当按照要求及时登录在线平台填报竣工基本信息。

第五十九条 交通运输主管部门、所在地港口行政管理部门应当通过市场检查、专项督查等方式对项目单位组织的竣工验收工作进行监督检查。上级交通运输主管部门应当对省级交通运输主管部门或者所在地港口行政管理部门组织的竣工验收工作进行监督检查。

第六十条 对于一次设计、分期建成的港口工程建设项目，可以对已建成具有独立使用功能并符合竣工验收条件的部分港口工程建设项目进行分期竣工验收。企业投资的港口工程建设项目的分期竣工验收方案应当报所在地港口行政管理部门。

第六十一条 港口工程建设项目有尾留工程的，项目单位应当落实竣工验收现场核查报告对尾留工程的处理意见。尾留工程完工并符合交工验收条件后，项目单位应当组织尾留工程验收，验收通过后将相关资料报所在地港口行政管理部门。

第六十二条 港口工程建设项目竣工验收合格后，项目单位应当按照国家有关规定办理档案、固定资产交付使用等相关手续；需要进行港口经营的，应当按照《港口经营管理规定》的要求办理相关手续。

第五章 工程信息及档案管理

第六十三条 港口工程建设项目实行信息报送制度。

第六十四条 省级交通运输主管部门、所在地港口行政管理部门应当按照政府信息公开和报送的要求,做好工程建设项目信息的公开和报送工作。

第六十五条 项目单位应当自工程开工建设之日起按照统计制度规定每月报送工程建设信息,并登录在线平台填报项目建设动态进度基本信息。

项目单位应当指定信息员及时进行信息的收集、整理、统计和报送工作,确保信息真实、准确和完整,不得谎报、瞒报、漏报。

第六十六条 项目单位应当建立健全工程档案管理制度,保证档案资料真实、准确和完整,督促勘察、设计、施工、监理、试验检测等单位加强建设项目档案管理,按照有关规定办理工程竣工档案专项验收。

第六十七条 项目单位应当按照国家有关规定负责港口工程建设项目档案的收集、整理和归档,包括纸质技术档案资料、电子技术档案资料、影像及图片资料等。

第六十八条 港口工程建设项目勘察、设计、施工、监理、试验检测等单位应当加强资料档案的管理,按照国家有关规定建立健全工程项目档案,对各环节的文件、图片、影像等资料进行立卷归档。

第六章 法律责任

第六十九条 项目单位有下列行为之一的,由所在地港口行政管理部门责令改正,处20万元以上50万元以下的罚款:

(一)施工图设计未经批准,擅自开工建设的;

(二)施工图设计经批准后,对本规定第三十一条、第三十二条规定的情形擅自作出变更或者采取肢解变更内容等方式规避审批并开工建设的。

第七十条 项目单位有下列行为之一的,由所在地港口行政管理部门责令停止使用,处工程合同价款2%以上4%以下的罚款:

(一)未组织竣工验收或者验收不合格,擅自交付使用的;

(二)对不符合竣工验收条件和要求的项目按照合格项目验收的。

第七十一条 项目单位违反本规定未按时报送项目建设信息的,由所在地港口行政管理部门责令限期整改;省级交通运输主管部门或者所在地港口行政管理部门违反本规定未按时报送相关信息的,由其上级交通运输主管部门责令限期整改。

第七十二条 交通运输主管部门、所在地港口行政管理部门在办理设计审批、设计变更、竣工验收等手续中存在滥用职权、玩忽职守、徇私舞弊等行为的,由有关行政主管部门对直接责任人给予行政处分;构成犯罪的,由司法机关依法追究刑事责任。

第七章 附 则

第七十三条 本规定所称国家重点水运工程建设项目,是指国务院投资主管部门审批、核准或者交通运输部审批的港口工程建设项目。

第七十四条 本规定第十四条、第十七条、第三十六条、第四十七条要求提供的材料,可以是纸质文本或者电子文本。

第七十五条 港口公用航道工程按照交通运输部关于航道工程建设管理的有关规定执行。

第七十六条 本规定自2018年3月1日起施行。2007年4月24日以交通部令2007年第5号发布的《港口建设管理规定》、2005年4月12日以交通部令2005年第2号发布的《港口工程竣工验收办法》、2014年9月5日以交通运输部令2014年第12号发布的《关于修改〈港口工程竣工验收办法〉的决定》、2016年4月19日以交通运输部令2016年第44号发布的《关于修改〈港口工程竣工验收办法〉的决定》同时废止。

附件1 ××工程竣工验收报告(略)
附件2 ××工程竣工验收现场核查报告(略)
附件3 港口工程建设项目竣工验收证书(略)

交通运输部关于修改《中华人民共和国港口设施保安规则》的决定

(2019年11月28日交通运输部令2019年第33号公布 自公布之日起施行 国司备字[2019001225])

交通运输部决定对《中华人民共和国港口设施保安规则》(交通运输部令

2019年第14号)作出如下修改:

删去第三十七条第二项。

条文序号作相应调整。

本决定自公布之日起施行。

《中华人民共和国港口设施保安规则》根据本决定作相应修正,重新发布。

中华人民共和国港口设施保安规则

(2007年12月17日交通部令2007年第10号公布　根据2016年9月2日《交通运输部关于修改〈中华人民共和国港口设施保安规则〉的决定》第一次修订　根据2019年6月3日《交通运输部关于修改〈中华人民共和国港口设施保安规则〉的决定》第二次修订　根据2019年11月28日《交通运输部关于修改〈中华人民共和国港口设施保安规则〉的决定》第三次修订)

第一章　总　　则

第一条　为加强港口设施保安工作,根据经修订的《1974年国际海上人命安全公约》(以下简称SOLAS公约)、《国际船舶和港口设施保安规则》(以下简称ISPS规则)和《国际海运危险货物规则》,制定本规则。

第二条　为航行国际航线的客船、500总吨及以上的货船、500总吨及以上的特种用途船和移动式海上钻井平台服务的港口设施保安工作,适用本规则。

第三条　本规则下列用语的含义是:

(一)船港界面活动,是指船舶与港口之间人员往来、货物装卸或者接受其他港口服务时发生的交互活动;

(二)港口设施,是指在港口发生船港界面活动的场所,包括码头及其相应设施和航道、锚地等港口公用基础设施;

(三)船到船活动,是指从一船向另一船转移物品或者人员的行为;

(四)保安事件,是指威胁船舶、港口设施、船港界面活动和船到船活动安全的任何可疑行为或者情况;

(五)保安等级,是指可能发生保安事件的风险级别划分;

(六)港口设施保安评估,是指港口所在地港口行政管理部门通过对港口设施保安状况进行分析并提出相关保安措施建议的活动;

（七）港口设施保安计划，是指港口设施经营人或者管理人根据保安评估报告为确保采取旨在保护港口设施和港口设施内的船舶、人员、货物、货物运输单元和船上物料免受保安事件威胁的措施而制订的计划；

（八）港口设施保安主管，又称港口设施保安员，是指被港口设施经营人或者管理人指定负责制定、实施、调整《港口设施保安计划》，并与船舶保安员和船公司保安员进行保安联络的人员；

（九）保安声明，是指发生船港界面活动时，港口设施与船舶为协调各自采取的保安措施签署的书面协议（式样见附件1）；

（十）替代保安协议，是指我国政府与其他 SOLAS 公约缔约国政府就相互间固定短程航线上的港口设施签署的双边或者多边保安协议；

（十一）港口设施保安训练，是指对《港口设施保安计划》规定内容的部分或者全部保安措施和应急反应程序进行的练习；

（十二）港口设施保安演习，是指为了验证、评价和提高各级保安组织、相关部门、港口设施及人员的综合反应和协调配合能力，通过模拟保安事件，根据《港口设施保安计划》进行的多单位参与、协同进行的练习；

（十三）港口设施管理人，是指航道、锚地等港口公用基础设施的管理主体。

第四条 交通运输部主管全国港口设施保安工作，履行下列职责：

（一）制定并发布全国港口设施保安工作制度和技术标准；

（二）确定并发布港口设施保安等级和各保安等级的基本保安措施（内容见附件2）及3级保安状态下的保安指令；

（三）建立全国港口设施保安管理信息系统，收集、整理、分析港口设施保安信息并按规定向相关单位提供，视情向国际海事组织、相关缔约国政府以及国内其他相关部门通报；

（四）组织对《港口设施保安符合证书》（式样见附件3）年度核验工作进行抽查；

（五）签署替代保安协议；

（六）组织全国性的港口设施保安演习。

第五条 省级交通运输（港口）管理部门负责本行政区域内的港口设施保安工作，具体履行下列职责：

（一）核发《港口设施保安符合证书》；

（二）负责《港口设施保安符合证书》年度核验工作；

（三）收集、整理、分析并向相关单位提供港口设施保安信息；

（四）组织区域性港口设施保安演习。

第六条 港口所在地港口行政管理部门履行下列职责：

（一）负责组织港口设施保安评估和评估报告的后续修订；

（二）监督检查《港口设施保安计划》的实施；

（三）收集、整理、分析并向有关单位提供港口设施保安信息；

（四）组织本港港口设施保安演习；

（五）对其管理的港口公用基础设施进行保安评估，编写《港口设施保安评估报告》；

（六）对《港口设施保安计划》进行审核，并向港口设施经营人或者管理人出具审核修改意见；

（七）受省级交通运输（港口）管理部门委托，对申请《港口设施保安符合证书》年度核验的港口设施上一年度的保安工作进行核查并提交核查报告；

（八）监督检查港口设施保安费的征收和使用。

第七条 港口设施经营人或者管理人履行下列职责：

（一）负责制订《港口设施保安计划》和后续修订；

（二）实施《港口设施保安计划》；

（三）为港口设施保安主管履行职责提供必要的条件；

（四）在3级保安状态下，实施交通运输部发出的保安指令；

（五）收集、整理、分析并向有关部门提供港口设施保安信息；

（六）进行港口设施保安训练，参加港口设施保安演习。

港口设施经营人按照规定收取港口设施保安费。

第八条 港口设施保安是港口安全管理的重要内容，应当与港口生产经营统筹考虑，遵循节约、环保、资源共享的原则。

港口设施经营人或者管理人的主要负责人负责领导本单位的港口设施保安工作。

第九条 港口设施的保安评估和保安计划的制定及实施的有关费用由港口设施保安费支出。

第二章 保安等级

第十条 交通运输部应当根据相关情报信息，国内外形势以及影响社会政治稳定的因素，威胁信息的可信程度、威胁信息得到印证的程度、威胁信息的具体或者紧迫程度和保安事件的潜在后果，确定港口设施的保安等级。

地方各级交通运输（港口）管理部门可以向交通运输部提出变更港口设施保安等级的建议。

第十一条 港口设施的保安等级从低到高分为三级,分别是保安等级1、保安等级2和保安等级3。

保安等级1是指应当始终保持的最低防范性保安措施的等级。

保安等级2是指由于保安事件危险性升高而应在一段时间内保持适当的附加保护性保安措施的等级。

保安等级3是指当保安事件可能或者即将发生(尽管可能尚无法确定具体目标)时应当在一段有限时间内保持进一步的特殊保护性保安措施的等级。

第十二条 交通运输部确定港口设施保安等级为2级或者3级的依据消失时,应当及时调整港口设施的保安等级。

交通运输部确定实施3级保安时,在必要的情况下应当发出适当的保安指令,并向可能受到影响的港口设施提供与保安有关的信息。

第十三条 港口设施经营人或者管理人应当根据保安等级的变化,按照《港口设施保安计划》及时调整保安措施。

在3级保安状态下,港口设施的经营人或者管理人应当执行交通运输部发出的保安指令,省、自治区交通运输(港口)管理部门和港口所在地港口行政管理部门应当监督保安指令的执行。

第十四条 交通运输部变更港口设施保安等级,应当根据具体情况及时以适当的方式通知有关的交通运输(港口)管理部门、海事管理机构、港口设施经营人或者管理人。

第十五条 各级交通运输(港口)管理部门、海事管理机构、港口设施经营人或者管理人收到港口设施保安等级变更的决定后,应当予以确认,并报告所采取的相应措施。

第十六条 计划入港或者在港的船舶保安等级高于港口设施的保安等级时,港口设施保安主管应当与船舶保安员或者船公司保安员协商,对有关情况做出评估,确定适当的保安措施,签署《保安声明》;计划入港或者在港的船舶保安等级不得低于该港口设施保安等级。

第十七条 港口设施经营人或者管理人应当将港口设施保安等级变更过程中的有关情况予以记录,作为进行港口设施保安评估、编写《港口设施保安评估报告》、制(修)订《港口设施保安计划》、实施《港口设施保安计划》的参考依据。

第三章 保安评估

第十八条 港口所在地港口行政管理部门负责港口设施保安评估。

第十九条 港口设施保安评估应当符合交通运输部制定的港口设施保安评估规范。

港口设施保安评估应当进行现场保安检验。现场保安检验包括检查和评估港口的现有保安措施、程序和操作。

第二十条 对港口设施进行保安评估应当评估下列事项：

（一）设施的保安状况；

（二）设施的结构、布局情况；

（三）对人员进行保护的安全体系；

（四）保安工作程序；

（五）无线电和电信系统，包括计算机系统和网络；

（六）如被损害或者被用于非法窥测，会对人员、财产或者港口作业构成危险的其他区域。

第二十一条 港口设施保安评估应当进行以下工作：

（一）确定和评估重点保护的财产和基础设施；

（二）对可能威胁财产和基础设施的因素及其发生的可能性进行识别，并确定相应的保安要求；

（三）根据可能威胁财产和基础设施的因素及其发生可能性的识别结果，以及相应的保安要求，对采取的保安措施进行鉴别、选择和优化；

（四）分析港口设施和人员的安全保护体系、运营流程等，确定其中可能导致保安事件的薄弱环节，提出消除薄弱环节或者降低薄弱环节影响的措施。

第二十二条 港口设施保安评估完成后应当编写评估报告。

《港口设施保安评估报告》应当结合港口设施实际情况，全面反映评估的开展情况，内容主要包括：

（一）港口设施的基本情况，包括设施种类、位置、经营人、所有人、可以提供服务的船舶类型等情况；

（二）港口设施的保安现状调查及分析；

（三）保安事件预测及风险控制评估；

（四）风险评估方法及应用；

（五）可能导致保安事件的薄弱环节及说明；

（六）消除薄弱环节或者降低薄弱环节影响的措施建议；

（七）评估结论。

第二十三条 港口设施的保安评估每五年进行一次。

港口设施发生重大变化时，应当重新进行保安评估。重新进行保安评估及相关程序按照本章规定办理。

前款所称重大变化包括港口主要设施或者其功能发生重大变化，港口设施保安组织、通信系统、保安工作的协调与配合程序发生重大改变，港口设施发生了重大保安事件等。

第二十四条 如果同一经营人所经营的多个港口设施位置、运营方式、设备和设计相类似，可以共同评估并制作一份《港口设施保安评估报告》。

第二十五条 《港口设施保安评估报告》应当保密，港口设施和承担港口设施保安评估的机构应当制定并落实防止擅自接触、泄露的措施。

第四章 保安计划

第二十六条 港口设施经营人或者管理人负责制订《港口设施保安计划》。

港口设施经营人或者管理人应当根据所在地港口行政管理部门出具的《港口设施保安评估报告》和交通运输部发布的《港口设施保安计划制订导则》起草制订《港口设施保安计划》，并组织专家进行现场检验和审查，根据现场检验结果和审查意见对《港口设施保安计划》进行修改。现场检验情况应当记录。

第二十七条 《港口设施保安计划》应当包含下列内容：

（一）港口设施经营人或者管理人所确定的负责实施《港口设施保安计划》的机构或者部门；

（二）负责实施《港口设施保安计划》的组织与其他有关单位的联系和必要的通信系统；

（三）港口设施保安主管及二十四小时联系方式；

（四）1 级保安状态下的保安措施和保安等级提高时的全部附加措施和特殊的保安措施；

（五）根据经验和实际情况对《港口设施保安计划》进行经常性评价，并不断完善的安排；

（六）《港口设施保安计划》保密措施；

（七）向交通运输（港口）管理部门报告的程序；

（八）港口设施内部报告保安事件的程序；

（九）便利船上人员登岸或者人员变动以及来访者上船的程序和措施；

（十）对保安状况受到的威胁或者破坏做出反应的程序，包括维护港口设施或者船港界面的关键操作的规定；

（十一）对交通运输部在 3 级保安状态下发出的保安指令的反应程序；

（十二）在保安状况受到威胁或者破坏的情况下撤离人员的程序；

（十三）负有保安责任的港口设施人员和设施内参与保安事务的其他人员的职责；

（十四）与船舶保安活动进行配合的程序，特别是港口设施的保安等级低于船舶的保安等级时港口设施应当采取的程序和保安措施；

（十五）港口设施内船舶的保安报警系统被启动后做出反应的程序；

（十六）针对与曾靠泊过非缔约国港口的船舶、不适用ISPS规则的船舶以及固定（浮动）平台或者移动式海上钻井平台进行船港界面活动的程序和保安措施。

第二十八条 对港口设施重新进行保安评估时，港口设施经营人或者管理人应当按照本规则规定重新制订《港口设施保安计划》。

当港口设施发生本规则第二十三条以外的情况变化时，港口设施经营人或者管理人可以对《港口设施保安计划》进行必要的调整。调整的内容应当符合《港口设施保安评估报告》和《港口设施保安计划制订导则》的相关要求。

第二十九条 港口设施经营人或者管理人完成《港口设施保安计划》制订后，应当报所在地港口行政管理部门审核，并根据审核意见对《港口设施保安计划》进行修改。

港口设施经营人或者管理人报送《港口设施保安计划》时，应当一并报送专家现场检验结果和审查意见、现场检验情况记录。

所在地港口行政管理部门审核《港口设施保安计划》后，应当出具审核意见。

第三十条 《港口设施保安计划》应当保密。港口设施经营人或者管理人、各级港口行政管理部门应当制定并落实防止《港口设施保安计划》内容泄露的措施。

在下列条件下，执法人员可以查看《港口设施保安计划》：

（一）各级港口行政管理部门进行港口设施保安现场检查时；

（二）《港口设施保安符合证书》年度核验过程中需要对《港口设施保安计划》内容实施情况进行核实时。

第三十一条 港口设施经营人或者管理人应当全面落实《港口设施保安计划》，包括配备必要的保安人员，安装使用保安设备设施，制定并执行各项保安制度、措施和程序。

第三十二条 港口设施经营人或者管理人应当按照交通运输部规定的保安标准配备保安、交通、通信装备，按照规定设置港口设施内的标志。

第三十三条 新建或者改扩建的港口设施的保安设备设施应当与港口设

施主体工程同时设计、同时建设、同时验收、同时投入使用。

第三十四条 港口设施经营人或者管理人在执行保安措施时,应当最大限度地减少对乘客、船舶、船上人员和来访者、货物以及相关服务的干扰或者延误。

第三十五条 各级交通运输(港口)管理部门应当对港口设施经营人或者管理人在执行《港口设施保安计划》过程中涉及海事、海关、公安(边防)、检验检疫等部门的相关事宜给予必要的协调。

第三十六条 非经常性地为国际航行船舶提供服务的港口设施和处于试生产阶段的港口设施,经港口所在地港口行政管理部门同意,可以不制订《港口设施保安计划》,但应当采取适当的保安措施来达到保安要求。

港口所在地港口行政管理部门应当对港口设施采取的保安措施是否适当进行现场监管。

第五章 港口设施保安符合证书

第三十七条 《港口设施保安计划》经所在地港口行政管理部门审核并按要求修改后,港口设施经营人或者管理人应当向省级交通运输(港口)管理部门申请《港口设施保安符合证书》,并提交以下材料:

(一)申请书;

(二)《港口设施保安评估报告》;

(三)《港口设施保安计划》,以及所在地港口行政管理部门出具的审核意见。

第三十八条 省级交通运输(港口)管理部门参考所在地港口行政管理部门出具的审核意见和相关港口设施的实际情况对申请材料进行审查。符合保安要求的,颁发《港口设施保安符合证书》;不符合保安要求的,不予颁发并书面说明理由。

《港口设施保安符合证书》应当自受理之日起二十个工作日内完成颁发工作。二十个工作日内不能作出决定的,经本机关负责人批准,可以延长十个工作日,并应将延长期限的理由告知申请人。

《港口设施保安符合证书》由省级交通运输(港口)管理部门指定的负责人签发,签发后应当及时通知相关交通运输(港口)管理部门。

第三十九条 《港口设施保安符合证书》的有效期为五年。在有效期内每年由省级交通运输(港口)管理部门核验一次。

《港口设施保安符合证书》年度核验期限为签发之日起每周年的前三个月

和后三个月。

第四十条 港口设施经营人或者管理人应当于《港口设施保安符合证书》签发之日起每周年的前三个月内，向省级交通运输（港口）管理部门提出年度核验申请，并提交如下材料：

（一）《港口设施保安符合证书》年度核验申请表；

（二）《港口设施保安符合证书》正、副本；

（三）港口设施保安年度工作报告；

（四）港口设施保安自评表；

（五）其他需要提交的文件。

前款所称港口设施保安年度工作报告由港口设施保安主管负责编写，港口设施经营人或者管理人应当盖章确认。港口设施保安年度工作报告应当全面反映《港口设施保安计划》的落实情况、接受相关培训情况、保安训练、演习情况及记录、保安事件发生的情况及记录、《港口设施保安计划》修改记录等内容。

第四十一条 省级交通运输（港口）管理部门应当自受理之日起二十个工作日内完成《港口设施保安符合证书》年度核验。二十个工作日内不能完成的，经本机关负责人批准，可以延长十个工作日，并应将延长期限的理由告知申请人。年度核验内容包括：

（一）港口设施保安组织结构；

（二）港口设施保安主管及相关人员是否具备履行其职责的知识和能力；

（三）港口设施保安设备状况及运行情况；

（四）港口设施保安通信状况；

（五）港口设施保安规章制度及实施情况；

（六）港口设施保安训练、演习情况；

（七）《港口设施保安计划》所确定保安措施及程序的落实情况；

（八）港口设施保安事件发生及应对情况；

（九）《港口设施保安计划》的年度调整情况；

（十）其他与港口设施保安工作有关的事项。

除前款规定外，港口设施于上一次核验后发生过本规则第二十三条第三款规定的重大变化的，年度核验主管部门应当审查港口设施是否已重新进行保安评估并重新制订《港口设施保安计划》。

年度核验时，省级交通运输（港口）管理部门可以对港口设施上一年度的保安工作进行核查，也可以委托港口所在地港口行政管理部门核查并接受其提交的核查报告。

第四十二条 下列情况年度核验不得通过：

（一）保安设备设施状况不符合《港口设施保安计划》规定；

（二）港口设施保安主管、港口设施其他保安人员不具备履行其职责的知识和能力；

（三）未按照规定进行或者参加保安训练、演习；

（四）未按照规定收取和使用港口设施保安费。

第四十三条 通过年度核验的港口设施，由省级交通运输（港口）管理部门主管领导或者其授权的人员（仅限授权 1 名）在《港口设施保安符合证书》正、副本上签字并加盖专用章。

第四十四条 未通过年度核验的港口设施，由省级交通运输（港口）管理部门主管领导或者其授权的人员在年度核验申请书上签署意见并退还申请人，责令其限期改正。港口设施经营人或者管理人在期限内改正完毕，可以重新申请《港口设施保安符合证书》年度核验。

第四十五条 省级交通运输（港口）管理部门应及时将下列情况录入信息系统：

（一）通过年度核验的港口设施；

（二）未通过年度核验的港口设施；

（三）未按本规则第三十九条规定时间申请年度核验的港口设施；

（四）在年度核验过程中隐瞒有关情况或者提供虚假材料的港口设施；

（五）连续两个年度未申请年度核验的港口设施；

（六）发生过本规则第二十三条第三款规定的重大变化但未重新进行保安评估并重新制订《港口设施保安计划》的港口设施。

第四十六条 省级交通运输（港口）管理部门应当将本辖区《港口设施保安符合证书》年度核验情况予以公布。

第四十七条 《港口设施保安符合证书》记载的内容发生变化或者证书丢失、毁损时，应当向省级交通运输（港口）管理部门书面申请换发或者补办，并附相关证明材料。

省级交通运输（港口）管理部门核发新证书时，应当公告原证书作废。

第六章 港口设施保安主管

第四十八条 港口设施经营人或者管理人应当指定本单位负责人或者部门负责人担任港口设施保安主管。港口设施保安主管应当具备履行其职责的知识和能力。

第四十九条 一人只能担任一个港口设施的港口设施保安主管。

第五十条 港口设施保安主管履行下列职责：

（一）配合港口设施保安评估对港口设施进行初次全面保安检查；

（二）确保港口设施按本规则的规定制订《港口设施保安计划》；

（三）对港口设施进行定期保安检查，保证《港口设施保安计划》有效实施；

（四）对《港口设施保安计划》所载内容进行经常性评价和必要的调整；

（五）进行港口设施相关人员保安意识和警惕性的教育；

（六）确保港口设施保安工作人员获得充分的培训；

（七）与相关机构和人员保持信息沟通，向有关部门报告危及港口设施保安的事件并保存事件记录；

（八）与船公司和船舶保安员协调实施《港口设施保安计划》；

（九）签署《保安声明》；

（十）与提供保安服务的机构协调保安工作；

（十一）确保港口设施保安人员符合相关要求；

（十二）确保正确操作、测试、校准和保养保安设施设备；

（十三）在接到船舶保安员请求时，协助其确认登船人员的身份。

第五十一条 当港口设施保安主管被告知船舶在履行 SOLAS 公约第XI－2 章和 ISPS 规则的要求或者在实施《船舶保安计划》所列的措施和程序遇到困难时，以及在港口设施处于 3 级保安的情况下，港口设施的经营人或者管理人执行交通运输部发出的保安指令遇到困难时，港口设施保安主管和船舶保安员应进行联络并协调适当的行动。

第五十二条 港口设施保安主管在船舶入港之前和船舶在港口期间，应当履行下列义务：

（一）了解船舶履行 SOLAS 公约和 ISPS 规则的情况；

（二）与船舶保安员或者船公司保安员联系，了解该船舶的保安等级，并掌握有关船舶保安等级的任何变化；

（三）在与船舶建立联系后，港口设施保安主管应当将港口设施保安等级及其任何后续变化通知港内靠泊船舶和将要靠泊的船舶，并向船舶提供必要的保安信息。

第五十三条 当港口设施的保安等级确定为 2 级或者 3 级后，港口设施保安主管应及时确认《港口设施保安计划》所列的对应保安措施和程序得到执行，并应当立即与相关船公司和船舶保安员取得联系并协调适当的行动。

第五十四条 当港口设施保安主管得知船舶所处的保安等级高于港口设

施的保安等级时,应当及时报告港口所在地港口行政管理部门,并与船舶保安员取得联系并协调适当的行动,包括按照各自的《保安计划》操作,并可视情填写或者签署《保安声明》。

第七章 保安声明

第五十五条 在下列情况下,应船舶的要求,港口设施经营人或者管理人应当与船舶签署《保安声明》:

(一)该船所处的保安等级高于与之发生界面活动的港口设施的保安等级;

(二)中国政府与其他缔约国政府之间有涉及某些国际航线或者这些航线上的特定船舶关于《保安声明》的协议;

(三)曾经有过涉及该船或者涉及该港口设施的保安威胁或者保安事件。

第五十六条 在港口设施保安评估所确定的需要引起特别注意的船港界面活动开始前,应港口设施经营人或者管理人的要求,船舶应当与港口设施经营人或者管理人签署《保安声明》。

前款所称需要引起特别注意的船港界面活动,包括在人口密集或者经济上重要的作业场所或者在其附近的设施进行的作业,以及旅客上下船舶、危险货物或者有害物质的过驳或者装卸作业、船舶曾经靠泊过本规则第二条规定以外的港口设施等。

第五十七条 港口设施所在地港口行政管理部门可以根据船港界面活动对人员、财产、环境可能造成危险程度的判断,要求船、港双方签署《保安声明》。

第五十八条 《保安声明》由港口设施保安主管与船长或者船舶保安员签署。

第五十九条 《保安声明》应当根据保安等级变化做相应的改变或者重新签署。

第六十条 《保安声明》应当由港口设施保安主管保存三年。

第八章 港口设施保安培训、训练和演习

第六十一条 港口设施保安主管及下列从事港口设施保安工作的人员,应当按照 ISPS 规则的有关要求,完成港口设施保安培训,具备履行其职责的港口保安管理、港口保安设备设施应用、港口保安风险分析等方面的知识和能力:

（一）从事港口设施保安行政管理工作人员；

（二）从事港口设施保安评估的人员；

（三）制定《港口设施保安计划》的人员；

（四）港口设施经营人中主管安全、生产的负责人。

其他从事与港口设施保安有关工作的人员，应当按照 ISPS 规则的有关要求，经过相应的培训，具备履行其担任职责方面的知识和能力。

第六十二条 万吨级以上的港口设施应有六人以上具备履行保安职责方面的知识和能力，万吨级以下的港口设施应有三人以上具备履行保安职责方面的知识和能力。

第六十三条 港口设施经营人或者管理人应当对其员工进行相关保安基础知识和岗位保安要求的教育或者培训，使其有针对性地了解并掌握《港口设施保安计划》中与其职责相关的内容，并保证其具备如下知识：

（一）各保安等级的含义和本岗位保安要求；

（二）辨认和探察武器、危险物质和装置；

（三）辨认可能威胁保安者的特点和行为模式；

（四）紧急撤离、简单救护等自我保护技术。

第六十四条 港口设施应当进行保安训练和演习，确保港口设施人员熟练履行其在各保安等级所承担的保安职责，发现并及时改进任何保安缺陷。

第六十五条 港口设施的经营人或者管理人应当保证至少每三个月进行一次港口设施保安训练。

训练应当根据《港口设施保安计划》进行，目的是对《港口设施保安计划》全部或部分内容进行测试。

第六十六条 各级交通运输（港口）管理部门应当组织保安演习。保安演习至少每年进行一次，两次演习间隔不得超过十八个月。

演习应当结合《港口设施保安计划》，通过模拟一定保安事件情景，根据船港界面活动所涉及的各项保安要求，由多单位参与、协同进行，验证、评价和提高港口设施保安人员的综合反应能力，加强各级保安组织、各相关部门的整体反应和协调配合能力。

演习应当编制演习方案，并报送上级交通运输（港口）管理部门备案。

第六十七条 港口设施的经营人或者管理人应当参加包括有关部门、船舶保安员共同进行的保安演习。

第六十八条 港口设施保安训练、演习可以采用实地或者模拟的形式，也可以与相关训练、演习结合进行。

第六十九条 训练、演习完成后，应当进行评估并记录存档。

第九章　保安信息联络与共享

第七十条　中国海上搜救中心是全国港口设施保安总联络点，负责全国港口设施的保安报警接收和保安信息联络工作。

各地方港口行政管理部门值班室是所在地港口设施保安联络点，负责下列事项的全天候联系工作：

（一）接收港口设施保安信息，向相关海事管理机构了解船舶保安信息，针对接收到的保安报警及时按照应急反应程序采取保安行动，并视情通报有关部门；

（二）将港口设施保安信息及时通报海事管理机构，并为相关船舶提供保安建议或者援助；

（三）向中国海上搜救中心报告保安信息。

第七十一条　港口设施保安主管收到保安报警后，应立即与港口所在地港口行政管理部门联系，报告港口设施名称、位置，经营人或者管理人名称，设施内相关船舶、人员和货物，受到的保安威胁等情况。

港口设施保安主管应当随时保持通信联络畅通。

第七十二条　港口所在地港口行政管理部门收到相关船舶保安事件和其他船舶保安信息，应当按照应急反应程序，通知相关的港口设施，协调港口设施和船舶的保安行动。

第七十三条　交通运输部根据国际公约规定和工作需要，向国际海事组织报送港口设施保安信息，并负责接收和向国内相关部门、机构传送相关信息。

第七十四条　港口设施保安相关信息发生变化后港口设施经营人或者管理人应当向原报送单位及时发出更正信息。

第七十五条　各级交通运输（港口）管理部门应当建立信息系统，通过信息系统核发《港口设施保安符合证书》，保证港口设施保安信息的及时报送、接收、分析、转发和共享。

第十章　监督检查与法律责任

第七十六条　各级交通运输（港口）管理部门依法对港口设施保安活动实施的监督检查，任何单位或者个人不得拒绝、妨碍或者阻挠。

有关单位或者个人应当接受港口行政管理部门依法实施的监督检查，并为其提供必要的方便。

港口行政管理部门的工作人员实施监督检查时,应当出示执法证件,表明身份。

第七十七条 港口所在地港口行政管理部门应当对港口设施的下列保安事项进行监督检查:

(一)《港口设施保安符合证书》的有效性;

(二)《港口设施保安计划》的实施效果,包括保安措施实施过程中的协调性;

(三)港口设施保安主管和相关人员对保安知识的掌握情况。

第七十八条 交通运输部应当制定年度监督检查计划,对省级交通运输(港口)管理部门的《港口设施保安符合证书》核发及年度核验等工作进行监督检查,发现不符合规定的,应当要求省级交通运输(港口)管理部门予以纠正。

第七十九条 未按规定取得有效《港口设施保安符合证书》且不符合本规则第三十六条规定的港口设施,不得为航行国际航线船舶提供服务。

对于违反前款规定,擅自为航行国际航线船舶提供服务的港口设施,由港口所在地港口行政管理部门予以警告并责令停止违法行为,并可处以 3 万元以下罚款。

第八十条 对于违反本规则规定,港口设施保安主管和相关人员未经必要的培训,港口行政管理部门可以责令更换;港口设施保安主管和相关人员未能履行本规则规定的职责,港口行政管理部门可以责令其参加保安培训;情节严重的,可以责令暂停或者撤销其港口设施保安主管资格。

第十一章　附　　则

第八十一条 交通运输部通过部网站公布与港口设施保安相关的公开信息。

第八十二条 本规则自 2008 年 3 月 1 日起施行。但为 500 总吨及以上特种用途船服务的港口设施自 2008 年 7 月 1 日起适用本规则。交通部于 2003 年 11 月 14 日发布的《港口设施保安规则》(交水发〔2003〕500 号)同时废止。

附件 1　保安声明(略)

附件 2　港口设施基本保安措施(略)

附件 3　中华人民共和国港口设施保安符合证书(套印国徽)(略)

交通运输部关于修改《港口危险货物安全管理规定》的决定

（2019 年 11 月 28 日交通运输部令 2019 年第 34 号公布　自公布之日起施行　国司备字[2019001226]）

交通运输部决定对《港口危险货物安全管理规定》（交通运输部令 2017 年第 27 号）作如下修改：

删去第二十四条第二款。

本决定自公布之日起施行。

《港口危险货物安全管理规定》根据本决定作相应修正，重新发布。

港口危险货物安全管理规定

（2017 年 9 月 4 日交通运输部令 2017 年第 27 号公布　根据 2019 年 11 月 28 日《交通运输部关于修改〈港口危险货物安全管理规定〉的决定》修订）

第一章　总　则

第一条　为了加强港口危险货物安全管理，预防和减少危险货物事故，保障人民生命、财产安全，保护环境，根据《港口法》《安全生产法》《危险化学品安全管理条例》等有关法律、行政法规，制定本规定。

第二条　在中华人民共和国境内，新建、改建、扩建储存、装卸危险货物的港口建设项目和进行危险货物港口作业，适用本规定。

前款所称危险货物港口作业包括在港区内装卸、过驳、仓储危险货物等行为。

第三条　港口危险货物安全管理坚持安全第一、预防为主、综合治理的方针，强化和落实危险货物港口建设项目的建设单位和港口经营人安全生产主体责任。

第四条　交通运输部主管全国港口危险货物安全行业管理工作。

省、自治区、直辖市交通运输主管部门主管本辖区的港口危险货物安全监督管理工作。

省、市、县级港口行政管理部门在职责范围内负责具体实施港口危险货物安全监督管理工作。

第二章　建设项目安全审查

第五条　新建、改建、扩建储存、装卸危险货物的港口建设项目(以下简称危险货物港口建设项目),应当由港口行政管理部门进行安全条件审查。

未通过安全条件审查,危险货物港口建设项目不得开工建设。

第六条　省级港口行政管理部门负责下列港口建设项目的安全条件审查:

(一)涉及储存或者装卸剧毒化学品的港口建设项目;

(二)沿海50000吨级以上、长江干线3000吨级以上、其他内河1000吨级以上的危险货物码头;

(三)沿海罐区总容量100000立方米以上、内河罐区总容量5000立方米以上的危险货物仓储设施。

其他危险货物港口建设项目由项目所在地设区的市级港口行政管理部门负责安全条件审查。

第七条　危险货物港口建设项目的建设单位,应当在可行性研究阶段按照国家有关规定委托有资质的安全评价机构对该建设项目进行安全评价,并编制安全预评价报告。安全预评价报告应当符合有关安全生产法律、法规、规章、国家标准、行业标准和港口建设的有关规定。

第八条　涉及危险化学品的港口建设项目,建设单位还应当进行安全条件论证,并编制安全条件论证报告。安全条件论证的内容应当包括:

(一)建设项目内在的危险和有害因素对安全生产的影响;

(二)建设项目与周边设施或者单位、人员密集区、敏感性设施和敏感环境区域在安全方面的相互影响;

(三)自然条件对建设项目的影响。

第九条　建设单位应当向危险货物建设项目所在地港口行政管理部门申请安全条件审查,并提交以下材料:

(一)建设项目安全条件审查申请书;

(二)建设项目安全预评价报告;

(三)建设项目安全条件论证报告(涉及危险化学品的提供);

(四)依法需取得的建设项目规划选址文件。

所在地港口行政管理部门应当核查文件是否齐全,不齐全的告知申请人予以补正。对材料齐全的申请应当予以受理;对不属于本级审查权限的,应当在受理后5日内将申请材料转报有审查权限的港口行政管理部门。转报时间应当计入审查期限。

第十条 负责安全条件审查的港口行政管理部门应当自受理申请之日起45日内作出审查决定。

有下列情形之一的,安全条件审查不予通过:

(一)安全预评价报告存在重大缺陷、漏项的,包括对建设项目主要危险、有害因素的辨识和评价不全面或者不准确的;

(二)对安全预评价报告中安全设施设计提出的对策与建议不符合有关安全生产法律、法规、规章和国家标准、行业标准的;

(三)建设项目与周边场所、设施的距离或者拟建场址自然条件不符合有关安全生产法律、法规、规章和国家标准、行业标准的;

(四)主要技术、工艺未确定,或者不符合有关安全生产法律、法规、规章和国家标准、行业标准的;

(五)未依法进行安全条件论证和安全评价的;

(六)隐瞒有关情况或者提供虚假文件、资料的。

港口行政管理部门在安全条件审查过程中,应当对申请材料进行审查,并对现场进行核查。必要时可以组织相关专家进行咨询论证。

第十一条 港口行政管理部门对符合安全条件的,应当予以通过,并将审查决定送达申请人。对未通过安全条件审查的,应当说明理由并告知申请人。建设单位经过整改后可以重新申请安全条件审查。

第十二条 已经通过安全条件审查的危险货物港口建设项目有下列情形之一的,建设单位应当按照本规定的有关要求重新进行安全条件论证和安全评价,并重新申请安全条件审查:

(一)变更建设地址的;

(二)建设项目周边环境因素发生重大变化导致安全风险增加的;

(三)建设项目规模进行调整导致安全风险增加或者安全性能降低的;

(四)建设项目平面布置、作业货种、工艺、设备设施等发生重大变化导致安全风险增加或者安全性能降低的。

第十三条 建设单位应当在危险货物港口建设项目初步设计阶段按照国家有关规定委托设计单位对安全设施进行设计。

安全设施设计应当符合有关安全生产和港口建设的法律、法规、规章以及

国家标准、行业标准,并包括以下主要内容:

(一)该建设项目涉及的危险、有害因素和程度及周边环境安全分析;

(二)采用的安全设施和措施,预期效果以及存在的问题与建议;

(三)对安全预评价报告中有关安全设施设计的对策与建议的采纳情况说明;

(四)可能出现的事故预防及应急救援措施。

第十四条 由港口行政管理部门负责初步设计审批的危险货物港口建设项目,在初步设计审批中对安全设施设计进行审查。

前款规定之外的其他危险货物港口建设项目,由负责安全条件审查的港口行政管理部门进行安全设施设计审查。

建设单位在申请安全设施设计审查时应当提交以下材料:

(一)安全设施设计审查申请书;

(二)设计单位的基本情况及资信情况;

(三)安全设施设计。

港口行政管理部门应当自受理申请之日起20日内对申请材料进行审查,作出审查决定,并告知申请人;20日内不能作出决定的,经本部门负责人批准,可以延长10日,并应当将延长期限的理由告知申请人。

第十五条 有下列情形之一的,安全设施设计审查不予通过:

(一)设计单位资质不符合相关规定的;

(二)未按照有关法律、法规、规章和国家标准、行业标准的规定进行设计的;

(三)对未采纳安全预评价报告中的安全对策和建议,未作充分论证说明的;

(四)隐瞒有关情况或者提供虚假文件、资料的。

安全设施设计审查未通过的,建设单位经过整改后可以重新申请安全设施设计审查。

第十六条 已经通过审查的危险货物港口建设项目安全设施设计有下列情形之一的,建设单位应当报原审查部门重新申请安全设施设计审查:

(一)改变安全设施设计且可能导致安全性能降低的;

(二)在施工期间重新设计的。

第十七条 危险货物港口建设项目的建设单位应当在施工期间组织落实经批准的安全设施设计的有关内容,并加强对施工质量的监测和管理,建立相应的台账。施工单位应当按照批准的设计施工。

第十八条 危险货物港口建设项目的安全设施应当与主体工程同时建

成，并由建设单位组织验收。验收前建设单位应当按照国家有关规定委托有资质的安全评价机构对建设项目及其安全设施进行安全验收评价，并编制安全验收评价报告。安全验收评价报告应当符合国家标准、行业标准和港口建设的有关规定。

建设单位进行安全设施验收时，应当组织专业人员对该建设项目进行现场检查，并对安全设施施工报告及监理报告、安全验收评价报告等进行审查，作出是否通过验收的结论。参加验收人员的专业能力应当涵盖该建设项目涉及的所有专业内容。

安全设施验收未通过的，建设单位经过整改后可以再次组织安全设施验收。

第十九条 安全设施验收合格后，建设单位应当将验收过程中涉及的文件、资料存档，并自觉接受和配合安全生产监督管理部门依据《安全生产法》的规定对安全设施验收活动和验收结果进行的监督核查。

第二十条 安全评价机构的安全评价活动应当遵守有关法律、法规、规章和国家标准和行业标准的规定。

港口行政管理部门应当对违法违规开展港口安全评价的机构予以曝光，并通报同级安全生产监督管理部门。

第三章 经营人资质

第二十一条 从事危险货物港口作业的经营人（以下简称危险货物港口经营人）除满足《港口经营管理规定》规定的经营许可条件外，还应当具备以下条件：

（一）设有安全生产管理机构或者配备专职安全生产管理人员；

（二）具有健全的安全管理制度、岗位安全责任制度和操作规程；

（三）有符合国家规定的危险货物港口作业设施设备；

（四）有符合国家规定且经专家审查通过的事故应急预案和应急设施设备；

（五）从事危险化学品作业的，还应当具有取得从业资格证书的装卸管理人员。

第二十二条 申请危险货物港口经营人资质，除按《港口经营管理规定》的要求提交相关文件和材料外，还应当向所在地港口行政管理部门提交以下文件和材料：

（一）危险货物港口经营申请表，包括拟申请危险货物作业的具体场所、作

业方式、危险货物品名(集装箱和包装货物载明到“项别”);

(二)符合国家规定的应急设施、设备清单;

(三)装卸管理人员的从业资格证书(涉及危险化学品的提供);

(四)新建、改建、扩建储存、装卸危险货物港口设施的,提交安全设施验收合格证明材料(包括安全设施施工报告及监理报告、安全验收评价报告、验收结论和隐患整改报告);使用现有港口设施的,提交对现状的安全评价报告。

第二十三条 所在地港口行政管理部门应当自受理申请之日起30日内作出许可或者不予许可的决定。符合许可条件的,应当颁发《港口经营许可证》,并对每个具体的危险货物作业场所配发《港口危险货物作业附证》(见附件)。

《港口经营许可证》应当载明危险货物港口经营人的名称与办公地址、法定代表人或者负责人、经营地域、准予从事的业务范围、附证事项、发证日期、许可证有效期和证书编号。

《港口危险货物作业附证》应当载明危险货物港口经营人、作业场所、作业方式、作业危险货物品名(集装箱和包装货物载明到“项别”)、发证机关、发证日期、有效期和证书编号。

所在地港口行政管理部门应当依法向社会公开有关信息,并及时向所在地海事管理机构和同级安全生产监督管理部门、环境保护主管部门、公安机关通报。

第二十四条 《港口经营许可证》有效期为3年,《港口危险货物作业附证》有效期不得超过《港口经营许可证》的有效期。

第二十五条 危险货物港口经营人应当在《港口经营许可证》或者《港口危险货物作业附证》有效期届满之日30日以前,向发证机关申请办理延续手续。

申请办理《港口经营许可证》及《港口危险货物作业附证》延续手续,除按《港口经营管理规定》的要求提交相关文件和材料外,还应当提交下列材料:

(一)除本规定第二十二条第(一)项之外的其他证明材料;

(二)本规定第二十八条规定的安全评价报告及落实情况。

第二十六条 危险货物港口经营人发生变更或者其经营范围发生变更的,应当按照本规定第二十二条的规定重新申请《港口经营许可证》及《港口危险货物作业附证》。

第二十七条 危险货物港口经营人应当在依法取得许可的范围内从事危险货物港口作业,依法提取和使用安全生产经费,聘用注册安全工程师从事安全生产管理工作,对从业人员进行安全生产教育、培训并如实记录相关情况,推进安全生产标准化建设。相关从业人员应当按照《危险货物水路运输从业人员考核和从业资格管理规定》的要求，经考核合格或者取得相应从业资格。

第二十八条 危险货物港口经营人应当在取得经营资质后，按照国家有关规定委托有资质的安全评价机构，对本单位的安全生产条件每3年进行一次安全评价，提出安全评价报告。安全评价报告的内容应当包括对事故隐患的整改情况、遗留隐患和安全条件改进建议。

危险货物港口经营人应当将安全评价报告以及落实情况报所在地港口行政管理部门备案。

第二十九条 出现下列情形之一的，危险货物港口经营人应当重新进行安全评价，并按照本规定第二十八条的规定进行备案：

（一）增加作业的危险货物品种；

（二）作业的危险货物数量增加，构成重大危险源或者重大危险源等级提高的；

（三）发生火灾、爆炸或者危险货物泄漏，导致人员死亡、重伤或者事故等级达到较大事故以上的；

（四）周边环境因素发生重大变化，可能对港口安全生产带来重大影响的。

增加作业的危险货物品种或者数量，涉及变更经营范围的，除应当符合环保、消防、职业卫生等方面相关主管部门的要求外，还应当按照本规定第二十六条的规定重新申请《港口经营许可证》及《港口危险货物作业附证》。

现有设施需要进行改扩建的，除应当履行改扩建手续外，还应当履行本规定第二章安全审查的有关规定。

第四章 作业管理

第三十条 危险货物港口经营人应当根据《港口危险货物作业附证》上载明的危险货物品名，依据其危险特性，在作业场所设置相应的监测、监控、通风、防晒、调温、防火、灭火、防爆、泄压、防毒、中和、防潮、防雷、防静电、防腐、防泄漏以及防护围堤或者隔离操作等安全设施、设备，并保持正常、正确使用。

第三十一条 危险货物港口经营人应当按照国家标准、行业标准对其危险货物作业场所的安全设施、设备进行经常性维护、保养，并定期进行检测、检验，及时更新不合格的设施、设备，保证正常运转。维护、保养、检测、检验应当做好记录，并由有关人员签字。

第三十二条 危险货物港口经营人应当在其作业场所和安全设施、设备上设置明显的安全警示标志；同时还应当在其作业场所设置通信、报警装置，并保证其处于适用状态。

第三十三条 危险货物专用库场、储罐应当符合国家标准和行业标准，设置明显标志，并依据相关标准定期安全检测维护。

第三十四条 危险货物港口作业使用特种设备的，应当符合国家特种设备管理的有关规定，并按要求进行检验。

第三十五条 危险货物港口经营人使用管道输送危险货物的，应当建立输送管道安全技术档案，具备管道分布图，并对输送管道定期进行检查、检测，设置明显标志。

在港区内进行可能危及危险货物输送管道安全的施工作业，施工单位应当在开工的7日前书面通知管道所属单位，并与管道所属单位共同制定应急预案，采取相应的安全防护措施。管道所属单位应当指派专门人员到现场进行管道安全保护指导。

第三十六条 危险货物港口作业委托人应当向危险货物港口经营人提供委托人身份信息和完整准确的危险货物品名、联合国编号、危险性分类、包装、数量、应急措施及安全技术说明书等资料；危险性质不明的危险货物，应当提供具有相应资质的专业机构出具的危险货物危险特性鉴定技术报告。法律、行政法规规定必须办理有关手续后方可进行水路运输的危险货物，还应当办理相关手续，并向港口经营人提供相关证明材料。

危险货物港口作业委托人不得在委托作业的普通货物中夹带危险货物，不得匿报、谎报危险货物。

第三十七条 危险货物港口经营人不得装卸、储存未按本规定第三十六条规定提交相关资料的危险货物。对涉嫌在普通货物中夹带危险货物，或者将危险货物匿报或者谎报为普通货物的，所在地港口行政管理部门或者海事管理机构可以依法开拆查验，危险货物港口经营人应当予以配合。港口行政管理部门和海事管理机构应当将查验情况相互通报，避免重复开拆。

第三十八条 发生下列情形之一的，危险货物港口经营人应当及时处理并报告所在地港口行政管理部门：

（一）发现未申报或者申报不实、申报有误的危险货物；

（二）在普通货物或者集装箱中发现夹带危险货物；

（三）在危险货物中发现性质相抵触的危险货物，且不满足国家标准及行业标准中有关积载、隔离、堆码要求。

对涉及船舶航行、作业安全的相关信息，港口行政管理部门应当及时通报所在地海事管理机构。

第三十九条 在港口作业的包装危险货物应当妥善包装，并在外包装上设置相应的标志。包装物、容器的材质以及包装的型式、规格、方法应当与所包装的货物性质、运输装卸要求相适应。材质、型式、规格、方法以及包装标志应当符合我国加入并已生效的有关国际条约、国家标准和相关规定的要求。

第四十条 危险货物港口经营人应当对危险货物包装和标志进行检查，发现包装和标志不符合国家有关规定的，不得予以作业，并应当及时通知或者退回作业委托人处理。

第四十一条 船舶载运危险货物进出港口，应当按照有关规定向海事管理机构办理申报手续。海事管理机构应当及时将有关申报信息通报所在地港口行政管理部门。

第四十二条 船舶危险货物装卸作业前，危险货物港口经营人应当与作业船舶按照有关规定进行安全检查，确认作业的安全状况和应急措施。

第四十三条 不得在港口装卸国家禁止通过水路运输的危险货物。

第四十四条 在港口内从事危险货物添加抑制剂或者稳定剂作业的单位，作业前应当将有关情况告知相关危险货物港口经营人和作业船舶。

第四十五条 危险货物港口经营人在危险货物港口装卸、过驳作业开始24 小时前，应当将作业委托人以及危险货物品名、数量、理化性质、作业地点和时间、安全防范措施等事项向所在地港口行政管理部门报告。所在地港口行政管理部门应当在接到报告后 24 小时内作出是否同意作业的决定，通知报告人，并及时将有关信息通报海事管理机构。报告人在取得作业批准后 72 小时内未开始作业的，应当重新报告。未经所在地港口行政管理部门批准的，不得进行危险货物港口作业。

时间、内容和方式固定的危险货物港口装卸、过驳作业，经所在地港口行政管理部门同意，可以实行定期申报。

第四十六条 危险货物港口作业应当符合有关安全作业标准、规程和制度，并在具有从业资格的装卸管理人员现场指挥或者监控下进行。

第四十七条 两个以上危险货物港口经营人在同一港口作业区内进行危险货物港口作业，可能危及对方生产安全的，应当签订安全生产管理协议，明确各自的安全生产管理职责和应当采取的安全措施，并指定专职安全生产管理人员进行安全检查与协调。

第四十八条 危险货物港口经营人进行爆炸品、气体、易燃液体、易燃固体、易于自燃的物质、遇水放出易燃气体的物质、氧化性物质、有机过氧化物、毒性物质、感染性物质、放射性物质、腐蚀性物质的港口作业，应当划定作业区域，明确责任人并实行封闭式管理。作业区域应当设置明显标志，禁止无关人员进入和无关船舶停靠。

第四十九条 危险货物应当储存在港区专用的库场、储罐,并由专人负责管理;剧毒化学品以及储存数量构成重大危险源的其他危险货物,应当单独存放,并实行双人收发、双人保管制度。

危险货物的储存方式、方法以及储存数量,包括危险货物集装箱直装直取和限时限量存放,应当符合国家标准、行业标准或者国家有关规定。

第五十条 危险货物港口经营人经营仓储业务的,应当建立危险货物出入库核查、登记制度。

对储存剧毒化学品以及储存数量构成重大危险源的其他危险货物的,危险货物港口经营人应当将其储存数量、储存地点以及管理措施、管理人员等情况,依法报所在地港口行政管理部门和相关部门备案。

第五十一条 危险货物港口经营人应当建立危险货物作业信息系统,实时记录危险货物作业基础数据,包括作业的危险货物种类及数量、储存地点、理化特性、货主信息、安全和应急措施等,并在作业场所外异地备份。有关危险货物作业信息应当按要求及时准确提供相关管理部门。

第五十二条 危险货物港口经营人应当建立安全生产风险预防控制体系,开展安全生产风险辨识、评估,针对不同风险,制定具体的管控措施,落实管控责任。

第五十三条 危险货物港口经营人应当根据有关规定,进行重大危险源辨识,确定重大危险源级别,实施分级管理,并登记建档。危险货物港口经营人应当建立健全重大危险源安全管理规章制度,制定实施危险货物重大危险源安全管理与监控方案,制定应急预案,告知相关人员在紧急情况下应当采取的应急措施,定期对重大危险源进行安全评估。

第五十四条 危险货物港口经营人应当将本单位的重大危险源及有关安全措施、应急措施依法报送所在地港口行政管理部门和相关部门备案。

第五十五条 危险货物港口经营人在重大危险源出现本规定第二十九条规定的情形之一,可能影响重大危险源级别和风险程度的,应当对重大危险源重新进行辨识、分级、安全评估、修改档案,并及时报送所在地港口行政管理部门和相关部门重新备案。

第五十六条 危险货物港口经营人应当制定事故隐患排查制度,定期开展事故隐患排查,及时消除隐患,事故隐患排查治理情况应当如实记录,并向从业人员通报。

危险货物港口经营人应当将重大事故隐患的排查和处理情况及时向所在地港口行政管理部门备案。

第五章 应急管理

第五十七条 所在地港口行政管理部门应当建立危险货物事故应急体系,制定港口危险货物事故应急预案。应急预案应当依法经当地人民政府批准后向社会公布。

所在地港口行政管理部门应当在当地人民政府的领导下推进专业化应急队伍建设和应急资源储备,定期组织开展应急培训和应急救援演练,提高应急能力。

第五十八条 危险货物港口经营人应当制定本单位危险货物事故专项应急预案和现场处置方案,依法配备应急救援人员和必要的应急救援器材、设备,每半年至少组织一次应急救援培训和演练并如实记录,根据演练结果对应急预案进行修订。应急预案应当具有针对性和可操作性,并与所在地港口行政管理部门公布的港口危险货物事故应急预案相衔接。

危险货物港口经营人应当将其应急预案及其修订情况报所在地港口行政管理部门备案,并向本单位从业人员公布。

第五十九条 危险货物港口作业发生险情或者事故时,港口经营人应当立即启动应急预案,采取应急行动,排除事故危害,控制事故进一步扩散,并按照有关规定向港口行政管理部门和有关部门报告。

危险货物港口作业发生事故时,所在地港口行政管理部门应当按规定向上级行政管理部门、当地人民政府及有关部门报告,并及时组织救助。

第六章 安全监督与管理

第六十条 所在地港口行政管理部门应当采取随机抽查、年度核查等方式对危险货物港口经营人的经营资质进行监督检查,发现其不再具备安全生产条件的,应当依法撤销其经营许可。

第六十一条 所在地港口行政管理部门应当依法对危险货物港口作业和装卸、储存区域实施监督检查,并明确检查内容、方式、频次以及有关要求等。实施监督检查时,可以行使下列职权:

(一)进入并检查危险货物港口作业场所,查阅、抄录、复印相关的文件或者资料,提出整改意见;

(二)发现危险货物港口作业和设施、设备、装置、器材、运输工具不符合法律、法规、规章规定和国家标准、行业标准要求的,责令立即停止使用;

（三）对危险货物包装和标志进行抽查，对不符合有关规定的，责令港口经营人停止作业，及时通知或者退回作业委托人处理；

（四）检查中发现事故隐患的，应当责令危险货物港口经营人立即消除或者限期消除；重大事故隐患排除前或者排除过程中无法保证安全的，应当责令从危险区域内撤出作业人员并暂时停产停业；重大事故隐患排除后，经其审查同意，方可恢复作业；

（五）发现违法违章作业行为，应当当场予以纠正或者责令限期改正；

（六）对应急演练进行抽查，发现不符合要求的，当场予以纠正或者要求限期改正；

（七）经本部门主要负责人批准，依法查封违法储存危险货物的场所，扣押违法储存的危险货物。

港口行政管理部门依法进行监督检查，监督检查人员不得少于 2 人，并应当出示执法证件，将执法情况书面记录。监督检查不得影响被检查单位的正常生产经营活动。

第六十二条 有关单位和个人对依法进行的监督检查应当予以配合，不得拒绝、阻碍。港口行政管理部门依法对存在重大事故隐患作出停产停业的决定，危险货物港口经营人应当依法执行，及时消除隐患。危险货物港口经营人拒不执行，有发生生产安全事故的现实危险的，在保证安全的前提下，经本部门主要负责人批准，港口行政管理部门可以依法采取通知有关单位停止供电等措施，强制危险货物港口经营人履行决定。

港口行政管理部门依照前款规定采取停止供电措施，除有危及生产安全的紧急情形外，应当提前 24 小时通知危险货物港口经营人。危险货物港口经营人履行决定、采取相应措施消除隐患的，港口行政管理部门应当及时解除停止供电措施。

第六十三条 所在地港口行政管理部门应当加强对重大危险源的监管和应急准备，建立健全本辖区内重大危险源的档案，组织开展重大危险源风险分析，建立重大危险源安全检查制度，定期对存在重大危险源的港口经营人进行安全检查，对检查中发现的事故隐患，督促港口经营人进行整改。

第六十四条 港口行政管理部门应当建立举报制度，认真落实各类违法违规从事危险货物港口作业的投诉和举报，接受社会监督，及时曝光违法违规行为。

第六十五条 港口行政管理部门应当加强监管队伍建设，建立健全安全教育培训制度，依法规范行政执法行为。

第六十六条 所在地港口行政管理部门应当配备必要的危险货物港口安

全检查装备,建立危险货物港口安全监管信息系统,具备危险货物港口安全监督管理能力。

第六十七条 港口行政管理部门应当建立港口危险货物管理专家库。专家库应由熟悉港口安全相关法律法规和技术标准、危险货物港口作业、港口安全技术、港口工程、港口安全管理和港口应急救援等相关专业人员组成。

港口行政管理部门在组织安全条件审查、安全设施设计审查或者其他港口危险货物管理工作时,需要吸收专家参加或者听取专家意见的,应当从专家库中抽取。

第六十八条 所在地港口行政管理部门应当建立健全安全生产诚信管理制度,对危险货物港口经营人存在安全生产违法行为或者造成恶劣社会影响的,应当列入安全生产不良信用记录,并纳入交通运输和相关统一信用信息共享平台。

第七章 法律责任

第六十九条 未经安全条件审查,新建、改建、扩建危险货物港口建设项目的,由所在地港口行政管理部门责令停止建设,限期改正;逾期未改正的,处五十万元以上一百万元以下的罚款。

第七十条 危险货物港口建设项目有下列行为之一的,由所在地港口行政管理部门责令停止建设或者停产停业整顿,限期改正;逾期未改正的,处五十万元以上一百万元以下的罚款,对其直接负责的主管人员和其他直接责任人员处二万元以上五万元以下的罚款:

(一)未按照规定对危险货物港口建设项目进行安全评价的;

(二)没有安全设施设计或者安全设施设计未按照规定报经港口行政管理部门审查同意的;

(三)施工单位未按照批准的安全设施设计施工的;

(四)安全设施未经验收合格,擅自从事危险货物港口作业的。

第七十一条 未依法取得相应的港口经营许可证,或者超越许可范围从事危险货物港口经营的,由所在地港口行政管理部门责令停止违法经营,没收违法所得;违法所得十万元以上的,并处违法所得二倍以上五倍以下罚款;违法所得不足十万元的,处五万元以上二十万元以下的罚款。

第七十二条 危险货物港口经营人未依法提取和使用安全生产经费导致不具备安全生产条件的,由所在地港口行政管理部门责令限期改正;逾期未改正的,责令停产停业整顿。

第七十三条 危险货物港口经营人有下列行为之一的,由所在地港口行政管理部门责令限期改正,可以处五万元以下的罚款;逾期未改正的,责令停产停业整顿,并处五万元以上十万元以下的罚款,对其直接负责的主管人员和其他直接责任人员处一万元以上二万元以下的罚款:

(一)未按照规定设置安全生产管理机构或者配备安全生产管理人员的;

(二)未依法对从业人员进行安全生产教育、培训,或者未如实记录安全生产教育、培训情况的;

(三)未将事故隐患排查治理情况如实记录或者未向从业人员通报的;

(四)未按照规定制定危险货物事故应急救援预案或者未定期组织演练的。

第七十四条 危险货物港口经营人有下列行为之一的,由所在地港口行政管理部门责令限期改正,可以处十万元以下的罚款;逾期未改正的,责令停产停业整顿,并处十万元以上二十万元以下的罚款,对其直接负责的主管人员和其他直接责任人员处二万元以上五万元以下的罚款:

(一)危险货物港口作业未建立专门安全管理制度、未采取可靠的安全措施的;

(二)对重大危险源未登记建档,或者未进行评估、监控,或者未制定应急预案的;

(三)未建立事故隐患排查治理制度的。

第七十五条 危险货物港口经营人有下列情形之一的,由所在地港口行政管理部门责令改正,可以处五万元以下的罚款;逾期未改正的,处五万元以上二十万元以下的罚款,对其直接负责的主管人员和其他直接责任人员处一万元以上二万元以下的罚款;情节严重的,责令停产停业整顿:

(一)未在生产作业场所和安全设施、设备上设置明显的安全警示标志的;

(二)未按照国家标准、行业标准或者国家有关规定安装、使用安全设施、设备并进行经常性维护、保养和定期检测的。

第七十六条 危险货物港口经营人有下列情形之一的,由所在地港口行政管理部门责令改正,可以处五万元以下的罚款;逾期未改正的,处五万元以上十万元以下的罚款;情节严重的,责令停产停业整顿:

(一)未对其铺设的危险货物管道设置明显的标志,或者未对危险货物管道定期检查、检测的;

(二)危险货物专用库场、储罐未设专人负责管理,或者对储存的剧毒化学品以及储存数量构成重大危险源的其他危险货物未实行双人收发、双人保管制度的;

（三）未建立危险货物出入库核查、登记制度的；

（四）装卸、储存没有安全技术说明书的危险货物或者外包装没有相应标志的包装危险货物的；

（五）未在作业场所设置通信、报警装置的。

在港口进行可能危及危险货物管道安全的施工作业，施工单位未按照规定书面通知管道所属单位，或者未与管道所属单位共同制定应急预案、采取相应的安全防护措施，或者管道所属单位未指派专门人员到现场进行管道安全保护指导的，由所在地港口行政管理部门按照前款规定的处罚金额进行处罚。

第七十七条 危险货物港口经营人有下列情形之一的，由所在地港口行政管理部门责令改正，处五万元以上十万元以下的罚款；逾期未改正的，责令停产停业整顿；除第（一）项情形外，情节严重的，还可以吊销其港口经营许可证件：

（一）未在取得从业资格的装卸管理人员现场指挥或者监控下进行作业的；

（二）未依照本规定对其安全生产条件定期进行安全评价的；

（三）未将危险货物储存在专用库场、储罐内，或者未将剧毒化学品以及储存数量构成重大危险源的其他危险货物在专用库场、储罐内单独存放的；

（四）危险货物的储存方式、方法或者储存数量不符合国家标准或者国家有关规定的；

（五）危险货物专用库场、储罐不符合国家标准、行业标准的要求的。

第七十八条 危险货物港口经营人有下列情形之一的，由所在地港口行政管理部门责令改正，可以处一万元以下的罚款；逾期未改正的，处一万元以上五万元以下的罚款：

（一）未将安全评价报告以及落实情况报港口行政管理部门备案的；

（二）未将剧毒化学品以及储存数量构成重大危险源的其他危险货物的储存数量、储存地点以及管理人员等情况报港口行政管理部门备案的。

第七十九条 两个以上危险货物港口经营人在同一港口作业区内从事可能危及对方生产安全的危险货物港口作业，未签订安全生产管理协议或者未指定专职安全管理人员进行安全检查和协调的，由所在地港口行政管理部门责令限期改正，可以处一万元以下的罚款，对其直接负责的主管人员和其他直接责任人员可以处三千元以下的罚款；情节严重的，可以处一万元以上五万元以下的罚款，对其直接负责的主管人员和其他直接责任人员可以处三千元以上一万元以下的罚款；逾期未改正的，责令停产停业整顿。

第八十条 危险货物港口经营人未采取措施消除事故隐患的，由所在地港口行政管理部门责令立即消除或者限期消除；逾期未改正的，责令停产停业整顿，并处十万元以上五十万元以下的罚款，对其直接负责的主管人员和其他直接责任人员处二万元以上五万元以下的罚款。

第八十一条　未按照本规定报告并经同意进行危险货物装卸、过驳作业的，由所在地港口行政管理部门责令改正，并处五千元以上五万元以下的罚款。

第八十二条　危险货物港口经营人有下列行为之一的，由所在地港口行政管理部门责令改正，并处三万元以下的罚款：

（一）装卸国家禁止通过该港口水域水路运输的危险货物的；

（二）未如实记录危险货物作业基础数据的；

（三）发现危险货物的包装和安全标志不符合相关规定仍进行作业的；

（四）未具备其作业使用的危险货物输送管道分布图、安全技术档案的；

（五）未将重大事故隐患的排查和处理情况、应急预案及时向所在地港口行政管理部门备案的；

（六）未按照规定实施安全生产风险预防控制的。

在港口从事危险货物添加抑制剂或者稳定剂作业前，未将有关情况告知相关危险货物港口经营人和作业船舶的，由所在地港口行政管理部门责令改正，并对相关单位处三万元以下的罚款。

第八十三条　港口作业委托人未按规定向港口经营人提供所托运的危险货物有关资料的，由所在地港口行政管理部门责令改正，处五万元以上十万元以下的罚款。港口作业委托人在托运的普通货物中夹带危险货物，或者将危险货物谎报或者匿报为普通货物托运的，由所在地港口行政管理部门责令改正，处十万元以上二十万元以下的罚款，有违法所得的，没收违法所得。

第八十四条　危险货物港口经营人拒绝、阻碍港口行政管理部门依法实施安全监督检查的，由港口行政管理部门责令改正；逾期未改正的，处二万元以上二十万元以下的罚款；对其直接负责的主管人员和其他直接责任人员处一万元以上二万元以下的罚款。

第八十五条　港口行政管理部门的工作人员有下列行为之一的，对直接负责的主管人员和其他直接责任人员给予行政处分；构成犯罪的，依法追究刑事责任：

（一）未按照规定的条件、程序和期限实施行政许可的；

（二）发现违法行为未依法予以制止、查处，情节严重的；

（三）未履行本规定设定的监督管理职责，造成严重后果的；

（四）有其他滥用职权、玩忽职守、徇私舞弊行为的。

第八十六条 违反本规定的其他规定应当进行处罚的,按照《港口法》《安全生产法》《危险化学品安全管理条例》等法律法规执行。

第八章 附 则

第八十七条 本规定所称危险货物,是指具有爆炸、易燃、毒害、腐蚀、放射性等危险特性,在港口作业过程中容易造成人身伤亡、财产毁损或者环境污染而需要特别防护的物质、材料或者物品,包括:

(一)《国际海运危险货物规则》(IMDG code)第3部分危险货物一览表中列明的包装危险货物,以及未列明但经评估具有安全危险的其他包装货物;

(二)《国际海运固体散装货物规则》(IMSBC code)附录一B组中含有联合国危险货物编号的固体散装货物,以及经评估具有安全危险的其他固体散装货物;

(三)《经1978年议定书修订的1973年国际防止船舶造成污染公约》(MARPOL73/78公约)附则I附录1中列明的散装油类;

(四)《国际散装危险化学品船舶构造和设备规则》(IBC code)第17章中列明的散装液体化学品,以及未列明但经评估具有安全危险的其他散装液体化学品,港口储存环节仅包含上述中具有安全危害性的散装液体化学品;

(五)《国际散装液化气体船舶构造和设备规则》(IGC code)第19章列明的散装液化气体,以及未列明但经评估具有安全危险的其他散装液化气体;

(六)我国加入或者缔结的国际条约、国家标准规定的其他危险货物;

(七)《危险化学品目录》中列明的危险化学品。

第八十八条 本规定自2017年10月15日起施行。2012年12月11日交通运输部发布的《港口危险货物安全管理规定》(交通运输部令2012年第9号)同时废止。

附件 港口危险货物作业附证(略)

交通运输部关于修改《航道通航条件影响评价审核管理办法》的决定

（2019 年 11 月 28 日交通运输部令 2019 年第 35 号公布　自公布之日起施行　国司备字[2019001224]）

交通运输部决定对《航道通航条件影响评价审核管理办法》（交通运输部令 2017 年第 1 号）作出如下修改：

删去第十一条第一款第四项。

条文序号作相应调整。

本决定自公布之日起施行。

《航道通航条件影响评价审核管理办法》根据本决定作相应修正，重新发布。

航道通航条件影响评价审核管理办法

（2017 年 1 月 16 日交通运输部令 2017 年第 1 号公布　根据 2019 年 11 月 28 日《交通运输部关于修改〈航道通航条件影响评价审核管理办法〉的决定》修订）

第一章　总　　则

第一条　为规范航道通航条件影响评价审核工作，依法保护航道，根据《中华人民共和国航道法》，制定本办法。

第二条　对与航道有关的工程进行航道通航条件影响评价审核及监督实施，适用本办法。

本办法所称航道通航条件影响评价审核，是指在新建、改建、扩建（以下统称建设）与航道有关的工程前，建设单位根据国家有关规定和技术标准规范，论证评价工程对航道通航条件的影响并提出减小或者消除影响的对策措施，由有审核权的交通运输主管部门或者航道管理机构进行审核。

第三条 除《中华人民共和国航道法》第二十八条第一款第(一)(二)(三)项规定的工程外,下列与航道有关的工程,应当进行航道通航条件影响评价审核:

(一)跨越、穿越航道的桥梁、隧道、管道、渡槽、缆线等建筑物、构筑物;

(二)通航河流上的永久性拦河闸坝;

(三)航道保护范围内的临河、临湖、临海建筑物、构筑物,包括码头、取(排)水口、栈桥、护岸、船台、滑道、船坞、圈围工程等。

第四条 交通运输部主管全国航道通航条件影响评价审核管理工作。

国务院或者国务院有关部门批准、核准的建设项目,以及与交通运输部按照国务院的规定直接管理的跨省、自治区、直辖市的重要干线航道和国际、国境河流航道等重要航道有关的建设项目,其航道通航条件影响评价,由交通运输部负责审核。其中,与长江干线航道有关的建设项目,除国务院或者国务院有关部门批准、核准的建设项目以及跨(穿)越长江干线的桥梁、隧道工程外,由长江航务管理局承担审核的具体工作。

其他建设项目的航道通航条件影响评价,按照省、自治区、直辖市人民政府的规定由县级以上地方人民政府交通运输主管部门或者航道管理机构负责审核。

本条第二款、第三款规定的负责审核的部门或者航道管理机构,以下统称审核部门。

第二章　航道通航条件影响评价报告编制

第五条 建设与航道有关的工程,建设单位应当在工程可行性研究阶段,按照交通运输部有关规定和技术标准要求编制航道通航条件影响评价报告(以下简称航评报告)。

第六条 航评报告应当包括下列内容:

(一)建设项目概况,包括项目名称、地点、规模、建设单位等;

(二)建设项目所在河段、湖区、海域的通航环境,包括自然条件、水上水下有关设施、航道及通航安全状况等;

(三)建设项目的选址评价;

(四)建设项目与通航有关的技术参数和技术要求的分析论证;

(五)建设项目对航道条件、通航安全、港口及航运发展的影响分析;

(六)减小或者消除对航道通航条件影响的措施;

(七)航道条件与通航安全的保障措施;

（八）征求各有关方面意见的情况及处理情况。

第七条 航评报告由建设单位自行编制，也可以委托具有相应经验、技术条件和能力，信誉良好的机构编制。审核部门不得以任何形式要求建设单位委托特定机构编制航评报告。

第八条 编制航评报告，应当开展现场踏勘、调研，做到搜集资料齐全、论证充分、评价全面、结论明确、客观公正，并如实反映各相关部门、单位的意见及处理情况。

建设单位和航评报告编制单位应当对资料的真实性、有效性，以及航评报告的内容与结论负责。

第九条 在航评报告编制过程中，建设单位应当就通航影响征求港航企业等利害相关方的意见。

在通航河流上建设永久性拦河闸坝的，建设单位应当书面征求上下游受影响省份的省级交通运输主管部门的意见。在长江水系四级及以上航道建设永久性拦河闸坝的，建设单位还应当征求长江航务管理局的意见；在珠江水系四级及以上航道建设永久性拦河闸坝和桥梁的，建设单位还应当征求珠江航务管理局的意见。

各相关交通运输主管部门及管理机构应当及时向征求意见的建设单位回复意见。

第三章　申请与审核

第十条 建设单位在工程可行性研究阶段完成航评报告后，应当向审核部门提出航道通航条件影响评价审核申请。

第十一条 建设单位申请航道通航条件影响评价审核时，应当提交以下材料：

（一）审核申请书；

（二）航评报告；

（三）项目的规划或者其他建设依据；

（四）涉及规划调整或者拆迁等措施的应当提供规划调整或者拆迁已取得同意或者已达成一致的承诺函、协议等材料。

建设单位应当对所提交材料的真实性、合法性负责。

第十二条 审核部门收到建设单位提交的审核申请后，应当进行材料审查，审查内容主要包括申请事项是否属于受理范围、材料是否齐全、航评报告文本格式是否符合规定要求等。

不属于受理范围的，审核部门应当及时告知建设单位。申请材料不全或者不符合规定要求的，应当在五个工作日内一次性告知需要补正的全部内容。材料审查通过的，审核部门应当予以受理，并出具受理通知书。

第十三条 审核部门受理建设单位提交的审核申请后，应当及时组织审核。审核依据主要包括：

（一）有关法律、法规、规章；

（二）《内河通航标准》（GB50139）、《通航海轮桥梁通航标准》（JTJ311）、《运河通航标准》（JTS180－2）、《长江干线通航标准》（JTS180－4）等有关标准；

（三）航道、港口等相关规划；

（四）建设项目所在河段、湖区、海域航道建设养护、通航安全、航运发展的相关要求。

第十四条 审核部门应当围绕航评报告内容是否全面，程序是否合规，论证是否充分，结论是否客观，拟采取的措施是否得当等方面内容，针对下列事项进行审核：

（一）拦河闸坝的选址，总平面布置，运量预测，代表船型，通航建筑物设计通航标准及规模、设计通航水位及流量、上下游梯级通航水位衔接、回水变动区淤积及坝下清水冲刷影响，施工期通航方案，通航建筑物施工组织计划，航道与通航安全保障措施等；

（二）桥梁、缆线等跨越航道建设项目的选址，河床演变分析，设计通航水位，代表船型，通航净空尺度，桥跨布置方案，墩柱防撞标准，航道与通航安全保障措施等；

（三）隧道、管道等穿越航道建设项目的选址、河床演变、埋设深度、出入土点、冲刷深度、应急抛锚影响，航道与通航安全保障措施等；

（四）临河、临湖、临海建设项目的选址及工程布置对航道通航条件的影响，航道与通航安全保障措施等。

第十五条 审核部门在审核中认为必要的，可以采取专家咨询、委托第三方技术咨询机构开展技术咨询等方式。咨询费用由审核部门按照国家有关规定纳入部门预算管理。

委托第三方技术咨询机构的，应当选择具有港口河海工程咨询、水运行业设计、水运行业（航道工程）设计资质之一，并具备相关专业业务能力的技术服务机构承担技术咨询工作。第三方技术咨询机构的选择应当遵守政府采购法律、法规的有关要求，并及时公告有关信息。

委托的第三方技术咨询机构不得与可行性研究报告编制单位、航评报告编制单位为同一单位，不得与可行性研究报告编制单位、航评报告编制单位、建设单位存在控股、管理关系或者存在法人、负责人为同一人等重大关联关系。

第三方技术咨询机构应当充分了解委托事项与航道、通航有关的情况以及有关各方的意见，客观、公正、及时地完成技术咨询工作，并对技术咨询结论负责。技术咨询报告应当对审核的各项内容提出明确的意见；有重大分歧的，应当如实反映并提出建议。

第十六条 审核部门应当在受理审核申请后二十个工作日内完成审核并出具航道通航条件影响评价审核意见（以下简称审核意见）。技术咨询、专家评审、评价材料修改完善所需时间不计算在规定的审核期限内。

第十七条 审核意见应当根据本办法第十四条规定的审核内容，提出明确意见，并作出通过或者不予通过审核的意见。

审核未通过的，建设单位可以根据审核意见对工程选址或者建设方案等进行调整，重新编制航评报告，并报送审核部门审核。

审核部门应当在审核意见中明确负责组织监督检查的部门或者建设项目所在水域负责航道现场管理的机构，并将审核意见抄送该部门或者机构。

第十八条 审核部门出具审核意见后，建设单位、项目名称和涉及航道、通航的事项发生变化的，建设单位应当向原审核部门申请办理变更手续。

其中，建设项目涉及航道、通航的以下事项发生较大调整且对航道通航条件可能产生不利影响的，建设单位应当开展补充或者重新评价，并重新报送审核部门审核：

（一）工程选址；

（二）拦河闸坝总平面布置，通航建筑物型式、有效尺度及规模，设计通航水位等；

（三）跨越航道建设项目的通航净空尺度、通航孔布置、墩柱布置等；

（四）穿越航道建设项目的埋设深度、出入土点等；

（五）临河、临湖、临海建设项目的设计代表船型、工程布置、功能用途、结构形式等；

（六）其他可能对航道条件、通航安全、航运发展产生较大影响的事项。

第十九条 建设单位取得审核意见后，未在审核意见签发之日起三年内开工建设的，或者建设项目开工建设前因重大自然灾害、极端水文条件等引起航道通航条件发生重大变化的，建设单位应当重新申请办理审核手续。

第二十条 审核部门应当将开展航道通航条件影响评价审核的依据、条件、程序、期限以及需要提交的材料目录等依法予以公开，接受社会监督。

第四章 监督检查

第二十一条 审核部门应当组织对航道通航条件影响评价审核意见的执行情况进行监督检查。其中,交通运输部负责审核的建设项目,由省级交通运输主管部门负责组织进行监督检查;但与长江干线航道有关的建设项目,由长江航务管理局负责组织进行监督检查。

建设项目所在水域负责航道现场管理的机构承担现场监督检查工作。

第二十二条 建设单位应当严格执行审核意见,并接受监督检查。

开工建设前,建设单位应当向负责航道现场管理的机构报送建设项目施工图设计中涉及航道、通航内容的资料。与航道、通航有关的建设内容完工后,建设单位应当向负责航道现场管理的机构报送建设项目审核意见执行情况、施工临时设施及残留物的清除情况等资料。建设单位应当对所报资料的真实性负责。

第二十三条 负责航道现场管理的机构在日常巡查中应当加强对与航道有关的工程执行航道通航条件影响评价审核意见的现场检查;对建设单位报送的建设项目施工图设计中涉及航道、通航内容的资料,应当及时进行核查。发现工程建设与审核意见不符的,应当要求建设单位及时改正;建设单位拒不改正的,应当及时报告负责组织监督检查的部门。

与航道有关的建设内容完工后,负责航道现场管理的机构应当将监督检查情况、建设单位关于审核意见的执行情况等逐级报送审核部门。

第二十四条 负责组织监督检查的部门在参与建设项目初步设计、施工图设计审查过程中,应当对建设项目执行审核意见的情况进行复核。

在建设项目开工前,负责组织监督检查的部门应当根据审核意见和建设项目现场监督检查实际,向负责航道现场管理的机构明确现场监管要求。

第二十五条 交通运输部和省级交通运输主管部门应当建立随机抽取被检查对象、随机选派抽查人员的抽查机制,对建设项目执行审核意见的情况进行监督检查,并将检查结果及时向社会公开。

第二十六条 有下列情形之一的,审核部门可以撤销已出具的审核意见:

(一)建设单位以提供虚假材料等不正当手段取得审核意见的;

(二)超越审核权限出具审核意见的;

(三)违反规定程序出具审核意见的;

(四)依法可以撤销审核意见的其他情形。

第五章 法律责任

第二十七条 审核部门、负责组织监督检查的部门或者负责航道现场管理的机构不依法履行职责的，由其上级主管部门责令改正，对直接负责的主管人员和其他直接责任人员依法给予处分。审核部门、负责组织监督检查的部门或者负责航道现场管理的机构工作人员滥用职权、玩忽职守、徇私舞弊的，依法给予处分；构成犯罪的，依法移交司法机关追究刑事责任。

第二十八条 建设单位违反航道通航条件影响评价审核规定进行项目建设的，由有审核权的交通运输主管部门或者航道管理机构依据《中华人民共和国航道法》的规定，追究法律责任。

负责组织监督检查的部门或者负责航道现场管理的机构应当将监督检查中发现的建设单位的相关违法行为报告审核部门，并提出处理建议。

第二十九条 实施罚款时，应当综合考虑航道的等级及重要性、建设项目对航道条件与通航安全的影响程度、建设单位采取补救措施的及时性和有效性等因素，合理确定罚款额度。

对违反《中华人民共和国航道法》第二十八条规定，位于内河四级及以上航道或者通航5000吨级及以上海轮航道的建设项目，在《中华人民共和国航道法》第三十九条规定的罚款幅度内给予从重处罚。

对违反《中华人民共和国航道法》第二十八条规定，位于内河四级以下航道上且对航道条件与通航安全影响较小并及时消除隐患的建设项目，在《中华人民共和国航道法》第三十九条规定的罚款幅度内给予从轻处罚。

第三十条 交通运输部和省级交通运输主管部门应当加强对建设单位、航评报告编制单位、相关技术服务机构、评审专家的信用管理，依法将失信行为信息及时向社会公开。

第六章 附 则

第三十一条 本办法自2017年3月1日起施行。交通部于1994年9月10日发布的《跨越国家航道的桥梁通航净空尺度和技术要求的审批办法》（交基发〔1994〕906号）和2006年7月26日发布的《关于进一步做好跨越航道的桥梁通航净空尺度和技术要求审批工作的通知》（交水发〔2006〕388号）同时废止。

交通运输部关于修改《港口经营管理规定》的决定

（2019年11月28日交通运输部令2019年第36号公布　自公布之日起施行　国司备字[2019001228]）

交通运输部决定对《港口经营管理规定》（交通运输部令2019年第8号）作出如下修改：

一、删去第九条。

二、删去第十条第一款第二项和第三款。

三、删去第十一条第二款中的“港口设施需要试运行经营的，所持有的《港口经营许可证》的有效期为试运行经营期，并在证书上注明。试运行经营期原则上不超过6个月；确需延期的，试运行经营期累计不得超过1年。”

条文序号作相应调整。

本决定自公布之日起施行。

《港口经营管理规定》根据本决定作相应修正，重新发布。

港口经营管理规定

（2009年11月6日交通运输部令2009年第13号公布　根据2014年12月23日《交通运输部关于修改〈港口经营管理规定〉的决定》第一次修订　根据2016年4月19日《交通运输部关于修改〈港口经营管理规定〉的决定》第二次修订　根据2018年7月31日《交通运输部关于修改〈港口经营管理规定〉的决定》第三次修订　根据2019年4月9日《交通运输部关于修改〈港口经营管理规定〉的决定》第四次修订　根据2019年11月28日《交通运输部关于修改〈港口经营管理规定〉的决定》第五次修订）

第一章　总　　则

第一条　为规范港口经营行为，维护港口经营秩序，依据《中华人民共和国港口法》和其他有关法律、法规，制定本规定。

第二条 本规定适用于港口经营及相关活动。

第三条 本规定下列用语的含义是：

（一）港口经营，是指港口经营人在港口区域内为船舶、旅客和货物提供港口设施或者服务的活动，主要包括下列各项：

1. 为船舶提供码头、过驳锚地、浮筒等设施；

2. 为旅客提供候船和上下船舶设施和服务；

3. 从事货物装卸（含过驳）、仓储、港区内驳运；

4. 为船舶进出港、靠离码头、移泊提供顶推、拖带等服务。

（二）港口经营人，是指依法取得经营资格从事港口经营活动的组织和个人。

（三）港口理货业务经营人，是指为委托人提供货物交接过程中的点数和检查货物表面状况的理货服务的组织和个人。

（四）港口设施，是指为从事港口经营而建造和设置的建（构）筑物。

第四条 交通运输部主管全国港口经营行政管理工作。

省、自治区、直辖市人民政府交通运输（港口）主管部门负责本行政区域内的港口经营行政管理工作。

省、自治区、直辖市人民政府、港口所在地设区的市（地）、县人民政府确定的具体实施港口行政管理的部门负责该港口的港口经营行政管理工作。本款上述部门统称港口行政管理部门。

第五条 国家鼓励港口经营性业务实行多家经营、公平竞争。港口经营人、港口理货业务经营人不得实施垄断行为。任何组织和部门不得以任何形式实施地区保护和部门保护。

第二章 资质管理

第六条 从事港口经营，应当申请取得港口经营许可。

实施港口经营许可，应当遵循公平、公正和公开透明的原则，不得收取费用，并应当接受社会监督。

第七条 从事港口经营（港口拖轮经营除外），应当具备下列条件：

（一）有固定的经营场所；

（二）有与经营范围、规模相适应的港口设施、设备，其中：

1. 码头、客运站、库场、储罐、污水处理设施等固定设施应当符合港口总体规划和法律、法规及有关技术标准的要求；

2. 为旅客提供上、下船服务的，应当具备至少能遮蔽风、雨、雪的候船和上、下船设施，并按相关规定配备无障碍设施；

3. 为船舶提供码头、过驳锚地、浮筒等设施的，应当有相应的船舶污染物、废弃物接收能力和相应污染应急处理能力，包括必要的设施、设备和器材；

（三）有与经营规模、范围相适应的专业技术人员、管理人员；

（四）有健全的经营管理制度和安全管理制度以及生产安全事故应急预案，应急预案经专家审查通过；依法设置安全生产管理机构或者配备专职安全管理人员。

第八条 从事港口拖轮经营，应当具备下列条件：

（一）在申请经营的港口所在地注册并具备企业法人资格；

（二）有满足拖轮停靠的自有泊位或者租用泊位；

（三）在沿海港口从事拖轮经营的，应当至少自有并经营 2 艘沿海拖轮；在内河港口从事拖轮经营的，应当至少自有并经营 1 艘内河拖轮；

（四）海务、机务管理人员数量满足附件的要求，海务、机务管理人员具有不低于大副、大管轮的从业资历且在申请经营的港口从事拖轮服务满 1 年以上；

（五）有健全的经营管理制度和符合有关规定的安全与防污染管理制度。

第九条 申请从事港口经营，应当提交下列相应文件和资料：

（一）港口经营业务申请书；

（二）港口码头、库场、储罐、污水处理等固定设施符合国家有关规定的竣工验收合格证明；

（三）使用港口岸线的，港口岸线的使用批准文件；

（四）提供拖轮服务的，拖轮的有效船舶证书及停靠泊位的相关证明材料；

（五）依法设置安全生产管理机构或者配备安全生产管理人员的相关证明材料，其中从事拖轮经营的，提供海务、机务管理人员的相关证明材料；

（六）证明符合第七条规定条件的其他文件和资料。

从事港口拖轮经营的，应当提供上述（一）（四）（五）项规定的材料和证明符合第八条规定条件的其他文件和材料。

第十条 申请从事港口经营，申请人应当向港口行政管理部门提出书面申请和第九条规定的相关文件资料。港口行政管理部门应当自受理申请之日起 30 个工作日内作出许可或者不许可的决定。符合资质条件的，由港口行政管理部门发给《港口经营许可证》，并通过信息网络或者报刊公布；不符合条件的，不予行政许可，并应当将不予许可的决定及理由书面通知申请人。《港口经营许可证》应当明确港口经营人的名称与办公地址、法定代表人、经营项目、经营地域、主要设施设备、发证日期、许可证有效期和证书编号。

《港口经营许可证》的有效期为3年。

第十一条 省级交通运输主管部门和港口行政管理部门对申请人提出的港口经营许可申请，应当根据下列情况分别做出处理：

（一）申请事项依法不需要取得行政许可的，应当即时告知申请人不受理；

（二）申请事项依法不属于省级交通运输主管部门或者港口行政管理部门职权范围的，应当即时告知申请人向有关行政机关申请；

（三）申请材料存在可以当场更正的错误的，应当允许申请人当场更正；

（四）申请材料不齐全或者不符合法定形式的，应当当场或者在5日内一次告知申请人需要补正的全部内容，逾期不告知的，自收到申请材料之日起即为受理；

（五）申请事项属于省级交通运输主管部门或者港口行政管理部门职权范围，申请材料齐全、符合法定形式，或者申请人按照要求提交全部补正申请材料的，应当受理经营业务许可申请。

受理或者不受理经营业务许可申请，应当出具加盖许可机关专用印章和注明日期的书面凭证。

第十二条 港口经营人应当按照港口行政管理部门许可的经营范围从事港口经营活动。

第十三条 港口经营人变更经营范围的，应当就变更事项按照本规定第十条规定办理许可手续，并到市场监督管理部门办理相应的变更登记手续。

港口经营人变更企业法定代表人或者办公地址的，应当向港口行政管理部门备案并换发《港口经营许可证》。

第十四条 港口经营人应当在《港口经营许可证》有效期届满之日30日以前，向《港口经营许可证》发证机关申请办理延续手续。

申请办理《港口经营许可证》延续手续，应当提交下列材料：

（一）《港口经营许可证》延续申请；

（二）除本规定第九条第一款第（一）项之外的其他证明材料。

第十五条 港口经营人停业或者歇业，应当提前30个工作日告知原许可机关。原许可机关应当收回并注销其《港口经营许可证》，并以适当方式向社会公布。

第三章 经营管理

第十六条 为船舶提供岸电、燃物料、生活品供应、水上船员接送及船舶污染物（含油污水、残油、洗舱水、生活污水及垃圾）接收、围油栏供应服务等船舶港口服务的单位，港口设施设备和机械租赁维修业务的单位以及港口理货业务经营人，应当向港口行政管理部门办理备案手续。港口行政管理部门应当建立备案情况档案。

从事船舶港口服务、港口设施设备和机械租赁维修的经营人以及港口理货业务经营人名称、固定经营场所、法定代表人、经营范围等事项发生变更或者终止经营的，应当在变更或者终止经营之日起 15 个工作日内办理变更备案。

第十七条 港口理货业务经营人不得兼营港口货物装卸经营业务和仓储经营业务。

第十八条 港口行政管理部门及相关部门应当保证港口公用基础设施的完好、畅通。

港口经营人、港口理货业务经营人以及从事船舶港口服务、港口设施设备和机械租赁维修的经营人应当按照核定的功能使用和维护港口经营设施、设备，并使其保持正常状态。

为国际航线船舶服务的码头（包括过驳锚地、浮筒），应当具备对外开放资格。

第十九条 港口经营人变更或者改造码头、堆场、仓库、储罐和污水垃圾处理设施等固定经营设施，应当依照有关法律、法规和规章的规定履行相应手续。依照有关规定无需经港口行政管理部门审批的，港口经营人应当向港口行政管理部门备案。

第二十条 从事港口旅客运输服务的经营人，应当采取必要措施保证旅客运输的安全、快捷、便利，保证旅客基本生活用品的供应，保持良好的候船条件和环境。

在港区内从事水上船员接送服务的，应当使用符合相关要求的船舶。

第二十一条 港口经营人应当优先安排抢险、救灾和国防建设急需物资的港口作业。

政府在紧急情况下征用港口设施，港口经营人应当服从指挥。港口经营人因此而产生费用或者遭受损失的，下达征用任务的机关应当依法给予相应的经济补偿。

第二十二条 在旅客严重滞留或者货物严重积压阻塞港口的紧急情况下，港口行政管理部门应当采取措施进行疏港。港口所在地的市、县人民政府认为必要时，可以直接采取措施，进行疏港。港口内的单位、个人及船舶、车辆应当服从疏港指挥。

第二十三条 港口行政管理部门应当依法制定可能危及社会公共利益的港口危险货物事故应急预案、重大生产安全事故的旅客紧急疏散和救援预案以及预防自然灾害预案,建立健全港口重大生产安全事故的应急救援体系。

港口行政管理部门按照前款规定制定的各项预案应当予以公布,并报送省级交通运输(港口)主管部门备案。

第二十四条 港口经营人、港口理货业务经营人应当依照有关法律、法规和交通运输部有关港口安全作业的规定,加强安全生产管理,完善安全生产条件,建立健全安全生产责任制等规章制度,加强落实,确保安全生产。

港口经营人、港口理货业务经营人应当依法制定本单位的危险货物事故应急预案、重大生产安全事故的旅客紧急疏散和救援预案以及预防自然灾害预案,并保障组织实施。

港口经营人、港口理货业务经营人按照前款规定制定的各项预案应当报送港口行政管理部门和港口所在地海事管理机构备案。

第二十五条 港口经营人、港口理货业务经营人以及从事船舶港口服务、港口设施设备和机械租赁维修的经营人从事港口经营和理货等业务,应当遵守有关法律、法规、规章以及相关服务标准和规范的规定,依法履行合同约定的义务,公正、准确地办理港口经营和理货等业务,为客户提供公平、良好的服务。

第二十六条 港口经营人、港口理货业务经营人以及从事船舶港口服务的经营人应当遵守国家有关港口经营价格和收费的规定,应当在其经营场所公布经营服务收费项目和收费标准,使用国家规定的港口经营票据。

第二十七条 港口经营人、港口理货业务经营人以及从事船舶港口服务、港口设施设备和机械租赁维修的经营人不得采取不正当手段,排挤竞争对手,限制或者妨碍公平竞争;不得对具有同等条件的服务对象实行歧视;不得以任何手段强迫他人接受其提供的港口服务。

第二十八条 从事港口拖轮业务的经营人,应当公布所经营拖轮的实时状态,供船舶运输经营人自主选择。

第二十九条 港口经营人应当按照有关规定及时足额交纳港口行政性收费。

港口经营人、港口理货业务经营人以及从事船舶港口服务、港口设施设备和机械租赁维修的经营人的合法权益受法律保护。任何单位和个人不得向港口经营人、港口理货业务经营人以及从事船舶港口服务、港口设施设备和机械租赁维修的经营人摊派或者违法收取费用。

港口经营人、港口理货业务经营人以及从事船舶港口服务、港口设施设备和机械租赁维修的经营人有权拒绝违反规定收取或者摊派的各种费用。

第三十条 港口行政管理部门应当依法做好港口行政性收费的征管工作，保证港口行政性收费征收到位，并及时足额解缴。

港口行政性收费实行专户管理，专款专用。

第三十一条 港口经营人、港口理货业务经营人以及从事船舶港口服务、港口设施设备和机械租赁维修的经营人应当按照国家有关规定，及时向港口行政管理部门如实提供港口统计资料及有关信息。

各级交通运输（港口）主管部门和港口行政管理部门应当按照有关规定向交通运输部和上级交通运输（港口）主管部门报送港口统计资料和相关信息，并结合本地区的实际建设港口管理信息系统。

上述部门的工作人员应当为港口经营人、港口理货业务经营人以及从事船舶港口服务、港口设施设备和机械租赁维修的经营人保守商业秘密。

第四章 监督检查

第三十二条 港口行政管理部门应当依法对港口安全生产情况和本规定执行情况实施监督检查，并将检查的结果向社会公布。港口行政管理部门应当对旅客集中、货物装卸量较大或者特殊用途的码头进行重点巡查。检查中发现安全隐患的，应当责令被检查人立即排除或者限期排除。

各级交通运输（港口）主管部门应当加强对港口行政管理部门实施《中华人民共和国港口法》和本规定的监督管理，切实落实法律规定的各项制度，及时纠正行政执法中的违法行为。

第三十三条 港口行政管理部门的监督检查人员依法实施监督检查时，有权向被检查单位和有关人员了解情况，并可查阅、复制有关资料。

监督检查人员应当对检查中知悉的商业秘密保密。

监督检查人员实施监督检查，应当两个人以上，并出示执法证件。

第三十四条 监督检查人员应当将监督检查的时间、地点、内容、发现的问题及处理情况作出书面记录，并由监督检查人员和被检查单位的负责人签字；被检查单位的负责人拒绝签字的，监督检查人员应当将情况记录在案，并向港口行政管理部门报告。

第三十五条 被检查单位和有关人员应当接受港口行政管理部门依法实施的监督检查，如实提供有关情况和资料，不得拒绝检查或者隐匿、谎报有关情况和资料。

第三十六条 港口经营人、港口理货业务经营人以及从事船舶港口服务、港口设施设备和机械租赁维修的经营人有违反本规定行为的，依照有关法律、行政法规的规定纳入信用记录，并予以公示。

第五章 法律责任

第三十七条 有下列行为之一的，由港口行政管理部门责令停止违法经营，没收违法所得；违法所得10万元以上的，并处违法所得2倍以上5倍以下罚款；违法所得不足10万元的，处5万元以上20万元以下罚款：

（一）未依法取得港口经营许可证，从事港口经营的；

（二）港口理货业务经营人兼营货物装卸经营业务、仓储经营业务的。

第三十八条 经检查或者调查证实，港口经营人在取得经营许可后又不符合本规定第七、八条规定一项或者几项条件的，由港口行政管理部门责令其停止经营，限期改正；逾期不改正的，由作出行政许可决定的行政机关吊销《港口经营许可证》，并以适当方式向社会公布。

港口理货业务经营人以及从事船舶港口服务、港口设施设备和机械租赁维修的经营人未按规定进行备案的，由港口行政管理部门责令改正，并处1万元以上3万元以下罚款。

第三十九条 港口经营人不优先安排抢险物资、救灾物资、国防建设急需物资的作业的，由港口行政管理部门责令改正；造成严重后果的，吊销《港口经营许可证》，并以适当方式向社会公布。

第四十条 港口经营人、港口理货业务经营人违反本规定第二十四条关于安全生产规定的，由港口行政管理部门或者其他依法负有安全生产监督管理职责的部门依法给予处罚；情节严重的，由港口行政管理部门吊销《港口经营许可证》（港口理货业务经营人除外）；构成犯罪的，依法追究刑事责任。

第四十一条 港口经营人、港口理货业务经营人以及从事船舶港口服务、港口设施设备和机械租赁维修的经营人违反本规定第二十六条、第二十七条规定，港口行政管理部门应当进行调查，并协助相关部门进行处理。

第四十二条 港口经营人、港口理货业务经营人以及从事船舶港口服务、港口设施设备和机械租赁维修的经营人违反本规定第三十一条规定不及时和不如实向港口行政管理部门提供港口统计资料及有关信息的，由港口行政管理部门按照有关法律、法规的规定予以处罚。

第四十三条 港口行政管理部门不依法履行职责，有下列行为之一的，对直接负责的主管人员和其他直接责任人员依法给予行政处分；构成犯罪的，依法追究刑事责任：

（一）对不符合法定条件的申请人给予港口经营许可的；

（二）发现取得经营许可的港口经营人不再具备法定许可条件而不及时吊销许可证的；

（三）不依法履行监督检查职责，对未经依法许可从事港口经营的行为，不遵守安全生产管理规定的行为，危及港口作业安全的行为，以及其他违反本法规定的行为，不依法予以查处的。

第四十四条 港口行政管理部门违法干预港口经营人、港口理货业务经营人以及从事船舶港口服务、港口设施设备和机械租赁维修的经营人的经营自主权的，由其上级行政机关或者监察机关责令改正。向港口经营人、港口理货业务经营人以及从事船舶港口服务、港口设施设备和机械租赁维修的经营人摊派财物或者违法收取费用的，责令退回；情节严重的，对直接负责的主管人员和其他直接责任人员依法给予行政处分。

第六章 附 则

第四十五条 《港口经营许可证》的式样由交通运输部统一规定，由省级交通运输（港口）主管部门负责印制。

第四十六条 港口行政管理部门按照《中华人民共和国港口法》制定的港口章程应当在公布的同时送上级交通运输（港口）主管部门和交通运输部备案。

第四十七条 港口引航适用《船舶引航管理规定》（交通部令 2001 年第 10 号）。从事危险货物港口作业的，应当同时遵守《港口危险货物安全管理规定》（交通运输部令 2019 年第 34 号）。

第四十八条 本规定自 2010 年 3 月 1 日起施行。2003 年 12 月 26 日交通部发布的《港口经营管理规定》（交通部令 2004 年第 4 号）同时废止。

附件 海务、机务管理人员最低配额表（人）（略）

交通运输部关于修改《公路水运工程监理企业资质管理规定》的决定

（2019 年 11 月 28 日交通运输部令 2019 年第 37 号公布　自公布之日起施行　国司备字[2019001229]）

交通运输部决定对《公路水运工程监理企业资质管理规定》（交通运输部令 2018 年第 7 号）作如下修改：

将第九条第二项修改为："企业统一社会信用代码"。

个别文字作相应调整。

本决定自公布之日起施行。

《公路水运工程监理企业资质管理规定》根据本决定作相应修正，重新发布。

公路水运工程监理企业资质管理规定

（2018 年 5 月 17 日交通运输部令 2018 年第 7 号公布　根据 2019 年 11 月 28 日《交通运输部关于修改〈公路水运工程监理企业资质管理规定〉的决定》修订）

第一章　总　则

第一条　为加强公路、水运工程监理企业的资质管理，规范公路、水运建设市场秩序，保证公路、水运工程建设质量，根据《建设工程质量管理条例》，制定本规定。

第二条　公路、水运工程监理企业资质的取得及监督管理，适用本规定。

第三条　从事公路、水运工程监理活动，应当按照本规定取得公路、水运工程监理企业资质后方可开展相应的监理业务。

第四条　交通运输部负责全国公路、水运工程监理企业资质监督管理工作。

省、自治区、直辖市人民政府交通运输主管部门负责本行政区域内公路、水运工程监理企业资质管理工作，省、自治区、直辖市人民政府交通运输主管部门可以委托其所属的质量监督机构具体负责本行政区域内公路、水运工程监理企业资质的监督管理工作。

第二章 资质等级和从业范围

第五条 公路、水运工程监理企业资质按专业划分为公路工程和水运工程两个专业。

公路工程专业监理资质分为甲级、乙级、丙级三个等级和特殊独立大桥专项、特殊独立隧道专项、公路机电工程专项；水运工程专业监理资质分为甲级、乙级、丙级三个等级和水运机电工程专项。

第六条 公路、水运工程监理企业应当按照其取得的资质等级在下列业务范围内开展监理业务：

（一）取得公路工程专业甲级监理资质，可在全国范围内从事一、二、三类公路工程、桥梁工程、隧道工程项目的监理业务；

（二）取得公路工程专业乙级监理资质，可在全国范围内从事二、三类公路工程、桥梁工程、隧道工程项目的监理业务；

（三）取得公路工程专业丙级监理资质，可在企业所在地的省级行政区域内从事三类公路工程、桥梁工程、隧道工程项目的监理业务；

（四）取得公路工程专业特殊独立大桥专项监理资质，可在全国范围内从事特殊独立大桥项目的监理业务；

（五）取得公路工程专业特殊独立隧道专项监理资质，可在全国范围内从事特殊独立隧道项目的监理业务；

（六）取得公路工程专业公路机电工程专项监理资质，可在全国范围内从事各等级公路、桥梁、隧道工程通讯、监控、收费等机电工程项目的监理业务；

（七）取得水运工程专业甲级监理资质，可在全国范围内从事大、中、小型水运工程项目的监理业务；

（八）取得水运工程专业乙级监理资质，可在全国范围内从事中、小型水运工程项目的监理业务；

（九）取得水运工程专业丙级监理资质，可在企业所在地的省级行政区域内从事小型水运工程项目的监理业务；

（十）取得水运工程专业水运机电工程专项监理资质，可在全国范围内从事水运机电工程项目的监理业务。

公路、水运工程监理业务的分级标准见本规定附件3。

第三章 申请与许可

第七条 申请公路、水运工程监理资质的企业,应当具备本规定附件1、附件2规定的相应资质条件。

第八条 交通运输部负责公路工程专业甲级、乙级监理资质,公路工程专业特殊独立大桥专项、特殊独立隧道专项、公路机电工程专项监理资质的行政许可工作。

省、自治区、直辖市人民政府交通运输主管部门负责公路工程专业丙级监理资质,水运工程专业甲级、乙级、丙级监理资质,水运机电工程专项监理资质的行政许可工作。

第九条 申请人申请公路、水运工程监理资质应当向第八条规定的许可机关提交下列申请材料或信息:

(一)《公路水运工程监理企业资质申请表》;

(二)企业统一社会信用代码;

(三)企业章程和制度;

(四)监理工程师和中级职称以上人员名单;

(五)企业、人员从业业绩清单;

(六)主要试验检测仪器和设备清单。

申请人应当按照规定,将人员、业绩、仪器设备等情况,录入全国或者省级交通运输公路、水运建设市场信用信息管理系统。

全国或者省级交通运输公路、水运建设市场信用信息管理系统应当向社会公开,接受社会监督。

申请人应当如实向许可机关提交有关材料和反映真实情况,并对其提交材料实质内容的真实性负责。

第十条 属于交通运输部受理的申请,申请人在向交通运输部提交申请材料的同时,应当向企业注册地的省、自治区、直辖市人民政府交通运输主管部门提交申请材料副本。

有关省、自治区、直辖市人民政府交通运输主管部门自收到申请人的申请材料副本之日起十日内提出审查意见报交通运输部。

交通运输部自收到申请人完整齐备的申请材料之日起二十日内作出行政许可决定。准予许可的,颁发相应的《监理资质证书》;不予许可的,应当书面通知申请人并说明理由。

第十一条 属于省、自治区、直辖市人民政府交通运输主管部门受理的申请，申请人应当向企业注册地的省、自治区、直辖市人民政府交通运输主管部门提交本规定第九条规定的申请材料或信息。省、自治区、直辖市人民政府交通运输主管部门自收到完整齐备的申请材料之日起二十日内作出行政许可决定。准予许可的，颁发相应的《监理资质证书》，并在三十日内向交通运输部报备；不予许可的，应当书面通知申请人并说明理由。

第十二条 许可机关在作出行政许可决定的过程中可以聘请专家对申请材料进行评审，并且将评审结果向社会公示。

专家评审的时间不计算在行政许可期限内，但应当将专家评审需要的时间告知申请人。专家评审的时间最长不得超过六十日。

第十三条 许可机关聘请的评审专家应当从其建立的公路、水运工程监理专家库中选定。

选择专家应当符合回避的要求；参与评审的专家应当履行公正评审、保守企业商业秘密的义务。

第十四条 许可机关在许可过程中需要核查申请人有关条件的，可以对申请人的有关情况进行实地核查，申请人应当配合。

第十五条 许可机关作出的准予许可决定，应当向社会公开，公众有权查阅。

第十六条 《监理资质证书》有效期限为四年。

第十七条 《监理资质证书》有效期届满，企业拟继续从事监理业务的，应当在《监理资质证书》有效期届满六十日前，向原许可机关提出延续资质申请，提交《公路水运工程监理企业延续资质申请表》，并按照资质延续的相关要求提交材料。

第十八条 许可机关对提出延续资质申请企业的各项条件进行审查，自收到企业资质申请之日起二十日内作出是否准予延续许可的决定。对符合资质延续条件的企业，许可机关准予资质延续四年。

第十九条 监理企业在领取新的资质证书时，应当将原资质证书交回原许可机关。

第四章 监督检查

第二十条 监理企业应当依法、依合同对公路、水运工程建设项目实施监理。

第二十一条 监理企业和各有关机构必须如实填写《项目监理评定书》。《项目监理评定书》的格式由交通运输部规定。

第二十二条 监理企业资质实行定期检验制度，每两年检验一次。

定期检验的内容是检查监理企业现状与资质等级条件的符合程度以及监理企业在检验期内的业绩情况。

第二十三条 申请定期检验的企业应当在其资质证书使用期满两年前三十日内向检验机构提出定期检验申请，并提交以下材料：

（一）《公路水运工程监理企业资质检验表》；

（二）本检验期内的《项目监理评定书》。

第二十四条 监理企业的定期检验工作由作出许可决定的许可机关或者委托其所属的质量监督机构负责。

负责检验的许可机关或者质量监督机构应当自收到完整齐备的申请材料二十日内作出定期检验结论。

第二十五条 对定期检验合格的监理企业，由原许可机关或者质量监督机构在其《监理资质证书》上签署意见并盖章。

对定期检验不合格的监理企业，原许可机关或者质量监督机构应当责令其在六个月内进行整改。整改期满仍不能达到规定条件的，由原许可机关对其予以降低资质等级或者撤销对其的资质许可。

第二十六条 监理企业未按照规定的期限申请资质定期检验的，其资质证书失效。

第二十七条 有下列情形之一的，监理企业应当及时向许可机关交回资质证书，许可机关应当注销其监理资质：

（一）未按照规定期限申请资质延续的；

（二）企业依法终止的；

（三）资质被依法撤销、撤回或者资质证书依法被吊销的；

（四）法律、法规规定的应当注销资质的其他情形。

第二十八条 监理企业遗失《监理资质证书》，应当在公开媒体和许可机关指定的网站上声明作废，并到原许可机关办理补证手续。

第二十九条 监理企业的名称、地址、法定代表人等一般事项变更，应当在变更事项发生后十日内向原许可机关申请签注变更。

监理企业发生合并、分立、重组、改制等重大事项变更，应当在变更事项发生后十日内向原许可机关申请变更，由原许可机关重新核定企业资质等级。

第三十条 各级交通运输主管部门及其质量监督机构应当加强对监理企业以及监理现场工作的监督检查，有关单位应当配合。

第三十一条 交通运输部和省、自治区、直辖市人民政府交通运输主管部门依据职权有权对利害关系人的举报进行调查核实，有关单位应当配合。

第三十二条　监理企业违反本规定，由交通运输部或者省、自治区、直辖市人民政府交通运输主管部门依据《建设工程质量管理条例》及有关规定给予相应处罚。

第三十三条　交通运输主管部门工作人员在资质许可和监督管理工作中玩忽职守、滥用职权、徇私舞弊等严重失职的，由所在单位或者其上级机关依照国家有关规定给予行政处分；构成犯罪的，依法追究刑事责任。

第五章　附　　则

第三十四条　监理企业的《监理资质证书》由许可机关按照交通运输部规定的统一格式印制，正本一份，副本二份，副本与正本具有同等法律效力。

第三十五条　本规定自2018年7月1日起施行。2004年6月30日以交通部令2004年第5号发布的《公路水运工程监理企业资质管理规定》、2014年4月9日以交通运输部令2014年第7号发布的《关于修改〈公路水运工程监理企业资质管理规定〉的决定》、2015年5月12日以交通运输部令2015年第4号发布的《关于修改〈公路水运工程监理企业资质管理规定〉的决定》同时废止。

附件1　公路水运工程监理企业资质等级条件（略）

附件2　公路水运工程监理企业基本试验检测能力或仪器设备配备标准（略）

附件3　（略）

交通运输部关于修改《公路水运工程试验检测管理办法》的决定

（2019年11月28日交通运输部令2019年第38号公布　自公布之日起施行　国司备字[2019001230]）

交通运输部决定对《公路水运工程试验检测管理办法》（交通运输部令2016年第80号）作出如下修改：

一、删去第九条第二项、第三项、第四项、第五项。

二、将第二十八条修改为“取得《等级证书》，同时按照《计量法》的要求经过计量行政部门考核合格的检测机构,可在《等级证书》注明的项目范围内,向社会提供试验检测服务。”

三、删去第二十九条。

条文序号作相应调整。

本决定自公布之日起施行。

《公路水运工程试验检测管理办法》根据本决定作相应修正,重新发布。

公路水运工程试验检测管理办法

(2005 年 10 月 19 日交通部令 2005 年第 12 号公布　根据 2016 年 12 月 10 日《交通运输部关于修改〈公路水运工程试验检测管理办法〉的决定》第一次修订　根据 2019 年 11 月 28 日《交通运输部关于修改〈公路水运工程试验检测管理办法〉的决定》第二次修订)

第一章　总　　则

第一条　为规范公路水运工程试验检测活动,保证公路水运工程质量及人民生命和财产安全,根据《建设工程质量管理条例》,制定本办法。

第二条　从事公路水运工程试验检测活动,应当遵守本办法。

第三条　本办法所称公路水运工程试验检测,是指根据国家有关法律、法规的规定,依据工程建设技术标准、规范、规程,对公路水运工程所用材料、构件、工程制品、工程实体的质量和技术指标等进行的试验检测活动。

本办法所称公路水运工程试验检测机构(以下简称检测机构),是指承担公路水运工程试验检测业务并对试验检测结果承担责任的机构。

本办法所称公路水运工程试验检测人员(以下简称检测人员),是指具备相应公路水运工程试验检测知识、能力,并承担相应公路水运工程试验检测业务的专业技术人员。

第四条　公路水运工程试验检测活动应当遵循科学、客观、严谨、公正的原则。

第五条　交通运输部负责公路水运工程试验检测活动的统一监督管理。交通运输部工程质量监督机构(以下简称部质量监督机构)具体实施公路水运工程试验检测活动的监督管理。

省级人民政府交通运输主管部门负责本行政区域内公路水运工程试验检测活动的监督管理。省级交通质量监督机构(以下简称省级交通质监机构)具体实施本行政区域内公路水运工程试验检测活动的监督管理。

部质量监督机构和省级交通质监机构以下称质监机构。

第二章 检测机构等级评定

第六条 检测机构等级,是依据检测机构的公路水运工程试验检测水平、主要试验检测仪器设备及检测人员的配备情况、试验检测环境等基本条件对检测机构进行的能力划分。

检测机构等级,分为公路工程和水运工程专业。

公路工程专业分为综合类和专项类。公路工程综合类设甲、乙、丙3个等级。公路工程专项类分为交通工程和桥梁隧道工程。

水运工程专业分为材料类和结构类。水运工程材料类设甲、乙、丙3个等级。水运工程结构类设甲、乙2个等级。

检测机构等级标准由部质量监督机构另行制定。

第七条 部质量监督机构负责公路工程综合类甲级、公路工程专项类和水运工程材料类及结构类甲级的等级评定工作。

省级交通质监机构负责公路工程综合类乙、丙级和水运工程材料类乙、丙级、水运工程结构类乙级的等级评定工作。

第八条 检测机构可以同时申请不同专业、不同类别的等级。

检测机构被评为丙级、乙级后须满1年且具有相应的试验检测业绩方可申报上一等级的评定。

第九条 申请公路水运工程试验检测机构等级评定,应向所在地省级交通质监机构提交以下材料:

(一)《公路水运工程试验检测机构等级评定申请书》;

(二)质量保证体系文件。

第十条 公路水运工程试验检测机构等级评定工作分为受理、初审、现场评审3个阶段。

第十一条 省级交通质监机构认为所提交的申请材料齐备、规范、符合规定要求的,应当予以受理;材料不符合规定要求的,应当及时退还申请人,并说明理由。

所申请的等级属于部质量监督机构评定范围的,省级交通质监机构核查后出具核查意见并转送部质量监督机构。

第十二条 初审主要包括以下内容:

(一)试验检测水平、人员及检测环境等条件是否与所申请的等级标准相符；

（二）申报的试验检测项目范围及设备配备与所申请的等级是否相符；

（三）采用的试验检测标准、规范和规程是否合法有效；

（四）检定和校准是否按规定进行；

（五）质量保证体系是否具有可操作性；

（六）是否具有良好的试验检测业绩。

第十三条 初审合格的进入现场评审阶段；初审认为有需要补正的，质监机构应当通知申请人予以补正直至合格；初审不合格的，质监机构应当及时退还申请材料，并说明理由。

第十四条 现场评审是通过对申请人完成试验检测项目的实际能力、检测机构申报材料与实际状况的符合性、质量保证体系和运转等情况的全面核查。

现场评审所抽查的试验检测项目，原则上应当覆盖申请人所申请的试验检测各大项目。抽取的具体参数应当通过抽签方式确定。

第十五条 现场评审由专家评审组进行。

专家评审组由质监机构组建，3 人以上单数组成（含 3 人）。评审专家从质监机构建立的试验检测专家库中选取，与申请人有利害关系的不得进入专家评审组。

专家评审组应当独立、公正地开展评审工作。专家评审组成员应当客观、公正地履行职责，遵守职业道德，并对所提出的评审意见承担个人责任。

第十六条 专家评审组应当向质监机构出具《现场评审报告》，主要内容包括：

（一）现场考核评审意见；

（二）公路水运工程试验检测机构等级评分表；

（三）现场操作考核项目一览表；

（四）两份典型试验检测报告。

第十七条 质监机构依据《现场评审报告》及检测机构等级标准对申请人进行等级评定。

质监机构的评定结果，应当通过交通运输主管部门指定的报刊、信息网络等媒体向社会公示，公示期不得少于 7 天。

公示期内，任何单位和个人有权就评定结果向质监机构提出异议，质监机构应当及时受理、核实和处理。

公示期满无异议或者经核实异议不成立的，由质监机构根据评定结果向申请人颁发《公路水运工程试验检测机构等级证书》（以下简称《等级证书》）；

经核实异议成立的，应当书面通知申请人，并说明理由，同时应当为异议人保密。

省级交通质监机构颁发证书的同时应当报部质量监督机构备案。

第十八条 《公路水运工程试验检测机构等级评定申请书》和《等级证书》由部质量监督机构统一规定格式。

《等级证书》应当注明检测机构从事公路水运工程试验检测的专业、类别、等级和项目范围。

第十九条 《等级证书》有效期为5年。

《等级证书》期满后拟继续开展公路水运工程试验检测业务的，检测机构应提前3个月向原发证机构提出换证申请。

第二十条 换证的申请、复核程序按照本办法规定的等级评定程序进行，并可以适当简化。在申请等级评定时已经提交过且未发生变化的材料可以不再重复提交。

第二十一条 换证复核以书面审查为主。必要时，可以组织专家进行现场评审。

换证复核的重点是核查检测机构人员、仪器设备、试验检测项目、场所的变动情况，试验检测工作的开展情况，质量保证体系文件的执行情况，违规与投诉情况等。

第二十二条 换证复核合格的，予以换发新的《等级证书》。不合格的，质监机构应当责令其在6个月内进行整改，整改期内不得承担质量评定和工程验收的试验检测业务。整改期满仍不能达到规定条件的，质监机构根据实际达到的试验检测能力条件重新作出评定，或者注销《等级证书》。

换证复核结果应当向社会公布。

第二十三条 检测机构名称、地址、法定代表人或者机构负责人、技术负责人等发生变更的，应当自变更之日起30日内到原发证质监机构办理变更登记手续。

第二十四条 检测机构停业时，应当自停业之日起15日内向原发证质监机构办理《等级证书》注销手续。

第二十五条 等级评定不得收费，有关具体事务性工作可以通过政府购买服务等方式实施。

第二十六条 《等级证书》遗失或者污损的，可以向原发证质监机构申请补发。

第二十七条 任何单位和个人不得伪造、涂改、转让、租借《等级证书》。

第三章　试验检测活动

第二十八条　取得《等级证书》，同时按照《计量法》的要求经过计量行政部门考核合格的检测机构，可在《等级证书》注明的项目范围内，向社会提供试验检测服务。

第二十九条　取得《等级证书》的检测机构，可设立工地临时试验室，承担相应公路水运工程的试验检测业务，并对其试验检测结果承担责任。

工程所在地省级交通质监机构应当对工地临时试验室进行监督。

第三十条　检测机构应当严格按照现行有效的国家和行业标准、规范和规程独立开展检测工作，不受任何干扰和影响，保证试验检测数据客观、公正、准确。

第三十一条　检测机构应当建立严密、完善、运行有效的质量保证体系。应当按照有关规定对仪器设备进行正常维护，定期检定与校准。

第三十二条　检测机构应当建立样品管理制度，提倡盲样管理。

第三十三条　检测机构应当重视科技进步，及时更新试验检测仪器设备，不断提高业务水平。

第三十四条　检测机构应当建立健全档案制度，保证档案齐备，原始记录和试验检测报告内容必须清晰、完整、规范。

第三十五条　检测机构在同一公路水运工程项目标段中不得同时接受业主、监理、施工等多方的试验检测委托。

第三十六条　检测机构依据合同承担公路水运工程试验检测业务，不得转包、违规分包。

第三十七条　检测人员分为试验检测师和助理试验检测师。

检测机构的技术负责人应当由试验检测师担任。

试验检测报告应当由试验检测师审核、签发。

第三十八条　检测人员应当重视知识更新，不断提高试验检测业务水平。

第三十九条　检测人员应当严守职业道德和工作程序，独立开展检测工作，保证试验检测数据科学、客观、公正，并对试验检测结果承担法律责任。

第四十条　检测人员不得同时受聘于两家以上检测机构，不得借工作之便推销建设材料、构配件和设备。

第四章　监督检查

第四十一条　质监机构应当建立健全公路水运工程试验检测活动监督检

查制度，对检测机构进行定期或不定期的监督检查，及时纠正、查处违反本规定的行为。

第四十二条 公路水运工程试验检测监督检查，主要包括下列内容：

（一）《等级证书》使用的规范性，有无转包、违规分包、超范围承揽业务和涂改、租借《等级证书》的行为；

（二）检测机构能力变化与评定的能力等级的符合性；

（三）原始记录、试验检测报告的真实性、规范性和完整性；

（四）采用的技术标准、规范和规程是否合法有效，样品的管理是否符合要求；

（五）仪器设备的运行、检定和校准情况；

（六）质量保证体系运行的有效性；

（七）检测机构和检测人员试验检测活动的规范性、合法性和真实性；

（八）依据职责应当监督检查的其他内容。

第四十三条 质监机构实施监督检查时，有权采取以下措施：

（一）查阅、记录、录音、录像、照相和复制与检查相关的事项和资料；

（二）进入检测机构的工作场地（包括施工现场）进行抽查；

（三）发现有不符合国家有关标准、规范、规程和本办法规定的试验检测行为时，责令即时改正或限期整改。

第四十四条 质监机构应当组织比对试验，验证检测机构的能力。

部质量监督机构不定期开展全国检测机构的比对试验。各省级交通质监机构每年年初应当制定本行政区域检测机构年度比对试验计划，报部质量监督机构备案，并于年末将比对试验的实施情况报部质量监督机构。

检测机构应当予以配合，如实说明情况和提供相关资料。

第四十五条 任何单位和个人都有权向质监机构投诉或举报违法违规的试验检测行为。

质监机构的监督检查活动，应当接受交通运输主管部门和社会公众的监督。

第四十六条 质监机构在监督检查中发现检测机构有违反本规定行为的，应当予以警告、限期整改，情节严重的列入违规记录并予以公示，质监机构不再委托其承担检测业务。

实际能力已达不到《等级证书》能力等级的检测机构，质监机构应当给予整改期限。整改期满仍达不到规定条件的，质监机构应当视情况注销《等级证书》或者重新评定检测机构等级。重新评定的等级低于原来评定等级的，检测机构1年内不得申报升级。被注销等级的检测机构，2年内不得再次申报。

质监机构应当及时向社会公布监督检查的结果。

第四十七条 质监机构在监督检查中发现检测人员违反本办法的规定，出具虚假试验检测数据或报告的，应当给予警告，情节严重的列入违规记录并予以公示。

第四十八条 质监机构工作人员在试验检测管理活动中，玩忽职守、徇私舞弊、滥用职权的，应当依法给予行政处分。

第五章 附 则

第四十九条 本办法施行前检测机构通过的资质评审，期满复核时应当按照本办法的规定进行《等级证书》的评定。

第五十条 本办法自2005年12月1日起施行。交通部1997年12月10日公布的《水运工程试验检测暂行规定》(交基发〔1997〕803号)和2002年6月26日公布的《交通部水运工程试验检测机构资质管理办法》(交通部令2002年第4号)同时废止。

交通运输部关于修改《中华人民共和国海员外派管理规定》的决定

(2019年11月28日交通运输部令2019年第39号公布 自公布之日起施行 国司备字[2019001231])

交通运输部决定对《中华人民共和国海员外派管理规定》(交通运输部令2016年第33号)作如下修改：

一、删去第六条第二款。

二、删去第十二条。

条文序号作相应调整。

本决定自公布之日起施行。

《中华人民共和国海员外派管理规定》根据本决定作相应修正，重新发布。

中华人民共和国海员外派管理规定

（2011年3月7日交通运输部令2011年第3号公布　根据2016年4月11日《交通运输部关于修改〈中华人民共和国海员外派管理规定〉的决定》第一次修订　根据2019年11月28日《交通运输部关于修改〈中华人民共和国海员外派管理规定〉的决定》第二次修订）

第一章　总　　则

第一条　为规范海员外派管理，提高我国外派海员的整体素质和国际形象，维护外派海员的合法权益，促进海员外派事业的健康发展，根据《中华人民共和国船员条例》和对外劳务合作等法律法规，制定本规定。

第二条　在中华人民共和国境内依法设立的机构从事海员外派活动，适用本规定。

第三条　交通运输部主管全国海员外派工作。

国家海事管理机构负责统一实施全国海员外派的监督管理工作。

交通运输部直属海事管理机构依照各自职责负责具体实施海员外派的监督管理工作。

第四条　海员外派遵循“谁派出，谁负责”的原则。从事海员外派的机构应当对其派出的外派海员负责，做好外派海员在船工作期间及登、离船过程中的各项保障工作。

第二章　海员外派机构资质

第五条　从事海员外派的机构，应当符合下列条件：

（一）在中华人民共和国境内依法设立的法人；

（二）有与外派规模相适应的固定办公场所；

（三）有至少2名具有国际航行海船管理级船员任职资历的专职管理人员和至少3名具有两年以上海员外派相关从业经历的管理人员；

（四）具有进行外派海员任职前培训和岗位技能训练及处理海员外派相关法律事务的能力；

（五）按照国家海事管理机构的规定，建立船员服务质量管理制度、人员和资源保障制度、教育培训制度、应急处理制度和服务业务报告制度等海员外派管理制度；

（六）具有自有外派海员100人以上；

（七）注册资本不低于500万元人民币，且为实缴货币资本。本规定实施后，对外劳务合作法规另有规定的，从其规定；

（八）具有足额交纳100万元人民币海员外派备用金的能力；

（九）机构及其法定代表人具有良好的商业信誉，最近3年内没有重大违约行为和重大违法记录。

第六条 申请从事海员外派的机构，应当提交下列材料：

（一）从事海员外派活动的申请文书；

（二）企业法人营业执照或者事业单位法人证书；

（三）经营场所产权证明或者固定场所租赁证明；

（四）具有处理海员外派相关法律事务能力、进行外派海员任职前培训和岗位技能训练能力的证明材料；

（五）专职管理人员任职资格证书复印件及专职业务人员相关从业经历的证明材料；

（六）机构的组织结构、人员组成、职责等情况的说明文件；

（七）海员外派相关管理制度文件；

（八）自有外派海员的名册及劳动合同、缴纳社会保险等证明材料；

（九）已按照海事管理机构要求足额缴纳海员外派备用金的有效证明；

（十）其他相关证明材料。

第七条 机构申请从事海员外派，应当向其工商注册地的交通运输部直属海事管理机构提出，工商注册地没有交通运输部直属海事管理机构的，应当向国家海事管理机构指定的交通运输部直属海事管理机构提出。

第八条 直属海事管理机构自受理申请之日起15个工作日内完成申请材料的书面审核和现场核验，并将审核意见和核验情况连同申请材料一并报国家海事管理机构审批。

第九条 国家海事管理机构收到报送材料后，根据直属海事管理机构的审核意见、核验情况以及机构申请材料，于15个工作日内作出批准或者不予批准的决定。

第十条 国家海事管理机构作出准予从事海员外派决定的，向申请机构颁发海员外派机构资质证书；海员外派机构资质证书的有效期最长不超过5年。

第十一条 海员外派机构资质证书上记载的机构名称、地址、法定代表人等发生变更的，海员外派机构应当自变更发生之日起30个工作日内到海事管理机构办理变更手续。

第十二条 境外企业、机构在中国境内招收外派海员，应当委托海员外派机构进行。

外国驻华代表机构不得在境内开展海员外派业务。

第十三条 海员外派机构资质实施年审制度。

年审主要审查海员外派机构的资质条件符合情况及合法经营、规范运作情况。

交通运输部直属海事管理机构应当于每年度的2月份至4月份负责组织实施所属辖区的海员外派机构资质年审工作。

第十四条 海员外派机构应当于每年的2月1日前向所在辖区的海事管理机构申请进行年审，并提交下列材料：

（一）年审申请文书；

（二）年审报告书，包含海员外派机构资质条件符合情况、各项制度有效运行以及本规定执行情况。

第十五条 海员外派机构通过年审的，海事管理机构应当在其海员外派机构资质证书的年审情况栏中予以签注。

第十六条 海员外派机构年审不合格的，海事管理机构责令限期改正；如期改正的，海事管理机构应当在海员外派机构资质证书的年审情况栏中注明情况，予以通过年审；逾期未改正的，应当及时报请国家海事管理机构撤销其海员外派机构资质并依法办理注销手续。

第十七条 年审中被海事管理机构责令限期改正的，海员外派机构在改正期内不得继续选派船员及对外签订新的船舶配员协议，但仍应当承担对已派出外派海员的管理责任。

第十八条 海员外派机构应当在海员外派机构资质证书有效期届满之日60日以前向所在辖区的海事管理机构申请办理海员外派机构资质证书延续手续。申请办理海员外派机构资质证书延续手续，应当提交下列材料：

（一）海员外派机构资质证书延续申请；

（二）本规定第六条（二）至（九）项规定的材料。

第十九条 有下列情形之一的，海员外派机构应当到核发证书的海事管理机构办理资质证书注销手续：

（一）海员外派机构自行申请注销的；

（二）法人依法终止的；

（三）海员外派机构资质证书被依法撤销或者吊销的。

第二十条 海员外派备用金实行专户存储，专款专用。

备用金的使用管理应当遵守国家关于对外劳务合作备用金管理制度。

第三章 海员外派机构的责任与义务

第二十一条 海员外派机构应当遵守国家船员管理、船员服务管理、船员证件管理、劳动和社会保障及对外劳务合作等有关规定，遵守中华人民共和国缔结或加入的国际公约，履行诚实守信义务。

第二十二条 海员外派机构应当保证本规定第五条第（五）项所规定的各项海员外派管理制度的有效运行。

第二十三条 海员外派机构为海员提供海员外派服务，应当保证外派海员与下列单位之一签订有劳动合同：

（一）本机构；

（二）境外船东；

（三）我国的航运公司或者其他相关行业单位。

外派海员与我国的航运公司或者其他相关行业单位签订劳动合同的，海员外派机构在外派该海员时，应当事先经过外派海员用人单位同意。

外派海员与境外船东签订劳动合同的，海员外派机构应当负责审查劳动合同的内容，发现劳动合同内容不符合法律法规、相关国际公约规定或者存在侵害外派海员利益条款的，应当要求境外船东及时予以纠正。

第二十四条 海员外派机构应当为外派海员购买境外人身意外伤害保险。

第二十五条 海员外派机构应当在充分了解并确保境外船东资信和运营情况良好的前提下，方可与境外船东签订船舶配员服务协议。

第二十六条 海员外派机构与境外船东签订的船舶配员服务协议，应当符合国内法律、法规和相关国际公约要求，并至少包括以下内容：

（一）海员外派机构及境外船东的责任、权利和义务。包括外派船员的数量、素质要求，派出频率，培训责任，外派机构对船员违规行为的责任分担等；

（二）外派海员的工作、生活条件；

（三）协议期限和外派海员上下船安排；

（四）工资福利待遇及其支付方式；

（五）正常工作时间、加班、额外劳动和休息休假；

（六）船舶适航状况及船舶航行区域；

（七）境外船东为外派海员购买的人身意外、疾病保险和处理标准；

（八）社会保险的缴纳；

（九）外派海员跟踪管理；

（十）突发事件处理；

（十一）外派海员遣返；

（十二）外派海员伤病亡处理；

（十三）外派海员免责条款；

（十四）特殊情况及争议的处理；

（十五）违约责任。

海员外派机构应当将船舶配员服务协议中与外派海员利益有关的内容如实告知外派海员。

第二十七条 海员外派机构应当根据派往船舶的船旗国和公司情况对外派海员进行相关法律法规、管理制度、风俗习惯和注意事项等任职前培训，并根据海员外派实际需要对外派海员进行必要的岗位技能训练。

第二十八条 海员外派机构应当在外派海员上船工作前，与其签订上船协议，协议内容应当至少包括下列内容：

（一）船舶配员服务协议中涉及外派海员利益的所有条款；

（二）海员外派机构对外派海员工作期间的管理和服务责任；

（三）外派海员在境外发生紧急情况时海员外派机构对其的安置责任；

（四）违约责任。

第二十九条 海员外派机构应当建立与境外船东、外派海员的沟通机制，及时核查并妥善处理各种投诉。

海员外派机构应当对外派海员工作期间有关人身安全、身体健康、工作技能及职业发展等方面进行跟踪管理，为外派海员履行船舶配员服务合同提供必要支持。

第三十条 海员外派机构不得因提供就业机会而向外派海员收取费用。

海员外派机构不得克扣外派海员的劳动报酬。

海员外派机构不得要求外派海员提供抵押金或担保金等。

第三十一条 海员外派机构应当为所服务的每名外派海员建立信息档案，主要包括：

（一）外派海员船上任职资历（包括所服务的船公司和船舶的名称、船籍港、所属国家、上船工作起始时间等情况）；

（二）外派海员基本安全培训、适任培训和特殊培训情况；

（三）外派海员适任状况、安全记录和健康情况；

（四）外派海员劳动合同、船舶配员服务协议、上船协议等。

海员外派机构应当按有关规定报送统计数据，并将自有外派海员名册、非自有外派海员名册及上述档案信息按要求定期报海事管理机构备案。

第三十二条 海员外派机构不得把海员外派到下列公司或者船舶:

(一)被港口国监督检查中列入黑名单的船舶;

(二)非经中国境内保险机构或者国际保赔协会成员保险的船舶;

(三)未建立安全营运和防治船舶污染管理体系的公司或者船舶。

第三十三条 海员外派机构资质被暂停、吊销、撤销的,应当继续履行已签订的合同及协议。

第四章 突发事件处理

第三十四条 突发事件发生时,海员外派机构应当按照应急处理制度的规定,立即启动应急预案,并及时向海事管理机构报告。

第三十五条 海员外派机构应当与境外船东共同做好突发事件的处置工作。当境外船东未能及时全面履行突发事件责任时,海员外派机构应妥善处理突发事件,避免外派海员利益受损。

第三十六条 当海员外派机构拒绝承担或者无力承担发生突发事件责任时,可以动用海员外派备用金,用于支付外派海员回国或者接受其他紧急救助所需费用。

第三十七条 海员外派备用金动用后,海员外派机构应当于30日内补齐备用金。

第三十八条 境外突发事件的处理按对外劳务合作有关规定执行。

第五章 监督检查

第三十九条 海事管理机构应当建立健全辖区内海员外派机构的管理档案,加强对海员外派机构的监督检查。

第四十条 海事管理机构实施监督检查,可以询问当事人,向有关海员外派机构或者个人了解情况,查阅、复制有关资料,并保守被调查海员外派机构的商业秘密或者个人隐私。

接受海事管理机构监督检查的海员外派机构或者个人,应当如实反映情况和提供资料,不得以任何理由拒绝或阻扰检查。

第四十一条 海事管理机构实施监督检查时发现海员外派机构不再具备规定条件的,由海事管理机构责令限期改正。

海员外派机构在规定期限内未能改正的,应当依法撤销海员外派机构资质，并依法办理海员外派机构资质证书的注销手续。

第四十二条 海事管理机构应当定期向社会公布海员外派机构名单及机构概况，以及依法履行相应职责和承担法律义务、维护外派海员合法权益、诚实守信等情况。

第六章 法律责任

第四十三条 违反本规定，未经批准擅自从事海员外派活动，有下列情形之一的，由海事管理机构责令改正，处5万元以上25万元以下罚款；有违法所得的，应当没收违法所得；使用非法证件的，收缴非法证件：

（一）未取得海员外派机构资质擅自开展海员外派的；

（二）以欺骗、贿赂、提供虚假材料等非法手段取得海员外派机构资质的；

（三）超出海员外派机构资质证书有效期擅自开展海员外派的；

（四）海员外派机构资质被依法暂停期间擅自开展海员外派的；

（五）伪造或者变造海员外派机构资质证书擅自开展海员外派的。

第四十四条 海员外派机构在提供外派服务时，提供虚假信息，欺诈外派海员，有下列情形之一的，由海事管理机构给予相应处罚：

（一）重复或者超过标准收取费用，或者在公布的收费项目之外收取费用的；

（二）未将船舶配员服务协议的相关内容如实告知外派海员的；

（三）伪造或者提供虚假船舶配员服务协议信息的；

（四）与外派海员签订的上船协议内容与船舶配员服务协议的内容不符并损害外派海员利益的；

（五）倒卖、出租、出借海员外派机构资质证书，或者以其他形式非法转让海员外派机构资质证书的；

（六）有其他提供虚假信息，欺诈外派海员行为的。

有前款第（一）、（二）项情形之一的，处3万元以上10万元以下罚款，情节严重的，给予暂停海员外派机构资质证书6个月以上2年以下处罚；有前款第（三）、（四）、（五）、（六）项情形之一的，处10万元以上15万元以下罚款，情节严重的，吊销海员外派机构资质证书。

第四十五条 违反本规定，在外派海员未与海员外派机构、境外船东、我国的航运公司或其他相关行业单位签订劳动合同的情况下，提供海员外派服务的，由海事管理机构责令改正，处5万元以上25万元以下罚款；情节严重的，给予暂停海员外派机构资质证书6个月以上2年以下直至吊销的处罚。

第四十六条　海事管理机构工作人员有下列情形之一的，依法给予行政处分：

（一）违反规定批准海员外派机构资质；

（二）不依法履行监督检查职责；

（三）不依法实施行政强制或者行政处罚；

（四）滥用职权、玩忽职守的其他行为。

第七章　附　　则

第四十七条　本规定中下列用语的含义是：

（一）海员外派，指为外国籍或者港澳台地区籍船舶提供配员的船员服务活动。

（二）境外船东，指外国籍或港澳台地区籍船舶的所有人、经营人或管理人。

（三）自有外派海员，指仅与本海员外派机构签订劳动合同的船员。

（四）突发事件，指外派海员所在船舶或其本人突然发生意外情况，造成或者可能对外派海员造成危害，需要采取应急处置措施予以应对的事件。

第四十八条　我国与有关国家或地区签订有对外劳务合作相关协议的，按照协议规定执行。

第四十九条　本规定自 2011 年 7 月 1 日起施行。

交通运输部关于修改《中华人民共和国船舶污染海洋环境应急防备和应急处置管理规定》的决定

（2019 年 11 月 28 日交通运输部令 2019 年第 40 号公布　自公布之日起施行　国司备字[2019001232]）

交通运输部决定对《中华人民共和国船舶污染海洋环境应急防备和应急处置管理规定》（交通运输部令 2018 年第 21 号）作如下修改：

将第三十二条修改为“违反本规定，船舶未制定防治船舶及其有关作业活动污染海洋环境应急预案并报海事管理机构备案的，由海事管理机构责令限期改正；港口、码头、装卸站的经营人未制定防治船舶及其有关作业活动污染海洋环境应急预案的，由海事管理机构责令限期改正。”

本决定自公布之日起施行。

《中华人民共和国船舶污染海洋环境应急防备和应急处置管理规定》根据本决定作相应修正，重新发布。

中华人民共和国船舶污染海洋环境应急防备和应急处置管理规定

（2011年1月27日交通运输部令2011年第4号　根据2013年12月24日《交通运输部关于修改〈中华人民共和国船舶污染海洋环境应急防备和应急处置管理规定〉的决定》第一次修订　根据2014年9月5日《交通运输部关于修改〈中华人民共和国船舶污染海洋环境应急防备和应急处置管理规定〉的决定》第二次修订　根据2015年5月12日《交通运输部关于修改〈中华人民共和国船舶污染海洋环境应急防备和应急处置管理规定〉的决定》第三次修订　根据2016年12月13日《交通运输部关于修改〈中华人民共和国船舶污染海洋环境应急防备和应急处置管理规定〉的决定》第四次修订　根据2018年9月27日《交通运输部关于修改〈中华人民共和国船舶污染海洋环境应急防备和应急处置管理规定〉的决定》第五次修订　根据2019年11月28日《交通运输部关于修改〈中华人民共和国船舶污染海洋环境应急防备和应急处置管理规定〉的决定》第六次修订）

第一章　总　　则

第一条　为提高船舶污染事故应急处置能力，控制、减轻、消除船舶污染事故造成的海洋环境污染损害，依据《中华人民共和国防治船舶污染海洋环境管理条例》等有关法律、行政法规和中华人民共和国缔结或者加入的有关国际条约，制定本规定。

第二条　在中华人民共和国管辖海域内，防治船舶及其有关作业活动污染海洋环境的应急防备和应急处置，适用本规定。

船舶在中华人民共和国管辖海域外发生污染事故，造成或者可能造成中华人民共和国管辖海域污染的，其应急防备和应急处置，也适用本规定。

本规定所称“应急处置”是指在发生或者可能发生船舶污染事故时，为控制、减轻、消除船舶造成海洋环境污染损害而采取的响应行动；“应急防备”是指为应急处置的有效开展而预先采取的相关准备工作。

第三条 交通运输部主管全国防治船舶及其有关作业活动污染海洋环境的应急防备和应急处置工作。

国家海事管理机构负责统一实施船舶及其有关作业活动污染海洋环境应急防备和应急处置工作。

沿海各级海事管理机构依照各自职责负责具体实施防治船舶及其有关作业活动污染海洋环境的应急防备和应急处置工作。

第四条 船舶及其有关作业活动污染海洋环境应急防备和应急处置工作应当遵循统一领导、综合协调、分级负责、属地管理、责任共担的原则。

第二章 应急能力建设和应急预案

第五条 国家防治船舶及其有关作业活动污染海洋环境应急能力建设规划，应当根据全国防治船舶及其有关作业活动污染海洋环境的需要，由国务院交通运输主管部门组织编制，报国务院批准后公布实施。

沿海省级防治船舶及其有关作业活动污染海洋环境应急能力建设规划，应当根据国家防治船舶及其有关作业活动污染海洋环境应急能力建设规划和本地实际情况，由沿海省、自治区、直辖市人民政府组织编制并公布实施。

沿海市级防治船舶及其有关作业活动污染海洋环境应急能力建设规划，应当根据所在地省级人民政府防治船舶及其有关作业活动污染海洋环境应急能力建设规划和本地实际情况，由沿海设区的市级人民政府组织编制并公布实施。

编制防治船舶及其有关作业活动污染海洋环境应急能力建设规划，应当对污染风险和应急防备需求进行评估，合理规划应急力量建设布局。

沿海各级海事管理机构应当积极协助、配合相关地方人民政府完成应急能力建设规划的编制工作。

第六条 交通运输部、沿海设区的市级以上地方人民政府应当根据相应的防治船舶及其有关作业活动污染海洋环境应急能力建设规划，建立健全船舶污染事故应急防备和应急反应机制，建立专业应急队伍，建设船舶污染应急专用设施、设备和器材储备库。

第七条 沿海各级海事管理机构应当根据防治船舶及其有关作业活动污染海洋环境的需要，会同海洋主管部门建立健全船舶及其有关作业活动污染海洋环境的监测、监视机制，加强对船舶及其有关作业活动污染海洋环境的监测、监视。

港口、码头、装卸站以及从事船舶修造的单位应当配备与其装卸货物种类和吞吐能力或者修造船舶能力相适应的污染监视设施和污染物接收设施，并使其处于良好状态。

第八条 港口、码头、装卸站以及从事船舶修造、打捞、拆解等作业活动的单位应当按照交通运输部的要求制定有关安全营运和防治污染的管理制度，按照国家有关防治船舶及其有关作业活动污染海洋环境的规范和标准，配备必须的防治污染设备和器材，确保防治污染设备和器材符合防治船舶及其有关作业活动污染海洋环境的要求。

第九条 港口、码头、装卸站以及从事船舶修造、打捞、拆解等作业活动的单位应当编写报告，评价其具备的船舶污染防治能力是否与其装卸货物种类、吞吐能力或者船舶修造、打捞、拆解活动所必需的污染监视监测能力、船舶污染物接收处理能力以及船舶污染事故应急处置能力相适应。

交通运输主管部门依法开展港口、码头、装卸站的验收工作时应当对评价报告进行审查，确认其具备与其所从事的作业相应的船舶污染防治能力。

第十条 交通运输部应当根据国家突发公共事件总体应急预案，制定国家防治船舶及其有关作业活动污染海洋环境的专项应急预案。

沿海省、自治区、直辖市人民政府应当根据国家防治船舶及其有关作业活动污染海洋环境的专项应急预案，制定省级防治船舶及其有关作业活动污染海洋环境应急预案。

沿海设区的市级人民政府应当根据所在地省级防治船舶及其有关作业活动污染海洋环境的应急预案，制定市级防治船舶及其有关作业活动污染海洋环境应急预案。

交通运输部、沿海设区的市级以上地方人民政府应当定期组织防治船舶及其有关作业活动污染海洋环境应急预案的演练。

第十一条 中国籍船舶所有人、经营人、管理人应当按照国家海事管理机构制定的应急预案编制指南，制定或者修订防治船舶及其有关作业活动污染海洋环境的应急预案，并报海事管理机构备案。

港口、码头、装卸站的经营人以及有关作业单位应当制定防治船舶及其有关作业活动污染海洋环境的应急预案，并报海事管理机构和环境保护主管部门备案。

船舶以及有关作业单位应当按照制定的应急预案定期组织应急演练，根据演练情况对应急预案进行评估，按照实际需要和情势变化，适时修订应急预案，并对应急预案的演练情况、评估结果和修订情况如实记录。

第十二条 中国籍船舶防治污染设施、设备和器材应当符合国家有关标准,并按照国家有关要求通过型式和使用性能检验。

第三章 船舶污染清除单位

第十三条 船舶污染清除单位是指具备相应污染清除能力,为船舶提供污染事故应急防备和应急处置服务的单位。

根据服务区域和污染清除能力的不同,船舶污染清除单位的能力等级由高到低分为四级,其中:

(一)一级单位能够在我国管辖海域为船舶提供溢油和其它散装液体污染危害性货物泄漏污染事故应急服务;

(二)二级单位能够在距岸20海里以内的我国管辖海域为船舶提供溢油和其它散装液体污染危害性货物泄漏污染事故应急服务;

(三)三级单位能够在港区水域为船舶提供溢油应急服务;

(四)四级单位能够在港区水域内的一个作业区、独立码头附近水域为船舶提供溢油应急服务。

第十四条 从事船舶污染清除的单位应当具备以下条件,并接受海事管理机构的监督检查:

(一)应急清污能力符合《船舶污染清除单位应急清污能力要求》(见附件)的规定;

(二)制定的污染清除作业方案符合防治船舶及其有关作业活动污染海洋环境的要求;

(三)污染物处理方案符合国家有关防治污染规定。

第十五条 船舶污染清除单位应当将下列情况向社会公布,并报送服务区域所在地的海事管理机构:

(一)本单位的污染清除能力符合《船舶污染清除单位应急清污能力要求》相应能力等级和服务区域的报告;

(二)污染清除作业方案;

(三)污染物处理方案;

(四)船舶污染清除设施、设备、器材和应急人员情况;

(五)船舶污染清除协议的签订和履行情况以及参与船舶污染事故应急处置工作情况。

船舶污染清除单位的污染清除能力和服务区域发生变更的,应当及时将变更情况向社会公布,并报送服务区域所在地的海事管理机构。

第四章 船舶污染清除协议的签订

第十六条 载运散装油类货物的船舶,其经营人应当在船舶进港前或者港外装卸、过驳作业前,按照以下要求与相应的船舶污染清除单位签订船舶污染清除协议:

(一)600 总吨以下仅在港区水域航行或作业的船舶,应当与四级以上等级的船舶污染清除单位签订船舶污染清除协议;

(二)600 总吨以上 2000 总吨以下仅在港区水域航行或作业的船舶,应当与三级以上等级的船舶污染清除单位签订船舶污染清除协议;

(三)2000 总吨以上仅在港区水域航行或作业的船舶以及所有进出港口和从事过驳作业的船舶应当与二级以上等级的船舶污染清除单位签订船舶污染清除协议。

第十七条 载运油类之外的其他散装液体污染危害性货物的船舶,其经营人应当在船舶进港前或者港外装卸、过驳作业前,按照以下要求与相应的船舶污染清除单位签订船舶污染清除协议:

(一)进出港口的船舶以及在距岸 20 海里之内的我国管辖水域从事过驳作业的船舶应当与二级以上等级的船舶污染清除单位签订船舶污染清除协议;

(二)在距岸 20 海里以外的我国管辖水域从事过驳作业的载运其他散装液体污染危害性货物的船舶应当与一级船舶污染清除单位签订船舶污染清除协议。

第十八条 1 万总吨以上的载运非散装液体污染危害性货物的船舶,其经营人应当在船舶进港前或者港外装卸、过驳作业前,按照以下要求与相应的船舶污染清除单位签订船舶污染清除协议:

(一)进出港口的 2 万总吨以下的船舶应当与四级以上等级的船舶污染清除单位签订船舶污染清除协议;

(二)进出港口的 2 万总吨以上 3 万总吨以下的船舶应当与三级以上等级的船舶污染清除单位签订船舶污染清除协议;

(三)进出港口的 3 万总吨以上的船舶以及在我国管辖水域从事过驳作业的船舶应当与二级以上等级的船舶污染清除单位签订船舶污染清除协议。

第十九条 与一级、二级船舶污染清除单位签订污染清除协议的船舶划分标准由国家海事管理机构确定。

第二十条 国家海事管理机构应当制定并公布船舶污染清除协议样本,

明确协议双方的权利和义务。

船舶和污染清除单位应当按照国家海事管理机构公布的协议样本签订船舶污染清除协议。

第二十一条 船舶应当将所签订的船舶污染清除协议留船备查,并在办理船舶进出港口手续或者作业申请时向海事管理机构出示。

船舶发现船舶污染清除单位存在违反本规定的行为,或者未履行船舶污染清除协议的,应当向船舶污染清除单位所在地的直属海事管理机构报告。

第五章 应急处置

第二十二条 船舶发生污染事故或者可能造成海洋环境污染的,船舶及有关作业单位应当立即启动相应的应急预案,按照有关规定的要求就近向海事管理机构报告,通知签订船舶污染清除协议的船舶污染清除单位,并根据应急预案采取污染控制和清除措施。

船舶在终止清污行动前应当向海事管理机构报告,经海事管理机构同意后方可停止应急处置措施。

第二十三条 船舶污染清除单位接到船舶污染事故通知后,应当根据船舶污染清除协议及时开展污染控制和清除作业,并及时向海事管理机构报告污染控制和清除工作的进展情况。

第二十四条 接到船舶造成或者可能造成海洋环境污染的报告后,海事管理机构应当立即核实有关情况,并加强监测、监视。

发生船舶污染事故的,海事管理机构应当立即组织对船舶污染事故的等级进行评估,并按照应急预案的要求进行报告和通报。

第二十五条 发生船舶污染事故后,应当根据《中华人民共和国防治船舶污染海洋环境管理条例》的规定,成立事故应急指挥机构。事故应急指挥机构应当根据船舶污染事故的等级和特点,启动相应的应急预案,有关部门、单位应当在事故应急指挥机构的统一组织和指挥下,按照应急预案的分工,开展相应的应急处置工作。

第二十六条 发生船舶污染事故或者船舶沉没,可能造成中华人民共和国管辖海域污染的,有关沿海设区的市级以上地方人民政府、海事管理机构根据应急处置的需要,可以征用有关单位和个人的船舶、防治污染设施、设备、器材以及其他物资。有关单位和个人应当予以配合。

有关单位和个人所提供的船舶和防治污染设施、设备、器材应当处于良好可用状态,有关物资质量符合国家有关技术标准、规范的要求。

被征用的船舶和防治污染设施、设备、器材以及其他物资使用完毕或者应急处置工作结束,应当及时返还。船舶和防治污染设施、设备、器材以及其他物资被征用或者征用后毁损、灭失的,应当给予补偿。

第二十七条 发生船舶污染事故,海事管理机构可以组织并采取海上交通管制、清除、打捞、拖航、引航、护航、过驳、水下抽油、爆破等必要措施。采取上述措施的相关费用由造成海洋环境污染的船舶、有关作业单位承担。

需要承担前款规定费用的船舶,应当在开航前缴清有关费用或者提供相应的财务担保。

本条规定的财务担保应当由境内银行或者境内保险机构出具。

第二十八条 船舶发生事故有沉没危险时,船员离船前,应当按照规定采取防止溢油措施,尽可能关闭所有货舱(柜)、油舱(柜)管系的阀门,堵塞货舱(柜)、油舱(柜)通气孔。

船舶沉没的,其所有人、经营人或者管理人应当及时向海事管理机构报告船舶燃油、污染危害性货物以及其他污染物的性质、数量、种类及装载位置等情况,采取或者委托有能力的单位采取污染监视和控制措施,并在必要的时候采取抽出、打捞等措施。

第二十九条 船舶应当在污染事故清除作业结束后,对污染清除行动进行评估,并将评估报告报送当地直属海事管理机构,评估报告至少应当包括下列内容:

(一)事故概况和应急处置情况;

(二)设施、设备、器材以及人员的使用情况;

(三)回收污染物的种类、数量以及处置情况;

(四)污染损害情况;

(五)船舶污染应急预案存在的问题和修改情况。

事故应急指挥机构应当在污染事故清除作业结束后,组织对污染清除作业的总体效果和污染损害情况进行评估,并根据评估结果和实际需要修订相应的应急预案。

第六章 法律责任

第三十条 海事管理机构应当建立、健全防治船舶污染应急防备和处置的监督检查制度,对船舶以及有关作业单位的防治船舶污染能力以及污染清除作业实施监督检查,并对监督检查情况予以记录。

海事管理机构实施监督检查时,有关单位和个人应当予以协助和配合,不得拒绝、妨碍或者阻挠。

第三十一条 海事管理机构发现船舶及其有关作业单位和个人存在违反本规定行为的，应当责令改正；拒不改正的，海事管理机构可以责令停止作业、强制卸载，禁止船舶进出港口、靠泊、过境停留，或者责令停航、改航、离境、驶向指定地点。

第三十二条 违反本规定，船舶未制定防治船舶及其有关作业活动污染海洋环境应急预案并报海事管理机构备案的，由海事管理机构责令限期改正；港口、码头、装卸站的经营人未制定防治船舶及其有关作业活动污染海洋环境应急预案的，由海事管理机构责令限期改正。

第三十三条 违反本规定，船舶和有关作业单位未配备防污设施、设备、器材的，或者配备的防污设施、设备、器材不符合国家有关规定和标准的，由海事管理机构予以警告，或者处2万元以上10万元以下的罚款。

第三十四条 违反本规定，有下列情形之一的，由海事管理机构处1万元以上5万元以下的罚款：

（一）载运散装液体污染危害性货物的船舶和1万总吨以上的其他船舶，其经营人未按照规定签订污染清除作业协议的；

（二）污染清除作业单位不符合国家有关技术规范从事污染清除作业的。

第三十五条 违反本规定，有下列情形之一的，由海事管理机构处2万元以上10万元以下的罚款：

（一）船舶沉没后，其所有人、经营人未及时向海事管理机构报告船舶燃油、污染危害性货物以及其他污染物的性质、数量、种类及装载位置等情况的；

（二）船舶沉没后，其所有人、经营人未及时采取措施清除船舶燃油、污染危害性货物以及其他污染物的。

第三十六条 违反本规定，发生船舶污染事故，船舶、有关作业单位迟报、漏报事故的，对船舶、有关作业单位，由海事管理机构处5万元以上25万元以下的罚款；对直接负责的主管人员和其他直接责任人员，由海事管理机构处1万元以上5万元以下的罚款；直接负责的主管人员和其他直接责任人员属于船员的，给予暂扣适任证书或者其他有关证件3个月至6个月的处罚。瞒报、谎报事故的，对船舶、有关作业单位，由海事管理机构处25万元以上50万元以下的罚款；对直接负责的主管人员和其他直接责任人员，由海事管理机构处5万元以上10万元以下的罚款；直接负责的主管人员和其他直接责任人员属于船员的，并处给予吊销适任证书或者其他有关证件的处罚。

第三十七条 违反本规定，发生船舶污染事故，船舶、有关作业单位未立即启动应急预案的，对船舶、有关作业单位，由海事管理机构处2万元以上10

万元以下的罚款；对直接负责的主管人员和其他直接责任人员，由海事管理机构处1万元以上2万元以下的罚款；直接负责的主管人员和其他直接责任人员属于船员的，并处给予暂扣适任证书或者其他适任证件1个月至3个月的处罚。

第七章　附　　则

第三十八条　本规定所称“以上”“以内”包括本数，“以下”“以外”不包括本数。

第三十九条　本规定自2011年6月1日起施行。

附件　船舶污染清除单位应急清污能力要求（略）

交通运输部关于修改《中华人民共和国国际海运条例实施细则》的决定

（2019年11月28日交通运输部令2019年第41号公布　自公布之日起施行　国司备字［2019001233］）

交通运输部决定对《中华人民共和国国际海运条例实施细则》（交通运输部令2019年第21号）作如下修改：

一、将第三条第十五项中的“个人履历表须经公证机关公证”修改为“申请人须承诺对所提供从业资历的真实有效性负责”。

二、将第五条第一款第二项中的“商业登记文件”修改为“统一社会信用代码”，第三项、第四项修改为“公司与船舶名称及船舶识别号”。

三、将第六条第一款第二项中的“商业登记文件”修改为“企业统一社会信用代码”。

四、将第七条第一款修改为：“经营国际船舶代理业务的企业，应当在开业后30日内向交通运输部报备企业名称、注册地、联系方式、企业统一社会信用代码等信息。交通运输部定期在其政府网站或者授权发布的网站发布国际船舶代理业务经营者名称。”

五、将第二十二条第一款第四项中的“工商登记文件复印件”修改为“企业统一社会信用代码”。

条文序号和个别文字作相应调整。

本决定自公布之日起施行。

《中华人民共和国国际海运条例实施细则》根据本决定作相应修正,重新发布。

中华人民共和国国际海运条例实施细则

(2003年1月20日交通部令2003年第1号　根据2013年8月29日《交通运输部关于修改〈中华人民共和国国际海运条例实施细则〉的决定》第一次修订　根据2017年3月7日《交通运输部关于修改〈中华人民共和国国际海运条例实施细则〉的决定》第二次修订　根据2019年6月21日《交通运输部关于修改〈中华人民共和国国际海运条例实施细则〉的决定》第三次修订　根据2019年11月28日《交通运输部关于修改〈中华人民共和国国际海运条例实施细则〉的决定》第四次修订)

第一章　总　　则

第一条　根据《中华人民共和国国际海运条例》(以下简称《海运条例》)的规定,制定本实施细则。

第二条　交通运输部和有关地方人民政府交通运输主管部门应当依照《海运条例》和本实施细则的规定,按照公平、高效、便利的原则,管理国际海上运输经营活动和与国际海上运输相关的辅助性经营活动,鼓励公平竞争,禁止不正当竞争。

第三条　《海运条例》和本实施细则中下列用语的含义是:

(一)国际船舶运输业务,是指国际船舶运输经营者使用自有或者经营的船舶、舱位,提供国际海上货物运输和旅客运输服务以及为完成这些服务而围绕其船舶、所载旅客或者货物开展的相关活动,包括签订有关协议、接受订舱、商定和收取客票票款和运费、签发客票和提单及其他相关运输单证、安排旅客上下船舶、安排货物装卸、安排保管、进行货物交接、安排中转运输和船舶进出港等活动。

(二)国际船舶运输经营者,包括中国国际船舶运输经营者和外国国际船舶运输经营者。其中,中国国际船舶运输经营者是指依据《海运条例》和本实施细则规定取得《国际船舶运输经营许可证》经营国际船舶运输业务的中国企业法人；外国国际船舶运输经营者是指依据外国法律设立经营进出中国港口国际船舶运输业务的外国企业。

（三）国际班轮运输业务，是指以自有或者经营的船舶，或者以《海运条例》第十一条第三款规定的方式，在固定的港口之间提供的定期国际海上货物或旅客运输。

（四）无船承运业务，是指《海运条例》第七条第二款规定的业务，包括为完成该项业务围绕其所承运的货物开展的下列活动：

（1）以承运人身份与托运人订立国际货物运输合同；

（2）以承运人身份接收货物、交付货物；

（3）签发提单或者其他运输单证；

（4）收取运费及其他服务报酬；

（5）向国际船舶运输经营者或者其他运输方式经营者为所承运的货物订舱和办理托运；

（6）支付运费或者其他运输费用；

（7）集装箱拆箱、集拼箱业务；

（8）其他相关的业务。

（五）无船承运业务经营者，包括中国无船承运业务经营者和外国无船承运业务经营者。其中中国无船承运业务经营者是指依照《海运条例》和本实施细则规定取得无船承运业务经营资格的中国企业法人；外国无船承运业务经营者是指依照外国法律设立并依照《海运条例》和本实施细则的相关规定取得经营进出中国港口货物无船承运业务资格的外国企业。

（六）国际船舶代理经营者，是指依照中国法律设立从事《海运条例》第二十三条规定业务的中国企业法人。

（七）国际船舶管理经营者，是指依照中国法律设立从事《海运条例》第二十四条规定业务的中国企业法人。

（八）外商常驻代表机构，是指外国企业或者其他经济组织在中国境内依法设立的，为其派出机构开展宣传、推介、咨询和联络活动的非营业性机构。

（九）企业商业登记文件，是指企业登记机关或者企业所在国有关当局签发的企业营业执照或者企业设立的证明文件。境外企业商业登记文件为复印件的，须有企业登记机关在复印件上的确认或者证明复印件与原件一致的公证文书。

（十）班轮公会协议，是指符合联合国《1974年班轮公会行动守则公约》定义的，由班轮公会成员之间以及班轮公会之间订立的各类协议。

（十一）运营协议，是指两个或者两个以上国际班轮运输经营者为稳定或者控制运价订立的关于在一条或者数条航线上增加或者减少船舶运力协议，以及其他协调国际班轮运输经营者共同行动的协议，包括具有上述性质内容的会议纪要；两个或者两个以上国际班轮运输经营者为提高运营效率订立的关于共同使用船舶、共同使用港口设施及其他合作经营协议和各类联盟协议、联营体协议。

（十二）运价协议，是指两个或者两个以上国际班轮运输经营者之间订立的关于收费项目及其费率、运价或者附加费等内容的协议，包括具有上述内容的会议纪要。

（十三）公布运价，是指国际班轮运输经营者和无船承运业务经营者运价本上载明的运价。运价本由运价、运价规则、承运人和托运人应当遵守的规定等内容组成。

（十四）协议运价，指国际班轮运输经营者与货主、无船承运业务经营者约定的运价，包括运价及其相关要素。协议运价以合同或者协议形式书面订立。

（十五）从业资历证明文件，是指被证明人具有3年以上从事国际海上运输或者国际海上运输辅助性经营活动经历的个人履历表。申请人须承诺对所提供从业资历的真实有效性负责。

第二章　国际海上运输及其辅助性业务的经营者

第四条　中国企业法人申请经营国际船舶运输业务，应当符合《海运条例》第五条规定的条件，考虑交通运输部公布的国际海运市场竞争状况和国家关于国际海上运输业发展的政策。

交通运输部应当在其政府网站和其他适当媒体上及时公布国际海运市场竞争状况和国家关于国际海上运输业发展的政策。上述状况和政策未经公布，不得作为拒绝申请的理由。

第五条　中国企业法人申请经营国际船舶运输业务，申请人应当向交通运输部提出申请，报送相关材料或信息，并应同时将申请材料或信息抄报企业所在地的省、自治区、直辖市人民政府交通运输主管部门。申请材料或信息应当包括：

（一）申请书；

（二）申请人的企业统一社会信用代码、公司章程的复印件；

（三）公司与船舶名称及船舶识别号；

（四）提单、客票或者多式联运单证样本；

（五）符合交通运输部规定的高级业务管理人员的从业资格证明。

有关省、自治区、直辖市人民政府交通运输主管部门自收到上述抄报材料或信息后，应当就有关材料或信息进行审核，提出意见，并应当自收到有关材料或信息之日起10个工作日内将有关意见报送交通运输部。

交通运输部收到申请人的申请材料或信息后，应当在申请材料或信息完整齐备之日起30个工作日内按照《海运条例》第五条和第六条的规定进行审核，作出许可或者不许可的决定。决定许可的，向申请人颁发《国际船舶运输经营许可证》；决定不许可的，应当书面通知申请人并告知理由。

取得《国际船舶运输经营许可证》的企业在经营国际船舶运输业务期间，应当确保本条所列有关材料持续合法有效。

第六条 中国国际船舶运输经营者在中国境内设立分支机构的，适用本实施细则第五条规定的程序。申请材料或信息应当包括：

（一）申请书；

（二）母公司的企业统一社会信用代码、公司章程的复印件；

（三）母公司的《国际船舶运输经营许可证》复印件；

（四）母公司对该分支机构经营范围的确认文件；

（五）符合交通运输部要求的高级业务管理人员的从业资格证明。

中国国际船舶运输经营者的分支机构可为其母公司所有或者经营的船舶提供办理船舶进出港口手续、安排港口作业、接受订舱、签发客票或者提单、收取运费等服务。

第七条 经营国际船舶代理业务的企业，应当在开业后30日内向交通运输部报备企业名称、注册地、联系方式、企业统一社会信用代码等信息。交通运输部定期在其政府网站或者授权发布的网站发布国际船舶代理业务经营者名称。

从事国际船舶代理业务的企业变更企业信息或者不再从事国际船舶代理经营活动的，应当在信息变更或者停止经营活动的15日内，向交通运输部备案。

第八条 国际船舶运输经营者申请经营进出中国港口国际班轮运输业务，应当向交通运输部提出申请，并报送《海运条例》第十二条规定的材料。交通运输部应当按照《海运条例》第十二条的规定进行审核。予以登记的，颁发《国际班轮运输经营资格登记证》。申请材料不真实、不齐备的，不予登记，应当书面通知申请人并告知理由。

国际船舶运输经营者依法取得经营进出中国港口国际班轮运输业务资格后，交通运输部在其政府网站或者授权发布的网站公布国际班轮运输经营者名称及其提单格式样本。

取得《国际班轮运输经营资格登记证》的企业在经营国际班轮运输业务期间,应当确保有关证书、证明持续合法有效。

第九条 申请办理无船承运业务经营者提单登记的,应当向交通运输部提出提单登记申请,报送相关材料,并应当同时将申请材料抄报企业所在地或者外国无船承运业务经营者指定的联络机构所在地的省、自治区、直辖市人民政府交通运输主管部门。申请材料应当包括:

(一)申请书;

(二)企业商业登记文件复印件;

(三)提单格式样本;

(四)保证金已交存的银行凭证复印件、保证金保函或者保证金责任保险原件。

申请人为外国无船承运业务经营者的,还应当提交本实施细则第二十二条规定的其指定的联络机构的有关材料。

有关省、自治区、直辖市人民政府交通运输主管部门自收到上述抄报材料后,应当就有关材料进行审核,提出意见,并应当自收到抄报的申请材料之日起 7 个工作日内将有关意见报送交通运输部。

交通运输部收到申请人的材料后,应当在申请材料完整齐备之日起 15 个工作日内按照《海运条例》第七条和第八条的规定进行审核。审核合格的,予以提单登记,并颁发《无船承运业务经营资格登记证》;不合格的,应当书面通知当事人并告知理由。

以保证金保函、保证金责任保险取得《无船承运业务经营资格登记证》的企业,资格登记证的有效期限与保函或者责任保险有效期一致。

第十条 外国无船承运业务经营者按照外国法律已取得经营资格且有合法财务责任保证的,在按照《海运条例》和本实施细则申请从事进出中国港口无船承运业务时,可以不向中国境内的银行交存保证金。但为了保证外国无船承运业务经营者清偿因其不履行承运人义务或者履行义务不当所产生的债务以及支付罚款,满足《海运条例》第八条第三款的规定,该外国无船承运业务经营者的政府主管部门与中国政府交通运输主管部门应就财务责任保证实现方式签订协议。

第十一条 没有在中国港口开展国际班轮运输业务,但在中国境内承揽货物、签发提单或者其他运输单证、收取运费,通过租赁国际班轮运输经营者船舶舱位提供进出中国港口国际货物运输服务;或者利用国际班轮运输经营者提供的支线服务,在中国港口承揽货物后运抵外国港口中转的,应当按照本实施细则的有关规定，取得无船承运业务经营资格。但有《海运条例》第十一条第三款规定情形的除外。

第十二条 中国的无船承运业务经营者在中国境内的分支机构，应当按照《海运条例》第八条第二款的规定交纳保证金，或者取得保证金保函、保证金责任保险，并按照本实施细则第九条的规定进行登记，取得《无船承运业务经营资格登记证》。申请登记应当提交下列材料：

（一）申请书；

（二）母公司及分支机构的企业商业登记文件复印件；

（三）母公司的《无船承运业务经营资格登记证》复印件；

（四）母公司确认该分支机构经营范围的确认文件；

（五）保证金已交存的银行凭证复印件、保证金保函或者保证金责任保险原件。

第十三条 无船承运业务经营者申请提单登记时，提单抬头名称应当与申请人名称相一致。

提单抬头名称与申请人名称不一致的，申请人应当提供说明该提单确实为申请人制作、使用的相关材料，并附送申请人对申请登记提单承担承运人责任的书面声明。

第十四条 无船承运业务经营者使用两种或者两种以上提单的，各种提单均应登记。

国际班轮运输经营者和无船承运业务经营者的登记提单发生变更的，应当于新的提单使用之日起 15 日前将新的提单样本格式向交通运输部备案。

第十五条 无船承运业务经营申请者交纳保证金、取得保证金保函或者保证金责任保险并办理提单登记，依法取得无船承运业务经营资格后，交通运输部在其政府网站或者授权发布的网站公布无船承运业务经营者名称及其提单格式样本。

第十六条 无船承运业务经营者应当依法在交通运输部指定的商业银行开设的无船承运业务经营者专门账户上交存保证金，保证金利息按照中国人民银行公布的相应存款利率计息。

第十七条 无船承运业务经营者交存的保证金，受国家法律保护。除下列情形外，保证金不得动用：

（一）因无船承运业务经营者不履行承运人义务或者履行义务不当，根据司法机关已生效的判决或者司法机关裁定执行的仲裁机构裁决应当承担赔偿责任的，而无船承运业务经营者拒不执行的；

（二）被交通运输主管部门依法处以罚款的，而无船承运业务经营者拒不执行的。

有前款(一)、(二)项情形需要从保证金中划拨的，应当依法进行。

无船承运业务经营者的保证金不符合《海运条例》规定数额的，交通运输部应当书面通知其补足。无船承运业务经营者自收到交通运输部书面通知之日起30日内未补足的，交通运输部应当按照《海运条例》第十条的规定取消其经营资格。

第十八条 无船承运业务经营者被交通运输部依法取消经营资格、申请终止经营或者因其他原因终止经营的，可向交通运输部申请退还保证金。交通运输部应将该申请事项在其政府网站上公示30日。

在公示期内，有关当事人认为无船承运业务经营者有本实施细则第十七条第一款第(一)项情形需要对其保证金采取保全措施的，应当在上述期限内取得司法机关的财产保全裁定。自保证金被保全之日起，交通运输部依照《海运条例》对保证金账户的监督程序结束。有关纠纷由当事双方通过司法程序解决。

公示期届满未有前款规定情形的，交通运输部应当通知保证金开户银行退还无船承运业务经营者保证金及其利息，并收缴该无船承运业务经营者的《无船承运业务经营资格登记证》。

第十九条 中国国际船舶运输经营者、中国无船承运业务经营者有下列变更情形之一的，应当向原资格许可、登记机关备案：

(一)变更企业名称；

(二)企业迁移；

(三)变更出资人；

(四)歇业、终止经营；

(五)中国籍船舶终止国际船舶运输业务。

变更企业名称的，由原资格许可、登记机关换发相关经营许可证或者经营资格登记证；企业终止经营的，应当将有关许可、登记证书交回原许可、登记机关。

第三章 国际海上运输及其辅助性业务经营活动

第二十条 国际班轮运输经营者新开或者停开国际班轮运输航线，或者变更国际班轮运输船舶、班期的，应当按照《海运条例》第十四条的规定在交通运输部指定媒体上公告，并按规定报备。

第二十一条 中国国际船舶运输经营者增加运营船舶，包括以光船租赁方式租用船舶增加运营船舶的,应当于投入运营前 15 日向交通运输部备案,取得备案证明文件。备案材料应当载明公司名称、注册地、船名、船舶国籍、船舶类型、船舶吨位、拟运营航线。

交通运输部收到备案材料后,应当在 3 个工作日内出具备案证明文件。

第二十二条 在中国港口开展国际班轮运输业务的外国国际船舶运输经营者,以及在中国委托代理人提供进出中国港口国际货物运输服务的外国无船承运业务经营者,应当在中国境内委托一个联络机构,负责代表该外国企业与中国政府有关部门就《海运条例》和本实施细则规定的有关管理及法律事宜进行联络。联络机构可以是该外国企业在中国境内设立的外商投资企业或者常驻代表机构,也可以是其他中国企业法人或者在中国境内有固定住所的其他经济组织。委托的联络机构应当向交通运输部备案,并提交下列文件或信息:

(一)联络机构说明书,载明联络机构名称、住所、联系方式及联系人;

(二)委托书副本或者复印件;

(三)委托人与联络机构的协议副本;

(四)联络机构的企业统一社会信用代码。

联络机构为该外国企业在中国境内的外商投资企业或者常驻代表机构的,不须提供本条第一款第(二)项、第(三)项文件。

联络机构或者联络机构说明书所载明的事项发生改变的,应当自发生改变之日起 15 日内向交通运输部备案。

第二十三条 任何单位和个人不得擅自使用国际班轮运输经营者和无船承运业务经营者已经登记的提单。

第二十四条 无船承运业务经营者需要委托代理人签发提单或者相关单证的,应当委托依法取得经营资格或者办理备案的国际船舶运输经营者、无船承运业务经营者和国际海运辅助业务经营者代理上述事项。

前款规定的经营者不得接受未办理提单登记并交存保证金或者取得保证金保函、保证金责任保险的无船承运业务经营者的委托,为其代理签发提单。

第二十五条 国际班轮运输经营者与货主和无船承运业务经营者协议运价的,应当采用书面形式。协议运价号应当在提单或者相关单证上显示。

第二十六条 国际船舶运输经营者不得接受未办理提单登记并交纳保证金或者取得保证金保函、保证金责任保险的无船承运业务经营者提供的货物或者集装箱。

第二十七条 国际班轮运输经营者和无船承运业务经营者应当将其在中国境内的船舶代理人、签发提单代理人在交通运输部指定的媒体上公布。公布事项包括代理人名称、注册地、住所、联系方式。代理人发生变动的,应当于有关代理协议生效前7日内公布上述事项。

国际班轮运输经营者、无船承运业务经营者应当及时将公布代理事项的媒体名称向交通运输部备案。

第二十八条 国际船舶运输经营者之间订立的涉及中国港口的班轮公会协议、运营协议、运价协议等,应当自协议订立之日起15日内,按下列规定向交通运输部备案:

(一)班轮公会协议,由班轮公会代表其所有经营进出中国港口海上运输的成员备案。班轮公会备案时,应当同时提供该公会的成员名单。

(二)国际船舶运输经营者之间订立的运营协议、运价协议,由参加订立协议的国际船舶运输经营者分别备案。

第二十九条 国际船舶管理经营者应当根据合同的约定和国家有关规定,履行有关船舶安全和防止污染的义务。

第三十条 国际海运业及辅助业经营者,应当按照有关统计报表制度的要求,真实、准确、完整、及时地报送相关统计信息。

第三十一条 国际船舶代理经营者、国际船舶管理经营者,不得有下列行为:

(一)以非正常、合理的收费水平提供服务,妨碍公平竞争;

(二)在会计账簿之外暗中给予客户回扣,以承揽业务;

(三)滥用优势地位,限制交易当事人自主选择国际海运辅助业务经营者,或者以其相关产业的垄断地位诱导交易当事人,排斥同业竞争;

(四)其他不正当竞争行为。

第三十二条 外国国际船舶运输经营者以及外国国际海运辅助企业的常驻代表机构不得从事经营活动,包括不得:

(一)代表其境外母公司接受订舱,签发母公司提单或者相关单证;

(二)为母公司办理结算或者收取运费及其他费用;

(三)开具境外母公司的票据;

(四)以托运人身份向国际班轮运输经营者托运货物;

(五)以外商常驻代表机构名义与客户签订业务合同。

第三十三条 国际集装箱班轮运输经营者在报备运价时,应当报备中国港口至外国基本港的出口集装箱的海运运价和附加费。

第三十四条 班轮公会、运价协议组织在中国开展业务应当遵守我国缔结或者参加的国际公约和我国的法律法规、规章及相关规定,不得损害国际海运市场公平竞争秩序。

班轮公会和运价协议组织应当与中国境内的托运人组织建立有效的协商机制。

第四章 监督检查

第三十五条 交通运输部和有关地方人民政府交通运输主管部门依照有关法律、法规和本规定,对国际海运市场实施监督检查和调查。国际海上运输业务经营者、国际海运辅助业务经营者应当配合监督检查和调查,如实提供有关凭证、文件及其他相关资料。

第三十六条 国际船舶运输经营者和无船承运业务经营者应当执行生效的备案运价。国务院交通运输主管部门根据利害关系人的请求或自行决定,组织或授权地方交通运输主管部门开展运价备案执行情况检查。

第三十七条 利害关系人认为国际海上运输业务经营者、国际海运辅助业务经营者有《海运条例》第二十八条和本实施细则第三十一条规定情形的,可依照《海运条例》第二十八条的规定请求交通运输部实施调查。请求调查时,应当提出书面调查申请,并阐述理由,提供必要的证据。

交通运输部对调查申请应当进行评估,在自收到调查申请之日起 60 个工作日内作出实施调查或者不予调查的决定:

(一)交通运输部认为调查申请理由不充分或者证据不足的,决定不予调查并通知调查申请人。申请人可补充理由或者证据后再次提出调查申请。

(二)交通运输部根据评估结论认为应当实施调查或者按照《海运条例》第二十八条规定自行决定调查的,应当将有关材料和评估结论通报国务院市场监督管理部门。

第三十八条 调查的实施由交通运输部会同国务院市场监督管理部门(以下简称调查机关)共同成立的调查组进行。

调查机关应当将调查组组成人员、调查事由、调查期限等情况通知被调查人。被调查人应当在调查通知送达后 30 日内就调查事项作出答辩。

被调查人认为调查组成员同调查申请人、被调查人或者调查事项有利害关系的,有权提出回避请求。调查机关认为回避请求成立的,应当对调查组成员进行调整。

第三十九条 被调查人接受调查时,应当根据调查组的要求提供相关数据、资料及文件等。属于商业秘密的,应当向调查组提出。调查组应当以书面形式记录备查。

调查机关和调查人员对被调查人的商业秘密应当予以保密。

被调查人发现调查人员泄露其商业秘密并有充分证据的，有权向调查机关投诉。

第四十条 调查机关对被调查人“低于正常、合理水平运价”的认定，应当考虑下列因素：

（一）同一行业内多数经营者的运价水平以及与被调查人具有同等规模经营者的运价水平；

（二）被调查人实施该运价水平的理由，包括成本构成、管理水平和盈亏状况等；

（三）是否针对特定的竞争对手并以排挤竞争对手为目的。

第四十一条 调查机关对“损害公平竞争”或者“损害交易对方”的认定，应当考虑下列因素：

（一）对旅客或者托运人自由选择承运人造成妨碍；

（二）影响旅客或者货物的正常出行或者出运；

（三）以账外暗中回扣承揽货物，扭曲市场竞争规则。

第四十二条 调查机关作出调查结论前，可举行专家咨询会议，对“损害公平竞争”或者“损害交易对方”的程度进行评估。

聘请的咨询专家不得与调查申请人、被调查人具有利害关系。

第四十三条 调查结束时，调查机关应当作出调查结论，并书面通知调查申请人和被调查人：

（一）基本事实不成立的，调查机关应当决定终止调查；

（二）基本事实存在但对市场公平竞争不造成实质损害的，调查机关可决定不对被调查人采取禁止性、限制性措施；

（三）基本事实清楚且对市场公平竞争造成实质损害的，调查机关应当根据《海运条例》的规定，对被调查人采取限制性、禁止性措施。

第四十四条 调查机关在作出采取禁止性、限制性措施的决定前，应当告知当事人有举行听证的权利；当事人要求举行听证的，应当在自调查机关通知送达之日起 10 日内，向调查机关书面提出；逾期未提出听证请求的，视为自动放弃请求听证的权利。

第四十五条 就本实施细则第三十一条所列情形实施调查的，调查组成员中应当包括对被调查人的业务实施管理的有关交通运输主管部门的人员。

对有本实施细则第三十一条第（三）项所列违法行为并给交易当事人或者同业竞争者造成实质损害的，调查机关可采取限制其在一定时期内扩大业务量的限制性措施。

第五章 法律责任

第四十六条 违反《海运条例》和本实施细则的规定应当予以处罚的，交通运输部或授权的省、自治区、直辖市人民政府交通运输主管部门应当按照《海运条例》第六章和本章的规定予以处罚。

交通运输部或者有关省、自治区、直辖市人民政府交通运输主管部门应当将国际海上运输及其辅助性业务经营者违反《海运条例》和本实施细则有关规定的违法行为记入信用记录，并依照有关法律、行政法规的规定予以公示。

第四十七条 外商常驻代表机构有本实施细则第三十二条规定情形的，交通运输部或者有关省、自治区、直辖市人民政府交通运输主管部门可将有关情况通报有关市场监督管理部门，由市场监督管理部门按照《海运条例》第四十四条的规定处罚。

第四十八条 班轮公会协议、运营协议和运价协议未按规定向交通运输部备案的，由交通运输部依照《海运条例》第四十条的规定，对本实施细则第二十八条规定的备案人实施处罚。班轮公会不按规定报备的，可对其公会成员予以处罚。

第四十九条 调查人员违反规定，泄露被调查人保密信息的，依法给予行政处分；造成严重后果，触犯刑律的，依法追究刑事责任。

第六章 附 则

第五十条 《海运条例》和本实施细则规定的许可、登记事项，申请人可委托代理人办理。代理人办理委托事项的，应当提供授权委托书。外国申请人或者投资者提交的公证文书，应当由申请人或者投资者所在国公证机关或者执业律师开出。

本实施细则所要求的各类文字资料应当用中文书写，如使用其他文字的，应随附中文译文。

第五十一条 对《海运条例》和本实施细则规定的备案事项的具体要求、报备方式和方法应当按照交通运输部的规定办理。

第五十二条 香港特别行政区、澳门特别行政区和台湾地区的投资者在内地投资从事国际海上运输和与国际海上运输相关的辅助性业务，比照适用《海运条例》的有关规定。

第五十三条 《海运条例》第十五条规定的公布运价和协议运价备案的具

体办法，由交通运输部另行规定。

第五十四条 本实施细则自2003年3月1日起施行。交通部1985年4月11日发布的《交通部对从事国际海运船舶公司的暂行管理办法》、1990年3月2日发布的《国际船舶代理管理规定》、1990年6月20日发布的《国际班轮运输管理规定》、1992年6月9日发布的《中华人民共和国海上国际集装箱运输管理规定实施细则》、1997年10月17日发布的《外国水路运输企业常驻代表机构管理办法》同时废止。

交通运输部关于修改《道路危险货物运输管理规定》的决定

（2019年11月28日交通运输部令2019年第42号公布　自公布之日起施行　国司备字[2019001234]）

交通运输部决定对《道路危险货物运输管理规定》（交通运输部令2016年第36号）作如下修改：

删去第十七条。

条文序号作相应调整。

本决定自公布之日起施行。

《道路危险货物运输管理规定》根据本决定作相应修正，重新发布。

道路危险货物运输管理规定

（2013年1月23日交通运输部令2013年第2号公布　根据2016年4月11日《交通运输部关于修改〈道路危险货物运输管理规定〉的决定》第一次修订　根据2019年11月28日《交通运输部关于修改〈道路危险货物运输管理规定〉的决定》第二次修订）

第一章　总　则

第一条 为规范道路危险货物运输市场秩序，保障人民生命财产安全，保护环境，维护道路危险货物运输各方当事人的合法权益，根据《中华人民共和国道路运输条例》和《危险化学品安全管理条例》等有关法律、行政法规,制定本规定。

第二条 从事道路危险货物运输活动,应当遵守本规定。军事危险货物运输除外。

法律、行政法规对民用爆炸物品、烟花爆竹、放射性物品等特定种类危险货物的道路运输另有规定的,从其规定。

第三条 本规定所称危险货物,是指具有爆炸、易燃、毒害、感染、腐蚀等危险特性,在生产、经营、运输、储存、使用和处置中,容易造成人身伤亡、财产损毁或者环境污染而需要特别防护的物质和物品。危险货物以列入国家标准《危险货物品名表》(GB12268)的为准,未列入《危险货物品名表》的,以有关法律、行政法规的规定或者国务院有关部门公布的结果为准。

本规定所称道路危险货物运输,是指使用载货汽车通过道路运输危险货物的作业全过程。

本规定所称道路危险货物运输车辆,是指满足特定技术条件和要求,从事道路危险货物运输的载货汽车(以下简称专用车辆)。

第四条 危险货物的分类、分项、品名和品名编号应当按照国家标准《危险货物分类和品名编号》(GB6944)、《危险货物品名表》(GB12268)执行。危险货物的危险程度依据国家标准《危险货物运输包装通用技术条件》(GB12463),分为Ⅰ、Ⅱ、Ⅲ等级。

第五条 从事道路危险货物运输应当保障安全,依法运输,诚实信用。

第六条 国家鼓励技术力量雄厚、设备和运输条件好的大型专业危险化学品生产企业从事道路危险货物运输,鼓励道路危险货物运输企业实行集约化、专业化经营,鼓励使用厢式、罐式和集装箱等专用车辆运输危险货物。

第七条 交通运输部主管全国道路危险货物运输管理工作。

县级以上地方人民政府交通运输主管部门负责组织领导本行政区域的道路危险货物运输管理工作。

县级以上道路运输管理机构负责具体实施道路危险货物运输管理工作。

第二章 道路危险货物运输许可

第八条 申请从事道路危险货物运输经营,应当具备下列条件:

(一)有符合下列要求的专用车辆及设备:

1. 自有专用车辆(挂车除外)5 辆以上;运输剧毒化学品、爆炸品的,自有专用车辆(挂车除外)10 辆以上。

2. 专用车辆的技术要求应当符合《道路运输车辆技术管理规定》有关规定。

3. 配备有效的通讯工具。

4. 专用车辆应当安装具有行驶记录功能的卫星定位装置。

5. 运输剧毒化学品、爆炸品、易制爆危险化学品的，应当配备罐式、厢式专用车辆或者压力容器等专用容器。

6. 罐式专用车辆的罐体应当经质量检验部门检验合格，且罐体载货后总质量与专用车辆核定载质量相匹配。运输爆炸品、强腐蚀性危险货物的罐式专用车辆的罐体容积不得超过20立方米，运输剧毒化学品的罐式专用车辆的罐体容积不得超过10立方米，但符合国家有关标准的罐式集装箱除外。

7. 运输剧毒化学品、爆炸品、强腐蚀性危险货物的非罐式专用车辆，核定载质量不得超过10吨，但符合国家有关标准的集装箱运输专用车辆除外。

8. 配备与运输的危险货物性质相适应的安全防护、环境保护和消防设施设备。

（二）有符合下列要求的停车场地：

1. 自有或者租借期限为3年以上，且与经营范围、规模相适应的停车场地，停车场地应当位于企业注册地市级行政区域内。

2. 运输剧毒化学品、爆炸品专用车辆以及罐式专用车辆，数量为20辆（含）以下的，停车场地面积不低于车辆正投影面积的1.5倍，数量为20辆以上的，超过部分，每辆车的停车场地面积不低于车辆正投影面积；运输其他危险货物的，专用车辆数量为10辆（含）以下的，停车场地面积不低于车辆正投影面积的1.5倍；数量为10辆以上的，超过部分，每辆车的停车场地面积不低于车辆正投影面积。

3. 停车场地应当封闭并设立明显标志，不得妨碍居民生活和威胁公共安全。

（三）有符合下列要求的从业人员和安全管理人员：

1. 专用车辆的驾驶人员取得相应机动车驾驶证，年龄不超过60周岁。

2. 从事道路危险货物运输的驾驶人员、装卸管理人员、押运人员应当经所在地设区的市级人民政府交通运输主管部门考试合格，并取得相应的从业资格证；从事剧毒化学品、爆炸品道路运输的驾驶人员、装卸管理人员、押运人员，应当经考试合格，取得注明为“剧毒化学品运输”或者“爆炸品运输”类别的从业资格证。

3. 企业应当配备专职安全管理人员。

（四）有健全的安全生产管理制度：

1. 企业主要负责人、安全管理部门负责人、专职安全管理人员安全生产责任制度。

2. 从业人员安全生产责任制度。

3. 安全生产监督检查制度。

4. 安全生产教育培训制度。

5. 从业人员、专用车辆、设备及停车场地安全管理制度。

6. 应急救援预案制度。

7. 安全生产作业规程。

8. 安全生产考核与奖惩制度。

9. 安全事故报告、统计与处理制度。

第九条 符合下列条件的企事业单位，可以使用自备专用车辆从事为本单位服务的非经营性道路危险货物运输：

（一）属于下列企事业单位之一：

1. 省级以上安全生产监督管理部门批准设立的生产、使用、储存危险化学品的企业。

2. 有特殊需求的科研、军工等企事业单位。

（二）具备第八条规定的条件，但自有专用车辆（挂车除外）的数量可以少于5辆。

第十条 申请从事道路危险货物运输经营的企业，应当依法向工商行政管理机关办理有关登记手续后，向所在地设区的市级道路运输管理机构提出申请，并提交以下材料：

（一）《道路危险货物运输经营申请表》，包括申请人基本信息、申请运输的危险货物范围（类别、项别或品名，如果为剧毒化学品应当标注"剧毒"）等内容。

（二）拟担任企业法定代表人的投资人或者负责人的身份证明及其复印件，经办人身份证明及其复印件和书面委托书。

（三）企业章程文本。

（四）证明专用车辆、设备情况的材料，包括：

1. 未购置专用车辆、设备的，应当提交拟投入专用车辆、设备承诺书。承诺书内容应当包括车辆数量、类型、技术等级、总质量、核定载质量、车轴数以及车辆外廓尺寸；通讯工具和卫星定位装置配备情况；罐式专用车辆的罐体容积；罐式专用车辆罐体载货后的总质量与车辆核定载质量相匹配情况；运输剧毒化学品、爆炸品、易制爆危险化学品的专用车辆核定载质量等有关情况。承诺期限不得超过1年。

2. 已购置专用车辆、设备的，应当提供车辆行驶证、车辆技术等级评定结论；通讯工具和卫星定位装置配备；罐式专用车辆的罐体检测合格证或者检测报告及复印件等有关材料。

（五）拟聘用专职安全管理人员、驾驶人员、装卸管理人员、押运人员的，应当提交拟聘用承诺书，承诺期限不得超过 1 年；已聘用的应当提交从业资格证及其复印件以及驾驶证及其复印件。

（六）停车场地的土地使用证、租借合同、场地平面图等材料。

（七）相关安全防护、环境保护、消防设施设备的配备情况清单。

（八）有关安全生产管理制度文本。

第十一条 申请从事非经营性道路危险货物运输的单位，向所在地设区的市级道路运输管理机构提出申请时，除提交第十条第（四）项至第（八）项规定的材料外，还应当提交以下材料：

（一）《道路危险货物运输申请表》，包括申请人基本信息、申请运输的物品范围（类别、项别或品名，如果为剧毒化学品应当标注“剧毒”）等内容。

（二）下列形式之一的单位基本情况证明：

1. 省级以上安全生产监督管理部门颁发的危险化学品生产、使用等证明。

2. 能证明科研、军工等企事业单位性质或者业务范围的有关材料。

（三）特殊运输需求的说明材料。

（四）经办人的身份证明及其复印件以及书面委托书。

第十二条 设区的市级道路运输管理机构应当按照《中华人民共和国道路运输条例》和《交通行政许可实施程序规定》，以及本规定所明确的程序和时限实施道路危险货物运输行政许可，并进行实地核查。

决定准予许可的，应当向被许可人出具《道路危险货物运输行政许可决定书》，注明许可事项，具体内容应当包括运输危险货物的范围（类别、项别或品名，如果为剧毒化学品应当标注“剧毒”），专用车辆数量、要求以及运输性质，并在 10 日内向道路危险货物运输经营申请人发放《道路运输经营许可证》，向非经营性道路危险货物运输申请人发放《道路危险货物运输许可证》。

市级道路运输管理机构应当将准予许可的企业或单位的许可事项等，及时以书面形式告知县级道路运输管理机构。

决定不予许可的，应当向申请人出具《不予交通行政许可决定书》。

第十三条 被许可人已获得其他道路运输经营许可的，设区的市级道路运输管理机构应当为其换发《道路运输经营许可证》，并在经营范围中加注新许可的事项。如果原《道路运输经营许可证》是由省级道路运输管理机构发放的，由原许可机关按照上述要求予以换发。

第十四条 被许可人应当按照承诺期限落实拟投入的专用车辆、设备。

原许可机关应当对被许可人落实的专用车辆、设备予以核实,对符合许可条件的专用车辆配发《道路运输证》,并在《道路运输证》经营范围栏内注明允许运输的危险货物类别、项别或者品名,如果为剧毒化学品应标注"剧毒";对从事非经营性道路危险货物运输的车辆,还应当加盖"非经营性危险货物运输专用章"。

被许可人未在承诺期限内落实专用车辆、设备的,原许可机关应当撤销许可决定,并收回已核发的许可证明文件。

第十五条 被许可人应当按照承诺期限落实拟聘用的专职安全管理人员、驾驶人员、装卸管理人员和押运人员。

被许可人未在承诺期限内按照承诺聘用专职安全管理人员、驾驶人员、装卸管理人员和押运人员的,原许可机关应当撤销许可决定,并收回已核发的许可证明文件。

第十六条 道路运输管理机构不得许可一次性、临时性的道路危险货物运输。

第十七条 道路危险货物运输企业设立子公司从事道路危险货物运输的,应当向子公司注册地设区的市级道路运输管理机构申请运输许可。设立分公司的,应当向分公司注册地设区的市级道路运输管理机构备案。

第十八条 道路危险货物运输企业或者单位需要变更许可事项的,应当向原许可机关提出申请,按照本章有关许可的规定办理。

道路危险货物运输企业或者单位变更法定代表人、名称、地址等工商登记事项的,应当在30日内向原许可机关备案。

第十九条 道路危险货物运输企业或者单位终止危险货物运输业务的,应当在终止之日的30日前告知原许可机关,并在停业后10日内将《道路运输经营许可证》或者《道路危险货物运输许可证》以及《道路运输证》交回原许可机关。

第三章 专用车辆、设备管理

第二十条 道路危险货物运输企业或者单位应当按照《道路运输车辆技术管理规定》中有关车辆管理的规定,维护、检测、使用和管理专用车辆,确保专用车辆技术状况良好。

第二十一条 设区的市级道路运输管理机构应当定期对专用车辆进行审验,每年审验一次。审验按照《道路运输车辆技术管理规定》进行,并增加以下审验项目：

（一）专用车辆投保危险货物承运人责任险情况；

（二）必需的应急处理器材、安全防护设施设备和专用车辆标志的配备情况；

（三）具有行驶记录功能的卫星定位装置的配备情况。

第二十二条 禁止使用报废的、擅自改装的、检测不合格的、车辆技术等级达不到一级的和其他不符合国家规定的车辆从事道路危险货物运输。

除铰接列车、具有特殊装置的大型物件运输专用车辆外，严禁使用货车列车从事危险货物运输；倾卸式车辆只能运输散装硫磺、萘饼、粗蒽、煤焦沥青等危险货物。

禁止使用移动罐体（罐式集装箱除外）从事危险货物运输。

第二十三条 用于装卸危险货物的机械及工具的技术状况应当符合行业标准《汽车运输危险货物规则》（JT617）规定的技术要求。

第二十四条 罐式专用车辆的常压罐体应当符合国家标准《道路运输液体危险货物罐式车辆第1部分：金属常压罐体技术要求》（GB18564.1）、《道路运输液体危险货物罐式车辆第2部分：非金属常压罐体技术要求》（GB18564.2）等有关技术要求。

使用压力容器运输危险货物的，应当符合国家特种设备安全监督管理部门制订并公布的《移动式压力容器安全技术监察规程》（TSG R0005）等有关技术要求。

压力容器和罐式专用车辆应当在质量检验部门出具的压力容器或者罐体检验合格的有效期内承运危险货物。

第二十五条 道路危险货物运输企业或者单位对重复使用的危险货物包装物、容器，在重复使用前应当进行检查；发现存在安全隐患的，应当维修或者更换。

道路危险货物运输企业或者单位应当对检查情况作出记录，记录的保存期限不得少于2年。

第二十六条 道路危险货物运输企业或者单位应当到具有污染物处理能力的机构对常压罐体进行清洗（置换）作业，将废气、污水等污染物集中收集，消除污染，不得随意排放，污染环境。

第四章 道路危险货物运输

第二十七条 道路危险货物运输企业或者单位应当严格按照道路运输管

理机构决定的许可事项从事道路危险货物运输活动，不得转让、出租道路危险货物运输许可证件。

严禁非经营性道路危险货物运输单位从事道路危险货物运输经营活动。

第二十八条 危险货物托运人应当委托具有道路危险货物运输资质的企业承运。

危险货物托运人应当对托运的危险货物种类、数量和承运人等相关信息予以记录，记录的保存期限不得少于1年。

第二十九条 危险货物托运人应当严格按照国家有关规定妥善包装并在外包装设置标志，并向承运人说明危险货物的品名、数量、危害、应急措施等情况。需要添加抑制剂或者稳定剂的，托运人应当按照规定添加，并告知承运人相关注意事项。

危险货物托运人托运危险化学品的，还应当提交与托运的危险化学品完全一致的安全技术说明书和安全标签。

第三十条 不得使用罐式专用车辆或者运输有毒、感染性、腐蚀性危险货物的专用车辆运输普通货物。

其他专用车辆可以从事食品、生活用品、药品、医疗器具以外的普通货物运输，但应当由运输企业对专用车辆进行消除危害处理，确保不对普通货物造成污染、损害。

不得将危险货物与普通货物混装运输。

第三十一条 专用车辆应当按照国家标准《道路运输危险货物车辆标志》(GB13392)的要求悬挂标志。

第三十二条 运输剧毒化学品、爆炸品的企业或者单位，应当配备专用停车区域，并设立明显的警示标牌。

第三十三条 专用车辆应当配备符合有关国家标准以及与所载运的危险货物相适应的应急处理器材和安全防护设备。

第三十四条 道路危险货物运输企业或者单位不得运输法律、行政法规禁止运输的货物。

法律、行政法规规定的限运、凭证运输货物，道路危险货物运输企业或者单位应当按照有关规定办理相关运输手续。

法律、行政法规规定托运人必须办理有关手续后方可运输的危险货物，道路危险货物运输企业应当查验有关手续齐全有效后方可承运。

第三十五条 道路危险货物运输企业或者单位应当采取必要措施，防止危险货物脱落、扬散、丢失以及燃烧、爆炸、泄漏等。

第三十六条 驾驶人员应当随车携带《道路运输证》。驾驶人员或者押运人员应当按照《汽车运输危险货物规则》(JT617)的要求,随车携带《道路运输危险货物安全卡》。

第三十七条 在道路危险货物运输过程中,除驾驶人员外,还应当在专用车辆上配备押运人员,确保危险货物处于押运人员监管之下。

第三十八条 道路危险货物运输途中,驾驶人员不得随意停车。

因住宿或者发生影响正常运输的情况需要较长时间停车的,驾驶人员、押运人员应当设置警戒带,并采取相应的安全防范措施。

运输剧毒化学品或者易制爆危险化学品需要较长时间停车的,驾驶人员或者押运人员应当向当地公安机关报告。

第三十九条 危险货物的装卸作业应当遵守安全作业标准、规程和制度,并在装卸管理人员的现场指挥或者监控下进行。

危险货物运输托运人和承运人应当按照合同约定指派装卸管理人员;若合同未予约定,则由负责装卸作业的一方指派装卸管理人员。

第四十条 驾驶人员、装卸管理人员和押运人员上岗时应当随身携带从业资格证。

第四十一条 严禁专用车辆违反国家有关规定超载、超限运输。

道路危险货物运输企业或者单位使用罐式专用车辆运输货物时,罐体载货后的总质量应当和专用车辆核定载质量相匹配;使用牵引车运输货物时,挂车载货后的总质量应当与牵引车的准牵引总质量相匹配。

第四十二条 道路危险货物运输企业或者单位应当要求驾驶人员和押运人员在运输危险货物时,严格遵守有关部门关于危险货物运输线路、时间、速度方面的有关规定,并遵守有关部门关于剧毒、爆炸危险品道路运输车辆在重大节假日通行高速公路的相关规定。

第四十三条 道路危险货物运输企业或者单位应当通过卫星定位监控平台或者监控终端及时纠正和处理超速行驶、疲劳驾驶、不按规定线路行驶等违法违规驾驶行为。

监控数据应当至少保存 3 个月,违法驾驶信息及处理情况应当至少保存 3 年。

第四十四条 道路危险货物运输从业人员必须熟悉有关安全生产的法规、技术标准和安全生产规章制度、安全操作规程,了解所装运危险货物的性质、危害特性、包装物或者容器的使用要求和发生意外事故时的处置措施,并严格执行《汽车运输危险货物规则》(JT617)、《汽车运输、装卸危险货物作业规程》(JT618)等标准,不得违章作业。

第四十五条 道路危险货物运输企业或者单位应当通过岗前培训、例会、定期学习等方式，对从业人员进行经常性安全生产、职业道德、业务知识和操作规程的教育培训。

第四十六条 道路危险货物运输企业或者单位应当加强安全生产管理，制定突发事件应急预案，配备应急救援人员和必要的应急救援器材、设备，并定期组织应急救援演练，严格落实各项安全制度。

第四十七条 道路危险货物运输企业或者单位应当委托具备资质条件的机构，对本企业或单位的安全管理情况每3年至少进行一次安全评估，出具安全评估报告。

第四十八条 在危险货物运输过程中发生燃烧、爆炸、污染、中毒或者被盗、丢失、流散、泄漏等事故，驾驶人员、押运人员应当立即根据应急预案和《道路运输危险货物安全卡》的要求采取应急处置措施，并向事故发生地公安部门、交通运输主管部门和本运输企业或者单位报告。运输企业或者单位接到事故报告后，应当按照本单位危险货物应急预案组织救援，并向事故发生地安全生产监督管理部门和环境保护、卫生主管部门报告。

道路危险货物运输管理机构应当公布事故报告电话。

第四十九条 在危险货物装卸过程中，应当根据危险货物的性质，轻装轻卸，堆码整齐，防止混杂、撒漏、破损，不得与普通货物混合堆放。

第五十条 道路危险货物运输企业或者单位应当为其承运的危险货物投保承运人责任险。

第五十一条 道路危险货物运输企业异地经营（运输线路起讫点均不在企业注册地市域内）累计3个月以上的，应当向经营地设区的市级道路运输管理机构备案并接受其监管。

第五章 监督检查

第五十二条 道路危险货物运输监督检查按照《道路货物运输及站场管理规定》执行。

道路运输管理机构工作人员应当定期或者不定期对道路危险货物运输企业或者单位进行现场检查。

第五十三条 道路运输管理机构工作人员对在异地取得从业资格的人员监督检查时，可以向原发证机关申请提供相应的从业资格档案资料，原发证机关应当予以配合。

第五十四条 道路运输管理机构在实施监督检查过程中，经本部门主要负责人批准，可以对没有随车携带《道路运输证》又无法当场提供其他有效证明文件的危险货物运输专用车辆予以扣押。

第五十五条 任何单位和个人对违反本规定的行为,有权向道路危险货物运输管理机构举报。

道路危险货物运输管理机构应当公布举报电话,并在接到举报后及时依法处理;对不属于本部门职责的,应当及时移送有关部门处理。

第六章 法律责任

第五十六条 违反本规定,有下列情形之一的,由县级以上道路运输管理机构责令停止运输经营,有违法所得的,没收违法所得,处违法所得2倍以上10倍以下的罚款;没有违法所得或者违法所得不足2万元的,处3万元以上10万元以下的罚款;构成犯罪的,依法追究刑事责任:

(一)未取得道路危险货物运输许可,擅自从事道路危险货物运输的;

(二)使用失效、伪造、变造、被注销等无效道路危险货物运输许可证件从事道路危险货物运输的;

(三)超越许可事项,从事道路危险货物运输的;

(四)非经营性道路危险货物运输单位从事道路危险货物运输经营的。

第五十七条 违反本规定,道路危险货物运输企业或者单位非法转让、出租道路危险货物运输许可证件的,由县级以上道路运输管理机构责令停止违法行为,收缴有关证件,处2000元以上1万元以下的罚款;有违法所得的,没收违法所得。

第五十八条 违反本规定,道路危险货物运输企业或者单位有下列行为之一,由县级以上道路运输管理机构责令限期投保;拒不投保的,由原许可机关吊销《道路运输经营许可证》或者《道路危险货物运输许可证》,或者吊销相应的经营范围:

(一)未投保危险货物承运人责任险的;

(二)投保的危险货物承运人责任险已过期,未继续投保的。

第五十九条 违反本规定,道路危险货物运输企业或者单位不按照规定随车携带《道路运输证》的,由县级以上道路运输管理机构责令改正,处警告或者20元以上200元以下的罚款。

第六十条 违反本规定,道路危险货物运输企业或者单位以及托运人有下列情形之一的,由县级以上道路运输管理机构责令改正,并处5万元以上10万元以下的罚款,拒不改正的,责令停产停业整顿;构成犯罪的,依法追究刑事责任:

（一）驾驶人员、装卸管理人员、押运人员未取得从业资格上岗作业的；

（二）托运人不向承运人说明所托运的危险化学品的种类、数量、危险特性以及发生危险情况的应急处置措施，或者未按照国家有关规定对所托运的危险化学品妥善包装并在外包装上设置相应标志的；

（三）未根据危险化学品的危险特性采取相应的安全防护措施，或者未配备必要的防护用品和应急救援器材的；

（四）运输危险化学品需要添加抑制剂或者稳定剂，托运人未添加或者未将有关情况告知承运人的。

第六十一条 违反本规定，道路危险货物运输企业或者单位未配备专职安全管理人员的，由县级以上道路运输管理机构责令改正，可以处1万元以下的罚款；拒不改正的，对危险化学品运输企业或单位处1万元以上5万元以下的罚款，对运输危险化学品以外其他危险货物的企业或单位处1万元以上2万元以下的罚款。

第六十二条 违反本规定，道路危险化学品运输托运人有下列行为之一的，由县级以上道路运输管理机构责令改正，处10万元以上20万元以下的罚款，有违法所得的，没收违法所得；拒不改正的，责令停产停业整顿；构成犯罪的，依法追究刑事责任：

（一）委托未依法取得危险货物道路运输许可的企业承运危险化学品的；

（二）在托运的普通货物中夹带危险化学品，或者将危险化学品谎报或者匿报为普通货物托运的。

第六十三条 违反本规定，道路危险货物运输企业擅自改装已取得《道路运输证》的专用车辆及罐式专用车辆罐体的，由县级以上道路运输管理机构责令改正，并处5000元以上2万元以下的罚款。

第七章　附　　则

第六十四条 本规定对道路危险货物运输经营未作规定的，按照《道路货物运输及站场管理规定》执行；对非经营性道路危险货物运输未作规定的，参照《道路货物运输及站场管理规定》执行。

第六十五条 道路危险货物运输许可证件和《道路运输证》工本费的具体收费标准由省、自治区、直辖市人民政府财政、价格主管部门会同同级交通运输主管部门核定。

第六十六条 交通运输部可以根据相关行业协会的申请，经组织专家论证后，统一公布可以按照普通货物实施道路运输管理的危险货物。

第六十七条 本规定自2013年7月1日起施行。交通部2005年发布的《道路危险货物运输管理规定》(交通部令2005年第9号)及交通运输部2010年发布的《关于修改〈道路危险货物运输管理规定〉的决定》(交通运输部令2010年第5号)同时废止。

商业银行理财子公司
净资本管理办法(试行)

(2019年11月29日中国银行保险监督管理委员会令2019年第5号公布 自2020年3月1日起施行 国司备字[2019001250])

第一章 总 则

第一条 为加强对商业银行理财子公司(以下简称银行理财子公司)的监督管理,促进银行理财子公司安全稳健运行,保护投资者合法权益,根据《中华人民共和国银行业监督管理法》等法律、行政法规以及《关于规范金融机构资产管理业务的指导意见》《商业银行理财业务监督管理办法》《商业银行理财子公司管理办法》,制定本办法。

第二条 本办法适用于在中华人民共和国境内依法设立的银行理财子公司。

第三条 银行理财子公司应当按照本办法规定实施净资本管理,根据自身业务开展情况,建立净资本监控和补充机制,确保持续符合净资本监管要求。

第四条 银行理财子公司应当按照《商业银行理财业务监督管理办法》等监管规定,定期开展压力测试,测算不同压力情景下的净资本充足水平,并确保压力测试结果得到有效应用。

第五条 银行理财子公司董事会承担本公司净资本管理的最终责任,负责确定净资本管理目标,审批并监督实施净资本管理规划。

第六条 银行理财子公司高级管理层负责组织实施净资本管理工作,包括制定并实施净资本管理政策和程序,定期评估净资本充足水平,至少每季度将净资本管理情况向董事会书面报告一次。如遇可能影响净资本充足水平的重大事项,应当及时开展评估并向董事会报告。

第七条 银行业监督管理机构依法对银行理财子公司净资本管理实施监督管理。

第二章　净资本监管标准

第八条　净资本计算公式为：

净资本＝净资产－∑（应收账款余额×扣减比例）－∑（其他资产余额×扣减比例）－或有负债调整项目＋/－国务院银行业监督管理机构认定的其他调整项目

银行理财子公司应当将不同科目中核算的同类资产合并计算，按照资产的属性统一进行调整。

第九条　银行理财子公司计算净资产时，应当充分计提资产减值准备、确认预计负债。未确认为预计负债，但仍可能导致经济利益流出的或有事项，应当作为或有负债，在计算净资本时予以扣减，并在净资本计算表的附注中进行说明。

银行理财子公司未能充分计提资产减值准备或者足额确认预计负债的，银行业监督管理机构可以要求其在计算净资本时予以扣减。

第十条　风险资本计算公式为：

风险资本＝∑（自有资金投资的各类资产余额×风险系数）＋∑（理财资金投资的各类资产余额×风险系数）＋∑（其他各项业务余额×风险系数）

风险系数是指银行理财子公司开展自有资金投资、理财业务及其他业务，依照国务院银行业监督管理机构规定，对各类资产赋予的权重。理财资金投资的各类资产为按照穿透原则确定的底层资产（公募证券投资基金除外）。

第十一条　银行理财子公司应当持续符合下列净资本监管标准：

（一）净资本不得低于5亿元人民币或等值自由兑换货币，且不得低于净资产的40%；

（二）净资本不得低于风险资本的100%。

第十二条　银行业监督管理机构可以根据银行理财子公司的治理结构、风险控制和合规管理等情况，对不同银行理财子公司的净资本监管要求进行调整，但不得低于最低监管标准。

第三章　监督管理

第十三条　银行理财子公司应当按照规定，定期向银行业监督管理机构报送净资本计算表、风险资本计算表和净资本管理指标计算表等监管报表。如遇影响净资本管理指标的重大事项，应当及时报告。

银行业监督管理机构可以根据监管需要，要求银行理财子公司提高监管报表报送频率。

第十四条 银行理财子公司应当对本公司相关监管报表的真实性、准确性、完整性负责。

银行理财子公司董事长、总经理（首席执行官、总裁）应当对本公司年度净资本计算表、风险资本计算表和净资本管理指标计算表签署确认意见，并保证报表真实、准确、完整，不存在虚假记载、误导性陈述和重大遗漏。

第十五条 银行理财子公司应当在年度报告中披露净资本管理情况。披露数据应当与监管报表数据保持一致。

第十六条 银行理财子公司净资本、净资本与净资产的比例、净资本与风险资本的比例等指标与上个报告期末相比变化超过20%的，应当在该情形发生之日起5个工作日内，向银行业监督管理机构书面报告，并说明原因。

银行理财子公司净资本、净资本与净资产的比例、净资本与风险资本的比例等指标不符合监管标准的，应当在该情形发生之日起2个工作日内，向银行业监督管理机构书面报告，并说明原因。

第十七条 银行理财子公司违反本办法规定的，应当根据国务院银行业监督管理机构或者其省一级派出机构提出的整改要求，在规定的时限内向国务院银行业监督管理机构或者其省一级派出机构提交整改方案并采取整改措施。

第十八条 对于在规定的时限内未能采取有效整改措施的银行理财子公司，或者净资本管理指标持续恶化，严重危及银行理财子公司稳健运行的，国务院银行业监督管理机构或者其省一级派出机构有权依照《中华人民共和国银行业监督管理法》第三十七条的规定，采取下列措施：

（一）限制理财产品投资范围；

（二）责令暂停发行理财产品；

（三）责令调整董事、高级管理人员或限制其权利；

（四）《中华人民共和国银行业监督管理法》第三十七条规定的其他措施。

第四章 附 则

第十九条 本办法由国务院银行业监督管理机构负责解释。

第二十条 本办法自2020年3月1日起施行。

附件：1. 银行理财子公司净资本计算表（略）

2. 银行理财子公司风险资本计算表(略)

3. 银行理财子公司净资本管理指标计算表(略)

香港澳门台湾居民在内地(大陆)参加社会保险暂行办法

(2019年11月29日人力资源和社会保障部、国家医疗保障局令第41号公布　自2020年1月1日起施行　国司备字[2019001217])

第一条　为了维护在内地(大陆)就业、居住和就读的香港特别行政区、澳门特别行政区居民中的中国公民和台湾地区居民(以下简称港澳台居民)依法参加社会保险和享受社会保险待遇的合法权益,加强社会保险管理,根据《中华人民共和国社会保险法》(以下简称社会保险法)等规定,制定本办法。

第二条　在内地(大陆)依法注册或者登记的企业、事业单位、社会组织、有雇工的个体经济组织等用人单位(以下统称用人单位)依法聘用、招用的港澳台居民,应当依法参加职工基本养老保险、职工基本医疗保险、工伤保险、失业保险和生育保险,由用人单位和本人按照规定缴纳社会保险费。

在内地(大陆)依法从事个体工商经营的港澳台居民,可以按照注册地有关规定参加职工基本养老保险和职工基本医疗保险;在内地(大陆)灵活就业且办理港澳台居民居住证的港澳台居民,可以按照居住地有关规定参加职工基本养老保险和职工基本医疗保险。

在内地(大陆)居住且办理港澳台居民居住证的未就业港澳台居民,可以在居住地按照规定参加城乡居民基本养老保险和城乡居民基本医疗保险。

在内地(大陆)就读的港澳台大学生,与内地(大陆)大学生执行同等医疗保障政策,按规定参加高等教育机构所在地城乡居民基本医疗保险。

第三条　用人单位依法聘用、招用港澳台居民的,应当持港澳台居民有效证件,以及劳动合同、聘用合同等证明材料,为其办理社会保险登记。在内地(大陆)依法从事个体工商经营和灵活就业的港澳台居民,按照注册地(居住地)有关规定办理社会保险登记。

已经办理港澳台居民居住证且符合在内地(大陆)参加城乡居民基本养老保险和城乡居民基本医疗保险条件的港澳台居民,持港澳台居民居住证在居住地办理社会保险登记。

第四条　港澳台居民办理社会保险的各项业务流程与内地(大陆)居民一

致。社会保险经办机构或者社会保障卡管理机构应当为港澳台居民建立社会保障号码,并发放社会保障卡。

港澳台居民在办理居住证时取得的公民身份号码作为其社会保障号码;没有公民身份号码的港澳居民的社会保障号码,由社会保险经办机构或者社会保障卡管理机构按照国家统一规定编制。

第五条 参加社会保险的港澳台居民,依法享受社会保险待遇。

第六条 参加职工基本养老保险的港澳台居民达到法定退休年龄时,累计缴费不足15年的,可以延长缴费至满15年。社会保险法实施前参保、延长缴费5年后仍不足15年的,可以一次性缴费至满15年。

参加城乡居民基本养老保险的港澳台居民,符合领取待遇条件的,在居住地按照有关规定领取城乡居民基本养老保险待遇。达到待遇领取年龄时,累计缴费不足15年的,可以按照有关规定延长缴费或者补缴。

参加职工基本医疗保险的港澳台居民,达到法定退休年龄时累计缴费达到国家规定年限的,退休后不再缴纳基本医疗保险费,按照国家规定享受基本医疗保险待遇;未达到国家规定年限的,可以缴费至国家规定年限。退休人员享受基本医疗保险待遇的缴费年限按照各地规定执行。

参加城乡居民基本医疗保险的港澳台居民按照与所在统筹地区城乡居民同等标准缴费,并享受同等的基本医疗保险待遇。

参加基本医疗保险的港澳台居民,在境外就医所发生的医疗费用不纳入基本医疗保险基金支付范围。

第七条 港澳台居民在达到规定的领取养老金条件前离开内地(大陆)的,其社会保险个人账户予以保留,再次来内地(大陆)就业、居住并继续缴费的,缴费年限累计计算;经本人书面申请终止社会保险关系的,可以将其社会保险个人账户储存额一次性支付给本人。

已获得香港、澳门、台湾居民身份的原内地(大陆)居民,离开内地(大陆)时选择保留社会保险关系的,返回内地(大陆)就业、居住并继续参保时,原缴费年限合并计算;离开内地(大陆)时已经选择终止社会保险关系的,原缴费年限不再合并计算,可以将其社会保险个人账户储存额一次性支付给本人。

第八条 参加社会保险的港澳台居民在内地(大陆)跨统筹地区流动办理社会保险关系转移时,按照国家有关规定执行。港澳台居民参加企业职工基本养老保险的,不适用建立临时基本养老保险缴费账户的相关规定。已经领取养老保险待遇的,不再办理基本养老保险关系转移接续手续。已经享受退休人员医疗保险待遇的,不再办理基本医疗保险关系转移接续手续。

参加职工基本养老保险的港澳台居民跨省流动就业的,应当转移基本养老保险关系。达到待遇领取条件时，在其基本养老保险关系所在地累计缴费年限满10年的，在该地办理待遇领取手续；在其基本养老保险关系所在地累计缴费年限不满10年的，将其基本养老保险关系转回上一个缴费年限满10年的参保地办理待遇领取手续；在各参保地累计缴费年限均不满10年的，由其缴费年限最长的参保地负责归集基本养老保险关系及相应资金，办理待遇领取手续，并支付基本养老保险待遇；如有多个缴费年限相同的最长参保地，则由其最后一个缴费年限最长的参保地负责归集基本养老保险关系及相应资金，办理待遇领取手续，并支付基本养老保险待遇。

参加职工基本养老保险的港澳台居民跨省流动就业，达到法定退休年龄时累计缴费不足15年的，按照本条第二款有关待遇领取地的规定确定继续缴费地后，按照本办法第六条第一款办理。

第九条 按月领取基本养老保险、工伤保险待遇的港澳台居民，应当按照社会保险经办机构的规定，办理领取待遇资格认证。

按月领取基本养老保险、工伤保险、失业保险待遇的港澳台居民丧失领取资格条件后，本人或者其亲属应当于1个月内向社会保险经办机构如实报告情况。因未主动报告而多领取的待遇应当及时退还社会保险经办机构。

第十条 各级财政对在内地（大陆）参加城乡居民基本养老保险和城乡居民基本医疗保险（港澳台大学生除外）的港澳台居民，按照与所在统筹地区城乡居民相同的标准给予补助。

各级财政对港澳台大学生参加城乡居民基本医疗保险补助政策按照有关规定执行。

第十一条 已在香港、澳门、台湾参加当地社会保险，并继续保留社会保险关系的港澳台居民，可以持相关授权机构出具的证明，不在内地（大陆）参加基本养老保险和失业保险。

第十二条 内地（大陆）与香港、澳门、台湾有关机构就社会保险事宜作出具体安排的，按照相关规定办理。

第十三条 社会保险行政部门或者社会保险费征收机构应当按照社会保险法的规定，对港澳台居民参加社会保险的情况进行监督检查。用人单位未依法为聘用、招用的港澳台居民办理社会保险登记或者未依法为其缴纳社会保险费的，按照社会保险法等法律、行政法规和有关规章的规定处理。

第十四条 办法所称“港澳台居民有效证件”，指港澳居民来往内地通行证、港澳台居民居住证。

第十五条 本办法自2020年1月1日起施行。

市场监督管理投诉举报处理暂行办法

（2019年11月30日国家市场监督管理总局令第20号公布　自2020年1月1日起施行　国司备字[2019001190]）

第一条　为规范市场监督管理投诉举报处理工作，保护自然人、法人或者其他组织合法权益，根据《中华人民共和国消费者权益保护法》等法律、行政法规，制定本办法。

第二条　市场监督管理部门处理投诉举报，适用本办法。

第三条　本办法所称的投诉，是指消费者为生活消费需要购买、使用商品或者接受服务，与经营者发生消费者权益争议，请求市场监督管理部门解决该争议的行为。

本办法所称的举报，是指自然人、法人或者其他组织向市场监督管理部门反映经营者涉嫌违反市场监督管理法律、法规、规章线索的行为。

第四条　国家市场监督管理总局主管全国投诉举报处理工作，指导地方市场监督管理部门投诉举报处理工作。

县级以上地方市场监督管理部门负责本行政区域内的投诉举报处理工作。

第五条　市场监督管理部门处理投诉举报，应当遵循公正、高效的原则，做到适用依据正确、程序合法。

第六条　鼓励社会公众和新闻媒体对涉嫌违反市场监督管理法律、法规、规章的行为依法进行社会监督和舆论监督。

鼓励消费者通过在线消费纠纷解决机制、消费维权服务站、消费维权绿色通道、第三方争议解决机制等方式与经营者协商解决消费者权益争议。

第七条　向市场监督管理部门同时提出投诉和举报，或者提供的材料同时包含投诉和举报内容的，市场监督管理部门应当按照本办法规定的程序对投诉和举报予以分别处理。

第八条　向市场监督管理部门提出投诉举报的，应当通过市场监督管理部门公布的接收投诉举报的互联网、电话、传真、邮寄地址、窗口等渠道进行。

第九条　投诉应当提供下列材料：

（一）投诉人的姓名、电话号码、通讯地址；

（二）被投诉人的名称（姓名）、地址；

（三）具体的投诉请求以及消费者权益争议事实。

投诉人采取非书面方式进行投诉的，市场监督管理部门工作人员应当记录前款规定信息。

第十条 委托他人代为投诉的，除提供本办法第九条第一款规定的材料外，还应当提供授权委托书原件以及受托人身份证明。

授权委托书应当载明委托事项、权限和期限，由委托人签名。

第十一条 投诉人为两人以上，基于同一消费者权益争议投诉同一经营者的，经投诉人同意，市场监督管理部门可以按共同投诉处理。

共同投诉可以由投诉人书面推选两名代表人进行投诉。代表人的投诉行为对其代表的投诉人发生效力，但代表人变更、放弃投诉请求或者达成调解协议的，应当经被代表的投诉人同意。

第十二条 投诉由被投诉人实际经营地或者住所地县级市场监督管理部门处理。

对电子商务平台经营者以及通过自建网站、其他网络服务销售商品或者提供服务的电子商务经营者的投诉，由其住所地县级市场监督管理部门处理。对平台内经营者的投诉，由其实际经营地或者平台经营者住所地县级市场监督管理部门处理。

上级市场监督管理部门认为有必要的，可以处理下级市场监督管理部门收到的投诉。下级市场监督管理部门认为需要由上级市场监督管理部门处理本行政机关收到的投诉的，可以报请上级市场监督管理部门决定。

第十三条 对同一消费者权益争议的投诉，两个以上市场监督管理部门均有处理权限的，由先收到投诉的市场监督管理部门处理。

第十四条 具有本办法规定的处理权限的市场监督管理部门，应当自收到投诉之日起七个工作日内作出受理或者不予受理的决定，并告知投诉人。

第十五条 投诉有下列情形之一的，市场监督管理部门不予受理：

（一）投诉事项不属于市场监督管理部门职责，或者本行政机关不具有处理权限的；

（二）法院、仲裁机构、市场监督管理部门或者其他行政机关、消费者协会或者依法成立的其他调解组织已经受理或者处理过同一消费者权益争议的；

（三）不是为生活消费需要购买、使用商品或者接受服务，或者不能证明与被投诉人之间存在消费者权益争议的；

（四）除法律另有规定外，投诉人知道或者应当知道自己的权益受到被投诉人侵害之日起超过三年的；

（五）未提供本法第九条第一款和第十条规定的材料的；

（六）法律、法规、规章规定不予受理的其他情形。

第十六条 市场监督管理部门经投诉人和被投诉人同意，采用调解的方式处理投诉，但法律、法规另有规定的，依照其规定。

鼓励投诉人和被投诉人平等协商，自行和解。

第十七条 市场监督管理部门可以委托消费者协会或者依法成立的其他调解组织等单位代为调解。

受委托单位在委托范围内以委托的市场监督管理部门名义进行调解，不得再委托其他组织或者个人。

第十八条 调解可以采取现场调解方式，也可以采取互联网、电话、音频、视频等非现场调解方式。

采取现场调解方式的，市场监督管理部门或者其委托单位应当提前告知投诉人和被投诉人调解的时间、地点、调解人员等。

第十九条 调解由市场监督管理部门或者其委托单位工作人员主持，并可以根据需要邀请有关人员协助。

调解人员是投诉人或者被投诉人的近亲属或者有其他利害关系，可能影响公正处理投诉的，应当回避。投诉人或者被投诉人对调解人员提出回避申请的，市场监督管理部门应当中止调解，并作出是否回避的决定。

第二十条 需要进行检定、检验、检测、鉴定的，由投诉人和被投诉人协商一致，共同委托具备相应条件的技术机构承担。

除法律、法规另有规定的外，检定、检验、检测、鉴定所需费用由投诉人和被投诉人协商一致承担。

检定、检验、检测、鉴定所需时间不计算在调解期限内。

第二十一条 有下列情形之一的，终止调解：

（一）投诉人撤回投诉或者双方自行和解的；

（二）投诉人与被投诉人对委托承担检定、检验、检测、鉴定工作的技术机构或者费用承担无法协商一致的；

（三）投诉人或者被投诉人无正当理由不参加调解，或者被投诉人明确拒绝调解的；

（四）经组织调解，投诉人或者被投诉人明确表示无法达成调解协议的；

（五）自投诉受理之日起四十五个工作日内投诉人和被投诉人未能达成调解协议的；

（六）市场监督管理部门受理投诉后，发现存在本办法第十五条规定情形的；

（七）法律、法规、规章规定的应当终止调解的其他情形。

终止调解的，市场监督管理部门应当自作出终止调解决定之日起七个工作日内告知投诉人和被投诉人。

第二十二条 经现场调解达成调解协议的，市场监督管理部门应当制作调解书，但调解协议已经即时履行或者双方同意不制作调解书的除外。调解书由投诉人和被投诉人双方签字或者盖章，并加盖市场监督管理部门印章，交投诉人和被投诉人各执一份，市场监督管理部门留存一份归档。

未制作调解书的，市场监督管理部门应当做好调解记录备查。

第二十三条 市场监督管理部门在调解中发现涉嫌违反市场监督管理法律、法规、规章线索的，应当自发现之日起十五个工作日内予以核查，并按照市场监督管理行政处罚有关规定予以处理。特殊情况下，核查时限可以延长十五个工作日。法律、法规、规章另有规定的，依照其规定。

对消费者权益争议的调解不免除经营者依法应当承担的其他法律责任。

第二十四条 举报人应当提供涉嫌违反市场监督管理法律、法规、规章的具体线索，对举报内容的真实性负责。举报人采取非书面方式进行举报的，市场监督管理部门工作人员应当记录。

鼓励经营者内部人员依法举报经营者涉嫌违反市场监督管理法律、法规、规章的行为。

第二十五条 举报由被举报行为发生地的县级以上市场监督管理部门处理。法律、行政法规另有规定的，依照其规定。

第二十六条 县级市场监督管理部门派出机构在县级市场监督管理部门确定的权限范围内以县级市场监督管理部门的名义处理举报，法律、法规、规章授权以派出机构名义处理举报的除外。

第二十七条 对电子商务平台经营者和通过自建网站、其他网络服务销售商品或者提供服务的电子商务经营者的举报，由其住所地县级以上市场监督管理部门处理。

对平台内经营者的举报，由其实际经营地县级以上市场监督管理部门处理。电子商务平台经营者住所地县级以上市场监督管理部门先行收到举报的，也可以予以处理。

第二十八条 对利用广播、电影、电视、报纸、期刊、互联网等大众传播媒介发布违法广告的举报，由广告发布者所在地市场监督管理部门处理。广告发布者所在地市场监督管理部门处理对异地广告主、广告经营者的举报有困难的，可以将对广告主、广告经营者的举报移送广告主、广告经营者所在地市场监督管理部门处理。

对互联网广告的举报，广告主所在地、广告经营者所在地市场监督管理部门先行收到举报的，也可以予以处理。

对广告主自行发布违法互联网广告的举报，由广告主所在地市场监督管理部门处理。

第二十九条 收到举报的市场监督管理部门不具备处理权限的，应当告知举报人直接向有处理权限的市场监督管理部门提出。

第三十条 两个以上市场监督管理部门因处理权限发生争议的，应当自发生争议之日起七个工作日内协商解决；协商不成的，报请共同的上一级市场监督管理部门指定处理机关。

第三十一条 市场监督管理部门应当按照市场监督管理行政处罚等有关规定处理举报。

举报人实名举报的，有处理权限的市场监督管理部门还应当自作出是否立案决定之日起五个工作日内告知举报人。

第三十二条 法律、法规、规章规定市场监督管理部门应当将举报处理结果告知举报人或者对举报人实行奖励的，市场监督管理部门应当予以告知或者奖励。

第三十三条 市场监督管理部门应当对举报人的信息予以保密，不得将举报人个人信息、举报办理情况等泄露给被举报人或者与办理举报工作无关的人员，但提供的材料同时包含投诉和举报内容，并且需要向被举报人提供组织调解所必需信息的除外。

第三十四条 市场监督管理部门应当加强对本行政区域投诉举报信息的统计、分析、应用，定期公布投诉举报统计分析报告，依法公示消费投诉信息。

第三十五条 对投诉举报处理工作中获悉的国家秘密以及公开后可能危及国家安全、公共安全、经济安全、社会稳定的信息，市场监督管理部门应当严格保密。

涉及商业秘密、个人隐私等信息，确需公开的，依照《中华人民共和国政府信息公开条例》等有关规定执行。

第三十六条 市场监督管理部门应当畅通全国12315平台、12315专用电话等投诉举报接收渠道，实行统一的投诉举报数据标准和用户规则，实现全国投诉举报信息一体化。

第三十七条 县级以上地方市场监督管理部门统一接收投诉举报的工作机构，应当及时将投诉举报分送有处理权限的下级市场监督管理部门或者同级市场监督管理部门相关机构处理。

同级市场监督管理部门相关机构收到分送的投诉举报的，应当按照本办法有关规定及时处理。不具备处理权限的，应当及时反馈统一接收投诉举报的工作机构，不得自行移送。

第三十八条 市场监督管理部门处理依法提起的除本办法第三条规定以外的其他投诉的,可以参照本办法执行。

举报涉嫌违反《中华人民共和国反垄断法》的行为的,按照国家市场监督管理总局专项规定执行。专项规定未作规定的,可以参照本办法执行。

药品监督管理部门、知识产权行政部门处理投诉举报,适用本办法,但法律、法规另有规定的,依照其规定。

第三十九条 自然人、法人或者其他组织反映国家机关、事业单位、代行政府职能的社会团体及其他组织的行政事业性收费问题的,按照《信访条例》有关规定处理。

以投诉举报形式进行咨询、政府信息公开申请、行政复议申请、信访、纪检监察检举控告等活动的,不适用本办法,市场监督管理部门可以告知通过相应途径提出。

第四十条 本办法自2020年1月1日起施行。1998年3月12日原国家质量技术监督局令第51号公布的《产品质量申诉处理办法》、2014年2月14日原国家工商行政管理总局令第62号公布的《工商行政管理部门处理消费者投诉办法》、2016年1月12日原国家食品药品监督管理总局令第21号公布的《食品药品投诉举报管理办法》同时废止。

铁路机车车辆驾驶人员资格许可办法

（2019年12月2日交通运输部令2019年第43号公布 自2020年3月1日起施行 国司备字[2019001242]）

第一章 总 则

第一条 为规范铁路机车车辆驾驶人员资格许可工作,保障铁路运输安全和畅通,根据《中华人民共和国行政许可法》《铁路安全管理条例》等法律、行政法规和国家有关规定,制定本办法。

第二条 在中华人民共和国境内的铁路营业线上,承担公共运输或者施工、维修、检测、试验等任务的铁路机车、动车组、大型养路机械、轨道车、接触网作业车驾驶人员(以下简称驾驶人员),应当依照本办法向国家铁路局申请铁路机车车辆驾驶资格,经考试合格后取得资格许可,并获得相应类别的铁路机车车辆驾驶证(以下简称驾驶证)。

内地与香港过境铁路机车车辆驾驶人员资格管理按有关规定办理。

第三条 国家铁路局负责铁路机车车辆驾驶人员资格许可管理工作。

各地区铁路监督管理局(含北京铁路督察室,下同)负责本辖区内铁路机车车辆驾驶人员资格监督检查工作。

国家铁路局和各地区铁路监督管理局,以下统称铁路监管部门。

第四条 下列人员不得驾驶铁路机车车辆:

(一)走私、贩卖或者吸食毒品的;

(二)组织、领导或者参与恐怖主义活动的;

(三)饮酒、服用国家管制的精神药品或者麻醉药品,或者患有妨碍安全驾驶铁路机车车辆疾病,或者存在其他影响安全驾驶行为的;

(四)违章驾驶后未采取考核、教育、培训等措施的。

第五条 驾驶资格分为机车系列和自轮运转车辆系列。具体代码及对应的准驾机车车辆类型为:

(一)机车系列:

J1 类准驾动车组和内燃、电力机车;

J2 类准驾动车组(不含动力集中型电力动车组)和内燃机车;

J3 类准驾动车组(不含动力集中型内燃动车组)和电力机车;

J4 类准驾动车组(不含动力分散型电力动车组)和内燃、电力机车;

J5 类准驾内燃机车;

J6 类准驾电力机车;

J7 类准驾动力分散型电力动车组;

J8 类准驾动力集中型内燃动车组;

J9 类准驾动力集中型电力动车组。

(二)自轮运转车辆系列:

L1 类准驾大型养路机械和轨道车、接触网作业车;

L2 类准驾大型养路机械;

L3 类准驾轨道车、接触网作业车。

第六条 国家铁路局推进铁路机车车辆驾驶人员信息管理系统建设,通过系统实现驾驶资格申请、考试、证件管理、监督检查等功能。

第七条 国家铁路局建立铁路机车车辆驾驶人员资格信用信息记录库,对聘用铁路机车车辆驾驶人员的企业(以下简称企业)、驾驶资格考试涉及的单位以及人员违反驾驶资格申请、考试、证件管理、执业等相关规定的行为,纳入信用信息记录库并上报至国家统一信用信息共享平台。

第八条 企业应当落实安全生产主体责任,建立健全驾驶人员管理制度。

企业应当为驾驶资格申请人提供必要的学习、培训条件。

企业应当对驾驶人员进行岗前教育和培训,教育和培训合格后方可上岗;未经教育和培训,或者经教育和培训后考核不合格的人员,不得上岗作业。

企业应当定期对驾驶人员组织培训和考核,制定培训大纲和培训计划,建立培训档案,保存培训考核记录。考核不合格的驾驶人员应当及时调整工作岗位。

企业应当对驾驶人员定期进行健康检查,符合国家对驾驶人员健康标准要求的,方可允许上岗作业。

企业应当对驾驶资格申请人和驾驶人员进行安全背景审查,科学合理制定执乘制度,保证驾驶人员身心健康,并根据动车组驾驶人员的年龄、健康状况、技能水平等确定合理的执乘方式,确保铁路运输安全。

第九条 驾驶人员应当遵守铁路运输安全法律、法规的规定,严格按照操作规程安全驾驶,有权拒绝违章指挥。

第十条 任何单位或者个人不得强迫、指使、纵容驾驶人员违反铁路运输安全法律、法规和安全驾驶要求驾驶铁路机车车辆,不得将铁路机车车辆交由不具有相应驾驶资格的人员(不含经批准在相应申请考试机型上进行实际操作训练或者实际操作考试的人员,下同)驾驶。

第二章 申 请

第十一条 申请驾驶证的,应当具备以下条件:

(一)年龄在18周岁至45周岁;

(二)身体健康,符合国家对驾驶人员健康标准的要求,驾驶适应性测试合格,有良好的汉字读写能力并能够熟练运用普通话交流;

(三)具有国家承认的大专及以上学历(含高职,下同)或者铁路相关专业中专学历;但是本条第三款规定的除外;

(四)机车系列申请人应当连续机务乘务学习1年以上或者机务乘务学习行程6万公里以上,自轮运转车辆系列申请人应当连续自轮运转车辆乘务学习6个月以上;但是本条第二款、第三款规定的除外;

(五)不具有本办法第四条第(一)项、第(二)项规定的情形。

申请J9或者J8类驾驶资格的,应当连续动车组机务乘务学习1年以上且乘务学习行程6万公里以上。

申请J7类驾驶资格的,应当具有国家承认的机车车辆或者机电类专业大专及以上学历;并且连续动车组机务乘务学习行程20万公里,或者连续动车组机务乘务学习2年以上且乘务学习行程15万公里以上,或者连续担任动车组机械师职务2年以上且连续动车组机务乘务学习行程10万公里以上。

初次申请驾驶证只能申请机车系列J9、J8、J7、J6、J5中的一种，或者自轮运转车辆系列L3、L2中的一种。

第十二条 初次申请驾驶证的，申请人应当提交以下材料：

（一）铁路机车车辆驾驶人员资格考试申请表；

（二）本人居民身份证、港澳台居民居住证或者外国人永久居留身份证；

（三）具有资质的健康体检机构或者二级及以上医疗机构按要求出具的近1年内的体检合格报告；

（四）本人学历相关材料。

第十三条 申请人应当按照本办法规定提交完整、真实的申请材料。

通过铁路机车车辆驾驶人员信息管理系统申请时，按系统要求办理。

第十四条 增加本系列准驾机车车辆类型或者增加准驾系列称为增驾。申请增驾时，每次可以申请某一系列的一种机车车辆类型。

已具有J9、J8、J7、J6、J5类驾驶资格之一可以互为申请其中的一种，已具有J4、J3、J2类驾驶资格之一可以申请J1类，已具有L3、L2类驾驶资格之一可以申请L1类。

申请J1、J2或者J3类增驾资格，以及J9、J8、J6、J5类申请J7类增驾资格时，应当不超过45周岁，具有所持有的驾驶资格2年以上且安全乘务10万公里以上；J9、J8、J6、J5类互为申请增驾资格时，应当具有所持驾驶资格1年以上且安全乘务6万公里以上。

L2类持证人申请L1类驾驶资格时，应当具有L2类驾驶资格2年以上且安全乘务1万公里以上；L3类持证人申请L1类驾驶资格时，应当具有L3类驾驶资格2年以上且安全乘务3万公里以上。

第十五条 申请增驾时，申请人应当提交第十二条第一项、第二项、第三项规定材料和已持有的驾驶证信息。

第三章 考　试

第十六条 国家铁路局组织建立并管理驾驶资格考试考点、专家库、试题库、考评员库，发布考试公告，编写并公布考试大纲。

第十七条 国家铁路局铁路机车车辆驾驶人员资格考试中心具体承办铁路机车车辆驾驶人员资格考试工作。

驾驶资格考试考点应当符合规定，达到相应的保密要求。

第十八条 初次申请和申请增驾的人员应当参加国家铁路局组织的考

试。考试包括理论考试和实际操作考试。

理论考试内容包括行车安全规章和专业知识两个科目。实际操作考试内容包括检查与试验、驾驶两个科目。

经理论考试合格后,方准予参加实际操作考试。理论考试或者实际操作考试如有一个科目不合格,即为考试不合格。

第十九条 理论考试成绩2年内有效。在理论考试合格有效期内,最多允许参加3次实际操作考试。未在有效期内完成实际操作考试的,本次理论考试成绩作废。

国家铁路局应当公布申请人考试成绩供申请人查询。

第四章 驾驶证管理

第二十条 申请人符合条件且考试合格的,由国家铁路局作出准予行政许可的决定,并颁发相应类别的实体驾驶证。铁路机车车辆驾驶人员信息管理系统自动生成电子驾驶证。

第二十一条 驾驶证仅限本人持有和使用,企业不得非法扣留驾驶证。驾驶人员执业时,应当携带实体驾驶证,遇执法检查时,应当主动配合驾驶资格查验工作。

查验驾驶资格时,电子驾驶证和实体驾驶证均可以作为验证依据。若实体驾驶证与电子驾驶证信息发生不一致时,以电子驾驶证信息为准。

第二十二条 驾驶证应当记载和签注以下内容:

(一)持证人信息:姓名、性别、出生日期、所在单位、公民身份号码或者港澳台居民居住证号码或者外国人永久居留身份证号码、本人照片;

(二)核发机构签注:准驾机车车辆类型代码、初次领驾驶证日期、有效起止日期、核发机关印章。

第二十三条 驾驶证有效期为6年。驾驶证有效截止日期不得超过持证人法定退休日期。

驾驶证有效期满、需要延续的,应当在驾驶证有效期届满前90日内30日前向国家铁路局提出换证申请。驾驶证记载内容发生变化、损毁或者丢失的,应当在90日内向国家铁路局申请换证或者补证。国家铁路局审核后认为符合条件的,予以换证或者补证。

非有效期满换证或者补证的,换发或者补发后的驾驶证有效截止日期不变。申请换证或者补证时无须提交体检合格报告和照片。

驾驶证申请补证期间,驾驶人员可以凭电子驾驶证执业。

第二十四条 有下列情形之一的,应当撤销驾驶资格许可:

(一)工作人员滥用职权、玩忽职守,致使不符合条件的人员取得驾驶证的;

(二)以欺骗、贿赂等不正当手段取得驾驶证的;

(三)依法可以撤销驾驶资格许可的其他情形。

因本条第一款第二项原因撤销驾驶资格许可的,3 年内不得再次申请驾驶证。

第二十五条 有下列情形之一的,应当注销驾驶资格许可:

(一)驾驶证有效期届满未延续的;

(二)驾驶员死亡或者丧失行为能力的;

(三)驾驶证被依法撤销的;

(四)法律、法规规定的其他情形。

第五章 监督管理

第二十六条 铁路监管部门应当加强对企业和驾驶人员的监督检查,对违法违规行为及时纠正,依法查处。

第二十七条 企业应当加强对本单位驾驶人员的管理,不得实施下列行为:

(一)安排未取得驾驶资格的人员驾驶铁路机车车辆;

(二)安排驾驶人员持过期、失效或者不符合准驾类型的驾驶证驾驶铁路机车车辆;

(三)安排存在本办法第四条规定情形的人员驾驶铁路机车车辆。

第二十八条 企业发现本单位驾驶人员的驾驶资格许可存在应当被撤销、注销情形的,应当自发现之日起 30 日内向国家铁路局报告。

第二十九条 铁路监管部门执法人员对企业和驾驶人员进行监督检查时应当出示有效的执法证件,不得干扰驾驶人员的正常工作,不得非法扣留驾驶证。

第六章 法律责任

第三十条 申请人隐瞒有关情况或者提供虚假材料申请驾驶证的,国家铁路局不予受理或者不予行政许可,并给予警告;申请人在 1 年内不得再次申请。

第三十一条 申请人在考试过程中有贿赂、舞弊行为的，取消考试资格，已经通过的考试科目成绩无效。

第三十二条 驾驶人员有下列行为之一的，由铁路监管部门处 1000 元以下的罚款：

（一）饮酒、服用国家管制的精神药品或者麻醉药品后驾驶铁路机车车辆的；

（二）因个人违章驾驶铁路机车车辆发生较大及以上铁路交通事故的；

（三）将铁路机车车辆交由未取得驾驶资格的人员驾驶的；

（四）持过期、失效或者不符合准驾类型的驾驶证驾驶铁路机车车辆的。

第三十三条 驾驶资格申请、考试相关单位和个人有下列行为之一的，由铁路监管部门给予警告，处违法所得 3 倍以下、最高不超过 3 万元的罚款，没有违法所得的，处 1 万元以下的罚款；对直接负责的主管人员和其他直接责任人员处 1000 元以下的罚款：

（一）对驾驶适应性测试不合格的申请人出具虚假合格证明的；

（二）对不符合要求的申请人出具虚假乘务经历合格证明的。

第三十四条 企业有下列行为之一的，由铁路监管部门责令改正，给予警告，处违法所得 3 倍以下、最高不超过 3 万元的罚款，没有违法所得的，处 1 万元以下的罚款；对直接负责的主管人员和其他直接责任人员处 1000 元以下的罚款：

（一）明知驾驶人员饮酒、服用国家管制的精神药品或者麻醉药品仍安排其驾驶铁路机车车辆的；

（二）明知驾驶人员患有妨碍安全驾驶铁路机车车辆的疾病，或者存在其他影响安全驾驶行为仍安排其驾驶铁路机车车辆的；

（三）强迫、指使、纵容驾驶人员违反铁路运输安全法律、法规和安全驾驶要求驾驶铁路机车车辆的；

（四）安排未取得驾驶资格的人员驾驶铁路机车车辆的；

（五）安排驾驶资格与准驾类型不符的人员驾驶铁路机车车辆的；

（六）安排驾驶人员持过期、失效驾驶证驾驶铁路机车车辆的；

（七）对违章驾驶人员未采取考核、教育、培训等措施仍安排其驾驶铁路机车车辆的。

第三十五条 企业有下列行为之一的，由铁路监管部门给予警告，处违法所得 3 倍以下、最高不超过 3 万元的罚款，没有违法所得的，处 1 万元以下的罚款；对直接负责的主管人员和其他直接责任人员处 1000 元以下的罚款；违反《中华人民共和国安全生产法》的，按照《中华人民共和国安全生产法》的有关规定给予处罚：

（一）上岗前未对驾驶人员进行上岗培训的；

（二）未建立驾驶人员管理制度的；

（三）未制定岗位培训大纲和培训计划的；

（四）未建立培训档案的；

（五）未定期组织培训考核的；

（六）对培训考核不合格的人员未及时调整工作岗位的；

（七）非法扣留驾驶人员驾驶证的；

（八）发现本单位驾驶人员存在符合驾驶证撤销、注销的情形未按时报告国家铁路局的。

第三十六条 有下列行为之一的，按照有关规定对责任人员给予处分；构成犯罪的，依法追究刑事责任：

（一）参与、协助、纵容考试舞弊的；

（二）故意为不符合申请条件、未经考试、考试不合格人员签注合格成绩或者核发驾驶证的；

（三）故意为不符合条件的人员换发或者补发驾驶证的；

（四）在办理驾驶资格过程中索取或者收受他人财物或者谋取其他利益的。

第七章 附 则

第三十七条 国家铁路局依据本办法制定实施细则。

第三十八条 本办法自2020年3月1日起施行。2013年12月24日以交通运输部令2013年第14号公布的《铁路机车车辆驾驶人员资格许可办法》同时废止。

行政区划管理条例实施办法

（2019年12月11日民政部令第65号公布 自2020年1月1日起施行 国司备字[2019001278]）

第一条 根据《行政区划管理条例》（以下简称条例），制定本办法。

第二条 条例所称行政区划的变更，包括行政区划的设立、撤销，行政区划隶属关系的变更，行政区域界线的变更，人民政府驻地的迁移和行政区划名称的变更。

行政区划隶属关系的变更，是指行政区划整建制由其原上级行政区划划归另一个上级行政区划管辖。在不改变行政区划隶属关系的情况下，将行政区划整建制委托另一行政区划代管或者变更代管关系，参照行政区划隶属关系的变更办理。

行政区域界线的变更，是指将一个行政区划的部分行政区域划归另一行政区划管辖。

人民政府（派出机关）驻地的迁移，是指县级以上地方人民政府（派出机关）驻地跨下一级行政区划（派出机关管辖范围）的变更和乡、民族乡、镇人民政府、街道办事处驻地跨村（居）民委员会管辖范围的变更。

行政区划名称的变更，是指改变行政区划专名。

第三条 行政区划的设立、撤销，由拟设立行政区划或者拟撤销行政区划的上一级地方人民政府制订变更方案。在撤销的同时设立新的行政区划且行政区域不变的，可以由拟撤销行政区划的地方人民政府制订变更方案。涉及设立行政区划的，应当在变更方案中明确拟设立行政区划的名称、建制类型、隶属关系（含代管关系）、行政区域界线和人民政府驻地。涉及撤销行政区划的，应当在变更方案中明确行政区划撤销后其所辖行政区域的归属。

变更行政区划隶属关系和变更行政区域界线，由有关地方人民政府先行协商并共同制订变更方案；如未能取得一致意见时，可以由单方、多方或者共同的上一级人民政府制订变更方案。

变更人民政府驻地和变更行政区划名称，由本级地方人民政府制订变更方案。

第四条 市、市辖区设立标准的内容应当包括：人口规模结构、经济社会发展水平、资源环境承载能力、国土空间开发利用状况、基础设施建设状况和基本公共服务能力等。

拟订镇、街道设立标准，应当充分考虑本省、自治区、直辖市经济社会和城镇化发展水平、城镇体系和乡镇布局、人口规模和资源环境等情况。

组织拟订市、市辖区设立标准和镇、街道设立标准的民政部门，应当会同有关部门对标准的实施情况进行评估，并根据评估情况按照规定的权限和程序调整标准。

第五条 省、自治区、直辖市人民政府批准县、市、市辖区部分行政区域界线变更或者县、不设区的市、市辖区人民政府驻地迁移时，应当将以下备案材料一式五份径送国务院民政部门：

（一）由省、自治区、直辖市人民政府出具的备案报告；

（二）行政区划变更批复文件；

（三）申请变更行政区划的地方人民政府根据条例第十三条规定提交的行政区划变更申请材料。

第六条 省、自治区、直辖市人民政府批准镇、街道设立标准时，应当将以下材料一式五份径送国务院民政部门：

（一）由省、自治区、直辖市人民政府出具的备案报告；

（二）省、自治区、直辖市印发标准的文件、标准文本和说明。

第七条 省、自治区、直辖市人民政府报送备案的行政区划变更事项和镇、街道设立标准材料不符合本办法第五条、第六条规定的，由国务院民政部门指导补正；材料齐备合规的即为备案。

报送备案的行政区划变更事项和镇、街道设立标准不符合条例规定的，由国务院民政部门建议省、自治区、直辖市人民政府自行纠正；或者由国务院民政部门提出处理建议，报国务院决定。

第八条 申请变更行政区划向上级人民政府提交的申请书内容应当包括：

（一）行政区划变更理由；

（二）行政区划变更方案；

（三）与行政区划变更有关的经济发展、资源环境、人文历史、地形地貌、人口、行政区域面积和隶属关系的简要情况；

（四）风险评估、专家论证、征求社会公众等意见的综合研判情况。

第九条 条例第十三条第（三）项规定的风险评估报告一般应当包括以下内容：

（一）行政区划变更的合法性、可行性、风险性和可控性；

（二）行政区划变更对当地及一定区域范围内的人口资源、经济发展、行政管理、国防安全、民族团结、文化传承、生活就业、社会保障、基层治理、公共安全、资源环境保护、实施国土空间规划、机构调整和干部职工安置等方面可能造成的影响，以及可能引发的问题；

（三）行政区划变更的主要风险源、风险点的排查情况及结果；

（四）拟采取的消除风险和应对风险的举措；

（五）风险评估结论；

（六）其他与风险评估相关的内容。

第十条 开展风险评估，可以通过舆情跟踪、重点走访、会商分析等方式，运用定性分析和定量分析等方法，对行政区划变更实施的风险进行科学预测、综合研判。

开展风险评估,可以委托专业机构、社会组织等第三方机构进行。

第十一条 条例第十三条第(四)项规定的专家论证报告一般应当包括以下内容:

(一)行政区划变更的必要性、科学性、合理性;

(二)行政区划变更的经济社会效益;

(三)行政区划变更的可行性及可能存在的风险;

(四)对行政区划变更方案及组织实施的意见建议;

(五)其他与专家论证相关的内容。

第十二条 组织专家论证,可以采取论证会、书面咨询、委托咨询论证等方式。选择专家、专业机构参与论证,应当坚持专业性、代表性和中立性,注重选择不同专业背景的专家、专业机构,不得选择与行政区划变更事项有直接利益关系的专家、专业机构参与专家论证。

县级以上地方人民政府民政部门应当根据需要建立行政区划咨询论证专家库。

第十三条 条例第十三条第(五)项规定的征求社会公众等意见报告的内容一般应当包括:

(一)征求社会公众等意见的过程和范围;

(二)社会公众等的主要意见和建议;

(三)对意见建议的处理情况;

(四)其他与征求社会公众等意见相关的内容。

第十四条 征求社会公众等意见可以采取座谈会、实地走访、书面征求意见、问卷调查等方式。

申请变更行政区划的地方人民政府应当对社会各方面提出的意见进行归纳整理、研究论证,充分采纳合理意见,完善行政区划变更方案及配套措施。

第十五条 提交条例第十三条第(六)项规定的变更前的行政区划图和变更方案示意图,应当符合下列要求:

(一)图件应为 A3 图幅彩色示意图;

(二)图件能够全面、真实、准确反映行政区划变更涉及的各主要因素,底图中应包括行政区划名称、人民政府驻地、行政区域界线、水系、公路、铁路等要素;

(三)行政区划轮廓线用加粗的红线表示,下级行政区划用对比明显的色块区别表示,下级行政区划间的界线用加粗的红色虚线表示,各级人民政府驻地根据级别高低采用不同大小的红色实五角星表示。

第十六条 申请变更行政区划应当拟订组织实施总体方案,与申请书一并上报审核。

组织实施总体方案一般应当包括行政区划变更的组织领导体系及责任分工，行政区划变更的实施步骤，行政区划变更的保障措施等内容。行政区划设立、撤销和变更隶属关系的，总体方案一般还应当包括行政区划变更后发展定位、目标、方向，相关地方党政群机构设置调整，国有资产、债权债务划转，历史文化传承保护，民生保障和公共服务等方面的内容。

上级人民政府民政部门应当加强对行政区划变更事项组织实施的监督指导。

第十七条 县级以上地方人民政府民政部门在审核下级人民政府上报的行政区划变更方案时，应当根据情况自行组织或者委托第三方机构开展实地调查。

开展实地调查，可以采取听取汇报、召开座谈会、查阅资料、个别访谈、随机访或者暗访等形式进行。

第十八条 地方人民政府应当在收到上级人民政府行政区划变更批复文件后及时向社会公告审批机关批准行政区划变更的信息。法律、行政法规和国家有关规定另有规定的除外。

第十九条 行政区划变更引起行政区域界线变化的，毗邻各方人民政府应当按照审批机关批准的行政区划变更方案，依照法律、行政法规和国家有关规定，在行政区划变更完成时限内完成行政区域界线的勘定工作。

第二十条 条例第十五条规定的完成变更情况报告一般应当包括以下内容：

（一）行政区划变更批复内容落实情况；

（二）人民群众反应和舆论反响情况；

（三）行政区划变更的影响和初步效果；

（四）风险控制和处置情况；

（五）行政区划变更后需要勘定行政区域界线的，还应当报告完成界线勘定情况；

（六）其他应当报告的情况。

第二十一条 行政区划变更完成情况报告上报审批机关后3个月内，有关地方人民政府民政部门应当将更新后的行政区划图标准样图报批准行政区划变更的人民政府民政部门审核。由组织更新行政区划图的地方人民政府民政部门按照地图管理有关规定送审后向社会公布。

第二十二条 国务院民政部门组织制定各级行政区划代码编码规则。

行政区划变更信息向社会公告之日起1个月内，国务院民政部门或者省、自治区、直辖市人民政府民政部门应当根据行政区划代码编码规则，确定、公布变更后的行政区划代码。

第二十三条　省、自治区、直辖市人民政府应当在每年1月31日前，将本级及下一级人民政府1年内批准的行政区划变更事项（含派出机关变更事项）相关信息集中报送国务院民政部门。

上报的行政区划变更信息应当包括行政区划变更事项列表及相关行政区划变更批复文件。

第二十四条　上级人民政府民政部门发现下级人民政府存在违反条例规定情形的，应当建议其及时纠正，或者提出建议报本级人民政府依法处理。

第二十五条　旗、特区、林区的行政区划管理参照县执行，自治旗的行政区划管理参照自治县执行，盟的行政区划管理参照地区执行。

第二十六条　本办法自2020年1月1日起施行。

司法解释

最高人民法院、最高人民检察院关于人民检察院提起刑事附带民事公益诉讼应否履行诉前公告程序问题的批复

（2019年9月9日最高人民法院审判委员会第1776次会议、2019年9月12日最高人民检察院第十三届检察委员会第二十四次会议通过　2019年11月25日最高人民法院、最高人民检察院公告公布　自2019年12月6日起施行　法释〔2019〕18号）

各省、自治区、直辖市高级人民法院、人民检察院，解放军军事法院、军事检察院，新疆维吾尔自治区高级人民法院生产建设兵团分院、新疆生产建设兵团人民检察院：

近来，部分高级人民法院、省级人民检察院就人民检察院提起刑事附带民事公益诉讼应否履行诉前公告程序的问题提出请示。经研究，批复如下：

人民检察院提起刑事附带民事公益诉讼，应履行诉前公告程序。对于未履行诉前公告程序的，人民法院应当进行释明，告知人民检察院公告后再行提起诉讼。

因人民检察院履行诉前公告程序，可能影响相关刑事案件审理期限的，人民检察院可以另行提起民事公益诉讼。

此复。

最高人民法院关于审理行政协议案件若干问题的规定

（2019 年 11 月 12 日最高人民法院审判委员会第 1781 次会议通过　2019 年 11 月 27 日最高人民法院公告公布　自 2020 年 1 月 1 日起施行　法释〔2019〕17 号）

为依法公正、及时审理行政协议案件，根据《中华人民共和国行政诉讼法》等法律的规定，结合行政审判工作实际，制定本规定。

第一条　行政机关为了实现行政管理或者公共服务目标，与公民、法人或者其他组织协商订立的具有行政法上权利义务内容的协议，属于行政诉讼法第十二条第一款第十一项规定的行政协议。

第二条　公民、法人或者其他组织就下列行政协议提起行政诉讼的，人民法院应当依法受理：

（一）政府特许经营协议；

（二）土地、房屋等征收征用补偿协议；

（三）矿业权等国有自然资源使用权出让协议；

（四）政府投资的保障性住房的租赁、买卖等协议；

（五）符合本规定第一条规定的政府与社会资本合作协议；

（六）其他行政协议。

第三条　因行政机关订立的下列协议提起诉讼的，不属于人民法院行政诉讼的受案范围：

（一）行政机关之间因公务协助等事由而订立的协议；

（二）行政机关与其工作人员订立的劳动人事协议。

第四条　因行政协议的订立、履行、变更、终止等发生纠纷，公民、法人或者其他组织作为原告，以行政机关为被告提起行政诉讼的，人民法院应当依法受理。

因行政机关委托的组织订立的行政协议发生纠纷的，委托的行政机关是被告。

第五条　下列与行政协议有利害关系的公民、法人或者其他组织提起行政诉讼的，人民法院应当依法受理：

（一）参与招标、拍卖、挂牌等竞争性活动，认为行政机关应当依法与其订立行政协议但行政机关拒绝订立，或者认为行政机关与他人订立行政协议损害其合法权益的公民、法人或者其他组织；

（二）认为征收征用补偿协议损害其合法权益的被征收征用土地、房屋等不动产的用益物权人、公房承租人；

（三）其他认为行政协议的订立、履行、变更、终止等行为损害其合法权益的公民、法人或者其他组织。

第六条 人民法院受理行政协议案件后，被告就该协议的订立、履行、变更、终止等提起反诉的，人民法院不予准许。

第七条 当事人书面协议约定选择被告所在地、原告所在地、协议履行地、协议订立地、标的物所在地等与争议有实际联系地点的人民法院管辖的，人民法院从其约定，但违反级别管辖和专属管辖的除外。

第八条 公民、法人或者其他组织向人民法院提起民事诉讼，生效法律文书以涉案协议属于行政协议为由裁定不予立案或者驳回起诉，当事人又提起行政诉讼的，人民法院应当依法受理。

第九条 在行政协议案件中，行政诉讼法第四十九条第三项规定的"有具体的诉讼请求"是指：

（一）请求判决撤销行政机关变更、解除行政协议的行政行为，或者确认该行政行为违法；

（二）请求判决行政机关依法履行或者按照行政协议约定履行义务；

（三）请求判决确认行政协议的效力；

（四）请求判决行政机关依法或者按照约定订立行政协议；

（五）请求判决撤销、解除行政协议；

（六）请求判决行政机关赔偿或者补偿；

（七）其他有关行政协议的订立、履行、变更、终止等诉讼请求。

第十条 被告对于自己具有法定职权、履行法定程序、履行相应法定职责以及订立、履行、变更、解除行政协议等行为的合法性承担举证责任。

原告主张撤销、解除行政协议的，对撤销、解除行政协议的事由承担举证责任。

对行政协议是否履行发生争议的，由负有履行义务的当事人承担举证责任。

第十一条 人民法院审理行政协议案件，应当对被告订立、履行、变更、解除行政协议的行为是否具有法定职权、是否滥用职权、适用法律法规是否正确、是否遵守法定程序、是否明显不当、是否履行相应法定职责进行合法性审查。

原告认为被告未依法或者未按照约定履行行政协议的，人民法院应当针对其诉讼请求，对被告是否具有相应义务或者履行相应义务等进行审查。

第十二条 行政协议存在行政诉讼法第七十五条规定的重大且明显违法情形的，人民法院应当确认行政协议无效。

人民法院可以适用民事法律规范确认行政协议无效。

行政协议无效的原因在一审法庭辩论终结前消除的，人民法院可以确认行政协议有效。

第十三条 法律、行政法规规定应当经过其他机关批准等程序后生效的行政协议，在一审法庭辩论终结前未获得批准的，人民法院应当确认该协议未生效。

行政协议约定被告负有履行批准程序等义务而被告未履行，原告要求被告承担赔偿责任的，人民法院应予支持。

第十四条 原告认为行政协议存在胁迫、欺诈、重大误解、显失公平等情形而请求撤销，人民法院经审理认为符合法律规定可撤销情形的，可以依法判决撤销该协议。

第十五条 行政协议无效、被撤销或者确定不发生效力后，当事人因行政协议取得的财产，人民法院应当判决予以返还；不能返还的，判决折价补偿。

因被告的原因导致行政协议被确认无效或者被撤销，可以同时判决责令被告采取补救措施；给原告造成损失的，人民法院应当判决被告予以赔偿。

第十六条 在履行行政协议过程中，可能出现严重损害国家利益、社会公共利益的情形，被告作出变更、解除协议的行政行为后，原告请求撤销该行为，人民法院经审理认为该行为合法的，判决驳回原告诉讼请求；给原告造成损失的，判决被告予以补偿。

被告变更、解除行政协议的行政行为存在行政诉讼法第七十条规定情形的，人民法院判决撤销或者部分撤销，并可以责令被告重新作出行政行为。

被告变更、解除行政协议的行政行为违法，人民法院可以依据行政诉讼法第七十八条的规定判决被告继续履行协议、采取补救措施；给原告造成损失的，判决被告予以赔偿。

第十七条 原告请求解除行政协议，人民法院认为符合约定或者法定解除情形且不损害国家利益、社会公共利益和他人合法权益的，可以判决解除该协议。

第十八条 当事人依据民事法律规范的规定行使履行抗辩权的，人民法院应予支持。

第十九条 被告未依法履行、未按照约定履行行政协议，人民法院可以依据行政诉讼法第七十八条的规定，结合原告诉讼请求，判决被告继续履行，并明确继续履行的具体内容；被告无法履行或者继续履行无实际意义的，人民法院可以判决被告采取相应的补救措施；给原告造成损失的，判决被告予以赔偿。

原告要求按照约定的违约金条款或者定金条款予以赔偿的，人民法院应予支持。

第二十条 被告明确表示或者以自己的行为表明不履行行政协议，原告在履行期限届满之前向人民法院起诉请求其承担违约责任的，人民法院应予支持。

第二十一条 被告或者其他行政机关因国家利益、社会公共利益的需要依法行使行政职权，导致原告履行不能、履行费用明显增加或者遭受损失，原告请求判令被告给予补偿的，人民法院应予支持。

第二十二条 原告以被告违约为由请求人民法院判令其承担违约责任，人民法院经审理认为行政协议无效的，应当向原告释明，并根据原告变更后的诉讼请求判决确认行政协议无效；因被告的行为造成行政协议无效的，人民法院可以依法判决被告承担赔偿责任。原告经释明后拒绝变更诉讼请求的，人民法院可以判决驳回其诉讼请求。

第二十三条 人民法院审理行政协议案件，可以依法进行调解。

人民法院进行调解时，应当遵循自愿、合法原则，不得损害国家利益、社会公共利益和他人合法权益。

第二十四条 公民、法人或者其他组织未按照行政协议约定履行义务，经催告后不履行，行政机关可以作出要求其履行协议的书面决定。公民、法人或者其他组织收到书面决定后在法定期限内未申请行政复议或者提起行政诉讼，且仍不履行，协议内容具有可执行性的，行政机关可以向人民法院申请强制执行。

法律、行政法规规定行政机关对行政协议享有监督协议履行的职权，公民、法人或者其他组织未按照约定履行义务，经催告后不履行，行政机关可以依法作出处理决定。公民、法人或者其他组织在收到该处理决定后在法定期限内未申请行政复议或者提起行政诉讼，且仍不履行，协议内容具有可执行性的，行政机关可以向人民法院申请强制执行。

第二十五条 公民、法人或者其他组织对行政机关不依法履行、未按照约定履行行政协议提起诉讼的，诉讼时效参照民事法律规范确定；对行政机关变更、解除行政协议等行政行为提起诉讼的，起诉期限依照行政诉讼法及其司法解释确定。

第二十六条 行政协议约定仲裁条款的,人民法院应当确认该条款无效,但法律、行政法规或者我国缔结、参加的国际条约另有规定的除外。

第二十七条 人民法院审理行政协议案件,应当适用行政诉讼法的规定;行政诉讼法没有规定的,参照适用民事诉讼法的规定。

人民法院审理行政协议案件,可以参照适用民事法律规范关于民事合同的相关规定。

第二十八条 2015年5月1日后订立的行政协议发生纠纷的,适用行政诉讼法及本规定。

2015年5月1日前订立的行政协议发生纠纷的,适用当时的法律、行政法规及司法解释。

第二十九条 本规定自2020年1月1日起施行。最高人民法院以前发布的司法解释与本规定不一致的,适用本规定。

最高人民法院关于人民法院进一步为“一带一路”建设提供司法服务和保障的意见

(2019年12月9日 法发〔2019〕29号)

为贯彻落实习近平新时代中国特色社会主义思想,充分发挥司法职能作用,努力为高质量共建“一带一路”营造更加稳定公平透明可预期的国际化法治化便利化营商环境,在《关于人民法院为“一带一路”建设提供司法服务和保障的若干意见》(法发〔2015〕9号)的基础上进一步提出以下指导意见。

一、全面把握服务“一带一路”建设的新要求新任务

1. 准确认识人民法院进一步为“一带一路”建设提供司法服务和保障的根本任务。当前,高质量共建“一带一路”的国际共识持续扩大,覆盖地区范围不断拓展,“六廊六路多国多港”互联互通更加深入,跨国经济走廊和经贸合作日益深化。法律领域更加广泛,法律关系更加复杂,法律体系更加多样。推动形成更广范围以规则为基础的稳定公平透明可预期的国际化法治化便利化营商环境,是高质量共建“一带一路”各方的共同关切,是新时代人民法院全方位服务保障“一带一路”建设的根本任务。

2. 始终坚定人民法院进一步为“一带一路”建设提供司法服务和保障的指导思想。人民法院要始终坚持以习近平新时代中国特色社会主义思想为指导,深入学习贯彻党的十九大和十九届二中、三中、四中全会精神和习近平总书记在第二届“一带一路”国际合作高峰论坛上的重要讲话精神，增强“四个意识”、坚定“四个自信”、做到“两个维护”，不断提升司法能力，以公正高效的司法服务与保障，坚定维护经济全球化和贸易自由化。

3. 正确把握人民法院进一步为“一带一路”建设提供司法服务和保障的工作原则。坚持服务大局，增强自觉性主动性，为改革开放提供有针对性、实效性的法治保障。坚持需求导向，完善诉讼程序，加强诉讼服务中心建设，大力支持国际仲裁、调解发展，完善新型国际商事争端解决机制，不断满足共建“一带一路”主体的纠纷解决需求。坚持弘扬法治，强化程序正义，依法平等保护中外当事人合法权利，准确适用国际规则，积极参与国际规则制定，努力做完善“一带一路”相关法治规则的参与者、引领者。坚持改革创新，深化司法改革、深化阳光司法、深化智慧法院建设，进一步构建公正高效便捷低成本的纠纷解决机制。坚持绿色原则，节约资源，保护生态环境，主动将中国环境资源审判融入全球环境治理进程，维护环境利益和环境安全。坚持共商共建共享，加强与“一带一路”建设参与国的司法交流，强化国际司法合作，协调国际司法冲突，发挥智库作用，努力形成共建“一带一路”的法治合力。

二、进一步发挥审判职能作用，全方位服务保障高质量共建“一带一路”

4. 加强刑事司法合作，以零容忍态度打击腐败，共同推动《廉洁丝绸之路北京倡议》的执行，促进阳光合规，携手建设廉洁丝绸之路。与沿线国和地区共建司法反恐机制，遏制恐怖主义蔓延，共同营造安全稳定的“一带一路”建设环境。

5. 充分保护中外当事人人身权、财产权，综合运用属地、属人、保护性管辖等原则，依法行使司法管辖权，及时制止和救济涉外侵权，依法惩处损害人身权、财产权的犯罪行为，依法妥善审理涉外行政案件，维护当事人合法利益，增强共建“一带一路”主体的安全感。

6. 坚定支持多边主义，在国际贸易和边境贸易纠纷中，按照《推进“一带一路”贸易畅通合作倡议》的精神，对涉及与我国签订自由贸易协定及合作文件的国家的涉外民商事案件，依法适用有关规则认定合同效力和合同责任，支持商品、资金、技术、人员自由流通，大力推动经济全球化朝着更开放、包容、普惠、平衡、共赢的方向发展。

7. 依法促进国际物流发展，探索国际海运、中欧班列、陆海新通道、国际公路运输案件的专业化审判机制，正确适用准据法及国际公约，促进完善国际货物多式联运、跨国铁路单证等国际物流规则，努力保障以新亚欧大陆桥等经济走廊为引领的“六廊六路多国多港”互联互通。

8. 依法服务金融领域开放，充分发挥金融法院示范作用，鼓励有条件的法院建立专门审判团队，进一步规范和统一涉外金融法律适用，密切关注研究涉“一带一路”建设专项贷款、丝路基金、各类专项投资基金、丝路主题债券、多边融资开发合作、出口信用保险的法律问题，借鉴国际经验高效审理有关案件，支持多边和各国金融机构参与共建“一带一路”投融资。

9. 依法支持信息技术发展，关注第四次工业革命发展趋势，及时完善电子商务、区块链、人工智能、5G信息网络建设等领域的司法政策，依法鼓励数字化、网络化、智能化带来的新技术、新业态、新模式创新，提升网络互联互通，促进数字丝绸之路建设。

10. 服务保障创新驱动发展，发挥最高人民法院知识产权法庭和地方知识产权法院（法庭）窗口作用，贯彻“一带一路”知识产权合作高级别会议精神，落实《加强“一带一路”国家知识产权领域合作的共同倡议》，高效审理涉共建“一带一路”科技创新行动计划、联合实验室、科技园区合作、技术转移、合作研究等案件，严厉打击专利侵权、抢注囤积、攀附仿冒等恶意行为，依法制止各类不正当竞争，营造尊重知识价值和良好创新的知识产权生态体系，推动“一带一路”建成创新之路。

11. 依法保护绿色发展，贯彻《“一带一路”绿色投资原则》，完善公益诉讼与生态环境损害赔偿诉讼制度，制止环境侵权，贯彻损害担责原则，推动生态环境修复，参与共建“一带一路”生态保护大数据平台，促进绿色基础设施建设、绿色投资、绿色金融，大力推进绿色“一带一路”建设，保护好我们赖以生存的共同家园。

三、进一步完善涉“一带一路”案件的法律适用，夯实以规则为基础的法治化营商环境

12. 准确把握外商投资法立法精神，加快制定相关司法解释，严格适用准入前国民待遇和负面清单，从严认定合同无效情形，最大限度维护合同效力，保持经济秩序和商业规则的稳定性，保护外国投资者的合法利益，推动全方位对外开放。

13. 大力弘扬契约精神和诚信原则，根据排除合理怀疑的证据规则严格认定欺诈、恶意串通。在涉及项目建设、运营、采购、招投标等涉外民商事案件中，如相关国家的法律对合同效力规定不一致的，应适用确认合同有效的法律，不让守约者吃亏，不使失信者获利，促进“一带一路”建设主体互信互利。

14. 完善跨境贸易、投资中环境风险防范与应对机制，加强“一带一路”矿业投资的环境保护示范法研究，共同打击跨境野生动植物犯罪，合作应对全球气候变化和跨国环境问题。

15. 充分尊重当事人依法选择适用法律的权利，在适用最密切联系原则确定准据法时，应立足于请求权基础的识别、冲突规范和连接点的确定，充分说明确定准据法的理由，加强确定准据法的说理。

16. 运用智慧法院建设成果，支持科研院校、律师团体、行业协会、商会开展共建"一带一路"相关国家地区的法律研究和培训，合力建设"一带一路"法律数据库和案例库，及时公布适用外国法的案例，增强规则的透明度，引导当事人了解和遵守相关国家法律，降低防范法律风险。

17. 整合域外法查明中心、研究基地等资源，构建统一的域外法查明平台。积极发挥国际商事专家委员会作用，探索多渠道准确查明适用外国法。

18. 积极适用对我国生效的国际条约，尊重国际惯例和国际商事规则，推动形成和完善区域性及全球性商事法律规则。

19. 加强国际司法合作，协调司法管辖权的行使；明确边境地区设立的国际合作中心的法律地位，探索境内经贸合作区的外国法律适用以及境外经贸合作区的中国法律适用；采取积极举措，便利外国法院民商事判决的承认和执行。

20. 扩大中国法的影响力，多语言公布中国法院裁判的典型案例，为各国法院和仲裁机构正确理解和适用中国法提供基础，增强国际商事主体对中国法律的了解和信任。

四、进一步完善国际商事法庭工作机制，不断提升国际商事法庭的国际影响力、公信力和吸引力

21. 践行公正高效便捷低成本的宗旨，进一步推进国际商事法庭建设，立足中国实际，借鉴各国国际商事法庭经验，广泛听取"一带一路"建设参与方的意见，优化国际商事法庭办案程序和工作机制，不断提升国际商事法庭的国际影响力、公信力和吸引力。

22. 发挥国际商事法庭示范引领作用，指导上海自由贸易试验区、海南自由贸易试验区等有条件的地区建设国际商事纠纷审判组织，完善国际商事纠纷解决机制，充分满足国际商事主体的司法需求。

23. 探索建立与域外国际商事法庭的案例交换分享机制、法律适用交流机制、法官培养合作机制，增进对彼此法律制度的了解与信任，减少法律冲突，不断提升准确适用国际商事规则、运用司法审判参与国际商事规则制定的能力。

24. 采取推定互惠的司法态度，以点带面不断推动国际商事法庭判决的相互承认与执行。

25. 加强国际商事案件审判指导，建立统计报备制度，充分利用国际商事法庭网站，不定期公布典型案例，适时发布白皮书，发挥好案例的规则确定和行为指引作用。

26. 强化国际商事法庭的国际宣传和交流，鼓励和吸引国际商事纠纷当事人合意选择国际商事法庭管辖，服务全球国际商事纠纷解决。

27. 充分尊重当事人意思自治，在国际商事案件中，允许当事人合意简化或确定诉讼程序，鼓励当事人共同提交域外法，进一步提高国际商事纠纷司法解决的自治性。

28. 拓展国际商事法庭“一站式”纠纷解决平台的国际商事仲裁机构、国际商事调解机构名单，适当引入域外国际商事仲裁机构、国际商事调解机构，使更多国际商事纠纷在中国获得高效解决。

29. 在国际商事案件中贯彻调解优先原则，当事人同意的，可在任何阶段共同选择国际商事专家委员、国际商事调解机构或国际商事法庭进行调解。

五、进一步加强“一站式”国际商事争端解决机制建设，为“一带一路”建设参与方提供优质高效法律服务

30. 鼓励边境地区、重要节点城市、核心区域依照共商共建共享原则，探索区域性的双边、多边争端解决合作机制，在边贸地区、合作中心、口岸区域建立联合纠纷解决平台，运用信息化技术和在线纠纷解决机制（ODR），优化送达方式，改革纠纷调处程序，化解涉外案件送达难、耗时长、公证认证慢、对域外法不了解等实际困难，高效低成本地解决国际商事纠纷。

31. 完善跨境破产协调机制，探索主要破产程序和主要利益中心地制度的适用，依法保护债权人和投资人权益。

32. 支持相关部门完善国际投资争端解决机制和机构，尊重多边、双边投资协议中的争议解决条款，公正高效解决国际投资争端。

33. 加强国际商事专家委员会建设，扩大专家委员的遴选范围，增加共建“一带一路”的行业代表和发展中国家专家委员人选，进一步提升专家委员的国际性、代表性和权威性。充分发挥国际商事专家委员会职能，鼓励有条件的地方法院建立专家委员参与国际商事案件多元化纠纷解决的机制。

34. 进一步支持香港特别行政区区域法律服务和纠纷解决中心的建设，支持香港国际仲裁中心等仲裁机构与内地仲裁机构的合作，在国际商事法庭“一站式”纠纷解决平台建设中适当引入香港特别行政区仲裁机构，增加香港特别行政区专家委员，不断发挥香港特别行政区在共建“一带一路”中的重要作用。

35. 支持国内仲裁机构与“一带一路”建设参与国仲裁机构建立联合仲裁机制，探索自贸试验区内注册的企业相互约定在内地特定地点、按照特定仲裁规则、由特定人员对有关争议进行仲裁的模式，支持境外仲裁机构在上海临港新片区设立的分支机构开展仲裁业务。

36. 积极发挥侨联、行业协会、商会等民间组织和机构力量，支持建立国际商事纠纷联合调解机制,促进纠纷的简便平和解决。

六、进一步加强组织机制和队伍建设,形成服务保障"一带一路"建设的合力

37. 健全完善协调指导机制,加强与有关单位和部门的沟通协作,统筹协调人民法院服务保障"一带一路"建设具体工作,完善工作报备制度和交流机制,构建统一的统计信息,及时总结可推广可复制的经验,及时发现解决实践问题,提高服务保障工作的针对性和长效性。

38. 建设符合新时代要求的国际化、专业化队伍培养机制,与其他国家的国际商事法庭、国际组织建立常态交流机制,与高校制定联合培养和教学计划,培养和储备国际法律人才。

39. 进一步发挥国际论坛、司法圆桌会议、"一带一路"司法研究中心、环境资源司法研究中心等国际交流和研究平台的作用,积极开展与各国司法界的交流与合作。支持外国法官来华培训研修等项目,邀请共建"一带一路"的法律服务机构、智库来访交流,促进形成多元互动的法律领域交流格局。汇聚各方运用法律规则共建"一带一路"的智慧力量,为创新丝绸之路经济带与海上丝绸之路相互融合相互促进的新国际规则体系提供智力支持。

最高人民法院关于人民法院为中国(上海)自由贸易试验区临港新片区建设提供司法服务和保障的意见

(2019 年 12 月 13 日　法发〔2019〕31 号)

为贯彻党的十九大和十九届二中、三中、四中全会精神,落实中央关于设立中国(上海)自由贸易试验区临港新片区(以下简称新片区)的重大战略部署,充分发挥司法职能作用,推动新片区建设,根据国务院《中国(上海)自由贸易试验区临港新片区总体方案》(以下简称《总体方案》),制定如下意见。

一、提高思想认识,切实增强为新片区提供司法服务和保障的使命感

1. 深刻认识新片区建设的重大意义。设立新片区是以习近平同志为核心的党中央总揽全局、科学决策作出的进一步扩大开放重大战略部署,是新时代彰显我国坚持全方位开放鲜明态度、主动引领经济全球化健康发展的重要举措。人民法院要准确理解经济全球化带来的历史机遇和挑战,切实增强责任感和使命感,坚持改革创新总基调,找准工作定位,在更高站位、更深层次、更宽领域，更好服务对外开放总体战略布局，推动贸易和投资自由化便利化，推动构建面向全球的高标准自由贸易区。

2. 准确把握新片区司法服务和保障的工作方向。坚持党的领导，紧紧围绕中央交给新片区的重大任务，充分发挥新片区差异化创新的制度优势；坚持法治引领，找准人民法院工作与新片区建设的结合点和着力点，营造新片区国际一流法治化营商环境；坚持改革创新，突出前瞻性，探索司法服务保障措施创新、审判机制方法创新，优化营商环境，为建立投资贸易自由化制度体系提供司法支撑；坚持问题导向，聚焦新片区创新发展中出现的新情况、新问题，为建设现代化新城积累司法实践经验。

3. 依法保障新片区建设的制度创新。人民法院要聚焦新片区特殊经济功能区和现代化新城的战略目标，充分认识新片区加大开放型经济风险压力测试的要求，充分发挥司法职能，切实保护境内外企业合法权益，对标国际最高标准，推动实现新片区与境外投资经营便利、货物自由进出、资金流动便利、运输高度开放、人员自由执业、信息快捷联通，建设开放创新、智慧生态、产城融合、宜业宜居的现代化新城。

二、加大改革创新，推动完善新片区多元化纠纷解决体系

4. 加强新片区国际商事审判组织建设。对接新片区投资贸易自由化制度体系建设的特殊需求，充分发挥人民法院在解决国际商事纠纷方面的基础性优势，加强新片区国际商事纠纷审判组织建设，依法对与新片区相关的跨境交易、离岸交易等国际商事交易行使司法管辖权，鼓励当事人协议选择新片区国际商事审判组织管辖。

5. 创新国际商事审判运行机制。在新片区探索港、澳、台人士担任人民陪审员、发挥调解职能；探索允许外籍当事人使用英语参加诉讼活动；准确适用中外法律、国际条约、国际惯例，尊重国际通行商贸规则；鼓励建立专家委员参与国际商事纠纷多元化解机制；在域外法查明过程中充分发挥专家作用；推动建立引入国际知名第三方鉴定机构机制；在更大范围内尊重当事人意思自治；支持律师为新片区创新发展提供高质量的法律服务。

6. 支持上海建设成为亚太仲裁中心。支持新片区仲裁制度改革创新，支持经登记备案的境外仲裁机构在新片区就国际商事、海事、投资等领域发生的民商事纠纷开展仲裁业务。依法支持和保障中外当事人在仲裁前和仲裁中的财产保全、证据保全、行为保全等临时措施的申请和执行，依法对仲裁裁决进行司法审查，支持上海打造成为亚太仲裁中心。支持新片区内注册的企业之间约定在特定地点、按照特定仲裁规则、由特定人员对有关争议进行仲裁。探索司法支持国际投资领域争端解决机制的方法与途径。

7. 积极推动完善新片区多元化纠纷解决机制。坚持把非诉讼纠纷解决机制挺在前面，充分尊重中外当事人对纠纷解决途径的选择权，着力推动新片区调解制度创新。鼓励商事调解机构参与国际商事、海事、投资、知识产权等领域纠纷的调解，加大运用在线调解方式，为中外当事人提供高效、便捷、低成本的纠纷解决渠道，形成调解、仲裁与诉讼相互衔接的多元化纠纷解决机制，为实施高标准贸易和投资自由化便利化提供法律服务。

三、强化审判职能，依法保障新片区以投资贸易自由化为核心的制度体系

8. 加强刑事审判，为新片区营造安全稳定的社会环境。依法妥善审理国际投资、国际贸易、跨国金融、网络、生态环境、文化安全、人员进出、反恐反分裂、公共秩序等领域的刑事案件，防范和打击各类破坏阻碍新片区建设的刑事犯罪，坚持罪刑法定，严格办案程序，精准适用刑事法律，维护新片区良好的经济、社会秩序。

9. 加强行政审判，依法支持新片区重点领域监管。聚焦新片区投资、贸易、金融、网络、生态环境、文化安全、人员进出、公共秩序等重点领域，对实施"证照分离"改革，完善外商投资安全审查、反垄断审查、行业管理、用户认证、行为审计等管理措施依法提供支持，保障新片区实施严格监管、精准监管和有效监管，保护公民、法人和其他组织的合法权益，形成市场主体自律、业界自治、社会监督、政府监管的综合监管体系。

10. 妥善化解跨境金融纠纷，为新片区营造健康有序的金融市场环境。健全完善金融审判体制机制，支持上海法院，特别是上海金融法院积极回应新片区金融领域改革开放的司法需求，妥善化解各类跨境金融纠纷，保障新片区推动跨境金融服务便利化，保障各项金融创新举措的顺利实施。加强与金融监管部门的沟通协调，为新片区建立统一高效的金融管理体制机制提供司法保障，优化营商环境，切实防范金融风险，维护国家金融安全。

11. 加强对知识产权及数据的保护力度，保障新片区国际互联网数字跨境安全。加大对专利、版权、企业商业秘密等权利及数据的司法保护力度，主动参与全球数字经济交流合作，促进5G、区块链、云计算、物联网、车联网等新一代信息技术的运用。对新片区建立数据安全管理机制、开展数据跨境流动试点提供司法保障。密切关注新片区建设亚太供应链管理中心，通过司法裁判推动发展跨境数字贸易，支持建立跨境电商海外仓等新业态的兴起。

12. 充分发挥海事司法职能，推动新片区实施高度开放。依法妥善审理港口建设、航运金融、海上货物运输、海洋生态保护等海事海商案件，推动建设海洋强国。提升拓展上海全球枢纽港功能，在沿海捎带、国际船舶登记、国际航权开放等制度改革方面，加大司法保障力度，提高上海对国际航线、货物资源的集聚和配置能力。支持新片区与海关特殊监管区域、经济技术开发区联动，发挥新片区的辐射效应，带动长三角新一轮改革开放。

13. 加强案件执行力度，完善新片区市场主体救治和退出机制。加大财产查控和执行力度，确保债权人胜诉权益及时兑现。加强司法拍卖工作，着力降低债权实现成本，切实提高拍卖成交率，促进企业重整和市场修复。妥善处置企业跨境破产相关案件，构建有利于开放型经济新体制的司法环境。

四、加强协同管控，充分发挥司法防范和应对风险压力的作用

14. 建立适应新片区风险压力测试功能的重大敏感案件专项管理机制。支持新片区在检疫、原产地、知识产权、跨境资金等特殊领域建立风险精准检测机制，实行全流程风险实时监测和动态预警管理。建立对涉新片区重大敏感案件的管理机制，对政策性强、社会关注度高、裁判结果可能影响面大的案件，纳入专项管理。对新片区建设中纠纷多发类型、易发特征、风险环节等及时总结、深入研判，及时向有关部门提出司法建议，为新片区政策制定、实施、调整提供参考。

15. 建设与新片区相适应的社会信用体系。主动对接社会信用评价及管理需求，将失信被执行人名单信息实时纳入社会信用体系，推动建立健全与市场主体信用相关的司法大数据的归集共享和使用机制，加大守信联合激励和失信联合惩戒工作力度。增强对严重违法、失信企业的信用威慑，最大程度净化市场环境，防范系统性风险，提升新片区投资贸易安全系数。

16. 加强信息化建设，提升新片区纠纷解决的便利化程度。坚持创新驱动，推进信息技术与审判业务、司法公开、司法便民的深度融合，对标国际公认的营商环境评价指标，创新推进智慧法院、数字法庭建设。坚持线上线下相结合，推进诉讼服务中心转型升级，为当事人提供高标准一站式诉讼服务，缩短纠纷解决时间、降低纠纷解决成本、提高司法解纷质量。

17. 加强案例指导和司法解释，优化新片区法治环境。探索国际商事审判案例指导制度，维护生效裁判的权威性和公信力。及时修订或废止与新片区对外开放基本政策、原则不相符的司法解释和政策文件，必要时出台新的司法解释。对于需要通过制定或修改法律法规解决的问题，及时向有关部门提出建议。

18. 拓展国际司法交流机制，建立与国际接轨的交流学习和人才培养机制。加强与世界知名自由贸易区、自由贸易港司法审判机构沟通、交流和协作。进一步拓宽国际司法交流渠道，办好国际司法论坛等交流活动，研讨解决新片区建设中的相关问题，增进国际社会对中国司法的了解。加强涉外商事海事审判人员的专业培训，鼓励支持国际商事法官参与和推动相关领域国际规则制定，始终站在国际法理论和实践发展前沿，培养具有国际视野的涉外商事海事审判队伍。

最高人民法院关于民事诉讼证据的若干规定

（2001 年 12 月 6 日最高人民法院审判委员会第 1201 次会议通过　根据 2019 年 10 月 14 日最高人民法院审判委员会第 1777 次会议《关于修改〈关于民事诉讼证据的若干规定〉的决定》修正　2019 年 12 月 25 日最高人民法院公告公布　自 2020 年 5 月 1 日起施行　法释〔2019〕19 号）

为保证人民法院正确认定案件事实，公正、及时审理民事案件，保障和便利当事人依法行使诉讼权利，根据《中华人民共和国民事诉讼法》（以下简称民事诉讼法）等有关法律的规定，结合民事审判经验和实际情况，制定本规定。

一、当事人举证

第一条　原告向人民法院起诉或者被告提出反诉，应当提供符合起诉条件的相应的证据。

第二条　人民法院应当向当事人说明举证的要求及法律后果，促使当事人在合理期限内积极、全面、正确、诚实地完成举证。

当事人因客观原因不能自行收集的证据，可申请人民法院调查收集。

第三条　在诉讼过程中，一方当事人陈述的于己不利的事实，或者对于己不利的事实明确表示承认的，另一方当事人无需举证证明。

在证据交换、询问、调查过程中，或者在起诉状、答辩状、代理词等书面材料中，当事人明确承认于己不利的事实的，适用前款规定。

第四条　一方当事人对于另一方当事人主张的于己不利的事实既不承认也不否认，经审判人员说明并询问后，其仍然不明确表示肯定或者否定的，视为对该事实的承认。

第五条　当事人委托诉讼代理人参加诉讼的，除授权委托书明确排除的事项外，诉讼代理人的自认视为当事人的自认。

当事人在场对诉讼代理人的自认明确否认的，不视为自认。

第六条　普通共同诉讼中，共同诉讼人中一人或者数人作出的自认，对作出自认的当事人发生效力。

必要共同诉讼中,共同诉讼人中一人或者数人作出自认而其他共同诉讼人予以否认的,不发生自认的效力。其他共同诉讼人既不承认也不否认,经审判人员说明并询问后仍然不明确表示意见的,视为全体共同诉讼人的自认。

第七条 一方当事人对于另一方当事人主张的于己不利的事实有所限制或者附加条件予以承认的,由人民法院综合案件情况决定是否构成自认。

第八条 《最高人民法院关于适用〈中华人民共和国民事诉讼法〉的解释》第九十六条第一款规定的事实,不适用有关自认的规定。

自认的事实与已经查明的事实不符的,人民法院不予确认。

第九条 有下列情形之一,当事人在法庭辩论终结前撤销自认的,人民法院应当准许:

(一)经对方当事人同意的;

(二)自认是在受胁迫或者重大误解情况下作出的。

人民法院准许当事人撤销自认的,应当作出口头或者书面裁定。

第十条 下列事实,当事人无须举证证明:

(一)自然规律以及定理、定律;

(二)众所周知的事实;

(三)根据法律规定推定的事实;

(四)根据已知的事实和日常生活经验法则推定出的另一事实;

(五)已为仲裁机构的生效裁决所确认的事实;

(六)已为人民法院发生法律效力的裁判所确认的基本事实;

(七)已为有效公证文书所证明的事实。

前款第二项至第五项事实,当事人有相反证据足以反驳的除外;第六项、第七项事实,当事人有相反证据足以推翻的除外。

第十一条 当事人向人民法院提供证据,应当提供原件或者原物。如需自己保存证据原件、原物或者提供原件、原物确有困难的,可以提供经人民法院核对无异的复制件或者复制品。

第十二条 以动产作为证据的,应当将原物提交人民法院。原物不宜搬移或者不宜保存的,当事人可以提供复制品、影像资料或者其他替代品。

人民法院在收到当事人提交的动产或者替代品后,应当及时通知双方当事人到人民法院或者保存现场查验。

第十三条 当事人以不动产作为证据的,应当向人民法院提供该不动产的影像资料。

人民法院认为有必要的,应当通知双方当事人到场进行查验。

第十四条 电子数据包括下列信息、电子文件:

（一）网页、博客、微博客等网络平台发布的信息；

（二）手机短信、电子邮件、即时通信、通讯群组等网络应用服务的通信信息；

（三）用户注册信息、身份认证信息、电子交易记录、通信记录、登录日志等信息；

（四）文档、图片、音频、视频、数字证书、计算机程序等电子文件；

（五）其他以数字化形式存储、处理、传输的能够证明案件事实的信息。

第十五条　当事人以视听资料作为证据的，应当提供存储该视听资料的原始载体。

当事人以电子数据作为证据的，应当提供原件。电子数据的制作者制作的与原件一致的副本，或者直接来源于电子数据的打印件或其他可以显示、识别的输出介质，视为电子数据的原件。

第十六条　当事人提供的公文书证系在中华人民共和国领域外形成的，该证据应当经所在国公证机关证明，或者履行中华人民共和国与该所在国订立的有关条约中规定的证明手续。

中华人民共和国领域外形成的涉及身份关系的证据，应当经所在国公证机关证明并经中华人民共和国驻该国使领馆认证，或者履行中华人民共和国与该所在国订立的有关条约中规定的证明手续。

当事人向人民法院提供的证据是在香港、澳门、台湾地区形成的，应当履行相关的证明手续。

第十七条　当事人向人民法院提供外文书证或者外文说明资料，应当附有中文译本。

第十八条　双方当事人无争议的事实符合《最高人民法院关于适用〈中华人民共和国民事诉讼法〉的解释》第九十六条第一款规定情形的，人民法院可以责令当事人提供有关证据。

第十九条　当事人应当对其提交的证据材料逐一分类编号，对证据材料的来源、证明对象和内容作简要说明，签名盖章，注明提交日期，并依照对方当事人人数提出副本。

人民法院收到当事人提交的证据材料，应当出具收据，注明证据的名称、份数和页数以及收到的时间，由经办人员签名或者盖章。

二、证据的调查收集和保全

第二十条　当事人及其诉讼代理人申请人民法院调查收集证据，应当在举证期限届满前提交书面申请。

申请书应当载明被调查人的姓名或者单位名称、住所地等基本情况、所要调查收集的证据名称或者内容、需要由人民法院调查收集证据的原因及其要证明的事实以及明确的线索。

第二十一条 人民法院调查收集的书证，可以是原件，也可以是经核对无误的副本或者复制件。是副本或者复制件的，应当在调查笔录中说明来源和取证情况。

第二十二条 人民法院调查收集的物证应当是原物。被调查人提供原物确有困难的，可以提供复制品或者影像资料。提供复制品或者影像资料的，应当在调查笔录中说明取证情况。

第二十三条 人民法院调查收集视听资料、电子数据，应当要求被调查人提供原始载体。

提供原始载体确有困难的，可以提供复制件。提供复制件的，人民法院应当在调查笔录中说明其来源和制作经过。

人民法院对视听资料、电子数据采取证据保全措施的，适用前款规定。

第二十四条 人民法院调查收集可能需要鉴定的证据，应当遵守相关技术规范，确保证据不被污染。

第二十五条 当事人或者利害关系人根据民事诉讼法第八十一条的规定申请证据保全的，申请书应当载明需要保全的证据的基本情况、申请保全的理由以及采取何种保全措施等内容。

当事人根据民事诉讼法第八十一条第一款的规定申请证据保全的，应当在举证期限届满前向人民法院提出。

法律、司法解释对诉前证据保全有规定的，依照其规定办理。

第二十六条 当事人或者利害关系人申请采取查封、扣押等限制保全标的物使用、流通等保全措施，或者保全可能对证据持有人造成损失的，人民法院应当责令申请人提供相应的担保。

担保方式或者数额由人民法院根据保全措施对证据持有人的影响、保全标的物的价值、当事人或者利害关系人争议的诉讼标的金额等因素综合确定。

第二十七条 人民法院进行证据保全，可以要求当事人或者诉讼代理人到场。

根据当事人的申请和具体情况，人民法院可以采取查封、扣押、录音、录像、复制、鉴定、勘验等方法进行证据保全，并制作笔录。

在符合证据保全目的的情况下，人民法院应当选择对证据持有人利益影响最小的保全措施。

第二十八条 申请证据保全错误造成财产损失，当事人请求申请人承担赔偿责任的，人民法院应予支持。

第二十九条 人民法院采取诉前证据保全措施后,当事人向其他有管辖权的人民法院提起诉讼的,采取保全措施的人民法院应当根据当事人的申请,将保全的证据及时移交受理案件的人民法院。

第三十条 人民法院在审理案件过程中认为待证事实需要通过鉴定意见证明的,应当向当事人释明,并指定提出鉴定申请的期间。

符合《最高人民法院关于适用〈中华人民共和国民事诉讼法〉的解释》第九十六条第一款规定情形的,人民法院应当依职权委托鉴定。

第三十一条 当事人申请鉴定,应当在人民法院指定期间内提出,并预交鉴定费用。逾期不提出申请或者不预交鉴定费用的,视为放弃申请。

对需要鉴定的待证事实负有举证责任的当事人,在人民法院指定期间内无正当理由不提出鉴定申请或者不预交鉴定费用,或者拒不提供相关材料,致使待证事实无法查明的,应当承担举证不能的法律后果。

第三十二条 人民法院准许鉴定申请的,应当组织双方当事人协商确定具备相应资格的鉴定人。当事人协商不成的,由人民法院指定。

人民法院依职权委托鉴定的,可以在询问当事人的意见后,指定具备相应资格的鉴定人。

人民法院在确定鉴定人后应当出具委托书,委托书中应当载明鉴定事项、鉴定范围、鉴定目的和鉴定期限。

第三十三条 鉴定开始之前,人民法院应当要求鉴定人签署承诺书。承诺书中应当载明鉴定人保证客观、公正、诚实地进行鉴定,保证出庭作证,如作虚假鉴定应当承担法律责任等内容。

鉴定人故意作虚假鉴定的,人民法院应当责令其退还鉴定费用,并根据情节,依照民事诉讼法第一百一十一条的规定进行处罚。

第三十四条 人民法院应当组织当事人对鉴定材料进行质证。未经质证的材料,不得作为鉴定的根据。

经人民法院准许,鉴定人可以调取证据、勘验物证和现场、询问当事人或者证人。

第三十五条 鉴定人应当在人民法院确定的期限内完成鉴定,并提交鉴定书。

鉴定人无正当理由未按期提交鉴定书的,当事人可以申请人民法院另行委托鉴定人进行鉴定。人民法院准许的,原鉴定人已经收取的鉴定费用应当退还;拒不退还的,依照本规定第八十一条第二款的规定处理。

第三十六条 人民法院对鉴定人出具的鉴定书,应当审查是否具有下列内容:

（一）委托法院的名称；
（二）委托鉴定的内容、要求；
（三）鉴定材料；
（四）鉴定所依据的原理、方法；
（五）对鉴定过程的说明；
（六）鉴定意见；
（七）承诺书。

鉴定书应当由鉴定人签名或者盖章，并附鉴定人的相应资格证明。委托机构鉴定的，鉴定书应当由鉴定机构盖章，并由从事鉴定的人员签名。

第三十七条 人民法院收到鉴定书后，应当及时将副本送交当事人。

当事人对鉴定书的内容有异议的，应当在人民法院指定期间内以书面方式提出。

对于当事人的异议，人民法院应当要求鉴定人作出解释、说明或者补充。人民法院认为有必要的，可以要求鉴定人对当事人未提出异议的内容进行解释、说明或者补充。

第三十八条 当事人在收到鉴定人的书面答复后仍有异议的，人民法院应当根据《诉讼费用交纳办法》第十一条的规定，通知有异议的当事人预交鉴定人出庭费用，并通知鉴定人出庭。有异议的当事人不预交鉴定人出庭费用的，视为放弃异议。

双方当事人对鉴定意见均有异议的，分摊预交鉴定人出庭费用。

第三十九条 鉴定人出庭费用按照证人出庭作证费用的标准计算，由败诉的当事人负担。因鉴定意见不明确或者有瑕疵需要鉴定人出庭的，出庭费用由其自行负担。

人民法院委托鉴定时已经确定鉴定人出庭费用包含在鉴定费用中的，不再通知当事人预交。

第四十条 当事人申请重新鉴定，存在下列情形之一的，人民法院应当准许：

（一）鉴定人不具备相应资格的；
（二）鉴定程序严重违法的；
（三）鉴定意见明显依据不足的；
（四）鉴定意见不能作为证据使用的其他情形。

存在前款第一项至第三项情形的，鉴定人已经收取的鉴定费用应当退还。拒不退还的，依照本规定第八十一条第二款的规定处理。

对鉴定意见的瑕疵，可以通过补正、补充鉴定或者补充质证、重新质证等方法解决的,人民法院不予准许重新鉴定的申请。

重新鉴定的,原鉴定意见不得作为认定案件事实的根据。

第四十一条 对于一方当事人就专门性问题自行委托有关机构或者人员出具的意见,另一方当事人有证据或者理由足以反驳并申请鉴定的,人民法院应予准许。

第四十二条 鉴定意见被采信后,鉴定人无正当理由撤销鉴定意见的,人民法院应当责令其退还鉴定费用,并可以根据情节,依照民事诉讼法第一百一十一条的规定对鉴定人进行处罚。当事人主张鉴定人负担由此增加的合理费用的,人民法院应予支持。

人民法院采信鉴定意见后准许鉴定人撤销的,应当责令其退还鉴定费用。

第四十三条 人民法院应当在勘验前将勘验的时间和地点通知当事人。当事人不参加的,不影响勘验进行。

当事人可以就勘验事项向人民法院进行解释和说明,可以请求人民法院注意勘验中的重要事项。

人民法院勘验物证或者现场,应当制作笔录,记录勘验的时间、地点、勘验人、在场人、勘验的经过、结果,由勘验人、在场人签名或者盖章。对于绘制的现场图应当注明绘制的时间、方位、测绘人姓名、身份等内容。

第四十四条 摘录有关单位制作的与案件事实相关的文件、材料,应当注明出处,并加盖制作单位或者保管单位的印章,摘录人和其他调查人员应当在摘录件上签名或者盖章。

摘录文件、材料应当保持内容相应的完整性。

第四十五条 当事人根据《最高人民法院关于适用〈中华人民共和国民事诉讼法〉的解释》第一百一十二条的规定申请人民法院责令对方当事人提交书证的,申请书应当载明所申请提交的书证名称或者内容、需要以该书证证明的事实及事实的重要性、对方当事人控制该书证的根据以及应当提交该书证的理由。

对方当事人否认控制书证的,人民法院应当根据法律规定、习惯等因素,结合案件的事实、证据,对于书证是否在对方当事人控制之下的事实作出综合判断。

第四十六条 人民法院对当事人提交书证的申请进行审查时,应当听取对方当事人的意见,必要时可以要求双方当事人提供证据、进行辩论。

当事人申请提交的书证不明确、书证对于待证事实的证明无必要、待证事实对于裁判结果无实质性影响、书证未在对方当事人控制之下或者不符合本规定第四十七条情形的,人民法院不予准许。

当事人申请理由成立的，人民法院应当作出裁定，责令对方当事人提交书证；理由不成立的，通知申请人。

第四十七条 下列情形，控制书证的当事人应当提交书证：

（一）控制书证的当事人在诉讼中曾经引用过的书证；

（二）为对方当事人的利益制作的书证；

（三）对方当事人依照法律规定有权查阅、获取的书证；

（四）账簿、记账原始凭证；

（五）人民法院认为应当提交书证的其他情形。

前款所列书证，涉及国家秘密、商业秘密、当事人或第三人的隐私，或者存在法律规定应当保密的情形的，提交后不得公开质证。

第四十八条 控制书证的当事人无正当理由拒不提交书证的，人民法院可以认定对方当事人所主张的书证内容为真实。

控制书证的当事人存在《最高人民法院关于适用〈中华人民共和国民事诉讼法〉的解释》第一百一十三条规定情形的，人民法院可以认定对方当事人主张以该书证证明的事实为真实。

三、举证时限与证据交换

第四十九条 被告应当在答辩期届满前提出书面答辩，阐明其对原告诉讼请求及所依据的事实和理由的意见。

第五十条 人民法院应当在审理前的准备阶段向当事人送达举证通知书。

举证通知书应当载明举证责任的分配原则和要求、可以向人民法院申请调查收集证据的情形、人民法院根据案件情况指定的举证期限以及逾期提供证据的法律后果等内容。

第五十一条 举证期限可以由当事人协商，并经人民法院准许。

人民法院指定举证期限的，适用第一审普通程序审理的案件不得少于十五日，当事人提供新的证据的第二审案件不得少于十日。适用简易程序审理的案件不得超过十五日，小额诉讼案件的举证期限一般不得超过七日。

举证期限届满后，当事人提供反驳证据或者对已经提供的证据的来源、形式等方面的瑕疵进行补正的，人民法院可以酌情再次确定举证期限，该期限不受前款规定的期间限制。

第五十二条 当事人在举证期限内提供证据存在客观障碍，属于民事诉讼法第六十五条第二款规定的“当事人在该期限内提供证据确有困难”的情形。

前款情形，人民法院应当根据当事人的举证能力、不能在举证期限内提供证据的原因等因素综合判断。必要时,可以听取对方当事人的意见。

第五十三条 诉讼过程中,当事人主张的法律关系性质或者民事行为效力与人民法院根据案件事实作出的认定不一致的,人民法院应当将法律关系性质或者民事行为效力作为焦点问题进行审理。但法律关系性质对裁判理由及结果没有影响,或者有关问题已经当事人充分辩论的除外。

存在前款情形,当事人根据法庭审理情况变更诉讼请求的,人民法院应当准许并可以根据案件的具体情况重新指定举证期限。

第五十四条 当事人申请延长举证期限的,应当在举证期限届满前向人民法院提出书面申请。

申请理由成立的,人民法院应当准许,适当延长举证期限,并通知其他当事人。延长的举证期限适用于其他当事人。

申请理由不成立的,人民法院不予准许,并通知申请人。

第五十五条 存在下列情形的,举证期限按照如下方式确定:

(一)当事人依照民事诉讼法第一百二十七条规定提出管辖权异议的,举证期限中止,自驳回管辖权异议的裁定生效之日起恢复计算;

(二)追加当事人、有独立请求权的第三人参加诉讼或者无独立请求权的第三人经人民法院通知参加诉讼的,人民法院应当依照本规定第五十一条的规定为新参加诉讼的当事人确定举证期限,该举证期限适用于其他当事人;

(三)发回重审的案件,第一审人民法院可以结合案件具体情况和发回重审的原因,酌情确定举证期限;

(四)当事人增加、变更诉讼请求或者提出反诉的,人民法院应当根据案件具体情况重新确定举证期限;

(五)公告送达的,举证期限自公告期届满之次日起计算。

第五十六条 人民法院依照民事诉讼法第一百三十三条第四项的规定,通过组织证据交换进行审理前准备的,证据交换之日举证期限届满。

证据交换的时间可以由当事人协商一致并经人民法院认可,也可以由人民法院指定。当事人申请延期举证经人民法院准许的,证据交换日相应顺延。

第五十七条 证据交换应当在审判人员的主持下进行。

在证据交换的过程中,审判人员对当事人无异议的事实、证据应当记录在卷;对有异议的证据,按照需要证明的事实分类记录在卷,并记载异议的理由。通过证据交换,确定双方当事人争议的主要问题。

第五十八条 当事人收到对方的证据后有反驳证据需要提交的,人民法院应当再次组织证据交换。

第五十九条 人民法院对逾期提供证据的当事人处以罚款的,可以结合当事人逾期提供证据的主观过错程度、导致诉讼迟延的情况、诉讼标的金额等因素，确定罚款数额。

四、质证

第六十条 当事人在审理前的准备阶段或者人民法院调查、询问过程中发表过质证意见的证据，视为质证过的证据。

当事人要求以书面方式发表质证意见，人民法院在听取对方当事人意见后认为有必要的，可以准许。人民法院应当及时将书面质证意见送交对方当事人。

第六十一条 对书证、物证、视听资料进行质证时，当事人应当出示证据的原件或者原物。但有下列情形之一的除外：

（一）出示原件或者原物确有困难并经人民法院准许出示复制件或者复制品的；

（二）原件或者原物已不存在，但有证据证明复制件、复制品与原件或者原物一致的。

第六十二条 质证一般按下列顺序进行：

（一）原告出示证据，被告、第三人与原告进行质证；

（二）被告出示证据，原告、第三人与被告进行质证；

（三）第三人出示证据，原告、被告与第三人进行质证。

人民法院根据当事人申请调查收集的证据，审判人员对调查收集证据的情况进行说明后，由提出申请的当事人与对方当事人、第三人进行质证。

人民法院依职权调查收集的证据，由审判人员对调查收集证据的情况进行说明后，听取当事人的意见。

第六十三条 当事人应当就案件事实作真实、完整的陈述。

当事人的陈述与此前陈述不一致的，人民法院应当责令其说明理由，并结合当事人的诉讼能力、证据和案件具体情况进行审查认定。

当事人故意作虚假陈述妨碍人民法院审理的，人民法院应当根据情节，依照民事诉讼法第一百一十一条的规定进行处罚。

第六十四条 人民法院认为有必要的，可以要求当事人本人到场，就案件的有关事实接受询问。

人民法院要求当事人到场接受询问的，应当通知当事人询问的时间、地点、拒不到场的后果等内容。

第六十五条 人民法院应当在询问前责令当事人签署保证书并宣读保证书的内容。

保证书应当载明保证据实陈述，绝无隐瞒、歪曲、增减，如有虚假陈述应当接受处罚等内容。当事人应当在保证书上签名、捺印。

当事人有正当理由不能宣读保证书的,由书记员宣读并进行说明。

第六十六条 当事人无正当理由拒不到场、拒不签署或宣读保证书或者拒不接受询问的,人民法院应当综合案件情况,判断待证事实的真伪。待证事实无其他证据证明的,人民法院应当作出不利于该当事人的认定。

第六十七条 不能正确表达意思的人,不能作为证人。

待证事实与其年龄、智力状况或者精神健康状况相适应的无民事行为能力人和限制民事行为能力人,可以作为证人。

第六十八条 人民法院应当要求证人出庭作证,接受审判人员和当事人的询问。证人在审理前的准备阶段或者人民法院调查、询问等双方当事人在场时陈述证言的,视为出庭作证。

双方当事人同意证人以其他方式作证并经人民法院准许的,证人可以不出庭作证。

无正当理由未出庭的证人以书面等方式提供的证言,不得作为认定案件事实的根据。

第六十九条 当事人申请证人出庭作证的,应当在举证期限届满前向人民法院提交申请书。

申请书应当载明证人的姓名、职业、住所、联系方式,作证的主要内容,作证内容与待证事实的关联性,以及证人出庭作证的必要性。

符合《最高人民法院关于适用〈中华人民共和国民事诉讼法〉的解释》第九十六条第一款规定情形的,人民法院应当依职权通知证人出庭作证。

第七十条 人民法院准许证人出庭作证申请的,应当向证人送达通知书并告知双方当事人。通知书中应当载明证人作证的时间、地点,作证的事项、要求以及作伪证的法律后果等内容。

当事人申请证人出庭作证的事项与待证事实无关,或者没有通知证人出庭作证必要的,人民法院不予准许当事人的申请。

第七十一条 人民法院应当要求证人在作证之前签署保证书,并在法庭上宣读保证书的内容。但无民事行为能力人和限制民事行为能力人作为证人的除外。

证人确有正当理由不能宣读保证书的,由书记员代为宣读并进行说明。

证人拒绝签署或者宣读保证书的,不得作证,并自行承担相关费用。

证人保证书的内容适用当事人保证书的规定。

第七十二条 证人应当客观陈述其亲身感知的事实,作证时不得使用猜测、推断或者评论性语言。

证人作证前不得旁听法庭审理，作证时不得以宣读事先准备的书面材料的方式陈述证言。

证人言辞表达有障碍的，可以通过其他表达方式作证。

第七十三条 证人应当就其作证的事项进行连续陈述。

当事人及其法定代理人、诉讼代理人或者旁听人员干扰证人陈述的，人民法院应当及时制止，必要时可以依照民事诉讼法第一百一十条的规定进行处罚。

第七十四条 审判人员可以对证人进行询问。当事人及其诉讼代理人经审判人员许可后可以询问证人。

询问证人时其他证人不得在场。

人民法院认为有必要的，可以要求证人之间进行对质。

第七十五条 证人出庭作证后，可以向人民法院申请支付证人出庭作证费用。证人有困难需要预先支取出庭作证费用的，人民法院可以根据证人的申请在出庭作证前支付。

第七十六条 证人确有困难不能出庭作证，申请以书面证言、视听传输技术或者视听资料等方式作证的，应当向人民法院提交申请书。申请书中应当载明不能出庭的具体原因。

符合民事诉讼法第七十三条规定情形的，人民法院应当准许。

第七十七条 证人经人民法院准许，以书面证言方式作证的，应当签署保证书；以视听传输技术或者视听资料方式作证的，应当签署保证书并宣读保证书的内容。

第七十八条 当事人及其诉讼代理人对证人的询问与待证事实无关，或者存在威胁、侮辱证人或不适当引导等情形的，审判人员应当及时制止。必要时可以依照民事诉讼法第一百一十条、第一百一十一条的规定进行处罚。

证人故意作虚假陈述，诉讼参与人或者其他人以暴力、威胁、贿买等方法妨碍证人作证，或者在证人作证后以侮辱、诽谤、诬陷、恐吓、殴打等方式对证人打击报复的，人民法院应当根据情节，依照民事诉讼法第一百一十一条的规定，对行为人进行处罚。

第七十九条 鉴定人依照民事诉讼法第七十八条的规定出庭作证的，人民法院应当在开庭审理三日前将出庭的时间、地点及要求通知鉴定人。

委托机构鉴定的，应当由从事鉴定的人员代表机构出庭。

第八十条 鉴定人应当就鉴定事项如实答复当事人的异议和审判人员的询问。当庭答复确有困难的，经人民法院准许，可以在庭审结束后书面答复。

人民法院应当及时将书面答复送交当事人，并听取当事人的意见。必要时，可以再次组织质证。

第八十一条 鉴定人拒不出庭作证的，鉴定意见不得作为认定案件事实的根据。人民法院应当建议有关主管部门或者组织对拒不出庭作证的鉴定人予以处罚。

当事人要求退还鉴定费用的，人民法院应当在三日内作出裁定，责令鉴定人退还；拒不退还的，由人民法院依法执行。

当事人因鉴定人拒不出庭作证申请重新鉴定的，人民法院应当准许。

第八十二条 经法庭许可，当事人可以询问鉴定人、勘验人。

询问鉴定人、勘验人不得使用威胁、侮辱等不适当的言语和方式。

第八十三条 当事人依照民事诉讼法第七十九条和《最高人民法院关于适用〈中华人民共和国民事诉讼法〉的解释》第一百二十二条的规定，申请有专门知识的人出庭的，申请书中应当载明有专门知识的人的基本情况和申请的目的。

人民法院准许当事人申请的，应当通知双方当事人。

第八十四条 审判人员可以对有专门知识的人进行询问。经法庭准许，当事人可以对有专门知识的人进行询问，当事人各自申请的有专门知识的人可以就案件中的有关问题进行对质。

有专门知识的人不得参与对鉴定意见质证或者就专业问题发表意见之外的法庭审理活动。

五、证据的审核认定

第八十五条 人民法院应当以证据能够证明的案件事实为根据依法作出裁判。

审判人员应当依照法定程序，全面、客观地审核证据，依据法律的规定，遵循法官职业道德，运用逻辑推理和日常生活经验，对证据有无证明力和证明力大小独立进行判断，并公开判断的理由和结果。

第八十六条 当事人对于欺诈、胁迫、恶意串通事实的证明，以及对于口头遗嘱或赠与事实的证明，人民法院确信该待证事实存在的可能性能够排除合理怀疑的，应当认定该事实存在。

与诉讼保全、回避等程序事项有关的事实，人民法院结合当事人的说明及相关证据，认为有关事实存在的可能性较大的，可以认定该事实存在。

第八十七条 审判人员对单一证据可以从下列方面进行审核认定：

（一）证据是否为原件、原物，复制件、复制品与原件、原物是否相符；

（二）证据与本案事实是否相关；

（三）证据的形式、来源是否符合法律规定；

（四）证据的内容是否真实；

（五）证人或者提供证据的人与当事人有无利害关系。

第八十八条 审判人员对案件的全部证据，应当从各证据与案件事实的关联程度、各证据之间的联系等方面进行综合审查判断。

第八十九条 当事人在诉讼过程中认可的证据，人民法院应当予以确认。但法律、司法解释另有规定的除外。

当事人对认可的证据反悔的，参照《最高人民法院关于适用〈中华人民共和国民事诉讼法〉的解释》第二百二十九条的规定处理。

第九十条 下列证据不能单独作为认定案件事实的根据：

（一）当事人的陈述；

（二）无民事行为能力人或者限制民事行为能力人所作的与其年龄、智力状况或者精神健康状况不相当的证言；

（三）与一方当事人或者其代理人有利害关系的证人陈述的证言；

（四）存有疑点的视听资料、电子数据；

（五）无法与原件、原物核对的复制件、复制品。

第九十一条 公文书证的制作者根据文书原件制作的载有部分或者全部内容的副本，与正本具有相同的证明力。

在国家机关存档的文件，其复制件、副本、节录本经档案部门或者制作原本的机关证明其内容与原本一致的，该复制件、副本、节录本具有与原本相同的证明力。

第九十二条 私文书证的真实性，由主张以私文书证证明案件事实的当事人承担举证责任。

私文书证由制作者或者其代理人签名、盖章或捺印的，推定为真实。

私文书证上有删除、涂改、增添或者其他形式瑕疵的，人民法院应当综合案件的具体情况判断其证明力。

第九十三条 人民法院对于电子数据的真实性，应当结合下列因素综合判断：

（一）电子数据的生成、存储、传输所依赖的计算机系统的硬件、软件环境是否完整、可靠；

（二）电子数据的生成、存储、传输所依赖的计算机系统的硬件、软件环境是否处于正常运行状态，或者不处于正常运行状态时对电子数据的生成、存储、传输是否有影响；

（三）电子数据的生成、存储、传输所依赖的计算机系统的硬件、软件环境是否具备有效的防止出错的监测、核查手段；

（四）电子数据是否被完整地保存、传输、提取，保存、传输、提取的方法是否可靠；

（五）电子数据是否在正常的往来活动中形成和存储；

（六）保存、传输、提取电子数据的主体是否适当；

（七）影响电子数据完整性和可靠性的其他因素。

人民法院认为有必要的，可以通过鉴定或者勘验等方法，审查判断电子数据的真实性。

第九十四条 电子数据存在下列情形的，人民法院可以确认其真实性，但有足以反驳的相反证据的除外：

（一）由当事人提交或者保管的于己不利的电子数据；

（二）由记录和保存电子数据的中立第三方平台提供或者确认的；

（三）在正常业务活动中形成的；

（四）以档案管理方式保管的；

（五）以当事人约定的方式保存、传输、提取的。

电子数据的内容经公证机关公证的，人民法院应当确认其真实性，但有相反证据足以推翻的除外。

第九十五条 一方当事人控制证据无正当理由拒不提交，对待证事实负有举证责任的当事人主张该证据的内容不利于控制人的，人民法院可以认定该主张成立。

第九十六条 人民法院认定证人证言，可以通过对证人的智力状况、品德、知识、经验、法律意识和专业技能等的综合分析作出判断。

第九十七条 人民法院应当在裁判文书中阐明证据是否采纳的理由。

对当事人无争议的证据，是否采纳的理由可以不在裁判文书中表述。

六、其他

第九十八条 对证人、鉴定人、勘验人的合法权益依法予以保护。

当事人或者其他诉讼参与人伪造、毁灭证据，提供虚假证据，阻止证人作证，指使、贿买、胁迫他人作伪证，或者对证人、鉴定人、勘验人打击报复的，依照民事诉讼法第一百一十条、第一百一十一条的规定进行处罚。

第九十九条 本规定对证据保全没有规定的，参照适用法律、司法解释关于财产保全的规定。

除法律、司法解释另有规定外，对当事人、鉴定人、有专门知识的人的询问参照适用本规定中关于询问证人的规定；关于书证的规定适用于视听资料、电子数据；存储在电子计算机等电子介质中的视听资料，适用电子数据的规定。

第一百条 本规定自2020年5月1日起施行。

本规定公布施行后，最高人民法院以前发布的司法解释与本规定不一致的，不再适用。

最高人民法院关于适用《中华人民共和国外商投资法》若干问题的解释

（2019年12月16日最高人民法院审判委员会第1787次会议通过 2019年12月26日最高人民法院公告公布 自2020年1月1日起施行 法释〔2019〕20号）

为正确适用《中华人民共和国外商投资法》，依法平等保护中外投资者合法权益，营造稳定、公平、透明的法治化营商环境，结合审判实践，就人民法院审理平等主体之间的投资合同纠纷案件适用法律问题作出如下解释。

第一条 本解释所称投资合同，是指外国投资者即外国的自然人、企业或者其他组织因直接或者间接在中国境内进行投资而形成的相关协议，包括设立外商投资企业合同、股份转让合同、股权转让合同、财产份额或者其他类似权益转让合同、新建项目合同等协议。

外国投资者因赠与、财产分割、企业合并、企业分立等方式取得相应权益所产生的合同纠纷，适用本解释。

第二条 对外商投资法第四条所指的外商投资准入负面清单之外的领域形成的投资合同，当事人以合同未经有关行政主管部门批准、登记为由主张合同无效或者未生效的，人民法院不予支持。

前款规定的投资合同签订于外商投资法施行前，但人民法院在外商投资法施行时尚未作出生效裁判的，适用前款规定认定合同的效力。

第三条 外国投资者投资外商投资准入负面清单规定禁止投资的领域，当事人主张投资合同无效的，人民法院应予支持。

第四条 外国投资者投资外商投资准入负面清单规定限制投资的领域，当事人以违反限制性准入特别管理措施为由，主张投资合同无效的，人民法院应予支持。

人民法院作出生效裁判前，当事人采取必要措施满足准入特别管理措施的要求，当事人主张前款规定的投资合同有效的，应予支持。

第五条 在生效裁判作出前，因外商投资准入负面清单调整，外国投资者投资不再属于禁止或者限制投资的领域，当事人主张投资合同有效的，人民法院应予支持。

第六条 人民法院审理香港特别行政区、澳门特别行政区投资者、定居在国外的中国公民在内地、台湾地区投资者在大陆投资产生的相关纠纷案件，可以参照适用本解释。

第七条 本解释自2020年1月1日起施行。

本解释施行前本院作出的有关司法解释与本解释不一致的，以本解释为准。

附：

一、2019年12月份报国务院备案并予以登记的地方性法规、自治条例、单行条例和地方政府规章目录

地方性法规

法规名称	公布日期	备案登记编号
北京市城乡规划条例	2019年3月29日	国司备字[2019001199]
北京市人民代表大会常务委员会关于修改《北京市生活垃圾管理条例》的决定	2019年11月27日	国司备字[2019001210]
北京市人民代表大会常务委员会关于废止《北京市人才市场管理条例》等二部地方性法规的决定	2019年11月27日	国司备字[2019001211]
北京市人民代表大会常务委员会关于修改《北京市实施〈中华人民共和国节约能源法〉办法》等八部地方性法规的决定	2019年11月27日	国司备字[2019001212]
北京市促进科技成果转化条例	2019年11月27日	国司备字[2019001213]
北京市街道办事处条例	2019年11月27日	国司备字[2019001214]
河北省人民代表大会常务委员会关于加强张家口承德地区草原生态建设和保护的决定	2019年7月25日	国司备字[2019001041]
河北省人民代表大会常务委员会关于河北省耕地占用税适用税额的决定	2019年8月8日	国司备字[2019001042]
河北省统计条例	2019年3月27日	国司备字[2019001043]
河北省人民代表大会常务委员会关于加强建筑市场监督管理的决定	2019年5月30日	国司备字[2019001044]

续表

法规名称	公布日期	备案登记编号
河北省行政执法监督条例	2019 年 5 月 30 日	国司备字［2019001050］
河北省人民代表大会常务委员会关于深入推进农村改厕工作的决定	2019 年 5 月 30 日	国司备字［2019001051］
河北省文明行为促进条例	2019 年 5 月 30 日	国司备字［2019001176］
河北省人民代表大会常务委员会关于省人民政府机构改革涉及地方性法规规定的行政机关职责调整问题的决定	2019 年 5 月 30 日	国司备字［2019001177］
河北省人民代表大会常务委员会关于修改部分法规的决定	2019 年 7 月 25 日	国司备字［2019001282］
石家庄市城市管理综合执法条例	2019 年 6 月 4 日	国司备字［2019001134］
唐山市全域旅游促进条例	2019 年 4 月 1 日	国司备字［2019001149］
邯郸市电梯安全管理条例	2019 年 6 月 6 日	国司备字［2019001046］
邯郸市燃气管理条例	2019 年 6 月 6 日	国司备字［2019001047］
邯郸市城市公共汽车客运条例	2019 年 8 月 16 日	国司备字［2019001140］
邯郸市工业遗产保护与利用条例	2019 年 8 月 16 日	国司备字［2019001175］
廊坊市文明行为促进条例	2019 年 8 月 8 日	国司备字［2019001138］
保定市白洋淀上游生态环境保护条例	2019 年 4 月 2 日	国司备字［2019001145］
保定市中小学校幼儿园规划建设条例	2019 年 4 月 2 日	国司备字［2019001146］
承德市城市市容和环境卫生管理条例	2019 年 3 月 29 日	国司备字［2019001133］

续表

法规名称	公布日期	备案登记编号
邢台市地方立法条例	2019 年 3 月 29 日	国司备字［2019001147］
秦皇岛市海水浴场管理条例	2019 年 6 月 3 日	国司备字［2019001045］
秦皇岛市爱国卫生条例	2019 年 7 月 29 日	国司备字［2019001137］
沧州市市容和环境卫生管理条例	2019 年 4 月 2 日	国司备字［2019001148］
大同市人民代表大会常务委员会关于修改《大同市人民代表大会常务委员会讨论决定重大事项的规定》的决定	2019 年 1 月 24 日	国司备字［2019001129］
大同市燃煤污染防治条例	2019 年 3 月 27 日	国司备字［2019001142］
忻州市电梯安全管理条例	2019 年 4 月 2 日	国司备字［2019001143］
忻州市滹沱河流域生态修复与保护条例	2019 年 4 月 2 日	国司备字［2019001144］
忻州市住宅物业管理条例	2019 年 10 月 15 日	国司备字［2019001196］
忻州市文明行为促进条例	2019 年 10 月 15 日	国司备字［2019001197］
临汾市饮用水水源保护条例	2019 年 2 月 19 日	国司备字［2019001198］
临汾市建筑工程施工扬尘污染防治规定	2019 年 8 月 15 日	国司备字［2019001279］
阳泉市爱国卫生条例	2019 年 4 月 8 日	国司备字［2019001130］
阳泉市市容和环境卫生管理条例	2019 年 4 月 9 日	国司备字［2019001131］
朔州市饮用水水源地保护条例	2019 年 3 月 29 日	国司备字［2019001280］

续表

法规名称	公布日期	备案登记编号
内蒙古自治区人民代表大会常务委员会关于加强检察公益诉讼工作的决定	2019 年 9 月 26 日	国司备字［2019001160］
内蒙古自治区中小企业促进条例	2019 年 9 月 26 日	国司备字［2019001161］
内蒙古自治区乌兰牧骑条例	2019 年 9 月 26 日	国司备字［2019001162］
呼和浩特市促进蒙医药发展办法	2019 年 10 月 21 日	国司备字［2019001155］
包头市人民代表大会常务委员会关于废止《包头市废弃食用油脂管理条例》的决定	2019 年 10 月 24 日	国司备字［2019001158］
包头市城镇开发边界管理条例	2019 年 10 月 24 日	国司备字［2019001159］
鄂尔多斯市集中式饮用水水源保护条例	2019 年 11 月 13 日	国司备字［2019001157］
巴彦淖尔市城市市容和环境卫生管理条例	2019 年 1 月 2 日	国司备字［2019001156］
乌海市城市综合管理条例	2019 年 11 月 11 日	国司备字［2019001163］
沈阳市城市机动车停车条例	2019 年 4 月 13 日	国司备字［2019001106］
大连市物业管理条例	2019 年 5 月 5 日	国司备字［2019001112］
大连市环境保护条例	2019 年 5 月 5 日	国司备字［2019001178］
锦州市电动自行车管理条例	2019 年 5 月 6 日	国司备字［2019001105］
营口市机动车停车管理条例	2019 年 4 月 10 日	国司备字［2019001062］
辽阳市不可移动文物保护条例	2019 年 5 月 15 日	国司备字［2019001109］

续表

法规名称	公布日期	备案登记编号
辽阳市学前教育条例	2019年5月15日	国司备字［2019001110］
吉林省河湖长制条例	2019年3月28日	国司备字［2019001023］
吉林省艾滋病防治条例	2019年3月28日	国司备字［2019001024］
吉林省农民专业合作社条例	2019年3月28日	国司备字［2019001029］
吉林省各级人民代表大会常务委员会讨论、决定重大事项的规定	2019年3月28日	国司备字［2019001030］
吉林省职业教育校企合作促进条例	2019年5月30日	国司备字［2019001037］
吉林省人民代表大会常务委员会关于修改《吉林省水文条例》等10部地方性法规的决定	2019年5月30日	国司备字［2019001038］
吉林省人民代表大会常务委员会关于修改《吉林省地方志工作条例》的决定	2019年5月30日	国司备字［2019001039］
吉林省优化营商环境条例	2019年5月30日	国司备字［2019001040］
长春市城市房屋安全管理条例	2019年4月18日	国司备字［2019001031］
长春市安全生产条例	2019年4月9日	国司备字［2019001032］
长春市生活垃圾分类管理条例	2019年4月11日	国司备字［2019001034］
长春市肉品管理条例	2019年4月16日	国司备字［2019001035］
吉林市人民代表大会议事规则(修订)	2019年4月10日	国司备字［2019001036］
通化市地方立法条例	2019年4月8日	国司备字［2019001033］

续表

法规名称	公布日期	备案登记编号
白山市城市供水管理条例	2019 年 4 月 4 日	国司备字［2019001027］
白城市市政设施保护条例	2019 年 4 月 25 日	国司备字［2019001028］
黑龙江省文明单位建设条例	2019 年 10 月 18 日	国司备字［2019001058］
黑龙江省野生动物保护条例	2019 年 10 月 18 日	国司备字［2019001059］
黑龙江省反间谍安全防范条例	2019 年 10 月 18 日	国司备字［2019001060］
黑龙江省人民代表大会常务委员会关于哈尔滨新区行政管理有关事项的决定	2019 年 4 月 26 日	国司备字［2019001170］
黑龙江省各级人民代表大会常务委员会关于废止《黑龙江省人民代表大会常务委员会预算监督条例》的决定	2019 年 4 月 26 日	国司备字［2019001088］
黑龙江省生活饮用水卫生监督管理条例	2019 年 10 月 18 日	国司备字［2019001089］
齐齐哈尔市城市绿化条例	2019 年 4 月 26 日	国司备字［2019001073］
齐齐哈尔市物业管理条例	2019 年 4 月 26 日	国司备字［2019001074］
佳木斯市餐饮业油烟污染防治条例	2019 年 10 月 24 日	国司备字［2019001181］
鸡西市城市公园管理条例	2019 年 10 月 23 日	国司备字［2019001061］
鸡西市城市市容和环境卫生管理条例	2019 年 1 月 4 日	国司备字［2019001171］
伊春市废弃食用菌包污染环境防治条例	2019 年 5 月 5 日	国司备字［2019001072］
伊春市城乡规划条例	2019 年 10 月 25 日	国司备字［2019001076］

续表

法规名称	公布日期	备案登记编号
鹤岗市公园广场管理条例	2019 年 10 月 25 日	国司备字［2019001075］
上海市人民代表大会常务委员会关于修改《上海市志愿服务条例》的决定	2019 年 11 月 15 日	国司备字［2019001186］
宁波市非机动车管理条例	2019 年 6 月 13 日	国司备字［2019001127］
宁波市生活垃圾分类管理条例	2019 年 6 月 13 日	国司备字［2019001128］
宁波市人民代表大会常务委员会关于修改《宁波市市容和环境卫生管理条例》的决定	2019 年 8 月 20 日	国司备字［2019001168］
安徽省信访条例	2019 年 9 月 29 日	国司备字［2019001115］
合肥市公共资源交易管理条例	2019 年 10 月 16 日	国司备字［2019001094］
福建省各级人民代表大会常务委员会信访条例	2019 年 9 月 26 日	国司备字［2019001141］
福州市人民代表大会常务委员会关于废止《福州市流动人口计划生育管理办法》的决定	2019 年 12 月 4 日	国司备字［2019001255］
福州市人民代表大会常务委员会关于废止《福州市城市房屋拆迁管理办法》的决定	2019 年 12 月 4 日	国司备字［2019001256］
厦门市人民代表大会常务委员会关于市人民政府机构改革涉及厦门地方性法规规定的行政机关职责调整问题的决定	2019 年 3 月 11 日	国司备字［2019001126］
漳州市生活垃圾管理办法	2019 年 12 月 3 日	国司备字［2019001257］
莆田市城乡环境卫生管理条例	2019 年 12 月 2 日	国司备字［2019001258］
龙岩市城市绿化条例	2019 年 11 月 28 日	国司备字［2019001259］

续表

法规名称	公布日期	备案登记编号
郑州市规范城市客运行为若干规定	2019 年 11 月 7 日	国司备字［2019001275］
平顶山市城市市容和环境卫生管理条例	2019 年 11 月 14 日	国司备字［2019001271］
开封市中小学校幼儿园规划建设条例	2019 年 10 月 28 日	国司备字［2019001276］
鹤壁市文明行为促进条例	2019 年 10 月 28 日	国司备字［2019001272］
商丘市文明行为促进条例	2019 年 11 月 13 日	国司备字［2019001277］
周口市城市绿化条例	2019 年 11 月 5 日	国司备字［2019001274］
信阳市河道采砂管理条例	2019 年 11 月 1 日	国司备字［2019001273］
湖北省开发区条例	2019 年 11 月 29 日	国司备字［2019001264］
湖北省宗教事务条例	2019 年 11 月 29 日	国司备字［2019001265］
武汉东湖风景名胜区条例	2019 年 11 月 24 日	国司备字［2019001215］
武汉市控制吸烟条例	2019 年 11 月 23 日	国司备字［2019001216］
黄石市市容和环境卫生管理条例	2019 年 11 月 8 日	国司备字［2019001108］
襄阳市城市建筑垃圾治理条例	2019 年 10 月 31 日	国司备字［2019001071］
长沙市文明行为促进条例	2019 年 4 月 3 日	国司备字［2019001116］
长沙市人民代表大会常务委员会关于修改和废止部分地方性法规的决定	2019 年 8 月 9 日	国司备字［2019001117］

续表

法规名称	公布日期	备案登记编号
衡阳市森林防火条例	2019年2月18日	国司备字［2019001107］
株洲市畜禽养殖污染防治条例	2019年10月28日	国司备字［2019001195］
湘潭市爱国卫生条例	2019年8月5日	国司备字［2019001194］
岳阳市扬尘污染防治条例	2019年10月16日	国司备字［2019001113］
永州市乡村房屋建设管理条例	2019年10月21日	国司备字［2019001114］
广东省人民代表大会常务委员会关于修改《广东省预算审批监督条例》的决定	2019年11月29日	国司备字［2019001249］
广东省促进革命老区发展条例	2019年11月29日	国司备字［2019001283］
广东省种子条例	2019年11月29日	国司备字［2019001284］
广东省人民代表大会常务委员会关于废止《广东省经纪人管理条例》等五项地方性法规的决定	2019年11月29日	国司备字［2019001285］
广东省河道管理条例	2019年11月29日	国司备字［2019001286］
广东省行政事业性收费管理条例	2019年11月29日	国司备字［2019001287］
深圳市人民代表大会常务委员会关于修改《深圳经济特区人才工作条例》等二十九项法规的决定	2019年9月5日	国司备字［2019001008］
南宁市地下综合管廊管理条例	2019年10月10日	国司备字［2019001100］
梧州市烟花爆竹燃放管理条例	2019年10月10日	国司备字［2019001101］

续表

法规名称	公布日期	备案登记编号
钦州市历史文化街区保护条例	2019 年 10 月 12 日	国司备字［2019001102］
玉林市南流江流域水环境保护条例	2019 年 10 月 10 日	国司备字［2019001174］
贺州市农贸市场管理条例	2019 年 10 月 14 日	国司备字［2019001103］
海南省社会保障卡一卡通服务管理条例	2019 年 11 月 29 日	国司备字［2019001266］
三亚市扬尘污染防治办法	2019 年 12 月 11 日	国司备字［2019001267］
三亚市餐饮业油烟污染防治办法	2019 年 12 月 11 日	国司备字［2019001268］
三沙市西沙群岛水资源节约与保护规定	2019 年 11 月 30 日	国司备字［2019001269］
重庆市城市园林绿化条例	2019 年 11 月 29 日	国司备字［2019001281］
云南省人民代表大会常务委员会关于加强检察机关公益诉讼工作的决定	2019 年 9 月 28 日	国司备字［2019001092］
大理白族自治州人民代表大会及其常务委员会立法条例	2019 年 4 月 25 日	国司备字［2019001093］
甘肃省环境保护条例	2019 年 9 月 26 日	国司备字［2019001222］
甘肃省石油勘探开发生态环境保护条例	2019 年 11 月 29 日	国司备字［2019001223］
平凉市物业管理条例	2019 年 10 月 17 日	国司备字［2019001185］
宁夏回族自治区妇女权益保障条例	2019 年 9 月 27 日	国司备字［2019001172］
宁夏回族自治区人民调解条例	2019 年 11 月 29 日	国司备字［2019001263］

续表

法规名称	公布日期	备案登记编号
银川市全民健身条例	2019 年 7 月 19 日	国司备字［2019001173］
石嘴山市文明行为促进条例	2019 年 12 月 2 日	国司备字［2019001260］
固原市红色文化遗址保护条例	2019 年 12 月 2 日	国司备字［2019001261］
中卫市农作物秸秆处置条例	2019 年 12 月 5 日	国司备字［2019001262］
新疆维吾尔自治区公路建设工程质量监督管理条例	2019 年 3 月 28 日	国司备字［2019001013］
新疆维吾尔自治区人民代表大会常务委员会关于自治区耕地占用税适用税额的决定	2019 年 7 月 25 日	国司备字［2019001019］
新疆维吾尔自治区实施《中华人民共和国农民专业合作社法》办法	2019 年 9 月 20 日	国司备字［2019001055］
乌鲁木齐市人民代表大会常务委员会关于废止《乌鲁木齐河河道管理条例》的决定	2019 年 4 月 15 日	国司备字［2019001014］
乌鲁木齐市节约用水管理条例	2019 年 8 月 26 日	国司备字［2019001021］
乌鲁木齐市养犬管理条例	2019 年 10 月 11 日	国司备字［2019001054］
克拉玛依市石油工业遗产保护条例	2019 年 9 月 27 日	国司备字［2019001053］
昌吉回族自治州乡村治理促进条例(试行)	2019 年 4 月 1 日	国司备字［2019001015］
昌吉回族自治州准东经济技术开发区生态环境保护条例	2019 年 10 月 16 日	国司备字［2019001057］
巴音郭楞蒙古自治州大气污染防治办法	2019 年 9 月 3 日	国司备字［2019001012］
巴音郭楞蒙古自治州人民代表大会及其常务委员会立法条例	2019 年 9 月 3 日	国司备字［2019001104］

续表

法规名称	公布日期	备案登记编号
巴音郭楞蒙古自治州物业管理办法	2019 年 2 月 15 日	国司备字［2019001123］
哈密市养犬管理条例	2019 年 10 月 11 日	国司备字［2019001056］

自治州、自治县的自治条例和单行条例

条例名称	公布日期	备案登记编号
大厂回族自治县环境保护条例	2019 年 7 月 31 日	国司备字［2019001052］
大厂回族自治县全域旅游条例	2019 年 7 月 31 日	国司备字［2019001179］
宽城满族自治县立法条例	2019 年 6 月 19 日	国司备字［2019001048］
丰宁满族自治县封育禁牧条例	2019 年 6 月 26 日	国司备字［2019001049］
围场满族蒙古族自治县自治条例	2019 年 7 月 31 日	国司备字［2019001139］
新宾满族自治县农村生活垃圾分类及资源化利用管理条例	2019 年 7 月 24 日	国司备字［2019001111］
宽甸满族自治县长白山型中华蜜蜂品种资源保护条例	2019 年 5 月 8 日	国司备字［2019001125］
伊通满族自治县自治条例(修订)	2019 年 4 月 8 日	国司备字［2019001025］
延边朝鲜族自治州人民代表大会常务委员会关于修改和废止《延边朝鲜族自治州气象灾害防御条例》等 6 部条例的决定	2019 年 6 月 5 日	国司备字［2019001026］
江华瑶族自治县生态环境保护条例	2019 年 6 月 20 日	国司备字［2019001150］

续表

条例名称	公布日期	备案登记编号
靖州苗族侗族自治县传统村落保护条例	2019年6月28日	国司备字［2019001124］
通道侗族自治县自治条例(修订)	2019年7月3日	国司备字［2019001169］
湘西土家族苗族自治州人民代表大会关于修改《湘西土家族苗族自治州高望界国家级自然保护区条例》的决定	2019年6月5日	国司备字［2019001151］
湘西土家族苗族自治州人民代表大会关于修改《湘西土家族苗族自治州凤凰历史文化名城保护条例》的决定	2019年4月8日	国司备字［2019001182］
湘西土家族苗族自治州传统村落保护条例	2019年4月8日	国司备字［2019001183］
富川瑶族自治县传统村落保护条例	2019年10月10日	国司备字［2019000972］
甘肃省张家川回族自治县自治条例	2019年11月14日	国司备字［2019001184］
木垒哈萨克自治县传统村落保护条例	2019年8月14日	国司备字［2019001022］
博尔塔拉蒙古自治州人民代表大会关于修改《博尔塔拉蒙古自治州温泉新疆北鲵自然保护区管理条例》的决定	2019年7月14日	国司备字［2019001020］
克孜勒苏柯尔克孜自治州人民代表大会关于废止《克孜勒苏柯尔克孜自治州草原管理保护条例》的决定	2019年4月23日	国司备字［2019001016］
克孜勒苏柯尔克孜自治州人民代表大会关于废止《克孜勒苏柯尔克孜自治州喀拉库勒湖风景区保护管理条例》的决定	2019年4月23日	国司备字［2019001017］
巴里坤哈萨克自治县人民代表大会关于修改《巴里坤哈萨克自治县湿地保护条例》的决定	2019年6月15日	国司备字［2019001018］

地方政府规章

规章名称	公布日期	备案登记编号
天津市行政规范性文件管理规定	2019 年 10 月 26 日	国司备字［2019001077］
河北省重大行政执法决定法制审核办法	2019 年 10 月 22 日	国司备字［2019001078］
秦皇岛市船舶大气污染防治暂行办法	2019 年 10 月 31 日	国司备字［2019001080］
张家口市草原天路保护和管理办法	2019 年 7 月 4 日	国司备字［2019001121］
张家口市停车场管理办法	2019 年 7 月 29 日	国司备字［2019001122］
山西省地震预警管理办法	2019 年 11 月 6 日	国司备字［2019001096］
山西省促进民营经济发展办法	2019 年 11 月 18 日	国司备字［2019001097］
山西省人民政府关于废止和修改部分政府规章的决定	2019 年 11 月 6 日	国司备字［2019001095］
山西省政务数据资产管理试行办法	2019 年 11 月 28 日	国司备字［2019001201］
太原市依法行政规定	2019 年 11 月 28 日	国司备字［2019001120］
太原市人民政府关于废止和修改部分政府规章的决定	2019 年 11 月 23 日	国司备字［2019001244］
辽宁省治安特业服务管理办法	2019 年 11 月 25 日	国司备字［2019001209］
辽宁省人民政府关于废止和修改部分省政府规章的决定	2019 年 11 月 27 日	国司备字［2019001219］
辽宁省政务数据资源共享管理办法	2019 年 11 月 26 日	国司备字［2019001220］

续表

规章名称	公布日期	备案登记编号
沈阳市烟花爆竹安全管理规定	2019年11月7日	国司备字［2019001081］
长春市城市公厕管理办法	2019年12月9日	国司备字［2019001252］
长春市畜牧行业安全生产管理办法	2019年12月9日	国司备字［2019001253］
上海市景观照明管理办法	2019年11月21日	国司备字［2019001187］
江苏省人民防空工程建设使用规定	2019年11月13日	国司备字［2019001068］
江苏省租赁住房治安管理规定	2019年11月16日	国司备字［2019001069］
淮安市餐厨废弃物管理办法	2019年12月5日	国司备字［2019001240］
浙江省人民政府关于修改《浙江省政府信息公开暂行办法》的决定	2019年11月10日	国司备字［2019001098］
浙江省科学技术奖励办法	2019年10月26日	国司备字［2019001099］
金华市人民政府拟定地方性法规草案和制定政府规章办法	2019年11月12日	国司备字［2019001246］
温州市优化营商环境办法	2019年11月30日	国司备字［2019001248］
蚌埠市人民政府关于修改《蚌埠市城市建筑垃圾管理办法》的决定	2019年12月11日	国司备字［2019001270］
福建省粮食安全保障办法	2019年2月27日	国司备字［2019001091］
厦门市行政机关规范性文件管理办法	2019年11月8日	国司备字［2019001064］
泉州市燃气管道设施保护办法	2019年12月6日	国司备字［2019001238］

续表

规章名称	公布日期	备案登记编号
南昌市人民政府关于废止《南昌市开发区食品药品监督行政执法委托规定》的决定	2019 年 11 月 13 日	国司备字［2019001218］
南昌市人民政府关于修改《南昌市病媒生物预防控制管理办法》等 4 件规章的决定	2019 年 11 月 14 日	国司备字［2019001221］
淄博市人民政府关于废止《淄博市组织机构代码管理办法》等 14 件政府规章的决定	2019 年 11 月 22 日	国司备字［2019001208］
威海市非物质文化遗产保护办法	2019 年 11 月 25 日	国司备字［2019001152］
威海市公安机关警务辅助人员管理办法	2019 年 11 月 25 日	国司备字［2019001153］
日照市供热管理办法	2019 年 10 月 28 日	国司备字［2019001066］
滨州市城市养犬管理办法	2019 年 11 月 28 日	国司备字［2019001119］
河南省人民政府关于废止部分省政府规章的决定	2019 年 8 月 21 日	国司备字［2019001087］
郑州市城市生活垃圾分类管理办法	2019 年 9 月 30 日	国司备字［2019001167］
平顶山高新技术产业开发区暂行规定	2019 年 11 月 29 日	国司备字［2019001245］
武汉市人民政府关于修改《武汉市住宅专项维修资金管理办法》的决定	2019 年 11 月 26 日	国司备字［2019001241］
鄂州市再生资源回收管理暂行办法	2019 年 12 月 12 日	国司备字［2019001239］
黄冈市农村生活垃圾治理办法	2019 年 11 月 28 日	国司备字［2019001135］
长沙市人民政府关于修改和废止部分市人民政府规章的决定	2019 年 9 月 16 日	国司备字［2019001082］
长沙市安全生产监督管理办法	2019 年 11 月 19 日	国司备字［2019001118］

续表

规章名称	公布日期	备案登记编号
株洲市城市户外广告设置管理办法	2019年11月15日	国司备字［2019001164］
港珠澳大桥广东水域通航安全管理办法	2019年11月7日	国司备字［2019001079］
广东省申请法律援助经济困难公民认定办法	2019年11月25日	国司备字［2019001193］
广州市人民政府关于修改和废止部分市政府规章的决定	2019年11月14日	国司备字［2019001166］
广州市人民政府关于修改《广州市房屋建筑和市政基础设施工程质量管理办法》等5件政府规章的决定	2019年10月17日	国司备字［2019001180］
揭阳市人民政府拟定法规草案和制定规章程序规定	2019年11月28日	国司备字［2019001251］
汕尾市人民政府拟定地方性法规草案和制定政府规章程序规定	2019年10月24日	国司备字［2019001009］
南宁市网络预约出租汽车客运经营管理若干规定	2019年11月27日	国司备字［2019001247］
钦州市人民政府关于修改《钦州市中心城区城市道路挖掘修复管理办法》的决定	2019年10月11日	国司备字［2019001203］
百色市违法建设查处办法	2019年8月2日	国司备字［2019001132］
重庆市无线电管理办法	2019年11月19日	国司备字［2019001165］
重庆市建设用地土壤污染防治办法	2019年12月8日	国司备字［2019001254］
达州市城区禁止燃放烟花爆竹管理办法	2019年11月21日	国司备字［2019001067］
云南省人民政府立法工作规定	2019年4月24日	国司备字［2019001207］
昆明市政务信息资源共享管理办法	2019年7月24日	国司备字［2019001090］

续表

规章名称	公布日期	备案登记编号
普洱市城市建筑垃圾管理办法	2019 年 1 月 16 日	国司备字［2019001010］
迪庆藏族自治州人民政府规章制定程序规定	2019 年 10 月 24 日	国司备字［2019001136］
陕西省教育督导规定	2019 年 10 月 17 日	国司备字［2019001086］
陕西省中小学校幼儿园规划建设办法	2019 年 10 月 17 日	国司备字［2019001237］
金昌市未利用地保护办法	2019 年 10 月 19 日	国司备字［2019001154］

二、2019 年明令废止的行政法规

国务院关于行政区划管理的规定

（1985 年 1 月 15 日 国发［1985］8 号）

中华人民共和国车辆购置税暂行条例

（2000 年 10 月 22 日中华人民共和国国务院令 294 号）

报废汽车回收管理办法

（2001 年 6 月 16 日中华人民共和国国务院令第 307 号）

中华人民共和国耕地占用税暂行条例

（2007 年 12 月 1 日中华人民共和国国务院令第 511 号）

三、2019 年明令废止的部门规章

全国环境监测管理条例

（1983 年 7 月 21 日 城环字［1983］483 号）

港口消防监督实施办法

（1988 年 7 月 5 日交通部令 1988 年第 2 号）

船闸管理办法

（1989 年 8 月 3 日交通部令 1989 年第 5 号）

中华人民共和国海员证管理办法

（1989 年 8 月 14 日交通部令 1989 年第 7 号）

划拨土地使用权管理暂行办法
（1992年3月8日国家土地管理局令〔1992〕第1号）
环境监理人员行为规范
（1995年5月11日国家环境保护局令第16号）
关于交通行业基本建设和技术改造项目工程可行性研究报告增列“节能篇章”暂行规定
（1995年7月13日　交体法发〔1995〕607号）
全国在用车船节能产品技术推广应用管理办法
（1995年8月14日　交体法发〔1995〕753号）
《关于交通行业基本建设和技术改造项目工程可行性研究报告增列“节能篇章”暂行规定》实施细则
（1996年4月18日　交体法发〔1996〕354号）
民用航空器领航员、飞行机械员、飞行通信员合格审定规则
（1996年8月1日民航总局令第52号公布　2016年4月21日交通运输部令2016年第50号修订）
技术监督行政处罚委托实施办法
（1996年9月18日国家技术监督局令第45号）
交通行政处罚程序规定
（1996年9月25日交通部令1996年第7号）
《中华人民共和国监控化学品管理条例》实施细则
（1997年3月10日化学工业部令第12号）
电磁辐射环境保护管理办法
（1997年3月25日国家环境保护局令第18号）
国有企业改革中划拨土地使用权管理暂行规定
（1998年2月17日国家土地管理局令第8号）
中华人民共和国资源税代扣代缴管理办法
（1998年4月15日国税发〔1998〕49号发布　2018年6月15日国家税务总局令第44号修订）
社会保险登记管理暂行办法
（1999年3月19日劳动和社会保障部令第1号）
社会福利机构管理暂行办法
（1999年12月30日民政部令第19号）
燃气燃烧器具安装维修管理规定
（2000年1月21日建设部令第73号）
外商独资船务公司设立管理办法
（2000年1月28日交通部、对外贸易经济合作部令2000年第1号发布　2015年7月5日交通运输部、商务部令2015年第16号第一次修订　2018年11月14日交通运输部、商务部令2018年第29号第二次修订）

在京中央国家机关用地土地登记办法
（2000 年 10 月 23 日国土资源部令第 6 号）
旅游发展规划管理办法
（2000 年 10 月 26 日国家旅游局令第 12 号）
质量技术监督罚没物品管理和处置办法
（2001 年 4 月 9 日国家质量技术监督局令第 16 号）
国家知识产权局规章制定程序的规定
（2001 年 12 月 31 日国家知识产权局令第 21 号）
海上滚装船舶安全监督管理规定
（2002 年 5 月 30 日交通运输部令 2002 年第 1 号）
古生物化石管理办法
（2002 年 7 月 29 日国土资源部令第 13 号）
渔业捕捞许可管理规定
（2002 年 8 月 23 日农业部令第 19 号公布　2004 年 7 月 1 日农业部令第 38 号第一次修订　2007 年 11 月 8 日农业部令第 6 号第二次修订　2013 年 12 月 31 日农业部令 2013 年第 5 号第三次修订）
学校食堂与学生集体用餐卫生管理规定
（2002 年 9 月 20 日教育部、卫生部令第 14 号）
摩托车生产准入管理办法
（2002 年 11 月 30 日国家经济贸易委员会令第 43 号）
专利代理惩戒规则（试行）
（2002 年 12 月 12 日国家知识产权局令第 25 号）
重要地理信息数据审核公布管理规定
（2003 年 3 月 25 日国土资源部令第 19 号）
外商投资国际海运业管理规定
（2004 年 2 月 25 日交通部、商务部令 2004 年第 1 号发布　2014 年 4 月 23 日交通运输部、商务部令 2014 年第 8 号修订）
证券投资基金信息披露管理办法
（2004 年 6 月 8 日中国证券监督管理委员会令第 19 号）
安全生产行业标准管理规定
（2004 年 11 月 1 日国家安全生产监督管理局　国家煤矿安全监察局令第 14 号）
交通行业内部审计工作规定
（2004 年 11 月 19 日交通部令 2004 年第 12 号）
商务部行政处罚实施办法（试行）
（2005 年 1 月 7 日商务部令 2005 年第 1 号）
飞行模拟设备的鉴定和使用规则
（2005 年 3 月 7 日中国民用航空总局令第 141 号）
农业机械试验鉴定办法
（2005 年 7 月 26 日农业部令第 54 号公布　2013 年 12 月 31 日农业部令 2013 年第 5 号第一次修订　2015 年 7 月 15 日农业部令 2015 年第 2 号第二次修订）

人民币图样使用管理办法

（2005 年 9 月 5 日中国人民银行令〔2005〕第 4 号）

民用机场使用许可规定

（2005 年 10 月 7 日民航总局令第 156 号）

假肢和矫形器（辅助器具）生产装配企业资格认定办法

（2005 年 10 月 12 日民政部令第 29 号）

国家食品药品监督管理局听证规则（试行）

（2005 年 12 月 30 日国家食品药品监督管理局令第 23 号）

假肢与矫形器（辅助器具）制作师执业资格注册办法

（2006 年 2 月 9 日民政部令第 33 号）

耕地占补平衡考核办法

（2006 年 6 月 16 日国土资源部令第 33 号）

健康保险管理办法

（2006 年 8 月 7 日保监会令 2006 年第 8 号）

民用爆炸物品生产许可实施办法

（2006 年 8 月 31 日国防科学技术工业委员会令第 16 号）

安全生产标准制修订工作细则

（2006 年 10 月 20 日国家安全生产监督管理总局令第 9 号）

安全生产检测检验机构管理规定

（2007 年 1 月 31 日国家安全生产监督管理总局令第 12 号公布　2015 年 5 月 29 日国家安全生产监督管理总局令第 80 号修订）

航空安全员合格审定规则

（2007 年 4 月 1 日民航总局令第 184 号）

环境信息公开办法（试行）

（2007 年 4 月 11 日国家环境保护总局令第 35 号）

境外证券交易所驻华代表机构管理办法

（2007 年 5 月 20 日中国证券监督管理委员会令第 44 号）

工商行政管理机关行政处罚程序规定

（2007 年 9 月 4 日国家工商行政管理总局令第 28 号）

工商行政管理机关行政处罚案件听证规则

（2007 年 9 月 4 日国家工商行政管理总局令第 29 号）

中国民用航空总局职能部门规范性文件制定程序规定

（2007 年 9 月 10 日中国民用航空总局令第 187 号）

民用核安全设备无损检验人员资格管理规定

（2007 年 12 月 28 日国家环境保护总局令第 44 号）

农作物种子质量检验机构考核管理办法

（2008 年 1 月 2 日农业部令第 12 号公布　2013 年 12 月 31 日农业部令 2013 年第 5 号修订）

房屋登记办法

（2008 年 2 月 15 日建设部令第 168 号）

船员服务管理规定
（2008年7月22日交通运输部令2008年第6号发布　2013年8月31日交通运输部令2013年第10号修订）
专利代理人资格考试实施办法
（2008年8月25日国家知识产权局令第47号）
专利代理人资格考试考务规则
（2008年8月25日国家知识产权局令第48号）
工商行政管理规章制定程序规定
（2008年9月1日国家工商行政管理总局令第34号）
专利代理人资格考试违纪行为处理办法
（2008年9月26日国家知识产权局令第49号）
政府制定价格听证办法
（2008年10月15日国家发展和改革委员会令第2号）
国土资源部立法工作程序规定
（2008年10月18日国土资源部令第41号）
防治煤与瓦斯突出规定
（2009年5月14日国家安全生产监督管理总局令第19号）
工商行政管理机关制止滥用行政权力排除、限制竞争行为程序规定
（2009年5月26日国家工商行政管理总局令第41号）
工商行政管理机关查处垄断协议、滥用市场支配地位案件程序规定
（2009年5月26日国家工商行政管理总局令第42号）
安全评价机构管理规定
（2009年7月1日国家安全生产监督管理总局令第22号公布　2013年8月29日国家安全监管总局令第63号第一次修订　2015年5月29日国家安全生产监督管理总局令第80号第二次修订）
快递业务经营许可管理办法
（2009年9月1日交通运输部令2009年第12号公布　2013年4月12日交通运输部令2013年第4号第一次修订　2015年6月24日交通运输部令2015年第15号第二次修订）
煤矿防治水规定
（2009年9月21日国家安全生产监督管理总局令第28号）
司法鉴定执业活动投诉处理办法
（2010年4月8日司法部令第123号）
网络游戏管理暂行办法
（2010年6月3日文化部令第49号）
国土资源部规章和规范性文件后评估办法
（2010年7月9日国土资源部令第47号）
环境行政执法后督察办法
（2010年12月15日环境保护部令第14号）
工商行政管理机关禁止垄断协议行为的规定
（2010年12月31日国家工商行政管理总局令第53号）

工商行政管理机关禁止滥用市场支配地位行为规定
（2010 年 12 月 31 日国家工商行政管理总局令第 54 号）
工商行政管理机关制止滥用行政权力排除、限制竞争行为的规定
（2010 年 12 月 31 日国家工商行政管理总局令第 55 号）
中华人民共和国水上水下活动通航安全管理规定
（2011 年 1 月 27 日交通运输部令 2011 年第 5 号）
质量技术监督行政处罚程序规定
（2011 年 3 月 2 日国家质量监督检验检疫总局令第 137 号）
质量技术监督行政处罚案件审理规定
（2011 年 3 月 2 日国家质量监督检验检疫总局令第 138 号）
质量监督检验检疫行政许可实施办法
（2012 年 10 月 26 日国家质量监督检验检疫总局令第 149 号）
养老机构设立许可办法
（2013 年 6 月 28 日民政部令第 48 号）
国家食品药品监督管理总局立法程序规定
（2013 年 10 月 24 日国家食品药品监督管理总局令第 1 号）
测绘地理信息行政执法证管理办法
（2014 年 4 月 17 日国土资源部令第 58 号）
食品药品行政处罚程序规定
（2014 年 4 月 28 日国家食品药品监督管理总局令第 3 号）
期货公司监督管理办法
（2014 年 10 月 29 日中国证券监督管理委员会令第 110 号）
车辆购置税征收管理办法
（2014 年 12 月 2 日国家税务总局令第 33 号公布　2015 年 12 月 28 日国家税务总局令第 38 号第一次修订　2018 年 6 月 15 日国家税务总局令第 44 号第二次修订）
专利代理管理办法
（2015 年 4 月 30 日国家知识产权局令第 70 号）
建设项目环境影响评价资质管理办法
（2015 年 9 月 28 日环境保护部令第 36 号）
交通运输部关于修改《中华人民共和国水上水下活动通航安全管理规定》的决定
（2016 年 9 月 2 日交通运输部令 2016 年第 69 号）
中央企业负责人经营业绩考核办法
（2016 年 12 月 8 日国务院国有资产监督管理委员会令第 33 号）
国土资源规范性文件管理规定
（2016 年 12 月 30 日国土资源部令第 70 号）
国土资源行政应诉规定
（2017 年 5 月 8 日国土资源部令第 71 号）
土地利用总体规划管理办法
（2017 年 5 月 8 日国土资源部令第 72 号）

交通运输部关于修改《海上滚装船舶安全监督管理规定》的决定
（2017 年 5 月 23 日交通运输部令 2017 年第 18 号）
固定污染源排污许可分类管理名录（2017 年版）
（2017 年 7 月 28 日环境保护部令第 45 号）
国家质量监督检验检疫总局规章制定程序规定
（2017 年 10 月 11 日国家质量监督检验检疫总局令第 190 号）
应收账款质押登记办法
（2017 年 10 月 25 日中国人民银行令〔2017〕第 3 号）
国土资源行政复议规定
（2017 年 11 月 21 日国土资源部令第 76 号）

图书在版编目(CIP)数据

中华人民共和国新法规汇编.2020年.第1辑:总第275辑/司法部编.—北京:中国法制出版社,2020.3

ISBN 978-7-5216-0930-1

Ⅰ.①中… Ⅱ.①司… Ⅲ.①法规-汇编-中国-2020 Ⅳ.①D920.9

中国版本图书馆CIP数据核字(2020)第034125号

中华人民共和国新法规汇编

ZHONGHUA RENMIN GONGHEGUO XIN FAGUI HUIBIAN

(2020年第1辑)

编者/司法部

经销/新华书店

印刷/三河市紫恒印装有限公司

开本/850毫米×1168毫米 32开　　印张/14.125　字数/391千

版次/2020年4月第1版　　2020年4月第1次印刷

中国法制出版社出版

书号 ISBN 978-7-5216-0930-1　　定价:18.00元

北京西单横二条2号

邮政编码 100031　　传真:010-66031119

网址:http://www.zgfzs.com　　编辑部电话:010-66066621

市场营销部电话:010-66033393　　邮购部电话:010-66033288

(如有印装质量问题,请与本社印务部联系调换。电话:010-66032926)